湛庐CHEERS

U0828092

与最聪明的人共同进化

HERE COMES EVERYBODY

CHEERS
湛庐

新全球化
企业的未来

翁怡诺 著

中国财经出版传媒集团
中国财政经济出版社
北京

测一测

中国企业如何更好地把握新全球化发展趋势?

扫码加入书架
领取阅读激励

扫码获取
全部测试题及答案,
一起了解新全球化企业的
发展方向与未来

- 为什么说中国企业“出海”的热点是重点布局“一带一路”共建国家?(单选题)

  A. 政策扶持力度大

  B. 有国家级的战略指导

  C. “一带一路”共建国家有绝好的发展机遇

  D. 以上都是

- 在海外市场竞争中,以下哪项不属于中国企业的优势?(单选题)

  A. 供应链优势

  B. 低成本劳动力

  C. 企业家精神

  D. 成熟的商业模式

- 对于中国零售企业来说,要想在全球市场实现差异化、摆脱价格战,发展自有品牌是一种选择,自有品牌占比多少是相对高效的?(单选题)

  A. 10% ~ 20%

  B. 20% ~ 30%

  C. 30% ~ 40%

  D. 40% ~ 50%

扫描左侧二维码查看本书更多测试题

跨越国界，探索全球更为广阔的竞技场

吴志祥
同程控股集团创始人

你要相信，每个人都有自己的天赋。在别人擅长的领域，你努力的终点只是别人的起点。

自从我看了弘章投资的怡诺老兄在30年前写的一首词后，就已经这样认定了。今天收到了老兄“新创业”三部曲的最新力作《新全球化企业的未来》，翻到后记，看到了老兄 12 年前写的一首《蝶恋花》，又感慨了一把。

怡诺就是这样一个人，一个被投资和生意耽误的大才子。

我算是一个有着 20 年创业经验的老兵，2002 年从阿里巴巴“毕业”，回到苏州，从一间宿舍开始创业，2004 年成立苏州同程旅游网络科技有限公司，2008 年参加《赢在中国》，2018 年带领同程艺龙在中国香港上市，2019 年后主要在看投资孵化，2024 年发起程为全球创始人书院。我见过近千名创始人，见过他们

“起高楼”，见过他们“楼塌了”。他们之中有20年苦苦挣扎没赚到钱，仍然在路上的创始人，也有很多“上岸”后仍多次创业、不断“折腾”却乐在其中的朋友，比如我的好友怡诺老兄，他既爱“折腾”，又能深度思考。

在过去20年激情燃烧的岁月中，中国这片沃土孕育了众多卓越的企业。中国像一位培养出一批批在各自领域内独领风骚的“学霸”的超级妈妈。这些“学霸”在国内市场的激烈竞争中，犹如璀璨的群星，相互辉映，同时也相互挑战，推动着彼此不断进步，直至国内这所“大学堂”已无法完全容纳他们的壮志与才华。一句话，都是穷人家的孩子，都想改变命运，有人闻鸡起舞，就会有人通宵达旦，直到伤害了身体。这时，聪明的“学霸”妈妈就开始鼓励孩子们放眼全球。

正是在这样的背景下，怡诺老兄决定撰写这本“全球‘卷王’指南”。如果说，国内的竞争是一场场校内选拔赛，那么这本书就是一张详尽的地图，指引着这些“学霸”跨越国界，探索更为广阔的全球创业竞赛场。

在这本指南中，怡诺学长告诉我们，全球现在有哪些“学校”（市场）适合去“卷”（竞争与成长），每一所“学校”都有哪些独特的优势学科和竞争规则。他不仅揭秘了哪些“学校”最适合中国“学霸”（企业）去“卷”，还详细剖析了那些已经在全球“校园”中崭露头角的当地“学霸”的成功之道和他们的“强项科目”（优势产业）。更重要的是，他指出这些“学校”不同的“校规”（市场规则与文化差异），并告诉“学霸”们应该如何适应和遵循那些看似陌生却充满机遇的“校规”。

这不仅是一次地理空间的跨越，更是思维模式与战略眼光的飞跃。《新全球化企业的未来》以独到的视角和丰富的实操案例，为渴望在世界舞台一展宏图的中国创业家们提供了一份详尽的攻略，帮助他们在新的“求学之旅”中学会如何在竞争中脱颖而出，更重要的是，学会如何在合作与创新中共同书写人类文明的新篇章。

以上是我给怡诺老兄这本书做的介绍。最后，作为一位创业老兵，我一定要告诉你：

如果你暂时还不准备出海去“卷”，那么我强烈建议你一定要读本书的后记，里面有一位把投资看成创业的人生智者给你的创业和人生下半场的忠告。看完它，这本书的投资收益率（ROI）至少达到 10%。带走他的忠告吧，马上！

如果你计划出海，那就别再犹豫。带上这本怡诺老兄送给你的“全球‘卷王’指南”，和他一起去征战中国创业家的星辰大海，享受成为全球“学霸”路上的艰辛和荣光吧！

到中流击水，浪遏飞舟。

我认出风暴而激动如大海

李青阳
首钢基金执行董事、参加 CANPLUS 创办人

2024 年 5 月 27 日至 6 月 27 日，我开启了密度极高的“全球飞行模式”。

一个月的时间内，我和首钢基金参加 CANPLUS 团队一起，带着近百位国内一线企业家、创业者、投资人，接连飞往美国、日本和东南亚多国，围绕人工智能（AI）科技、机器人产业、消费出海等主题，开展了多场海外游学。

科技浪潮引发的突破性创新，路径重塑下的产业赛道升级，基于全球化图景的出海机遇……走出国门，我们关于全球化的认知得到了快速刷新。与此同时，我们也真切地感受到，国内企业向外看、向外走的大潮热度渐起。我们这个密度极高的海外游学月，是这波热潮的一个小小的缩影。

归国以后，这本《新全球化企业的未来》的书稿就“恰逢其时”地出现在了我面前。

本书的作者翁怡诺是我的老朋友，也是我多年以来一直密切合作的伙伴。他是我们参加 CANPLUS 大消费社群——无界消费创新营的联合发起人和首席创新教练。后来，他又与我们一起发起了旨在打通餐饮和食品产业链上、中、下游的美味中国创新营。从 2018 年起，他就开始在参加 CANPLUS 的课堂上分享自己对消费领域创新、创业前景的洞察。仅仅从他每年都在迭代的分享内容，我们就可以直观地感受到他的认知进化之快。作为一位研究型投资人和一位笔耕不辍的思考者，这一进化也体现在了他的“新创业”三部曲——《新零售的未来》《新品牌的未来》以及最新的这本《新全球化企业的未来》之中。

很早的时候，翁怡诺就敏锐地意识到，全球化是中国本土企业必须关注的新增长方向。为此，近两年，他带着团队去到许多国家，并做了一系列关于海外市场的研究，本书是一个阶段性成果。对于众多正在热切地看向广阔的全球市场的中国企业来说，本书恰如甘霖之于旱地，正逢其时。

全球化不是一个新的概念，但现阶段的全球化有着极为独特的色彩。本书在书名上就开宗明义地提出了“新全球化”这一概念，其背景是民族主义情绪高涨和贸易保护主义抬头下的区域性、分布式的供应链发展趋势。这一趋势很有可能是长期且不可逆的。因此，他把视角聚焦在了共建“一带一路”的新兴市场上，为我们完成了一本百科全书式的中国企业出海指南。从东南亚到南亚，从中东到非洲，从国别分析到产业透视，从企业案例到投资机会……本书信息量极大，维度也极为丰富，可以带给读者一种“发现新大陆”式的兴奋感。

中国有着强大的产业整合能力和生态搭建能力，在结构转型和创新突围的双重加压下，中国企业要直面广袤的蓝海，才有可能为我们自己的破壁生长找到新的发展路径。但是，这些市场之所以被称作“新兴市场”，除了蓬勃发展的广阔前景之外，自然也有其粗犷和狞厉的一面。比如，基础设施落后、产业配套短缺、文化隔阂严重、政局动荡不安……很多挑战远远超出了企业所能掌控的范畴。也正因此，《新全球化企业的未来》中既有踌躇满志的出海战略和全球化布局的思路，也浮现出几分慨然以赴的果决。

书中提出，2024 年是中国企业家再出海和深入拓展世界市场新征程的元年。新冠疫情（后文简称疫情）结束之后，我们之所以带领参加 CANPLUS 的校友们一次次穿越晨昏线，就是为了飞向万里云天。看过本书不由得感慨，万里云天既在脚下，也在字里行间。

如果让我为这本书，也为正在开启的、属于中国企业的“大航海时代”加一个注脚，我认为赖纳·马利亚·里尔克（Rainer Maria Rilke）的诗句再合适不过——“我认出风暴而激动如大海”。我相信，无论经历怎样的风暴，中国企业的全球化征程必将是波澜壮阔且影响深远的。

在新全球化时代顺势而行

沈瑛华
安永大中华区税收政策主管合伙人

读到翁怡诺的《新全球化企业的未来》一书时，正值安永中国举办“中企出海”系列研讨会和发布《中国企业“走出去”投资机遇和税务政策全攻略》之际。这一主题获得的关注度、参与度和点击率永远都是那么高。诚然，随着地缘政治冲突的加剧和世界经济格局的重塑，在这个全球化与逆全球化相互交织的时代，中国的企业家站在了一个历史性的十字路口上。该如何选择？他们不约而同地想要“走出去”寻找生存和发展之路，于是，《新全球化企业的未来》的出版恰逢其时，可以给中国企业家带来些启发。

20 多年来，作为在四大会计师事务所深耕税务领域的专业人士，我有幸在中国、美国、澳大利亚和新加坡等国为众多跨国企业提供与跨境业务相关的税务咨询。从早年协助外国企业“走进中国”，到近年协助中国企业“走向海外”，我完整地见证了从“全球化”到“逆全球化”的深度变迁。在逆全球化时代，人们并不畏惧成为逆行者，但如何走好每一步，需要借鉴先行者的经验。《新全球化企业的未来》一书以其深入的分析和丰富的案例，帮读者厘清了思路，并指明了实践路径。对于“可以重点关注的海外市场主要指东南亚、南亚、非洲乃至中东”这一点，大家都已逐渐达成共识。作者已对相关国家和地区的产业和投资机会做了相当深入的研究。本书第一部分详细介绍了各新兴市场的发展机会，并通过案例总结出各种成功的打法。从中国企业家的角度来看，我对书中谈及的“时光机理论”深有感触，通过借鉴成熟市场的商业规则或业务模式，中国企业家可以更好地预测并把握新兴市场的商机。更加令人欣喜的是，本书第二部分着重介绍了各大新兴市场中现有的产业巨头情况，以帮助读者做到“知己知彼，百战不殆”。当然，站在税务从业人士的角度来看，本书对企业在“走出去”的过程中可能遇到的税务相关的痛点和要点着墨不多，这给了专业人士在随后介入以充分空间。

我与翁怡诺已相识多年，深知他在投资行业和实际案例等“术”的基础上形成的“道”十分深刻。他一直称自己是个悲观主义者，却始终以乐观的方式入世行事。在如今的大势之下，我认为，中国企业家也应以悲观的方式做好准备，以乐观的方式去追寻希望。他向来遵循新保守主义，在尊重秩序的同时，又勇于面对复杂和无序。他面临选择时的原则是“不做什么比做什么更重要”，始终坚守自己的价值观，不追求短期的利益。希望翁怡诺秉承自身之“道”，在投资这条路上不断修行，走得更远。

站在当下，面前是未来，身后是过往。书中提出了“2024 拐点”一说，即 2024 年将是社会发展的一个最重要的分水岭，让人警醒。一方面，人们要抛弃幻想，慎重落子，因为每一步都至关重要；另一方面，人们还要用全球视角去考虑问题，要在谨慎与勇敢之间找到平衡，既要有前瞻性的战略眼光，也要脚踏实地地去执行。在走向新全球化的进程中，愿本书可以帮助中国企业家二次创业成功，也愿出海的中国企业家能够勇敢地走向自己的星辰大海。始终要记得《银河系漫游指南》（*The Hitchhiker's Guide to the Galaxy*）的封面上用大而友善的字母写下的那句忠告：Don't Panic！（不要恐慌！）

时光机理论下的新全球化时代，造就全球性“新巨人”企业

2024 年注定是一个全新的拐点。作为一家知名投资机构的创始人，我接触了大量上市公司和产业头部企业的企业家，他们大多开始向我们咨询海外市场的机会。我们组织了多次“一带一路”共建国家游学团，带领很多企业家朋友走出去看看这些新兴市场的机会，大家反馈体验非常好。大家最大的感触是“时光机”，世事轮回，很多成熟市场的市场规则或模式，往往都可以通过“时光机”在另外一个新兴市场重新实践一遍。

回首过去几十年中国经济的发展过程，作为这段高增长黄金时代的亲身经历者，作为职业投资人，我一路见证了大量企业家在时代大潮中的成功与失败。记得早期风险投资热兴起时，绝大部分成功的中国互联网公司的模式也都是“美国硅谷模式的中国版本”，那时的投资主题是“复制到中国”。而 2020 年后，我观察到越来越多成功的中国企业模式或技术制造能力被“复制”到新兴市场国家，并且有相当一部分中国企业家再次在异国他乡成功展现了企业家精神。我见证了中国超市

大卖场大润发在非洲大陆落户，公牛电器在印度尼西亚（后文简称印尼）快速成长，女性个人护理品牌恒安国际的东南亚版本……在走过那么多国家后，我更加对中国企业家精神充满敬意和信心，你几乎很难找到比中国企业家更勤奋、更敢于冒险、更有技术学习能力的人了。作为专业投资机构，弘章投资毫无疑问会继续投资支持那些敢于出海探索的中国企业家和他们创造的全球性“新巨人”企业。

早期的中国创业者试图在海外寻找蓝海，新一代的中国企业家则具有更宏大的雄心和抱负，计划在中国本地市场之外再创建一个强大的商业帝国。今天，海外市场竞争的维度在持续升级，已不再是 10 年前以简单贸易为主的 1.0 阶段，而是正在进入体系性创业的 2.0 阶段。这一阶段的企业更加需要本地化，即在供应链制造、品牌建立和渠道重构方面实现本地化。这意味着经营企业要从各行业需求出发，回归行业经营的本质。企业家仅作为管理者在国内远程遥控的阶段已经过去，企业家应作为创业者，从市场、人才和资源等维度寻找最优要素去整合和布局。从终局看，我们长期看好中国企业家精神在海外市场的创造力和竞争力，所以提出了全球性“新巨人企业”的长期目标，也总结出中国企业在新全球化市场上的独特优势：

- **供应链优势和产业集群输出优势。**得益于中国过去 30 年的经济发展和全球制造业中心的地位，中国的产业链长且体系完善，其他国家很难在竞争中取得突破；在不少领域，中国制造在全球制造业中的占比超过 50%。中国企业家往往具备最有竞争力的制造技术和工艺技术，在出海竞争过程中，可以快速在海外建立起工厂和供应链，满足海外市场的长期需求。
- **优秀的经营管理人才和技术人才输出优势。**早在 2017 年，瑞银中国的报告就指出，中国每年大学理工科毕业生超过 300 万人，是美国大学理工科毕业生的很多倍，而中国的研发人员薪资比发达国家低很多。中国的劳动力素质非常高，他们不但具备成本优势和基础设施的快速落地能力，而且主观能动性和纪律性高于大部分来自其他发展中国家的员工。因此，在海外市场竞争中，中国能够对外输出优秀的经营管理人才和技术人才，帮助企业家构建海外竞争优势。

- **企业家精神优势。**中国企业家具有超强的执行力、吃苦耐劳的精神和不断创新的决心。中国企业家经历过国内高速发展和强“内卷”的年代，见识过大规模、体系化的高效率商业竞争，非常务实、高效且具创新精神。他们拥有最重要的生产要素之一——企业家精神，承担了创新创业的巨大风险，相应地获得剩余价值。随着中国不断推动资本、劳动、土地、数据信息、技术等要素市场化，企业家将上述生产要素组合起来参与市场竞争。这些在市场竞争中涌现出的具有企业家精神的企业家，也会成为新全球化时代的弄潮儿。
- **成熟商业模式的降维打击优势。**在中国市场上经历超级竞争后形成的商业模式，往往具有强大实力。把成熟的市场模型输出海外，往往会具有“降维打击”的优势，因为经营者能够预判具体经营要点和困难。很多时候企业家们会感慨，出海仿佛是回到过去的时光，重新经历一遍创业的历程。而让成熟的商业模式出海，也让很多企业家有机会再次选择一些更大的生意和商业机会。

同时，我们也总结了在新全球化市场上企业家需要面对的一些难点。这些难点是不能轻视的巨大潜在风险，主要有以下 4 个：

- **企业家的心态管理问题。**总体上，海外市场对于大部分人来说是陌生的，不确定性是常态，企业家也不见得都能做出正确的决策。很多时候企业家会远程控制管理，这样的模式很容易出现管理问题。所以，企业家总体上要更敢于对海外的合伙人放权，以开放的心态消化市场反馈信息，在摸索中迭代。
- **全球化组织管理体系的建立。**实现本地化经营是成功的关键要素，利用各地区优势和差异搭建本地化的组织、利用和管理当地人才是海外业务成功的关键，远程协作挑战和取得当地团队的信任是重要挑战。组织管理体系也包括建立跨国企业文化，特别是中国员工和外国员工之间涉及跨时区、跨语言、跨文化、跨认知等方面的问题，要建立平等和公开的氛围，比如在印尼市场，由于大部分本地员工是穆斯林，日常生活、工作都要符合本地宗教文化的要求，因此企业的日常经营管理规则就需要做相应的调整，管理层也要尊重当地员工的生活和工作习惯。

- **出海经营的中国企业不要做市场入侵者，而要成为当地市场的利益共同体，寻求共同发展。**新来者通常会对当地既有的利益群体产生冲击，双方往往会陷入对抗状态。中国企业长期处在国内竞争激烈的市场环境中，习惯了“抢占份额”思维，在海外市场则要转向“利益共同者”思维。在国内激烈的竞争中，很多企业家变成了“卷王”，发展路径是把竞争对手“熬死”。这种心态在国际化经营中是非常危险的，往往会被认为是“掠夺性定价”的捣乱者。在很多国家，企业经营模式是各有生存空间，它们对低价倾销方有很强的敌意，因此出海经营的中国企业要在这方面把握合适的度。
- **海外商业经营的合规性和地缘政治冲突风险的规避。**海外市场合规的成本往往比较高，特别是合规要求都非常本地化。一些早期出海创业者习惯抱有侥幸心理，绕过正规渠道，走所谓的捷径，如灰色清关、税务规避等。一旦出现问题，将会导致严重的经营后果，不仅会造成财务损失，而且会使当地政府管理者对中国经营者形成长期的负面认知。他们可能会采取一些针对性的手段，给中国企业带来极大压力。地缘政治冲突总体上是外部因素，却是关乎企业长期发展甚至生死的问题。也就是说，客观环境要求企业家在选择市场时要非常有远见，要具备足够强大的防御意识，在一定程度上主动保持和高层政治交流的敏感性，尽量规避核心冲突的影响。

新全球化思考和世界供应链迁移

中国的改革开放值得肯定，实现了经济与科技的超高速发展，取得了令人瞩目的成就。过去，通过极富想象力和统筹得当的政策改革与资源组合，以及实施独立自主的战略，勤奋拼搏的中国企业家在全球市场展露出惊人的爆发力，推出了具有创造性的新商业模式。但我们应该认识到，这种跨越式发展之所以能实现，是因为借助了中国加入世界贸易组织（WTO）和全球化浪潮的东风。加入 WTO 后，中国引入了大量外资公司，为国内的工业化水平快速提高提供了助力。大量民营企业通过和外资合作促使技术全面提升，并且在对外来技术消化吸收的基础上实现了自主创新，从而在一定程度上形成了更多的竞争优势，拥有了更高的市场份额。最终，一批中国企业在出口业务上变成了超级供应链公司，走向了新全球市场。融入世界的中国是最强大、最有朝气的。**中国产业与产品扎根国内、融入世界，是切实可行的长期发展机会。**

全球化是人类社会组织在全世界范围内跨地区发展的现象，其所形成的跨地区连接和交易，在某种程度上也是权力关系的延伸，包含政治、军事、金融和制造体系的相互交融。从制造业视角来看，供应链是全球化最有力量的触角。在当下地缘政治博弈的过程中，我们认为出现了新全球化的重大变局，而非简单的逆全球化趋势。在经济和政治的多重合力作用下，全球供应链正在形成大分流，印尼、越南、墨西哥和印度等国也正在形成新的平行供应链，中国作为世界单一“超级工厂”的地位正在被分化。从西方各国最新的政治选举趋势来看，民粹主义和保守力量成为全球化的阻力，西方各国开始以国家安全为名义，提高贸易壁垒和关税壁垒。经济的全球化与政治的反全球化、全球供应链脱钩和“短链化”等趋势，将重构“地球村”的贸易市场份额，让全球化商业流动的结构越来越复杂。这一复杂趋势被我们称为“新全球化浪潮”。

一般来说，供应链迁移有两种：一种是低成本要素驱动的迁移；另一种是打破贸易壁垒，向低关税国家的迁移。近年来出现了第三种情况，就是跨国企业出于脱钩和降低依赖性风险的考虑，要求供应商进行迁移。

第一种供应链迁移的动因，往往是本地化和工业化带来了生产要素成本的大幅度上升，国际比较优势不再，因而需要寻找新的成本洼地。在这种情况下，人力成本低的优势使得亚洲成为最好的供应链迁移承接地。随着供应链整体搬家，大量的资金和技术与本地廉价但好用的劳动力相结合，缔造了“亚洲四小龙”（中国台湾、中国香港以及新加坡、韩国）的经济奇迹。这一阶段迁移的是成本领先型的制造业。后发优势国家的劳动力、土地和资本等要素价格显著低于全球市场平均价格，因此工业化水平较高的国家开始向这些国家转移低端的制造业产能，转移的产业主要是基础工业和劳动力驱动的轻工业。

第二种供应链迁移的动因是，有规模优势后的供应链能力达到最大化，必然会从低端逐步走向更高技术应用的阶段。这时候一国的某个产业已经有了全球影响力，形成了更好的产业集群，并且依托于技术要素的不断创新，获取了更多的全球市场份额。这一阶段产业迁移的方向是进入一些技术附加值较高的领域，因而需要企业投入研发。以互联网为基础的全球信息平权加速了全球化的进程。部分特别优秀的企业借助 IT 和互联网，实现了价值链的跨国延伸。跨区域决策信息被即时传递，加上超级物流体系中空运和海运的高效组合，使得低成本的制造和高效率的贸易网络形成完善的网络效应。独立的企业资源管理软件以模块化、共享数据库的形式，提供了全新的跨境信息化支撑。

第三种供应链迁移的动因是，世界范围内的新的安全性问题。各区域性国家对过度依赖某一供应链产生了强烈的不安，都把国家安全作为新的发展战略目标。这是各国第一次把安全置于成本优势之上。比如，中东的地缘冲突不断，比较发达的阿拉伯联合酋长国（后文简称阿联酋）把食品安全和供应链可控性作为国家战略，在这方面的投入是超越经济维度考虑的。这一趋势是当下中国必须面对的重大课题。中国拥有充足的资源和足够高的效率，中国产业在“内卷”之下形成了绝对优势，而不是比较优势。这带来的结果是，很多产业所到之处，最后就只剩下“中国玩家”。2022 年供应失序，打乱了全球制造的节奏，供应链呈现出脆弱多变、复杂交织的新形态。当下供应链过度集中的问题，逐渐被视为一种影响未来的不安定因素。廉价且自由流动的全球化模式受到质疑，供应链主权意识产生。一种全新的“地理再发现”的全球化模式开始出现。

过去，供应链的专业化集中度和高效率，一度是全球化的精确标杆。但这种认知已经走到了尽头，面对完全不同于以往的天灾或经济下行的阻力，国家力量已深度介入。特朗普第一次执政时期的美国一直在“退大群、建小群”，鼓动多边主义合作的解体。同时，欧盟也在寻求减少对他国的各种供应链的依赖。各主要国家都在加强本土制造的完整性，对一些缺乏本地成本优势的制造业，也至少要求其在可控的周边国家进行制造。在此背景下，新兴市场国家，特别是印尼、越南、印度、墨西哥等，明显加强了对制造业的引进和投入，重新走上了中国制造业验证过的道路，引入中国资本进行工业化和制造业本地化改造变成了它们的核心战略。供应链的企业竞争属性开始叠加国家战略的属性，变成新全球化的重要动因。

新全球化企业的未来：全球产业链重构

对供应链安全的考量替代了追求成本与对效率的经济考量，这使“全球化经济+集中化制造”的模式发生了根本性变化。未来的全球制造不会再围绕着一个“拥挤的世界工厂”展开。相反，快速反应的当地市场、数字化技术的发展都将助推分散式制造，一个供应链大分流的时代正在到来。在这个分布式加速的新全球化时代，中国供应链的向外迁移既有溢出又有迁移。

区域供应链的集群效应已经超越了企业的单一对抗，形成了某些产业链的“群架”竞争。国家也可以通过一定的政策和制度设计，影响供应链的形态，例如，过去几年中国非常成功地实现了新能源车产业链的区域性输出，在墨西哥和泰国都形成了丰富的汽车零件和新能源电池的配套产业。供应链的核心是链主企业，是那些能够对整体价值链形成重大影响、控制和带动能力的核心企业。华为就是一个特别典型的链主企业，它能与上游或下游供应链配套企业进行深度合作和研发。华为应用技术的超级能力，使得配套企业同样获得了巨大的成功和发展。供应链的每一个节点都可以向上下游传递自己拥有的知识和技能。如果每条供应链都变得高效和紧密，中国制造业就会拥有极强的韧性和超级效率。价值链企业之间的默契配合、信任与深度交流，才是供应链韧性极为重要的组成部分。跨国企业之间的竞争本质是供应链效率的竞争，超级供应链是最强大的竞争力来源。国家的制造业竞争力恰恰是由不同企业、不同行业的供应链叠加起来的，这是中国在过去为世界做出的巨大价值贡献。当前全球供应链的巨大变化是，新一轮工厂建设潮正在兴起，新的制造业区域集群诞生，这也是新全球化的一个重要节点。

从战略上看，中国企业的目标是成为链主企业，通过价值链控制力来形成对供应链上其他企业的价值主导权。链主企业必须形成技术领先性或产品独特性优势，并在供应链成百上千的连接点上实现对关键节点的控制，形成对供应链价值分配的话语权，获得更高的毛利水平。如何在脱钩和反脱钩的时代课题下寻找到可持续的增长路径，是中国企业家需要面临的重大命题。供应链走向节点分散的可能性大大提高，因此中国制造走出去、走上新全球化路径成为关键选项。中国需要在全球系统性投放制造能力，出海的中国企业不能单打独斗，可以采用集团化、联合化模式。这样企业不仅能够带动自己上下游的供应商一起行动，还能获得金融、物流、信息化等多种力量的支持服务。

国家参与供应链的力度越来越大，中国企业的供应链组织方式也需要重新组合。随着全球化进入局部加速的新周期，区域性新工厂加速建设，形成了大量全新的产业园区。与此同时，发达国家也打着国家安全的旗号，要求一部分制造业回流本国。**新全球化的供应链形成了全新的分布式、区域化、本地化的新制造格局。全球经济的连接在持续稳定发展，但是连接的细节和内容已经发生了根本的变化。**

全球化的连接模式发生了转变，越来越多的人使用社交媒体，越来越多的公司雇用自由职业者，越来越多的小企业通过互联网与其他公司连接，诸多跨境信息交流已不能体现在传统贸易数据和资本流转中。碎片化连接也是新全球化的重要特征。

此外，新全球化还有一层意思，即不光中国企业要到海外寻求发展，每个国家的企业在面对国内市场容量走向饱和的趋势时，也会产生走出去的战略需求。比如，我们在和泰国企业家交流时发现，他们已经开始布局印尼、马来西亚等东南亚国家的市场，甚至开始布局北美市场。从大趋势上看，我们发现，有越来越多的亚洲企业家在占据所在区域的市场份额后，便开始更大规模地探索美国、加拿大等发达国家的市场。上一轮全球化的趋势是很多发达国家的企业到亚洲特别是中国来发展，但随着新全球化的到来，越来越多的亚洲企业把亚洲产品和文化输出到发达国家市场。比如，北美的日本餐饮店和韩国餐饮店非常受当地消费者欢迎，逐渐成为当地主流餐饮的一部分。我们也看到了亚洲企业到全球市场拓展业务的大潮，如印度企业在非洲市场已经形成了一定影响力，中国企业成为中东市场上重要的落地执行力量。

在征服星辰大海的道路上，航船注定要经历顶峰与低谷的交替，也注定要经历白昼与黑夜的轮回。一切不可知、不确定，只会使舵手更加强大。

继《新零售的未来》和《新品牌的未来》之后，我们顺应了最新的全球化趋势，继续研究，如今推出了第三本书——《新全球化企业的未来》。这次我们把视野放到了中国以外更宏大的世界，特别是共建“一带一路”的新兴市场国家。对很多企业家和读者而言，海外市场特别是新兴市场的信息差是非常大的，大家对东南亚、中东、非洲市场总体上是几乎无感的，但实际上这些相对落后的区域市场恰恰蕴含着巨大的工业化、城镇化、人口红利等发展机遇。在过去研究全球化市场的过程中，我们发现大部分中国企业家、高管和有兴趣看世界的读者们，都急需一本快速入门级的介绍性图书，以帮助自己对这些有巨大发展潜力的新兴市场形成初步的认知。

总体上，共建“一带一路”的新兴市场国家正处于 20 年前甚至 30 年前的中国所处的发展阶段，科技和医疗发展水平相对较低。但对于中国大部分制造企业来说，新兴市场是落地生根的最佳市场，而且，新兴市场国家工业化带来的人均收入水平的提升，也反过来刺激了大众的消费需求，从基础品类的食品饮料、日化个护，到消费升级的小家电、美妆、保健品等业务，都出现了高增长机遇。各新兴市场国家不仅出现了许多优秀的本地上市公司，而且在过去 10 多年中也有一批中国企业家在这里获得了巨大成功。通过本书，我们不仅把各新兴市场国家按照区域逻辑进行了体系性的介绍，也对新兴市场的产业和投资机遇进行了梳理，并通过大量案例研究，为读者提供快速对标优秀企业发展路径的启示。

对我们来说，本书也许只是一个研究的起点。我们致力于长期支持中国企业家去征战世界市场，因而需要建立一个长期的赋能体系，把更多动态的、有框架的案例和研究串联起来，形成更多能够切实帮助中国企业家成功出海的资源。这本《新全球化企业的未来》就是我们探索新世界的一小步。

在此，我要感谢弘章投资的几位合伙人共同探索全球化业务发展，也特别感谢几位主要的写作同事，包括谢源、张涛驿、石禹乔、袁雨桐，以及早期参与的朱怡琳、黄婉琪、蒋皓文、何晓枫、冯灏、黄鸣静等。此外，还要感谢在本书写作过程中为我提供具体案例资料的企业家伙伴，特别是帮助我多次修改整理文稿的王小燕老师。

在弘章投资基金进行全球投资新战略布局的过程中，我也要再次感谢给予鼎力支持的机构伙伴阿里巴巴、海澜之家、华泰证券、传音控股、洋河股份、开润股份、家家悦、世纪金源、佳禾食品、均瑶健康、乐惠国际、七匹狼、唯品会、樊大集团，以及多年好友和多个家族基金的伙伴，包括张宁、吴宵光、何芳、王宁、洪明基、高德福、周立宸、王培桓、黄涛、宋卫国、宋卫东、邢伟、陈先明等。

在我个人最好的成长过程中，我非常感谢中金公司的老领导黄朝晖，以及中金公司的老同事辛洁、刘钊、王雷、葛晓军等给予我生活工作上的帮助。

2024 年是我人生的一个新的拐点，也要再次感恩我的父母，给予我最好的起点和最稳定的价值观。我不惮于世界的变化，愿意再次以创业的心态投入对世界的新探索中。如果你只在家里，家就是你的世界，如集你能走出来，世界就是你的家。

THE FUTURE
OF GOING GLOBAL

目 录

THE FUTURE OF GOING GLOBAL

第一部分

中国企业家二次创业的新全球化征程

THE FUTURE
OF GOING GLOBAL

第 1 章

新全球化时代来临，新兴市场的新机会

全球五次产业链迁移与未来趋势

回顾世界经济发展的历史，各时代在世界舞台上创造奇迹的国家无一不是抓住了全球产业链和价值链不断迁移的历史机遇。从第一次工业革命至今，全球已经经历了四次大规模的产业链迁移浪潮，目前正在进行第五次产业链大迁移。

时势造英雄：从时间轴看产业链迁移

19 世纪下半期至 20 世纪上半期，在第一次工业革命的助力下，英国生产力快速提升，成为当时的“世界工厂”。随着国内产业容量逐渐饱和与成本上升，英国揭开了第一次全球产业链迁移的序幕。法国、德国和美国成为这次产业链迁移的主要承接国。美国在 19 世纪 60 年代主导了以电气应用为标志的第二次工业革命，并超越英国而成为世界经济强国。

20 世纪 50 年代至 60 年代，美国不断创新高端技术，发展核能、IT 信息化、生物工程三大领域的硬科技，同时把美国的低端产业、基础制造业向日本和德国转移。日、德两国随之加速了工业化进程而成为新的“世界工厂”。这是第二次产业链迁移，产业链从美国迁移到了日本、德国两大新兴市场。

20 世纪 60 年代至 70 年代，日本、德国也经历了类似美国的科技化升级。当时由于成本快速上升，因此日本和德国把一些基础制造业、来料加工业向“亚洲四小龙”和部分拉美国家转移。这就是第三次产业链迁移。“亚洲四小龙”抓住了工业化的机遇，承接了日本、德国的转口贸易和加工制造业务，从而实现经济高速增长。

第四次产业链迁移发生在 20 世纪 80 年代，欧洲的发达国家、美国、日本，以及“亚洲四小龙”等新兴工业化国家和地区，将产业链向逐步开放的中国内地迁移。中国成为第四次产业链迁移最大的受益者。从宏观视角看，中国在承接这次产业链迁移后，成为强大、高效率的世界“超级工厂”，形成了完整的以产业分类区域集群为特色的制造业基地。随着工业化、城市化进程不断推进，以及人口红利巨大潜力的释放，居民收入不断提升，消费力也大大提升。在这个过程中，中国构建了全球领先的完备的产业供应链体系。小到塑料制品，大到汽车和舰艇，都能实现中国制造。“中国制造”成为全球流行的新概念，并逐步成为高质量的代名词。这个过程也是中国从资本输入国逐步过渡到资本输出国的过程。

2012—2015 年，形成了全新产业资本的中国逐步对外尝试资本投资和产业链迁移的探索。由于社会整体的人才和土地资源等经营成本快速上升，基础、低端制造业的红利逐步消退，加上中国劳动年龄（16 ～ 59 岁）人口出现下降的趋势，还有地产方面的高投入对制造业形成了“挤出效应”，因此中国开始向劳动力和土地成本更具优势的越南、泰国、印尼等东南亚国家进行产业链迁移。与此同时，为了缓解美国提高关税和设置其他贸易壁垒带来的压力，中国企业开始向美国的邻居墨西哥转移部分制造业，如汽车零部件产业。

看到中国制造业强势崛起，美国政府开始着力于让高端供应链回流美国的大战略。2022 年 8 月 9 日，美国政府推出了价值 527 亿美元的《芯片和科学法案》（*HIPS and Science Act*）。该法案的主要内容之一就是为美国半导体产业提供高额的政府补贴，并为在美国建立芯片工厂的企业提供税收减免。随后，美国又推行了《通胀削减法案》（*Inflation Reduction Act*）。该法案的主要内容之一是对美国清洁能源相关领域给予较大力度的政策和税收补贴支持。从奥巴马时代开始，美国就已经着手让制造业回归美国；在特朗普执政时期，美国以各种保护性政策争取企业；而拜登上台后，更是扬言要让制造业回归。但美国的一些做法明显带有针对性，中国对此有异议。

当下，中国大量产业的走向必然是，国内不断形成由科技驱动的升级产业链，而在中国以外，特别是“一带一路”共建国家，则加大制造业供应链的建设和产能的输出。中国企业家不得不走出原来的舒适区，去迎接全新的挑战，在那些还处于经济发展初级阶段且人口众多的新兴国家再走一次成功之路。第一次“下南洋”时走出去的大多是比较穷困的劳动者，南洋对他们来说，可能意味着一条生存之路。而当下“再下南洋”，走出去的已经是拥有大量技术和经验的企业家。从企业间的竞争能力和资源的角度来说，我们可以看到大部分中国企业已经具有相当强的竞争力。未来 10 年，中国企业家一定会成就一批全球性“新巨人”企业，打造属于中国的真正的跨国公司。

从日本出海案例看第五次产业链迁移

在寻找新的发展机遇的当下，我们研究日本的产业链迁移案例，也许能从中得到很好的启发。日本在经济泡沫破灭后面临巨大的内需失落，但产业出海却呈现较高增长，特别是日本制造产业向中国输出，帮助很多日本企业成为大型跨国企业集团。

20 世纪 80 年代末至 90 年代初，日本股市、地产资产价格大跌。经济泡沫破灭后，日本陷入“失去的三十年”（1989—2019 年），大量日本人不得不背负高额负债，缺少继续投资和高消费的意愿。日本内需增长大幅度放缓，表现为 GDP 发展缓慢，但宏观层面国民总收入持续走高。对此，日本开始实施探索本土以外市场的出海战略。在内需长期疲弱之下，日本企业普遍将目光投向海外市场，特别是与其一水之隔的市场规模庞大的中国。20 世纪 90 年代末，大量来自日本的投资涌入中国，随之出现了一系列变化，比如，中国上海和东北地区都掀起了学习日语的热潮；日本上市公司在中国市场的业务规模扩大，业绩提升，股价上涨。出口和海外销售成为日本国内经济“失去的三十年”中企业营业收入增长的重要驱动力。1990—2022 年，日本上市公司的海外营业收入占比从 19% 升至 50%，海外营业收入成为其营业收入维持年均增速的重要支撑，而同期日本 GDP 年均增速仅为 0.9%。

日本出海产业的变迁大致经历了三个阶段：第一阶段始于 20 世纪 90 年代，日本电气设备成为出海主力；第二阶段始于 2001 年，中国加入世界贸易组织、工业化进程加速，日本顺周期制造业出口规模迅速上行；第三阶段始于 2011 年，日本消费行业出海规模迅速上行。机械、电气设备、运输设备等是日本出口产品的主力，占据较高的出口市场份额。此外，日本技术优势依然明显的上游材料和下游消费品（如食品、医药）也是出口的主要品类。

从上市公司看，1992 年至 2022 年底，日本股价翻倍的企业多集中于制造业和消费行业。其中，制造业包括医疗器材、汽车、电气设备、生物制药、化工等，多为日本具备技术优势的高端制造业；消费行业主要涉及药店商超、个人用品、家居用品、食品制造等领域。此外，日本的科技和软件服务、通信服务等行业的上市公司股价也获得不错的涨幅。对比上市公司股价表现和行业整体海外营业收入占比的变化，二者表现出较为明显的一致性。制造业尤其如此，海外业务扩张成为制造业上市公司过往 30 年股价表现的重要支撑。从股价表现来看，日本出海龙头企业的股价在 30 年间的涨幅明显优于日本股市的整体表现。

日本消费品企业出海成功，主要得益于其品牌效应的带动。日本药店、零售商超、休闲品、家居产品等领域的龙头企业具备全球竞争力，其中典型的公司有尤妮佳、任天堂、索尼等。在日本制造业出海企业中，股价表现优异的多为利润率本身较高或随出海有明显提升的企业。这些企业集中于医疗器材、工业工程等行业。

东南亚概况和经济概述

历史、地理、人口概况

在“一带一路”共建国家的发展机遇中，中国具有很强的影响力。同时，由于东南亚各国在地理和地缘政治方面与中国在历史上有着千丝万缕的联系，因此大部分中国企业出海的第一站会选择东南亚国家。相比于非洲、中东市场，东南亚市场最大的好处是相对比较容易实现组织力，当地的华人文化基础使得中国企业最初的落地风险相对较低。

东南亚位于亚洲东南部，包括中南半岛和马来群岛两大部分。东南亚地区共有 11 个国家，分别为印尼、新加坡、马来西亚、越南、泰国、菲律宾、缅甸、柬埔寨、老挝、文莱和东帝汶，总面积约为 457 万平方千米。东南亚是亚洲与大洋洲、太平洋与印度洋之间重要的十字路口，不仅有着十分重要的地理位置，也是亚洲经济体的重要组成部分。

东南亚丰富的自然资源和人力资源，为其经济的长期发展打下了坚实的基础。对出海企业而言，东南亚丰富的劳动力资源叠加各国政府的对外经济政策支持，有着巨大的吸引力。因此，越来越多的企业开始把东南亚作为重要的出海目的地之一。据公开新闻报道，到 2030 年东南亚国家联盟（简称东盟）有望成为全球第四大经济体。

经济概述

印尼为东南亚最大单一市场，占东盟约 40% 的 GDP 和 41% 的人口。纵观东南亚国家，印尼虽然是 1997 年亚洲金融危机中的“差等生”，也是长期被国际市场忽视的“隐形大国”，但近几年已变为颇受关注的东南亚市场中最亮眼的高增长国家。印尼作为世界第四大人口国家，拥有丰富的人力资源储备，叠加良好的营商便利度，近几年经济快速增长回暖，国民经济率先从疫情中全面复苏，经济发展韧性凸显。因此，印尼越发得到外国资本的重视。过去，日本和韩国是印尼重要的外资方。近几年，中国资本也大量进入印尼市场。目前，印尼已经成为“一带一路”倡议下中国企业出海东南亚的重要目的地之一。

近年来，东南亚地区在全球分工中的参与程度正在持续加强。2022 年，东盟已跻身全球第五大经济体，商品出口总额约为 2 万亿美元。该地区的出口商品以电子设备与元器件、机械设备等高端制造产品为主，同时服务贸易规模也在持续增长，其中 IT 服务、金融服务、商业咨询占比达 46%。

地理临近是东南亚国家和中国经贸合作高速发展的核心基础。目前，中国与东南亚国家的经济互动和合作不断深化。中国与东南亚国家在经济上协同性强，中国相对侧重中高端技术，比肩发达国家，东南亚国家则侧重中低端产业制造。东南亚国家对中国的出口替代效应初显：越南的出口产品主要是轻工业产品，包括服装鞋帽和家具；泰国的出口产品主要是橡胶制品、汽车和零部件等；马来西亚的出口产品替代了一部分中国的机电和家具相关产品。东南亚国家的线下零售业总体上基础薄弱，前十大区域零售商所占市场份额不到 10%，这表明在电商领域有实现较高增长的机会。此外，东南亚本土供应链制造基础较弱，消费品进口依赖度高，这就为跨境电商提供了良好机遇。东南亚国家的电商平台主要包括 Shopee、Lazada 和 Tokopedia（已与 TikTok 印尼合并）。东南亚国家的电商平台正迅速整合为几家大电商，与此同时，TikTok 也在高速成长，成为其最大的挑战者。

中国的供应链优势、人才优势、经验优势和资本优势，将是未来 10 年新兴市场格局中的重要竞争力。中国风靡过的产品和业态中，有很多值得再做一遍。如今的东南亚市场如同过去的中国市场，正处于高增长、靠勤奋和勇气致富的时代，时光机理论正在被实践。中国的第一波先行者已打开市场，如传音、小米、冬海集团、极兔、TikTok……东南亚市场是数字经济时代的新大陆，同样也蕴藏着参照系中最明显的赚钱机遇。当然，各国的现代渠道发展阶段不同。比如，新加坡、菲律宾的现代渠道较为发达；印尼建立了东南亚最大的传统渠道，线下销售主要在传统渠道完成。

南亚概况和经济概述

历史、地理、人口概况

在地理上，我们通常将亚洲南部的喜马拉雅山脉中、西段以南和印度洋之间的地区统称为南亚地区。南亚地区因喜马拉雅山脉的高大山体将其与亚洲其他地区隔开，从而形成了一个相对独立的地理单元。南亚地区西连阿拉伯海，东至孟加拉湾，地区内共包含 7 个国家，分别为印度、巴基斯坦、孟加拉国、尼泊尔、不丹、斯里兰卡和马尔代夫。同时，缅甸受南亚文化的影响较大，在研究层面也经常被归为泛南亚国家。

南亚是世界文明的发源地之一，早在公元前 3000 年左右，达罗毗荼人就已在印度河沿岸从事农业生产和一定的商贸活动，逐渐形成了发达的城市文明。历史上，南亚在很长时间内都是世界上的富庶地区之一，农业、手工业等行业的发展水平及文化艺术水平都排在当时全球的前列。

15 世纪末期，西方殖民势力开始进入南亚地区。18 世纪中期，除尼泊尔、斯里兰卡以外的南亚国家基本沦为英国的殖民地。在此后的殖民统治期，南亚处于发展相对停滞状态，逐渐成为世界上贫穷落后的地区之一。

第二次世界大战结束后，资本主义殖民体系瓦解，但那时的英国当局在南亚地区提出了《蒙巴顿方案》，主张“印巴分治”，这种“分而治之”的政策，导致南亚国家始终面对着相对复杂的地缘政治关系。南亚地区有众多种族，多元化的民族结构与历史上多次受到外族入侵有一定的关系。南亚是佛教、印度教等多种宗教的发源地，地区宗教信仰并不统一。印度人、尼泊尔人多信仰印度教，巴基斯坦人、孟加拉国人和马尔代夫人主要信仰伊斯兰教，而斯里兰卡人和不丹人则信仰佛教。

根据中华人民共和国商务部（后文简称商务部）《对外投资合作国别（地区）指南》的数据，截至 2022 年，南亚地区共有人口约 18.79 亿人，占全球人口总数的近25%，是全球人口密度最高的地区。其中，印度人口14.2亿人，巴基斯坦2.36亿人，孟加拉国1.69亿人，尼泊尔3 054万人，不丹76万人，斯里兰卡2 218万人，马尔代夫57万人。

南亚经济体量前三名的国家

印度

从整体上看，南亚地区虽然有7个国家，但对全球经济存在显著影响的目前只有印度。同时，印度在南亚地区内的影响力也十分显著。印度在2023年4月正式超越中国，成为全球人口第一大国，且人口结构较具优势，人口年龄分布呈上窄下宽的金字塔结构，15～34岁人群数量占比最高，整体分布与2000年的中国比较接近。从年龄中位数看，印度约为28岁，比中、美年轻约10岁，比日本年轻约20岁。不过目前，印度劳动力素质仍有待提升，且女性的劳动参与率不高，在一定程度上限制了印度人口红利的释放。

根据商务部《对外投资合作国别（地区）指南》的数据，2018—2022年，除2020年外，印度经济均保持增长态势。2020年，印度名义GDP同比下降5.8%，人均名义GDP下降6.7%。2022年，印度名义GDP为3.39万亿美元，同比增长7.5%，超越英国成为世界第五大经济体，人均名义GDP为2 388.6美元，同比增长6.7%。2022年，印度第一、第二、第三产业占GDP比重依次为16.6%、25.6%和48.6%。2022年，印度投资、消费和净出口占GDP比重依次为31.2%、71.0%和–4.0%。

在产业发展方面，印度走了一条和中国完全不同的道路。历史上，印度跨过了工业化阶段，直接实现了经济体系从农业为主导向服务业为主导的跃升。从数据上看，印度服务业增加值占GDP比重在20世纪70年代就已经超过农业，服务业在国民经济中占主导地位。自20世纪80年代以来，印度农业占GDP比重持续下降，服务业占比持续上升，而工业占比勉强保持不变，甚至有所下滑。2022年，印度服务业增加值占GDP比重已经提升至52%左右，制造业占比则不到15%。

近年来，在国际局势不断变化的情况下，印度成为部分产业转移的目的地。印度政府也在大力推动工业化建设，制造业的发展是最近几年印度经济的核心亮点之一。我们看到，印度在过去几年迎来了汽车及零部件、消费电子组装等行业的快速发展。

同时，印度的城镇化率已经进入快速提升阶段。工业化不断推进，居民消费水平提升，且居民部门的杠杆率水平还比较低，这些因素让印度的房地产市场迎来量价齐升，地产销售和面向消费者的家具等行业都有很好的发展前景。

除印度外，巴基斯坦和孟加拉国也有一定的经济体量。

巴基斯坦

据巴基斯坦中央银行统计，2021—2022 财年，巴基斯坦 GDP 约为 3 772.89 亿美元，实际增长率为 6%，超过 4.8% 的增长目标，在上财年 5.74% 的增速基础上继续保持增长态势。人均 GDP 为 1 506 美元，同比增长 13.63%。2021—2022 财年，巴基斯坦国民经济三大行业继续保持增长态势。第一、第二和第三产业 GDP 占比分别为 22.63%、19.09% 和 58.28%。第一产业产值同比增长 4.4%，水稻、玉米、甘蔗和棉花等主要作物均实现 9% ～ 18% 的增产，只有小麦产量下降 3.9%。第二产业产值同比增长 7.19%，制造业实现了广泛增长，纺织、食品饮料和烟草等产业以及石化、家具和汽车行业的产出明显增加。第三产业产值增长 6.19%，占比最大的批发零售业和交通运输仓储业分别增长 10% 和 5.4%。制造业是巴基斯坦经济发展的支柱，其中轻纺工业占了较大比重。巴基斯坦是亚洲第八大纺织品出口国，而电子、机械等其他行业的发展则相对落后。

孟加拉国

孟加拉国是一个人口总量大且年龄结构非常好的经济体。据孟加拉国统计局公布的数据，2022—2023 年，孟加拉国 GDP 约为 4 538 亿美元，增长 6.03%，人均 GDP 约为 2 657 美元，人均收入约为 2 765 美元。孟加拉国统计局数据显示，2022 年孟加拉国农业、工业和服务业三大产业占 GDP 的比重分别为 11.2%、37.56% 和

51.24%。世界银行公布的数据显示，2022 年孟加拉国消费、投资、净出口占 GDP 比重分别约为 73.98%、31.25% 和 –5.76%。

在工业方面，孟加拉国以原材料工业为主，重工业薄弱，制造业欠发达。但受益于廉价的劳动力，成衣制造成为孟加拉国工业的核心产业，是孟加拉国经济的支柱，也是国家外汇收入的主要来源。目前，孟加拉国是全球牛仔服装的主要生产国，年产量约为 2 亿件。根据公开数据，孟加拉国约有 500 万人从事服装行业，2023 年孟加拉国货物出口总额为 558 亿美元，其中成衣出口额占比近 85%，约为 474 亿美元。

非洲概况和经济概述

GDP、市场、人口概况

非洲由 56 个国家和地区组成，2023 年，非洲国家 GDP 总额达 2.87 万亿美元。据国际货币基金组织（IMF）公布的数据，2023 年，非洲人均 GDP 最高的国家是塞舌尔，达 21 575 美元；最低的是布隆迪，仅为 325 美元，这个数值也是全世界最低的。塞舌尔是全非洲唯一一个人均 GDP 高于中国的国家，该国是以旅游业为主的印度洋小岛国，人口总数仅 10 万。非洲现有 7 个人口总数在 5 000 万以上的人口大国，按 2023 年人均 GDP 从高到低排序，依次为南非、埃及、肯尼亚、尼日利亚、埃塞俄比亚、坦桑尼亚、刚果（金）。

从 GDP 总量看，非洲排名前三的国家分别是北部的埃及、中部的尼日利亚、南部的南非。但这三个国家的 GDP 在 2023 年全部大幅下降，从 4 000 亿美元级别掉至 3 000 亿美元级别。因下降程度不同，排名也换了位次，埃及取代尼日利亚排名第一，南非位列第二，尼日利亚跌至第三。

非洲区域化明显，主要分为三大市场：第一个是北非市场，包括埃及、摩洛哥等主要国家，具备阿拉伯文化的很多特点；第二个是撒哈拉以南非洲市场，包括东非国家肯尼亚、埃塞俄比亚和坦桑尼亚等，西非国家尼日利亚、科特迪瓦、加纳等，以及中非国家加蓬、喀麦隆等；第三个是南非市场，白人居多，生活习惯更接近欧洲，市场相对成熟，总体上市场机会偏小。2023 年，非洲 GDP 总量排名前三的国家尼日利亚、南非和埃及，其 GDP 总量约为 1.15 万亿美元，约占整个非洲 GDP 的 40%；排名前十的国家 GDP 总量约占整个非洲 GDP 的 80%。

2023 年非洲人口约为 14 亿人，占世界总人口 81.8 亿人的 17% 左右，平均年龄约为 20 岁，远低于中国的 37 岁和欧洲的 43 岁。未来 30 年，全球人口将增加约 20 亿人，其中一半新增人口将来自撒哈拉以南非洲，该地区的人口数量预计增长一倍，从约 10 亿人增加到约 20 亿人；未来 10 ～ 15 年，这里将拥有最大的劳动力群体和最具活力的市场。据 Trading Economics 公布的数据，截至 2023 年底，非洲人口位居前列的国家有尼日利亚（2.24 亿人）、埃塞俄比亚（1.27 亿人）、埃及（1.06 亿人）、刚果（金）（9 502 万人）、南非（6 220 万人）、坦桑尼亚（6 174 万人）等 7 个大国。非洲人均 GDP 已经突破每年 2 000 美元，经济发展将有机会进入快车道。此外，非洲 GDP 的“二八法则”非常明显，人口最多的 7 个国家的 GDP 将占据非洲 GDP 总额的主要部分，它们也是非洲最有发展机会的国家。

发展前景与存在的问题

非洲的城市化和工业化潜力非常大。未来 10 年，预计非洲将有近 2 亿人从农村涌向城市，城市人口约为农村的 2.5 倍。2034 年，非洲劳动力人口预计将达到 11 亿人，人口红利将在工业化进程中得到释放。麦肯锡预测，2025 年非洲制造业产出有潜力翻番至 9 300 亿美元。

非洲经济增长的长期趋势较好。根据非洲开发银行最新发布的经济数据，2023 年非洲 GDP 增长率为 3.2%，资源密集度较低和贸易结构更多样化的经济体，如肯尼亚、科特迪瓦和毛里求斯，预计将成为经济增长最快的经济体。国际货币基金组织预测，2024 年撒哈拉以南非洲的经济将出现基础广泛的增长，增长率将反弹至 4%，有 18 个非洲国家的增长率预计将超过 5%。

但非洲国家通胀比较严重。2022 年，约 42% 的非洲国家年平均居民消费价格指数（CPI）达到两位数。非洲开发银行预测，2024 年非洲的平均通胀率将达到 17.1%。为了遏制通胀、缓解汇率贬值压力，许多非洲国家在 2022 年提高了国内政策利率，在 2023 年又进一步提高。加纳、埃塞俄比亚、埃及、南非和津巴布韦等国家尤其需要收紧货币政策。非洲国家面临宏观经济不稳、通胀压力加大、债务风险上升等挑战。国际货币基金组织公布的数据显示，2023 年，撒哈拉以南的非洲国家的平均政府债务占其 GDP 的 55.8%，全球货币环境收紧给其偿还债务带来额外压力。相比之下，非洲东部、西部市场潜力大，经贸环境积极稳定，当地人对工作的热情和自我驱动力强于其他地区。

非洲国家积极发展数字化，通过技术和创新解决政府和行业面临的挑战。疫情加速了非洲各国的数字化创新，各国对数字基础设施和服务的需求增加。但非洲经济增长仍面临一些长期存在的顽疾，如基础设施落后、农业生产效率不高、气候变化冲击、粮食安全风险凸显等。

非洲国家整体工业化能力过低，严重依赖进口，进口的品类如排插、驱蚊用品、日化用品等，其售价是中国网络售价的两倍以上。不过，我们看到一些本地化生产品类存在巨大优势，如超市里的烘焙品类基本是超市自有品牌的产品，同时超市标配有一个现烤面包档口，因而烘焙是当地的引流品类。造成这一现象的主要原因是供给端品类存在不充分竞争，部分垄断品类存在垄断溢价。电商目前也缺乏影响力，竞争力不足，难以倒逼超市提升效率。非洲电商渠道整体发展薄弱，电商的物价比超市还高，缺乏足够的影响力。值得关注的是 B2B 与社交电商，其发展方向是线下零售提升效率，降低成本。非洲的 B2B 行业蓬勃发展了很久，已经形成了一些有规模的中型 B2B 企业。非洲社交电商虽然目前规模比较小，还没有形成产业价值，但发展速度非常快。

2021—2023 年，中非进出口额均实现明显增长。《中国与非洲经贸关系报告 2023》显示，2021 年中非货物贸易总额达 2 542.9 亿美元，同比增长 36%；2022 年中非货物贸易总额达 2 820 亿美元，同比增长 10.9%。中国连续 14 年保持非洲第一大贸易伙伴国地位。中国对非洲出口车辆等运输设备的数量增长较快，从非洲进口的农产品数量增长明显，近年年均增速达 11.4%，越来越多非洲优质特色农产品加快进入中国市场。中非服务贸易在多个领域取得新进展，人民币国际化业务在非洲不断推进，中非本币结算和互换安排取得较大进展。双方互设的金融机构的分支机构日趋增多，金融便利化水平稳步提高。以跨境电商、移动支付、云外包合作等为主的信息技术服务，为中非经贸合作带来创新性模式。

中国对非洲投资日益活跃。《中国与非洲经贸关系报告 2023》指出，2021 年中国克服疫情影响，对非洲直接投资实现较大幅度增长，投资额从 2020 年的 42.3 亿美元增长到 49.9 亿美元，同比增长约 18%。中国对非洲投资以建筑业、采矿业和制造业等传统行业为主，同时中国企业加大了对非洲农业及农产品加工业、金融服务、航空航天等领域的投资。在制造业领域，新能源汽车、医疗医药、电子信息制造成为中国对非洲投资的新亮点。中国企业在非洲参与建设的经贸合作区是中国对非洲投资的重要载体，近年来园区企业业务更加多元化，投资金额和带动的当地就业数量逐步增长。中非发展基金、中非产能合作基金、丝路基金等股权基金加大投资力度，有力支持了非洲新基础设施建设（简称基建）和新兴产业发展。

中东地区概况和经济概述

地理、历史概况

中东地区通常指从波斯湾沿岸到地中海东、南部的地区，包含沙特阿拉伯（简称沙特）、土耳其、以色列、阿联酋、埃及、伊朗、伊拉克、卡塔尔、科威特、阿曼、叙利亚、约旦、巴林、也门、黎巴嫩等国家，人口总数超 2 亿。中东地区的地形以高原、平原为主，气候炎热，热带沙漠气候分布最广。从地理位置上看，中东地区自古以来就是东西方交通枢纽，战略地位非常重要。

从历史上看，中世纪时，中东文明非常先进。特别是中世纪早期，当西欧陷入战乱和野蛮统治之下时，中东地区被阿拉伯帝国统一，并且发展出繁荣的经济和灿烂的文化。彼时，耶路撒冷、巴格达、大马士革成为与长安、洛阳比肩的特大城市，中东是西欧人向往之地，是“富庶”的代名词。

随着第二次世界大战后期全球秩序的重塑，中东地区阿拉伯国家体系初步建立。1945 年，阿拉伯国家联盟成立，当时的成员国包括埃及、约旦、伊拉克、黎巴嫩、沙特、叙利亚和也门。

经济概述

从经济发展来看，2022 年中东地区 GDP 总额约为 3.9 万亿美元，2023 年中东地区整体的 GDP 增速约为 2.1%。GDP 排在前 9 位的国家沙特、土耳其、以色列、阿联酋、埃及、伊朗、伊拉克、卡塔尔和科威特的 GDP 之和占中东地区 GDP 总量的 90% 以上。其中，沙特占比约为 20%，是中东地区经济总量最大的单一经济体。

从人均 GDP 来看，得益于丰富的油气资源，中东地区情况较好，尤其是海湾阿拉伯国家合作委员会（简称海合会）的 6 个经济体（沙特、阿联酋、卡塔尔、科威特、阿曼、巴林），2022 年整体的人均 GDP 高达 3.4 万美元，全部达到发达国家水平。不过海合会各国的人均 GDP 也存在一定的分化，比如，卡塔尔的人均 GDP 已经超过 10 万美元，排在世界第 5 位；而阿曼的人均 GDP 刚超过 3 万美元，排在世界第 50 位左右。

从人口结构来看，2022 年中东地区 16 个国家和地区的人口总数约为 2.5 亿人，其中埃及约有 1 亿人，土耳其、伊朗人口均超过 8 000 万人，沙特超过 3 600 万人。人口年龄结构相对年轻化，埃及、土耳其、伊朗、沙特、阿联酋 15 ～ 64 岁人口的占比分别约为 62%、68%、70%、72% 和 84%（世界平均水平约为 65%），人口总抚养比较低。年龄中位数方面，上述 5 个国家分别为 23.9 岁、33.5 岁、32 岁、29 岁和 34 岁。

从性别比例来看，埃及、土耳其、伊朗等国男女比例相对均衡。但沙特和阿联酋由于流入的外籍劳工以男性为主，因此男性人口整体占比显著高于女性。

从劳工结构来看，以海合会国家为例，本国公民主要在政府部门、国有企业就业，这部分劳动人口约占总就业人数的 1/3；而外籍劳工是劳动力市场的主要参与者，约占总就业人数的 2/3。海合会国家的外籍劳工占比，卡塔尔是最高的，超过 94%，阿联酋、科威特也都超过了 80%，阿曼、巴林则超过了 70%，沙特约为 55%。同时，中东地区国家也有劳动参与率不高的问题。

从经济和产业结构来看，中东地区国家，尤其是海湾地区的几个核心国家①整体经济结构较为单一，能源及相关产业是这些国家的经济支柱。除巴林之外的海湾国家拥有全球约 20% 的石油产量，在石油输出国组织（OPEC）中所占比重超过 60%。得益于丰厚的油气资源储量，油气及相关产业占海合会国家（除阿联酋和巴林之外）GDP 的比重超过 40%。根据国际货币基金组织公布的数据，海合会国家从油气产业获得的财政收入是其他产业的数倍。油气产业是当之无愧的海合会国家的支柱产业，但这也造成了上述国家的制造业等非能源产业对外依赖程度非常高，国家层面呈现出长期以能源换工业制成品的货物贸易模式。

从进出口商品结构来看，矿物燃料和相关产品是海合会国家出口占比最大的品类，虽然占比从 2000 年的 86% 下降到 2021 年的 61%，但依然极高。因此，海合会国家的出口表现与国际油价关系密切，具有较强的波动性。除矿物燃料以外，黄金等贵金属是海合会国家出口的第二大品类，2021 年出口额占比约为 7%。进口方面，由于海合会国家除油气、冶炼以外的其他工业发展偏弱，因此它们对机电产品、机械设备、钢铁、纺织品等品类都有较高的进口需求。同时，得益于阿联酋已经成为全球黄金贸易中心之一，海湾国家的黄金等贵金属进口额不断上升。

从基础设施建设方面来看，由于中东地区位于阿拉伯半岛、两河流域和伊朗高原之间，是连接亚、非、欧的枢纽地带，因此港口、机场等交通设施建设相对发达。同时，在数字基建方面，当地的互联网普及率较高，移动互联网渗透率非常高，如卡塔尔拥有全球首个商用 5G 网络。

---

① 即海湾国家，指波斯湾沿岸的 8 个国家，分别为伊朗、伊拉克、科威特、沙特、巴林、卡塔尔、阿联酋和阿曼。它们都是中东地区国家。——编者注

从企业家们更关心的营商环境和税收制度等问题来看，由于中东地区国家正在努力寻求从以油气产业为支柱的经济模式向多元化经济模式转型，并且大力吸引海外投资，因此其营商环境也在近年来有比较明显的提升。世界银行发布的《2020年营商环境报告》显示，阿联酋营商环境指数排在全球第16位，其中商业效率排在第1位，政府效率排在第2位，经济表现排在第7位。巴林、沙特、科威特、阿曼、卡塔尔等国的营商环境均在过去几年有一定幅度的提升。中东地区多数国家属于全球税率较低的经济体。

回顾过去，阿联酋的迪拜在当地最早打破贸易壁垒，成为全球贸易和投资中心之一。伴随着经济多元化转型的努力，未来10年是海湾地区国家实现转型的关键时期。相关国家正在对娱乐旅游业、人工智能、可再生能源、数字经济等领域进行大刀阔斧的改革。

共建“一带一路”倡议

中国企业家探索新兴市场发展，有得天独厚的国家级的战略指导和政策支持优势。早在2013年，中国政府就已经高瞻远瞩地提出了“一带一路”倡议。“一带一路”指的是“丝绸之路经济带”和“21世纪海上丝绸之路”。该倡议最初旨在促进中国与古代丝绸之路沿线国家进行经贸合作，参与这些国家的基础设施建设。随着合作平台逐步扩大，“一带一路”超出了原有的地理范围。“一带一路”网站显示，截至2023年8月，中国已同152个国家和32个国际组织签署了200余份共建“一带一路”谅解备忘录。未来“一带一路”所覆盖的国家范围会继续扩大，朝着囊括所有建交的发展中国家的方向发展。

构建“一带一路”强调加强“五通”，即政策沟通、设施联通、贸易畅通、资金融通和民心相通。加强政策沟通要积极构建多层次的、政府间的宏观政策沟通交流机制，共同制定推进区域合作的规划和措施。加强设施联通要加强基建规划、技术标准体系的对接，与各成员国共同推进国际骨干通道建设，逐步形成连接各国的基础设施网络。推动贸易畅通要消除贸易壁垒，共建自由贸易区，避免双重征税。

加强资金融通要扩大沿线国家双边本币互换、结算的范围和规模。加强民心相通要扩大文化、学术交流、人才往来合作，如扩大相互间的留学生规模，进一步开展合作办学。

目前设施联通已经取得了卓越的进展，国际多式联运大通道在持续拓展。中欧班列、中欧陆海快线、西部陆海新通道、连云港—霍尔果斯新亚欧陆海联运通道等国际多式联运稳步发展。国务院新闻办公室 2023 年 10 月 10 日发布的《共建“一带一路”：构建人类命运共同体的重大实践》白皮书指出，中欧班列通达欧洲 25 个国家的 200 多个城市，86 条时速 120 千米的运行线路穿越亚欧腹地主要区域，物流配送网络覆盖欧亚大陆；截至 2023 年 6 月底，中欧班列累计开行 7.4 万列，运输近 700 万标箱，货物品类达 5 万多种，涉及汽车整车、机械设备、电子产品等 53 大门类，合计货值超过 3 000 亿美元。中欧陆海快线从无到有，成为继传统海运航线、陆上中欧班列之外中欧间的第三条贸易通道。2022 年全通道运输总箱量超过 18 万标箱，火车开行 2 600 余列。西部陆海新通道铁海联运班列覆盖中国中西部 18 个省（区、市），货物流向通达 100 多个国家的 300 多个港口。这为中国企业家的新全球化布局提供了基础设施方面的极大便利。在“一带一路”倡议的推动下，中资企业“走出去”的步伐更快，规模也越来越大，已经有相当的市场份额并产生了一定影响力。

以能源合作为例，中国石油早在 20 世纪 90 年代初就已经在拉丁美洲、非洲等区域从事油气开发业务。中国能源企业在海外持续投资和扎根运营了 30 多年时间。这样的时间跨度已经远远超过了欧美跨国公司的惯例。除了能源领域，其他诸如基建、工程项目施工、信息通信等领域，中国企业在海外也是长期经营的。

中国企业国际化经营的策略和模式是非常有特点的，采取本地化运营，实现与当地社会、当地供应商、服务商和承包商紧密合作，实现雇员充分当地化，主动融入当地。中国以开发性金融为支持的国际化模式逐步成为核心模式。不同于商业性金融和政策性金融，开发性金融以国家信用为基础，具有长期性、战略性和微利性。在战略上支持当地经济发展，加大能源和基础设施建设，以可持续发展为导向，以促进中国和合作国的双边关系发展为最终目标，兼顾了政策和市场的协同，单边与多边融资并行互促。在合作成效上，开发性金融合作既兼顾了国家利益，也实现了商业利益与合作国利益的均衡发展，促进了互利共赢。

从实际效果来说，中国企业实现“走出去”战略，对于“一带一路”共建国家是非常适合的。从产品和服务能力看，“走出去”的中国企业能满足这些工业化早期的“一带一路”共建国家的实际需求。目前中东的大国沙特正在进行大规模的基建和技术升级，这对于很多中国企业来说是绝好的发展机遇。无论是满足当地的贸易需求，还是参与当地的制造业建设，重点布局“一带一路”共建国家都是当下中国企业出海的热点。

本书第一部分以“一带一路”共建国家为主要投资研究的目标，为读者逐步展开了东南亚、南亚、非洲、中东等主要区域市场的宏观情况和产业发展机遇。

THE FUTURE
OF GOING GLOBAL

第 2 章

世界经济新格局，从人口结构预见未来

2075 年的世界各国 GDP 预测

全球经济增长率从 2008 年金融危机爆发前 10 年的年均 3.6%，下降至疫情暴发前 10 年的年均 3.2%。[①] 这种增长放缓的趋势不仅出现在发达国家，新兴市场国家也未能幸免。全球人口增长放缓、经济增长放缓，已经成为一种宏观趋势。

人口结构变化是全球经济增长放缓的重要原因之一。过去 50 年，全球人口增长率减半，从每年约 2% 下降到目前的不足 1%。联合国人口机构预测，到 2075 年，全球人口增长率将降至接近零。老龄化将成为深刻影响未来社会的因素，医疗保健成本将大大上升。未来几十年，人口老龄化将成为各国经济发展要面临的最严峻挑战之一。

---

① 该数据及本节主要内容参考 2022 年高盛经济学发布的报告《通向 2075 之路——全球经济增长放缓，但将继续趋同发展》（*The Path to 2075 — Slower Gobal Growth，But Convergence Remains Intact*）。——编者注

当然，新兴市场国家的经济增长总体上超过发达国家的经济增长。在未来的几十年，新兴市场国家 GDP 占全球 GDP 的比重将继续上升。新兴市场将出现更多的“中等收入经济体”群体。高盛研究报告预计，未来 30 年，全球 GDP 的比重将更多地向亚洲国家转移，至 2050 年，世界最大的 5 个经济体将是中国、美国、印度、印尼和德国，印尼将取代巴西和俄罗斯成为最大的新兴市场。并且，高盛研究报告预测，到 2075 年，如果具备适当的政策和开放的体系，那么保持人口快速增长的尼日利亚、巴基斯坦和埃及等国有可能在世界经济体排名中跻身前列（见表 2-1）。

表 2-1　高盛预测 1980—2075 年世界前 15 大经济体 GDP 排名

排名	1980 年	2000 年	2022 年	2050 年	2075 年
1	美国	美国	美国	中国	中国
2	日本	日本	中国	美国	印度
3	德国	德国	日本	印度	美国
4	法国	英国	德国	印尼	印尼
5	英国	法国	印度	德国	尼日利亚
6	意大利	中国	英国	日本	巴基斯坦
7	中国	意大利	法国	英国	埃及
8	加拿大	加拿大	加拿大	巴西	巴西
9	阿根廷	墨西哥	俄罗斯	法国	德国
10	西班牙	巴西	意大利	俄罗斯	英国
11	墨西哥	西班牙	巴西	墨西哥	墨西哥
12	荷兰	韩国	韩国	埃及	日本
13	印度	印度	澳大利亚	沙特	俄罗斯
14	沙特	荷兰	墨西哥	加拿大	菲律宾
15	澳大利亚	澳大利亚	西班牙	尼日利亚	法国

资料来源：高盛全球投资研究部。

过去 20 多年来，新兴市场国家向发达国家的收入趋同，这是世界发展更平衡的一种趋势。然而，尽管国家间收入不平等有所缩小，但国家内部的收入不平等有所加剧。近年来各区域都出现了民粹主义兴起的趋势，这将导致区域性保护主义抬头，并扩大全球化大逆转的风险。虽然在某些国家民粹主义情绪使得政府获得了短暂的民众支持，但片面强调国家安全，导致这些国家更加关注本土生产和供应链弹性。虽然过去的全球化一直是减少各国收入不平等的强大力量，但这一趋势正在重新调整为发展区域化、分布式的供应链体系。我们把这种区域化、分布式供应链体系的趋势称为新全球化的重要特征。

除人口结构变化外，全球经济增长降速还有两个主要原因：第一个是技术进步速度放缓，暂时没有出现足够引起变革的技术创新，任何政府都无法规划出技术爆发点，这种放缓很可能是长期的；第二个原因是全球化减速，也就是新全球化趋势的出现。经济增长放缓的时点和普遍性，更容易被认为是由贸易全球化进程停滞、各国保护主义思潮成为主流所导致的。除贸易外，全球化还包括商品、资本、人力、技术、数据和创意的跨境流动。全球化减速更能准确描述过去 10 ～ 15 年商品、资本和人口的发展趋势。随着高速全球化时期过去，全球生产率增长速度似乎不太可能恢复到 2000—2010 年的水平。

高盛预测（见表 2-2），2024—2029 年的全球增长速度将高于 2020—2024 年，但低于 2010—2019 年。预计新兴市场的增长将继续超过发达市场，其中一半以上的差异是由人口因素，而不是由生产率增长差异所导致。预计亚洲（发达市场除外）仍将是增长最快的地区，但中国潜在增长明显放缓，从 2010—2019 年的 7.7% 下降到 2024—2029 年的 4.0%，再下降到 2030—2039 年的 2.5%。这种放缓的主因是人口因素，它导致中国的潜在增长率低于一些亚洲经济体（如印度、印尼和菲律宾）。拉丁美洲经济体在过去 10 年的增长潜力明显不足，预计未来 10 年增长将逐渐加速，然后再次减速。随着时间推移，得益于非洲经济体日益增长的贡献，中欧和东欧、中东和非洲（CEEMEA）地区的增长预计将保持相对稳定。

高盛预测，2075 年，世界前三大经济体将是中国、印度和美国，它们与其他经济体之间将存在巨大差距。因此，尽管印尼、尼日利亚和巴基斯坦的 GDP 水平预计在 2075 年将处于世界第四、第五和第六位，但其规模都将不及中国、印度和美国的 1/3。尽管预计 2075 年中国和印度的经济规模将超越美国，但美国的富裕程度仍将是中国和印度的两倍以上。

表 2-2 2000—2079 年世界各主要经济体实际 GDP 年增长率预测

单位：年增长率（%）

	2000—2009 年	2010—2019 年	2020—2029 年	2024—2029 年	2030—2039 年	2040—2049 年	2050—2059 年	2060—2069 年	2070—2079 年
世界	2.7	3.2	2.4	2.8	2.5	2.1	2.0	1.8	1.7
发达市场	1.6	1.9	1.5	1.8	1.6	1.4	1.3	1.2	1.1
美国	1.9	2.3	1.7	1.9	1.7	1.5	1.4	1.3	1.2
德国	0.8	2.0	0.7	1.2	1.3	1.1	0.9	0.9	1.0
日本	0.5	1.2	0.6	0.9	0.8	0.7	0.7	0.6	0.5
英国	1.6	2.0	1.4	2.0	1.9	1.6	1.5	1.3	1.2
加拿大	2.1	2.3	1.7	2.1	2.0	1.9	1.7	1.6	1.6
澳大利亚	3.1	2.6	2.3	2.5	2.4	2.1	1.8	1.7	1.5
亚洲（发达市场除外）	7.6	6.7	4.1	4.2	3.1	2.4	2.1	1.8	1.5
中国	10.3	7.7	4.2	4.0	2.5	1.6	1.1	0.9	0.5
印度	6.9	6.9	5.0	5.8	4.6	3.7	3.1	2.5	2.1
印尼	5.3	5.4	3.8	4.3	3.6	3.0	2.6	2.3	2.0
韩国	4.9	3.3	2.0	1.9	1.4	0.8	0.3	−0.1	−0.2
泰国	4.3	3.6	1.9	2.8	2.4	1.9	1.4	1.1	0.9
菲律宾	4.5	6.4	4.4	6.0	4.9	4.1	3.5	3.1	2.7
CEEMEA	4.8	3.5	2.6	3.2	3.3	3.1	3.0	2.9	2.9
俄罗斯	5.5	2.1	0.3	1.2	1.6	1.2	1.2	1.3	1.1
土耳其	4.0	5.9	4.2	3.5	2.9	2.1	1.7	1.4	1.1
沙特	3.5	3.5	2.8	2.9	3.2	2.5	2.0	1.7	1.4
波兰	3.9	3.7	2.8	3.3	1.9	1.1	0.7	0.5	0.4
埃及	5.0	4.4	4.7	4.8	5.3	4.4	3.8	3.2	2.7
南非	3.6	1.7	1.8	2.8	3.6	3.4	2.9	2.6	2.2
拉丁美洲	2.8	2.4	2.3	3.0	3.1	2.7	2.3	1.9	1.6
巴西	3.4	1.4	1.9	2.2	2.8	2.5	2.1	1.7	1.5
墨西哥	1.5	2.7	1.8	3.0	3.0	2.6	2.2	1.7	1.4
阿根廷	2.6	1.4	2.6	3.3	3.1	2.6	2.2	1.8	1.5
哥伦比亚	3.9	3.7	3.4	3.4	3.3	2.7	2.2	1.7	1.4
智利	4.2	3.3	2.1	2.3	2.4	2.0	1.6	1.4	1.2
秘鲁	5.0	4.5	3.3	4.2	4.0	3.5	2.9	2.5	2.1

资料来源：高盛研究报告。

随着时间推移，由于劳动力增长对经济增长的贡献变小，预计大多数经济体的增长将放缓，这种情况在中国将更为明显。由于生产率增长势头的显著负贡献将会减弱，预计巴西和南非在过去 10 ～ 15 年异常疲弱的表现将部分逆转。

在做出长期人口预测时，联合国往往会谨慎参考近期人口增长趋势，预计未来全球人口峰值约为 100 亿人。人口增长放缓是一个“好难题”。虽然全球人口数量控制是维持环境长期可持续性的必要条件，但人口增长放缓及人口老龄化也给经济增长带来明显挑战。全球化促使拥有大量劳动力和有限资本的大型新兴市场进一步融入全球经济，这虽然推高了新兴市场的劳动力价格，但也压低了发达经济体的非熟练劳动力价格。由于政治选择是由地方而非全球决定的，因此国家层面的不平等情况加剧将对全球化进程形成重大的政策挑战。

日本出海战略对中国的启示

2011 年后，中国从生产国向消费国转变，日本大消费相关行业的出海规模迅速发展。日本的出海增长点主要是本土技术优势依然明显的上游材料（如化学品、塑料）环节，以及下游消费品（如食品、医药）环节。

日本出海主力行业中的龙头企业充分布局国际化是普遍现象，1996—2010 年，其海外业务收入占比普遍提升 40% ～ 60%，海外收入占总收入规模的比例多数达到 50% 以上。从市值规模或股价表现来看，日本领先的出海企业在 1992 年至 2022 年底的最大涨幅基本超过 500%，十倍股占比过半。当时有一个重要说法，日本股价增长主要看是否有中国业务支撑，有中国业务支撑就可以实现股价大涨。日本出海行业分布以消费行业和净利率较高的制造业居多。消费企业出海主要体现在其品牌效应带动海外收入占比大幅提升，日本的药店、商超、休闲品、家居产品行业的龙头企业具备全球竞争力。

可以预见的是，未来中国上市公司也会布局自己的出海战略，特别是那些能够快速在新兴市场证明自己业务逻辑的公司。比如，蜜雪冰城在招股书中明确把海外业务拓展，特别是把在印尼等东南亚国家的高增长，作为区别于其他公司的重要的第二增长曲线。2023 年底，拼多多的市值一度接近甚至超过阿里巴巴的市值规模，主要是因为拼多多旗下公司 Temu 在北美市场的超常规发展。投资者普遍认同在海外市场不断得到验证的中国商业模式，特别是中国创新的流量端模式，它给予了海外市场消费者全新的体验和感受，并且这些中国式创新还带动了很多专业服务商的快速崛起，如专业物流服务提供商、小型企业技术服务提供商等。

我们能够清晰地看到，中国上市公司的海外业务发展得越好，其市值的表现往往越好。在发展海外业务的过程中，中国大型企业往往具备很强的竞争力，特别是凭借供应链的高效率和强大能力，往往能够快速获得新兴市场的主要份额。在供应链制造配套能力的支持下，中国企业能够拥有绝对的竞争力，只需要使用几年前的产品线，就可能让产品在新兴市场形成销售规模。

随着出海业务高速发展，中国企业也会在技术研发方面不断加大投入，把核心壁垒在国内进一步强化，打造更高端的系列产品。并且，由于海外市场相对碎片化，国内总部需要不断根据具体国家消费者的偏好和习惯，重新定义产品逻辑，更好地满足当地消费者的需求点。**由此可见，国内重研发，海外拓渠道，柔性地满足各国消费者的需求是一种大趋势。**

THE FUTURE
OF GOING GLOBAL

第 3 章

东南亚，中国企业出海的第一步

新加坡篇

经济发展历程与政策环境

新加坡凭借地理位置优势和优越的政策环境，在全球经济中占据了重要位置。作为东南亚地区人均 GDP 第一的经济体，新加坡的经济发展历程独特，展现出非凡的经济韧性和增长潜力。新加坡的经济发展经历了以下 4 个重要阶段。

第一阶段（1959—1965 年）：威权政治结构形成，推行进口替代政策。1959 年，新加坡人民行动党上台执政，奠定了新加坡一党长期执政局面的基础。新加坡通过对日用品、消费品征收重税来保护民族工业，推动本地生产替代进口。这一时期是新加坡经济起步阶段，主要特点是政府的强力干预和保护主义。

第二阶段（1966—1978年）：加大对基建的投入，制定一系列吸引外资的政策。例如，通过建设自由贸易区和提供税收优惠，新加坡吸引了大量外国资本直接投资。这一时期，劳动密集型制造业逐渐成为主要驱动力，推动了新加坡经济的快速发展。

第三阶段（1979—1997年）：高新技术产业发展和国有企业私有化。随着全球经济形势的变化，新加坡开始调整经济结构，推动高新技术产业的发展。新加坡政府通过扶植技术密集型产业、淘汰劳动密集型产业，提升了其在全球价值链中的地位。同时，新加坡还通过私有化改革，提升了国有企业的运营效率和竞争力。

第四阶段（1998年至今）：发展知识经济，推动服务业革命。进入21世纪后，新加坡经济逐渐向知识经济和服务业转型。新加坡政府积极推动资本输出和海外工业园区建设，支持国有企业国际化发展。此外，新加坡通过发展金融科技和电子商务，提升了其在全球金融体系中的地位，成为全球财富管理的新高地和离岸金融中心。

2022年新加坡的总人口数约为564万。其中，华裔人数最多，占比约为74%；马来族裔人数第二，占比约为13.5%。其人口结构相对稳定，人口增长率较低，年龄中位数为37岁，老龄化趋势明显。

为应对老龄化和劳动力短缺的问题，新加坡政府实施了一系列人口政策，如鼓励生育和引进高素质移民，提升教育和培训质量，培养高素质的人力资源。新加坡政府通过与国际教育机构合作，提供多样化的教育和培训项目，提升劳动力的技能水平和竞争力。

新加坡内部政治环境稳定，人民行动党自1959年以来一直执政，确保了政策的连续性和稳定性。其政府通过高效的行政管理和透明的法律体系，营造了良好的营商环境，吸引了大量外资。

在国际外交政策上，新加坡同样保持了稳定性，通过积极参与国际组织和区域合作，提升了自己在全球事务中的影响力。新加坡政府通过与主要经济体和新兴市场建立紧密的经贸关系，推动了其本国的经济增长和国际地位的提升。

新加坡自 1990 年以来的 GDP 走势如图 3-1 所示。

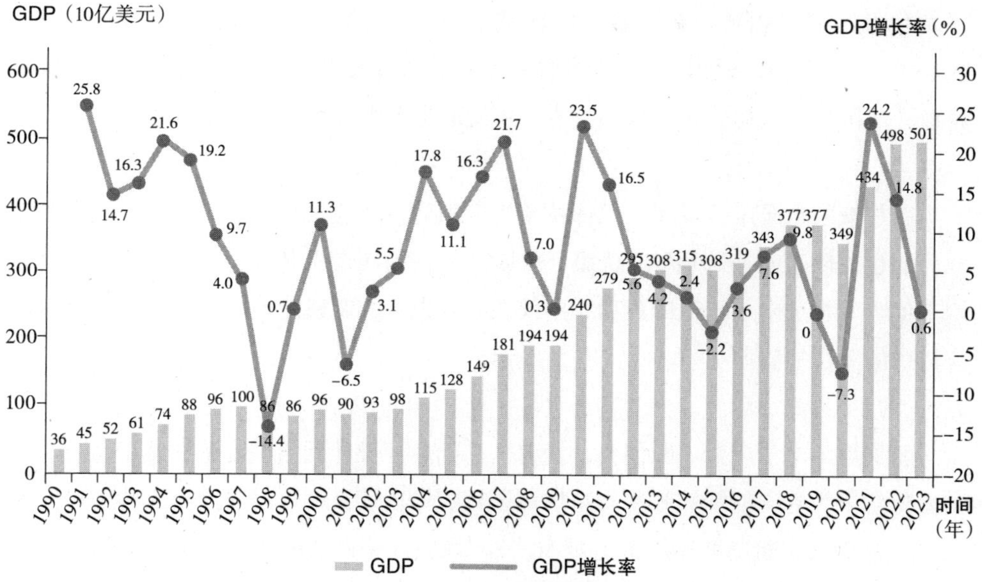

图 3-1 新加坡 GDP 走势（1990—2023）

注：图中 GDP 增长率是由精确数据计算得出，因此与图中所示 GDP 数据计算稍有出入。

资料来源：世界银行。

自 2010 年以来，新加坡的 GDP 的年化复合增速约为 5.8%，增速相对平稳，但受区域性事件影响较大，如 1997—1998 年的亚洲金融危机、2008 年的全球范围经济危机等，最近一次拐点出现在 2020 年疫情时期，新加坡经济增长创下 20 年间历史新低，但 2021 年迅速反弹。新加坡经济之所以能在短期内有如此强的恢复能力，且能维持极高的外汇稳定度，都得益于其政府在疫情期间的迅速反应与精准扶持。

经济支柱与产业分布

制造业

制造业是新加坡经济的重要组成部分，约占经济结构的 20%，主要涵盖电子工业、石化工业和精密工程。

电子工业：新加坡是中国半导体产能转移的最大受益国。2021 年，美国格罗方德、德国世创电子、法国 Soitec 等公司宣布，在新加坡新增半导体产能，使得新加坡的半导体产业占制造业的比重由 2014 年的 28% 左右提升至 40% 左右。2020—2022 年，在新加坡扩大半导体产能的企业主要为美国美光科技、中国长电科技、美国格罗方德、中国水晶光电、中国联电和德国世创电子。

新加坡的电子工业发展不仅依赖于生产制造，还包括研发和设计环节。新加坡政府通过提供研发补贴和税收优惠，鼓励企业在当地设立研发中心，提升产业链的附加值。新加坡电子工业的成功，不仅在于其强大的制造能力，还在于其在全球供应链中的关键位置。

新加坡的电子工业不断创新，涵盖从基础芯片设计到高端制造的全产业链。为了保持竞争优势，新加坡政府与高校和研究机构密切合作，培养高素质的工程技术人才。近年来，新加坡还加大了对 5G 技术和物联网产业的投入，进一步巩固其在全球电子行业的领先地位。

石化工业：新加坡是世界上极少数完全不干预石油行业的国家之一，也是世界第三大炼油中心和石油贸易枢纽，又因扼守马六甲海峡，战略位置十分重要，成为全球海上石油运输的重要通道。新加坡凭借自由竞争政策，吸引了如壳牌、英国石油和埃克森美孚等石化工业头部企业入驻，从而在没有石油资源的情况下，成为石化强国。

新加坡的石化工业不仅包括炼油，还涵盖了化学品和塑料制品的生产。其政府通过提供优质的港口和物流服务，来支持石化企业的运营和出口。新加坡的石化工业在全球市场中占据重要地位，为其国家经济提供了稳定的收入来源。

新加坡石化工业的成功还在于其创新能力和环保意识。其政府通过严格的环保法规和激励政策，提倡企业采用绿色技术，减少排放，降低能耗。新加坡在可再生能源和绿色化工方面的投入，使其在全球石化产业链中占据了可持续发展的优势。

精密工程产业： 新加坡的精密工程产业涵盖了医疗器械、航空航天和精密机械制造等领域。新加坡政府通过与国际企业合作，提升本地企业的技术水平和竞争力。新加坡的精密工程产品以高质量和高精度著称，广泛应用于全球市场。

新加坡的精密工程产业还注重研发创新和技术转移，通过建立技术研发中心和创新孵化器，推动新技术的商业化应用。新加坡政府通过提供资金支持和税收优惠，鼓励企业在新加坡开展研发活动，提升产业链的附加值。

服务业

服务业是新加坡经济的支柱，占 GDP 的 70% 左右，包含批发及零售、住宿及餐饮、运输及仓储、金融及保险、旅游及会展等细分行业。新加坡主要服务业占 GDP 比重的变化如图 3-2 所示。从图中可看出，其金融及保险业强势增长，批发及零售业在经过 20 世纪 90 年代的低谷后也开始回弹。

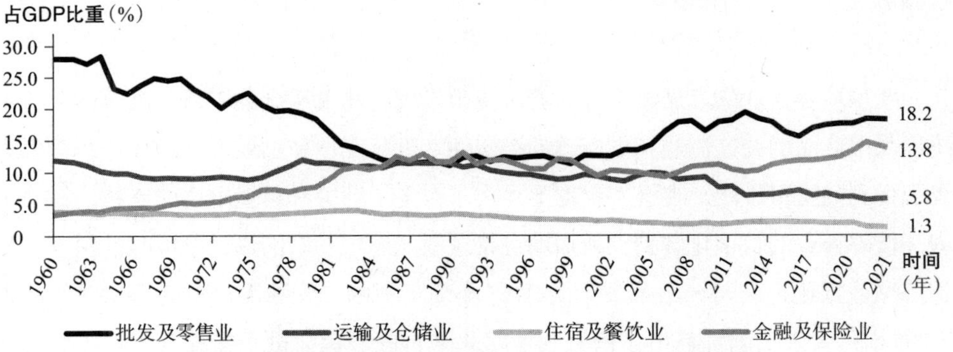

图 3-2　新加坡主要服务业占 GDP 比重的变化（1960—2020）

资料来源：同花顺。

零售业： 零售是新加坡服务业的第一大细分行业。新加坡的三大超市 FairPrice、昇菘、Giant 占据了零售市场的主要份额。随着人均收入的提高与新型通路的普及，新加坡零售业规模在 2009—2019 年保持稳定增长，增长趋势如图 3-3 所示。

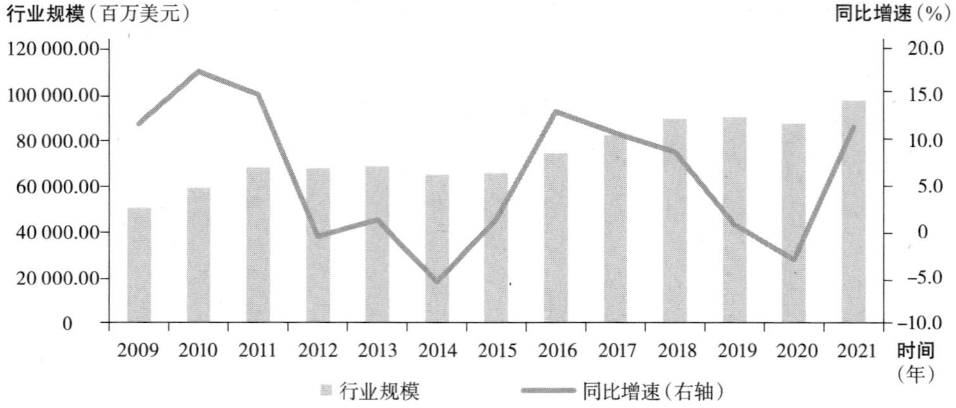

图 3-3 新加坡零售业规模增长趋势（2009—2021）

资料来源：同花顺。

新加坡零售业具有多样化的业态，包括超市、大型购物中心、便利店和电子商务平台等。具体来说，除了上文所提三大超市，还有 Cold Storage、百美等连锁超市，专营中、日、韩、印尼等地食品的超市，遍地开花的便利店，以及吸引了大量游客的奢侈品专营店和免税店。新加坡零售市场竞争相对激烈，尤其是专营超市，近年来以极快的速度在线下扩张，这也反映了高收入群体在零售市场日益细化的消费趋势。

新加坡零售业的发展离不开政府对基础设施和物流系统的支持。高效的物流系统确保了商品的快速流通和供应链的稳定性。近年来，新加坡政府还通过政策大力提倡便利的支付方式，在极大程度上加大了对电子商务和跨境电商的支持，推动了新加坡零售业的数字化转型。新加坡也是东南亚地区互联网渗透率最高的国家，根据德国数据统计公司 Statista 统计，2023 年新加坡的互联网渗透率高达 96%。随着 5G 技术的普及，新加坡电子商务和数字化平台服务也会进一步提升用户体验和运营效率。

餐饮与食品饮料行业：新加坡的餐饮行业常见的四种业态分别是全服务式餐厅、快速服务餐厅、订餐宴席服务和小贩中心。其中，小贩中心为新加坡所独有，是平民饮食文化的体现。其价格经济实惠，经营品种多样，多位于居民楼下，是满足新加坡人解决一日三餐需求的重要业态，也是新加坡餐饮产值最大的组成部分。

新加坡餐饮行业的业态与机会在第 7 章会具体阐释。

新加坡的食品饮料主要包括本地生产和进口两部分。本地生产企业主要集中在饮料、加工食品和农产品领域。新加坡进口的食品饮料主要来自东南亚、澳大利亚和欧洲。新加坡消费者对高质量和多样化食品饮料的需求不断增长，推动了该行业的持续增长。

新加坡的食品饮料行业注重食品安全和健康，政府通过严格的监管和质量控制，来确保市场上的食品饮料符合国际标准。近年来，新加坡还推动了有机食品和健康饮料市场的发展，迎合了消费者对健康和环保的需求。

航运业：新加坡港是全球最繁忙的港口之一，吞吐量位列全球前十。新加坡港以先进的港口设施和高效的运营管理著称，通过不断投资升级港口基础设施，提升了港口的处理能力和服务质量，如配置了世界首个“国家单一窗口”系统，极大地简化了贸易许可审批流程。新加坡港还通过提供多样化的航运和物流服务，吸引了全球主要航运公司和物流企业。预计到 2030 年，新加坡港的吞吐能力将达到 6 500 万标箱。

新加坡的航运业不仅包括港口运营，还涵盖了航运金融和船舶管理等领域。其政府通过提供优质的金融服务和完善的法律体系，支持航运企业的运营和发展。近年来，新加坡还推动了绿色航运和智能航运的发展，提升了航运业的可持续性和竞争力。

金融服务业：新加坡目前是全球财富管理的重要中心，通过推动离岸金融中心建设和国际金融市场的对接，在全球金融体系中发挥着关键作用。与之相匹配的是新加坡发达的金融服务业。其金融服务业涉及银行、金融科技、证券投资等多个领域。

新加坡银行体系稳定，三大银行星展银行、华侨银行和大华银行在新加坡及周边国家都具有广泛的影响力。

新加坡在金融科技领域处于领先地位。新加坡金融管理局通过一系列政策，促进了金融科技的发展，吸引了大量金融科技初创企业和国际金融机构在新加坡设立业务。并且，新加坡有广泛应用的电子支付系统和创新的金融解决方案。其政府通过与科技公司合作，推动区块链技术和人工智能在金融服务中的应用，提升了金融市场的效率和透明度。

金融市场：2021 年底，新加坡证券市场总市值约为 8 000 亿美元，但交易投资活跃度较低，IPO 融资能力有限。尽管如此，新加坡交易所（简称新交所）仍然吸引了大量国际投资者。2023 年，新加坡的新增 IPO 数量在“东南亚六国”（印尼、菲律宾、越南、泰国、马来西亚、新加坡）中位列第四，但与在此之前 10 年间其自身的表现相比，IPO 市场表现低迷；募资金额仅 3 500 万美元，占“东南亚六国”募资总额的比例不足 1%。新加坡一级市场的疲态也与日益强劲的地区对手印尼有关，印尼证券交易所无论在规模还是在流动性方面，都在疫情结束后迎来一波高速增长，吸引了众多东南亚企业。尽管如此，新加坡金融市场的成熟度、安全性与监管仍然是地区标杆。

新加坡股票市场的主要板块是主板和凯利板。主板主要吸引大市值公司，凯利板则主要吸引中小企业和初创企业。新交所通过提供便利的上市条件和透明的监管环境，吸引了大量企业在新加坡上市。

新交所还推出了多个创新的金融产品和服务，如房地产投资信托基金（REITs），为投资者提供了多样化的投资选择。新加坡政府通过提供税收优惠和监管支持，推动了这些金融产品的发展，提高了市场接受度。

新加坡债券市场近年的主要动向落点在发行绿色债券和可持续发展债券，吸引了大量关注环境和社会责任的投资者。新加坡政府也通过提供激励政策，支持企业发行绿色债券，推动了可持续金融的发展。

旅游及会展业：新加坡作为全球重要的旅游和会展目的地，旅游业在其经济中占据重要地位。新加坡政府通过建设现代化的旅游设施和举办大型国际活动，吸引了大量游客和商务旅客。新加坡樟宜机场是全球最繁忙的机场之一，提供了便捷的国际航班服务。

新加坡还通过打造独特的文化和娱乐项目，提升旅游业的吸引力。例如，滨海湾花园、圣淘沙名胜世界和新加坡环球影城等著名景点吸引了众多游客。此外，新加坡的医疗旅游和教育旅游也在全球市场中具有竞争力，吸引了大量国际游客前往。

未来发展与投资机会

新加坡在保持现有经济优势的基础上，继续深化经济改革和开放，重点关注高新技术、金融服务和绿色能源等领域。随着全球经济的复苏和区域合作的加强，新加坡有望继续保持经济稳步增长，成为亚洲乃至全球的经济和金融中心。

高新技术产业：新加坡将继续推动高新技术产业的发展，特别是半导体、人工智能和生物医药等领域的发展。新加坡政府通过提供研发补贴和税收优惠，鼓励企业在新加坡设立研发中心和生产基地，从而提升新加坡在全球科技创新体系中的地位。新加坡高新技术产业的发展还包括数字经济和智慧城市建设。新加坡政府通过实施智慧国计划，推动物联网、大数据和智能交通等技术的应用，提升城市管理效率和居民生活质量。

金融服务业扩展：新加坡将继续推动金融服务业的扩展，特别是财富管理和金融科技领域的扩展。新加坡政府通过提供优质的金融基础设施和透明的监管环境，吸引更多国际金融机构和投资者前去设立业务和投资，从而提升新加坡在全球金融市场中的影响力。新加坡的金融服务业还将积极探索区块链和加密货币等新兴领域。新加坡政府通过提供创新实验室和沙盒监管，支持金融科技企业的创新和发展，推动金融服务业的数字化转型。

绿色能源发展：新加坡致力于推动绿色能源的发展，通过实施一系列政策和项目，促进可再生能源的使用和能源结构的转型。新加坡政府计划在未来几年内大幅增加太阳能和风能的装机容量，减少对传统化石燃料的依赖，提升能源安全和可持续发展能力。新加坡的绿色能源发展还包括能源利用效率的提升和智能电网建设。政府通过提供资金支持和技术援助，推动企业和居民采用节能技术，提升能源利用效率。智能电网的建设将提升能源管理的智能化水平，促进能源供需的平衡和稳定。

新加坡是东南亚最发达的经济体之一，被认为可以对标中国的北京和上海。在东南亚经济体中，新加坡的 CPI 较高，这反映了其经济的发达程度和生活水平的提升。深度的历史联结和深厚的华人根系，使得新加坡成为华人进入东南亚市场的重要切入点。抓住这一切入点的可行策略包括在新加坡建立认证体系、培养不同族裔的品牌接受度等。此外，新加坡虽然在自然资源方面高度依赖周边国家供给，但通过稳定的贸易往来和区域话语权形成了高效、高质的供应链，将马来西亚和印尼的工业园区都发展为生产链基地，保证了本国经济发展与生活水平的持续提升。

新加坡的成功经验也为其他新兴市场和发展中国家提供了重要的参考。通过实施有力的政策和高效的管理，新加坡在短短数十年内实现了从贫困国家到发达经济体的转变，展现了小国在全球经济中所能发挥的重要作用。作为全球重要的财富管理中心，新加坡也具有颇多吸引外资和管理国际资本的优势，为企业在东南亚的扩展提供了有力支持。

印尼篇

印尼作为东南亚最大的经济体，拥有最大的人口基数和最大的单一市场，近年来受到资本市场的高度关注。

GDP 与人口增长情况

2022 年，印尼的名义 GDP 约为 1.3 万亿美元，同比增长约为 11.2%（见图 3–4），占全球 GDP 的比重从 2021 年的 1.2% 左右升至 1.5% 左右。印尼稳定的经济增幅主要得益于丰富的自然资源、人力资源，以及改革以来兼收并蓄的政策环境带来的稳定内需和投资。

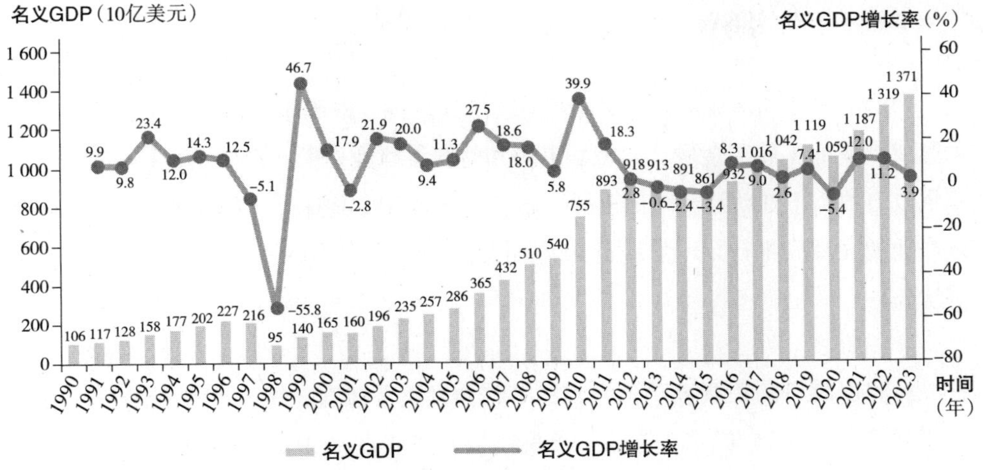

图 3-4　印尼名义 GDP 走势（1990—2023）

注：图中名义 GDP 增长率是由精确数据计算得出，因此与图中所示名义 GDP 数据计算稍有出入。

资料来源：世界银行。

2020 年疫情对全球经济的发展造成冲击，印尼当年的名义 GDP 同比下降 5% 多，但在 2021 年印尼的名义 GDP 增速不仅迎来了双位数的反弹，且总量层面也超过疫情前水平。近两年印尼经济增速虽然有所回落，但增速水平依然优于东南亚其他主要经济体。

根据世界银行公布的数据，2022 年印尼人口超过 2.75 亿人，且保持着每年 1% 左右的稳定增长率，其中劳动年龄人口占比约为 68%，年龄中位数仅为 29.7 岁。印尼人口呈现出典型的正三角形结构。这将是未来 15 ～ 20 年印尼经济增长的重要驱动力。庞大的人口基数为印尼提供了巨大的消费市场潜力。在印尼城市化进程加速和中产阶级不断壮大的背景下，消费对其经济的贡献更加显著。

优势产业与行业分布

印尼经济的发展经历了多次波动。1997 年亚洲金融危机爆发后，印尼经济一度陷入低谷，但在政府的积极应对下，逐渐恢复并持续增长。2004 年，印尼民选政府上台后，进一步推动了经济的市场化改革和开放。印尼历史上曾遭受殖民统治，先后经历荷兰殖民、日本占领，独立后经历了独裁统治，随着改革时代的到来而逐渐走上经济发展的快车道。

印尼的农业和渔业占据了第一产业的主导地位，采矿业、制造业和建筑业构成了第二产业的主体，金融、消费、电信和材料等行业是第三产业的主体。近年来，印尼政府致力于推动经济结构转型，逐步减少对自然资源出口的依赖，鼓励高附加值产业的发展，推行“印尼制造 4.0”计划，以提升国内制造业的竞争力，促进经济增长。

在印尼政府的积极推动下，其经济结构发生了改变，第二产业和第三产业成为优势产业。2021 年，印尼第二产业和第三产业占 GDP 的比重分别为 41.5% 和 44.6%。其中，制造业和采矿业是印尼的优势行业。2022 年印尼各行业贡献 GDP 占比从高到低排列如图 3–5 所示。

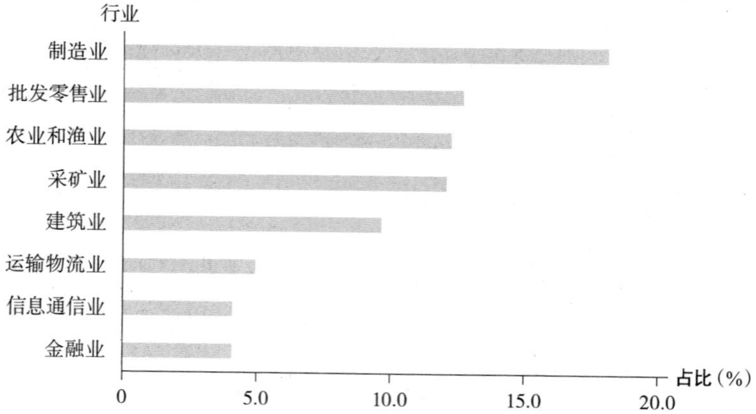

图 3–5　2022 年印尼各行业贡献 GDP 占比

资料来源：Statista。

对印尼 GDP 贡献最大的制造业园区集中在爪哇岛。该群岛也是印尼旧首都雅加达所在地，虽然面积仅占国土的 7% 左右，却聚集了印尼 58% 左右的人口，贡献了近 60% 的 GDP，集中了几乎全部的制造业。爪哇岛主要的工业城市包括雅加达、万隆、泗水和三宝垄。爪哇岛的 4 个区域从西到东分别为万丹、西爪哇岛、中爪哇岛和东爪哇岛，分别对应不同的制造中心。最西边的万丹矿产资源丰富，出产黄金、煤炭、碳酸盐，发达的制造业包括矿产加工、化工和食品加工；西爪哇岛是制造业中心，集中了爪哇岛超过 60% 的制造业产区，主要发展食品生产、汽车、航空和电子工业；中爪哇岛集中发展非金属类加工和劳动密集型加工，如纺织、印染、食品、木材等；东爪哇岛毗邻重要港口，主要发展重工业制造，包括造船业、大型水泥工厂等。

制造业是印尼经济的重要支柱，对经济附加值的贡献达到近 20%，但产业升级面临瓶颈，产业链复杂度处于全球中游水平，没有明显的产业技术壁垒与国家赋能。

为了推动制造业和其他行业发展，印尼政府积极推动基建，提升交通、能源和通信等领域的硬件设施水平，以吸引更多外资进入制造业领域。例如，印尼政府通过公私合作（PPP）模式吸引外资参与基建，推动印尼的工业化进程；推行“印尼制造 4.0”计划，优先发展汽车、纺织、电子和化学产品等制造行业，提升经济质量。

印尼拥有大量矿产资源，如煤、铜、金、锡、镍和铝土矿等。矿产资源主要集中在印尼中部的苏拉威西岛和东部的巴布亚岛。除此之外，中北部的加里曼丹岛出产棕榈油、煤矿和木材，西部的苏门答腊岛出产煤、黄金、石油和天然气。印尼政府也通过矿产出口限制措施，鼓励外资企业在印尼设立项目、建设工业园区，提升相关产业的附加值。

为了摆脱对资源出口的依赖，印尼政府自 2009 年以来实施了一系列矿产出口限制措施，如对镍、铝、锡等初级矿产品的出口限制，以鼓励外资企业在印尼设立项目、建设工业园区，提高相关产业的附加值。这些政策促进了当地产业链的发展，有助于提升印尼在全球供应链中的地位。

印尼第三产业主要包括金融、消费、电信和材料等行业。印尼的金融业以银行为主，银行市值占整体市值的 1/3 以上。近年来，印尼科技行业的占比虽然有限，但随着大型 IPO 的增多和新上市板块的开辟，“新经济”公司逐渐崭露头角。

印尼消费市场呈现出快速增长态势，特别是食品饮料、零售和日用品等领域。本土品牌如 PT Indofood Sukses Makmur Tbk（简称 Indofood）、迈大、联合利华印尼等，在市场中占据重要地位。这些企业通过不断创新产品和扩展市场，提升了自身竞争力。印尼的消费市场潜力巨大，特别是随着中产阶级的崛起和城市化进程的加快，消费市场不断增长。

在零售方面，印尼的网购市场发展迅速。疫情期间，电子商务实现爆发式增长，主要平台如 Tokopedia、Bukalapak 和 Shopee 等，在市场中表现活跃。美国的市场研究机构 eMarketer 发布的报告显示，印尼 2023 年电商交易额约为 454 万亿印尼卢比（按 2023 年底汇率换算约为 280 亿美元）。印尼政府大力支持数字经济的发展，通过一系列政策和措施促进电子商务的普及和应用。

对外招商引资与进出口贸易

通过与国际金融机构和外国政府合作，印尼政府推动了一系列经济改革和发展计划，以提升国家的经济竞争力和国际影响力。

2021 年，印尼逐步开放外资市场，《新投资清单》取代投资负面清单，大幅放宽外商投资限制。被吸引来的外商主要投资于印尼的制造业、租赁和商务服务业、电力、燃气等行业。印尼总统佐科·维多多（Joko Widodo）上台后，提出“经济至上”政策，通过大力发展基础设施、反腐倡廉、吸引外资和促进经济转型等措施，显著提升了印尼的投资环境。佐科政府还利用二十国集团（G20），积极提升印尼在国际经济舞台的影响力。自 2014 年以来，中国对印尼的投资年均复合增长率达到 19.3%。2021 年，中国对印尼的投资额约为 43.7 亿美元，同比接近翻倍。

从进出口贸易看，中国与印尼的双边贸易额近年来实现快速增长。2023 年，中国对印尼的出口额和进口额分别达 652 亿美元和 742.2 亿美元。印尼政府借助一系列贸易协定，包括《中国—东盟自由贸易协定》《东盟—澳大利亚—新西兰自由贸易协定》等，推动经济发展。通过这些协定，印尼进一步融入全球经济，扩大出口市场，提升经济竞争力。

金融市场

自 2022 年以来，印尼的一级市场规模已经超过泰国，成为东盟各国中新增 IPO 数量最多、融资规模最大的市场。印尼股市经过长期发展，形成了多层次、多种类的结构。印尼证券交易所目前有股票、债券、基金、衍生品等多个品种。印尼股市主要分为主板、开发板和加速板。主板主要面向业绩表现优异的大型公司，开发板主要面向未达到主板上市要求的中小型企业，加速板设立的目的是进一步便利中小公司上市，而新经济板主要面向科技含量高、创新能力强、能创造社会效益和促进高增长的公司。

印尼优势行业的公司，如金融、消费、电信和材料等行业的公司，其市值在股市整体市值中所占比例较高。尽管目前印尼科技公司的市值占比整体有限，但近年来大型 IPO 中科技公司频现。此外，印尼股市头部公司市值集中度较高，前十大公司市值占比高达 40%。

印尼股市具有较高的投资回报率，与其他市场的相关性较低，风险分散效果较佳。近年来，印尼金融市场在数字化和创新方面也取得了显著进展。政府和金融监管机构积极推动金融科技的发展，提升金融市场的透明度和效率，吸引更多国内外投资者参与。

印尼股市估值在全球主要市场中处于中游，但在新兴市场中排名靠前。能源、房地产和可选消费等行业估值较低，具备一定修复空间。雅加达综合指数 12 个月动态市盈率（P/E）自 2005 年以来的平均水平为 14 倍。

印尼金融市场的国际化程度较高，政府出台了一系列政策吸引国际资本流入。例如，通过与国际金融机构合作，推动资本市场改革，提升市场透明度和流动性。印尼的投资者结构多样化，既有印尼国内的机构和个人投资者，也有国外投资者。从投资者结构看，国外投资者约占交易量的 1/3，机构和个人投资者各占约 1/2，2022 年后机构投资者占比有所上升。这种多样化的投资者结构有助于提升金融市场的稳定性和抗风险能力。

有利于经济发展的因素

印尼是一个多民族、多宗教的国家，文化多样性是其重要特征之一。印尼政府重视社会包容性，通过一系列政策促进不同民族和宗教间的和谐共处。文化多样性为印尼的旅游业和创意产业提供了丰富的资源和灵感，推动了经济和社会的发展。

印尼政府重视教育和人才培养，积极推动教育改革，提高教育质量和普及率。一方面，通过增加教育投入、改善教育基础设施和提升教师素质，推动职业教育和高等教育的发展；另一方面，与国际组织和外国政府合作，引进先进的教育理念和技术，提升教育水平。教育水平的提升为印尼培养了大量高素质的人才，促进了经济的创新和发展。

印尼政府致力于完善公共卫生和社会保障体系，提升人民的生活质量。一方面，通过增加医疗投入，建设现代化医疗设施，提升医疗服务水平，保障人民的健康；另一方面，推行了一系列社会保障政策，如养老保险、医疗保险和失业保险等，保障人民的基本生活需求。公共卫生和社会保障的改善为印尼的经济和社会发展提供了坚实的基础。

未来发展与投资机会

印尼的优势行业，如采矿业、互联网行业和制造业，吸引了大量外资。

印尼拥有丰富的镍矿资源，是全球最大的镍生产国之一，而镍是生产电动汽车电池的重要原材料。印尼政府限制矿产出口，鼓励外资进入，吸引了大量外资在印尼设立电池生产和加工厂，推动了当地新能源汽车产业链的发展。

印尼互联网科技行业近年来发展迅速，获得资本市场的融资支持。印尼政府采取措施推动互联网科技公司上市，允许科技公司发行多重投票权股票。印尼许多互联网科技公司得到大量外国资本、特别是来自中国的企业的注资。随着印尼互联网科技的迅速发展，互联网用户数量越发庞大，2022 年达到 2.047 亿户，互联网普及率达到 73.7%。这意味着印尼的数字经济发展潜力巨大。

制造业是印尼最重要的 GDP 贡献者，也是外国资本投资的第一大产业。印尼政府通过“印尼制造 4.0”计划，推动汽车、纺织、电子和化学产品等制造业细分行业的发展。比如汽车产业，中国企业在印尼形成了较为完善的汽车产业集群。

基建将继续成为印尼经济增长的重要推动力。印尼政府计划在未来几年内投入大量资金用于建设道路、港口、机场和电力设施，以改善国内的交通和能源供应状况，进一步提升经济发展水平。印尼基础设施的改善将有助于降低物流成本，提升企业的运营效率，吸引更多外资进入。

旅游业是印尼经济的重要组成部分。印尼政府通过一系列政策和投资吸引国际游客，提升旅游基础设施和服务水平。巴厘岛、雅加达、日惹和龙目岛等地是国际游客旅游的主要目的地，对经济贡献显著。印尼的自然风光和文化遗产吸引了大量游客，旅游业的发展不仅带动了相关服务业的发展，也为地方经济注入了新的活力。

印尼拥有庞大且年轻的人口基数，劳动力资源充足，劳动力市场充满活力，有助于推动劳动密集型产业的发展。政府通过一系列措施，提升劳动力的技能水平和就业能力，促进经济持续增长。印尼的就业市场在疫情结束后逐渐恢复，失业率逐步下降，劳动参与率上升。

印尼致力于推动绿色能源的发展，通过可再生能源项目减少对传统化石燃料的依赖。印尼政府出台了一系列政策支持太阳能、风能和生物质能的发展，促进能源结构转型。印尼的绿色能源发展不仅有助于应对气候变化，也为经济增长提供了新的动力。

印尼政府大力推动通信基础设施建设，提升互联网普及率和数字经济发展水平，计划在未来几年内投资大量资金建设高速互联网网络，覆盖更多的农村和偏远地区，缩小数字鸿沟。数字基础设施的改善将为电子商务、金融科技和数字创意产业的发展提供坚实基础。

印尼的电子商务市场发展迅速，主要平台如 Tokopedia、Bukalapak 和 Shopee 等在市场中表现活跃。疫情期间，电子商务实现爆发式增长。金融科技方面，印尼的数字支付和在线贷款服务快速普及，为中小企业和消费者提供了便捷的金融服务。印尼政府通过一系列政策支持电子商务和金融科技的发展，推动数字经济的普及和应用。

印尼政府和私营部门共同推动创业环境的改善，创新创业生态逐渐完善。印尼拥有大量的年轻创业者和技术人才，创新能力不断提升，成为东南亚地区重要的创新中心。印尼政府通过创投基金、孵化器和加速器等形式，支持初创企业的发展，推动科技创新和产业升级，其创新创业生态吸引了大量国内外投资者的关注。

越南篇

历史、地理、人口与政治概况

越南，古称安南，历史上长期作为中国的藩属国存在。1802 年，清朝嘉庆皇帝正式册封安南为越南，其国名由此而来。19 世纪中期，法国殖民者通过三次殖民战争，在 1884 年实现了对越南的彻底殖民统治。第二次世界大战期间，日本掠夺了当地的橡胶、气田资源，使越南沦为其殖民地。1945 年第二次世界大战结束后，法国试图重新殖民越南，但经过 9 年的独立战争，最终法国宣告失败。1961 年，美国破坏《日内瓦协议》，扶植西贡政权，在越南南方发动"特种战争"，自此，长达 14 年的越南战争开始。1973 年《关于在越南结束战争、恢复和平的协定》签订，美军撤出越南南方。1975 年，越南军民解放西贡和整个南方。1976 年 7 月 2 日，越南宣布全国统一，越南民主共和国更名为越南社会主义共和国。

越南位于东南亚的中南半岛东部，东临南海，北接中国，西北邻老挝，西南与柬埔寨接壤。越南地形多样，北部为高山和高原，中部为沿海平原，南部为湄公河三角洲。越南为热带季风气候，年均温度为 22℃～ 27℃，年均降水量为 1 500 ～ 2 000 毫米。

越南的官方语言是越南语，文化深受中华文化的影响，同时也有法国殖民时期的影响，主要宗教包括佛教、天主教、和好教、高台教等。

越南处于人口红利期。据我国外交部官网发布的数据，截至 2023 年，越南总人口约为 1.03 亿人，是继印尼、菲律宾之后又一个人口破亿的东南亚国家。其年龄中位数为 32.6 岁，生育率约为 2.1%，第二波婴儿潮正在酝酿中。越南主要的人口密集区为北部首都河内所在的红河三角洲、南部最大城市胡志明市所在的九龙江平原以及中部的沿江平原。越南的人口结构年轻化，为经济发展提供了丰富的劳动力资源。

政治制度方面，越南实行社会主义政治体制，越南共产党为其唯一合法政党。1986 年，阮文灵总书记重返越南政坛，决定把越南共产党的工作重点转移到经济建设上来，确立了“按照市场机制运行的，由国家管理、坚持社会主义方向、多种成分的商品经济”这一革新开放总路线。从此越南逐渐走上了有越南特色的社会主义道路，由越南共产党中央执行委员会总书记、越南主席、政府总理、国会主席共同治理。

经济发展与产业结构

经济发展方面，越南 2023 年 GDP 达 4 333 亿美元，人均 GDP 达 4 284 美元，整体处在经济快速增长期，GDP 增速保持在 5.05%，居民消费在 GDP 构成中占主导地位。

自 1986 年起实施的“革新开放”政策推动越南的城镇化率快速提升。2022 年越南城镇化率达到 41%。“革新开放”政策也积极推动着市场经济改革，对外开放贸易和投资，吸引了大量外国直接投资。1987 年以来，越南制定并多次修订《外国投资法》和《投资法》，鼓励高新技术、设备制造企业落地，逐步放宽外资在越南的经营范围，降低准入门槛，给予在高新技术开发区的外商税收优惠，积极参与世界价值链分工。

从产业结构来看，越南的经济结构正从以农业为主转向以工业和服务业为主。凭借丰富的低价劳动力供给，越南正在承接全球劳动密集生产环节的新一轮转移。近年来，在美国挑起并升级对华贸易战的背景下，中国优质供应链推动“中国 +1”战略[①]的全球化布局，越南成为中国供应链溢出的最大受益者，中国的鞋服、家具、机电、通信行业向东南亚转移的订单中，80% 以上由越南承接。2017 年至今，越南的贸易顺差逐步提升，贸易占 GDP 的比重也显著提升。劳动密集型产业生产的电子零件、纺织服装和鞋类成为越南前三大出口产品。但是，越南制造业的外资依赖度高，且缺乏产业链基础，主要为低附加值的产成品加工工业，现在说“越南制造”的故事还为时尚早。

从消费领域来看，越南的消费市场日益活跃，零售业增速领先于 GDP 增速。2012 年以来，越南收入结构优化，从“金字塔形”向“纺锤形”过渡，充足阶层、富裕阶层成为前两大收入群体，占比近 50%，超富阶层占比从 2012 年的 2.6% 增长到 2020 年的 10.2%。收入结构的优化，为越南的消费升级提供了基础。

从零售业态来看，传统的街边店、夫妻店仍为越南市场线下零售的主要业态，便利店、电商等新渠道的渗透率不足 20%，其中线上零售规模约为 100 亿美元，约占零售市场总额的 5.6%。越南零售市场正处在线上化率快速增长阶段。越南线下零售的 3 家本土龙头企业分别是移动世界、Masan Group、Vincom Retail，本土企业占据越南 70% 的零售渠道。

参考中国企业的发展脉络，越南诞生了“越南版腾讯”VNG、“越南版支付宝 + 携程”VNLIFE 等多家独角兽企业。KKR、友邦保险、软银、Paypal 等全球头部机构、互联网企业，也纷纷落子越南市场。2022 年，越南一级市场总投资金额近 20 亿美元，电商平台、移动支付、教育赛道都出现了单笔金额超 1 亿美元的融资交易。二级市场方面，据越南财政部报告，截至 2024 年 3 月 27 日，越南胡志明指数达 1 283.09 点，较 2023 年底涨 13.6%。越南股市总市值约达 6 660 万亿越南盾，与

① “中国 +1”战略，即转移部分产业链到第三国。由于中国劳动力成本及其他商务成本不断提升，加上中美贸易战和疫情对全球产业的冲击，一些跨国公司把原本在中国直接投资的一部分产能转移到中国周边的第三方国家，以分散风险。——编者注

2023 年底相比增长 12.2%，相当于 2023 年 GDP 的约 65.2%。在胡志明市证券交易所和河内证券交易所挂牌交易的股票和基金有 736 只，证券账户有近 740 万个；越南挂牌交易的债券有 457 只。

马来西亚篇

历史、人口、政治等概况

马来西亚的“马来”源自梵文 Malaiur 或 Malayadvipa，译为“群山之地”，由古代印度商人所采用，指称马来半岛。15 世纪初，马六甲王国（中国明朝称之为满剌加）建立，不断扩大版图，控制了马六甲海峡的海上交通要道，成为东西方贸易集散地之一。1511 年，葡属印度总督率领舰队灭了马来西亚本土的马六甲王国。16 世纪后，西班牙、荷兰等殖民者先后入侵马来西亚。19 世纪 80 年代，马来西亚沦为英国殖民地。殖民者在此开采锡矿，建立橡胶种植园，开辟港口等。第二次世界大战中，马来半岛、沙捞越、沙巴被日本占领。第二次世界大战结束后，英国恢复对马来西亚的殖民统治，并于 1948 年将槟榔屿，马六甲等 11 个邦组成马来亚联合邦。1957 年，马来亚联合邦成为独立的主权国家。1963 年，马来亚联合邦与新加坡、沙巴、沙捞越等 4 个实体组建马来西亚联邦（新加坡于 1965 年退出）。

马来西亚主要由东马来西亚（位于加里曼丹岛北部）及西马来西亚（马来西亚半岛）组成，沿海地区以平原为主，中部则是布满茂密热带雨林的高原。人口方面，据世界银行数据，截至 2023 年底，马来西亚人口已超过 3 400 万人，其中近 70% 都分布在马来西亚半岛。马来西亚是东南亚国家里华裔人口占比排名第二的国家，华裔占其总人口的 23% 左右，这一比例仅次于新加坡。马来西亚华裔多为明清时期从我国东南沿海迁至马来半岛的华人后代。马来西亚是除中国之外华文教育体系最完备的国家，这里的华裔坚持保留中国文化，对中国的认同感较强。

马来西亚的政治体制是君主立宪联邦制。马来西亚的执政联盟必须赢得国会过半议员的支持，国家元首为“最高元首”，拥有立法、司法和行政名义上的最高权力。虽然国家元首从 9 个世袭苏丹中选举产生，但实际运作上必须依照首相及内阁的意见行使职权。

经济概况

马来西亚自然资源丰富，是世界最大的棕榈油出口国、第三大橡胶出口国、第二大未锻轧非合金锡出口国，也是优质热带硬木的重要出产国。除此之外，马来西亚还有着较为丰富的石油与天然气储备，是东南亚地区液化天然气和石油的重要出口国家之一。据《油气杂志》报道，截至 2017 年 1 月，马来西亚已探明原油储量高达 36 亿桶。得益于国内丰富的橡胶产量和矿藏储备，马来西亚一直都是半导体产业和橡胶相关制品的重要产地之一，其国内有 54 家半导体制造企业，占据全球后端半导体封装市场约 8% 的份额。

2022 年，马来西亚 GDP 总额约为 4 070 亿美元，人均 GDP 与同年中国的水平相当，约为 1.2 万美元。从产业结构上来看，第三产业占比超 50%，是马来西亚经济结构中最大的一部分，吸收就业人数占马来西亚雇用员工总数的 60.3%。其中，旅游业是第三产业的支柱，在疫情暴发之前的 2019 年，马来西亚旅游业在 GDP 中的占比一度达到 12%，但疫情对旅游业的打击，也给高度依赖服务业的马来西亚经济造成了巨大冲击。2020 年受疫情影响，马来西亚的 GDP 下降超 5 个百分点。

马来西亚主要的商圈都集中在西部（简称西马）。西马的三大主要区域是中部首都圈（吉隆坡和围绕吉隆坡的雪兰莪州）、北部的槟城和邻近新加坡的南部城市新山。西马有 70% ～ 75% 的零售店面在中部首都圈，10% ～ 15% 的店面在槟城，还有约 10% 在新山。这些城市也是华人聚集比较多的地区。

零售业态

马来西亚的线下零售业态，一般分为大卖场、超市、便利店以及其他现代零售渠道和传统渠道。其中，便利店占 18%，大卖场占 16%，超市占 11%，其他现代零售渠道占 4%。根据麦肯锡 2021 年的统计，马来西亚的现代零售渠道渗透率达到了 50%，在新加坡和菲律宾之后，排东盟第三。

从竞争格局来看，马来西亚的超市业态中，目前尚未出现超过 100 家门店的超市连锁，第一梯队的青苗超市、宜康省、巨人超市、莲花超市和万顺超市都有多于 50 家门店，有 20 ～ 30 家门店的品牌竞争较为激烈。在便利店业务中，7-ELEVEn 有 2 400 多家店，排第一；马来西亚的本地品牌 99 Speedmart 有 2 000 多家店，排第二。规模较小的本地连锁品牌便利店分别是拥有 680 多家店的 KK Super Mart 和 500 多家店的 myNEWS。线上零售的发展促进了马来西亚居民线上消费习惯的养成，但是线上渠道只占整体杂货、食品消费渠道的 4% ～ 5%。线上购物争夺的主要市场在城市，多采用与现有超市网络配合的前置仓模式，主要商家是 GrabMart 和 pandamart。

总体上，马来西亚的零售业已经基本从疫情的影响中恢复，进入稳步增长的阶段。不过，整体竞争格局上没有出现一家独大的垄断者。过去零售商整体上比较保守，但仍导致了首都圈的竞争逐步激烈，预计在短期内可能会出现一些整合和吞并的现象。马来西亚自有品牌在零售市场的占有率还非常低，大部分零售商有提升自有品牌市场占有率的战略，但缺乏有效的供应链支持，这对于中国供应链和零售服务商来说是一个合作点。马来西亚零售品牌在商品结构方面还有很大的提升空间，由于上游品牌特别是大品牌商品被欧美企业并购控制，小零售商在博弈中处于相对不利的状态。

菲律宾篇

历史、人口、政治等概况

中国从宋代开始就有关于菲律宾的记载。宋元交替时期，菲律宾群岛出现了一些奴隶制国家，其中苏禄王国最为出名。明朝郑和下西洋时就曾到访苏禄王国，后苏禄王亲率使团到中国拜见明成祖。1521 年，麦哲伦率领西班牙远征队到达菲律宾群岛。此后，西班牙逐步侵占并统治菲律宾。1542 年，西班牙人以王子腓力（即后来的西班牙国王腓力二世）之名，将此群岛命名为 Las Filipinas，这就是“菲律宾”名称的由来。西班牙殖民者对菲律宾的经济结构进行了改造，为了向欧洲输出烟草、甘蔗、蕉麻、可可等，在菲律宾对这些经济作物实行规模化和专业化生产，导致菲律宾的经济结构单一。1898 年，菲律宾起义宣布独立。同年，美西战争[①]爆发，西班牙战败，菲律宾成为美国的殖民地。1946 年，美国被迫同意菲律宾独立，菲律宾成为独立国家。

菲律宾面积约为 30 万平方千米，由吕宋岛、米沙鄢群岛、棉兰老岛三部分构成。吕宋岛是菲律宾最大的岛屿，拥有菲律宾唯一的平原地带。该岛是菲律宾的主要人口聚集区，人数约占全菲律宾总人口的一半以上。菲律宾首都马尼拉位于吕宋岛的马尼拉湾东岸。菲律宾的矿藏主要有铜、金、银、铁、铬、镍等 20 余种。其中，铜蕴藏量约 48 亿吨、镍 10.9 亿吨、金 1.36 亿吨。地热资源预计有 20.9 亿桶原油标准能源。巴拉望岛西北部海域有石油储量约 3.5 亿桶。

人口方面，菲律宾 2023 年人口为 1.12 亿人，较 2022 年增长 132 万人。菲律宾是一个人口非常年轻化的国家，年龄中位数为 25 岁，出生率为 2.7%，64% 的人口介于 15 ～ 64 岁，30% 的人口介于 0 ～ 14 岁，人口金字塔呈现了非常完美的等腰三角形。菲律宾与印尼、越南是东南亚 3 个人口破亿的国家。根据联合国估算，2080 年菲律宾 65 岁以上人口占比将超过 15 岁以下人口占比，其人口总数将在 2092 年达到高峰。马来裔占菲律宾人口的 85% 以上。菲律宾有 70 多种语言，国语是以他加禄语为基础的菲律宾语，英语为官方语言。菲律宾国民大多信奉天主教。

政治体制方面，菲律宾独立后，实行议会民主共和国制度，立法、行政和司法三权分立。议会是其国家最高立法机构，由参、众两院组成。菲律宾总统拥有行政权，正、副总统均由全民直接选举产生，总统提名各部部长组成内阁。但事实上，菲律宾有特殊的家族政治形态，阿基诺家族、马科斯家族、阿罗约家族、杜特尔特家族等大家族掌握了菲律宾政治体系。2022 年菲律宾大选中，马科斯家族的费迪南德·罗穆亚尔得斯·马科斯（Ferdinand Romualdez Marcos，小马科斯）以较大优

① 美国为了夺取西班牙在美洲和亚洲的殖民地古巴、菲律宾等而发动的殖民战争。——编者注

势获胜，成为现任总统。菲律宾最高法院和各级法院拥有司法权，其中，最高法院由 1 名法官和 14 名陪审法官组成，均由总统任命，拥有最高司法权。

经济概况

菲律宾的经济保持高速增长。2023 年菲律宾 GDP 为 4 350 亿美元，人均 GDP 为 3 816 美元。除 2020 年受疫情影响，GDP 增长率有所下降外，菲律宾近 10 年实际 GDP 增长率均在 5% ～ 8%。

从产业结构上看，第三产业在菲律宾国民经济中地位突出，占比超 60%，制造业和农业占比约为 30% 和 10%。服务外包业、博彩业、旅游业是菲律宾主要的服务业收入来源。菲律宾是全球主要劳务输出国之一，输出海外的劳工有 230 多万人，其中 24% 左右在沙特工作，16% 左右在阿联酋工作。旅游业中，美国、中国和韩国是菲律宾主要的游客来源国。制造业以食品加工、化工产品、无线电通信设备等行业为主，这些行业的产出占制造业总产出的比重在 65% 以上。

具体来看消费产业，年轻的菲律宾人消费欲望强烈。菲律宾人大多数习惯超前消费，家庭的储蓄率基本保持在 18% 左右。在家庭支出方面，收入所得最低的 30% 家庭中，食品支出占了约 60%，租金支出占了 8%；收入所得较高的 70% 家庭中，食物支出占了约 40%，租金支出占了 13%。由此可见，满足居民的必需品消费需求是菲律宾零售市场中很重要的一部分。

菲律宾目前最主流的购物方式仍是线下购物，占比高达 90% 左右。菲律宾的现代零售渠道发达，占比约为 75%。其中，中型超市约占 52%，大卖场占 17%，便利店占 6%。

从竞争格局来看，菲律宾的零售市场中还没有出现绝对的龙头。排名前三的专卖店分别为 Mercury Drug、屈臣氏、SM Appliance，合计占比为 16%。排名前三的杂货零售商分别为 SM Retail、Puregold Price Club、罗宾逊零售控股公司，合计占比为 37%。可见，零售业集中度不高。

从二级市场角度看，菲律宾消费行业由三个主要支柱组成，即商超零售、食品饮料和餐饮。零售业整体较发达，其中最著名的是全品类零售品牌 SM Investments，它与多家印尼公司有合作。在食品饮料行业，已孵化出不少区域知名品牌，包括生产饮料茶饮、咖啡、饼干等的品牌环球罗宾娜，当地出名的白兰地、威士忌生产厂商和品牌商皇胜集团（Emperador）。餐饮行业连锁上市公司不多，但是快乐蜂（Jollibee）已经是东南亚实力强劲的连锁炸鸡品牌，可谓是东南亚的“区域性 KFC”。

泰国篇

经济概况

泰国是东南亚的第二大经济体，近年来经济发展迅速。2022 年，泰国的名义 GDP 约为 4 954 亿美元，占全球 GDP 的 0.6%，人均 GDP 在东南亚各国中位列第四。

泰国经济发展的走势曾出现数个拐点。现代第一次拐点出现在 1998 年，彼时亚洲经济体遭遇金融危机。金融危机由泰国货币贬值压力持续增大、政府宣布放弃固定汇率制拉开序幕，其后席卷整个东亚。最近的一次拐点出现在 2020 年，受疫情影响，泰国的支柱型产业旅游业遭遇重创，GDP 增长降至亚洲金融危机后的最低水平，直到依靠政策的有效管控和疫苗的普及才迎来经济复苏。

泰国的经济发展可以追溯到 19 世纪中期，当时暹罗（泰国旧称）因与欧洲国家通商而逐渐发达。第二次世界大战后，泰国成为美国在东南亚的主要军事盟国，经历了长期的军事独裁统治，直到 20 世纪 90 年代，军人逐渐淡出政坛，才开始民主化，宪法和选举也得以恢复。20 世纪 80 年代，泰国以电子工业为代表的制造业发展迅速，产业结构化明显，经济持续高速增长。1985—1995 年是泰国的第七个“五年计划”期，泰国成为当时世界上经济发展最快的国家之一。直到 1997 年亚洲金融危机爆发，泰国经济的迅猛发展势头才被截断，泰铢贬值近一半。1999 年后，泰国经济又开始恢复，其后一直呈现出 GDP 总量高、人均 GDP 低、失业率低的特点，经济增长的主要动力是出口和旅游业。泰国近年来的经济增长走势如图 3-6 所示。

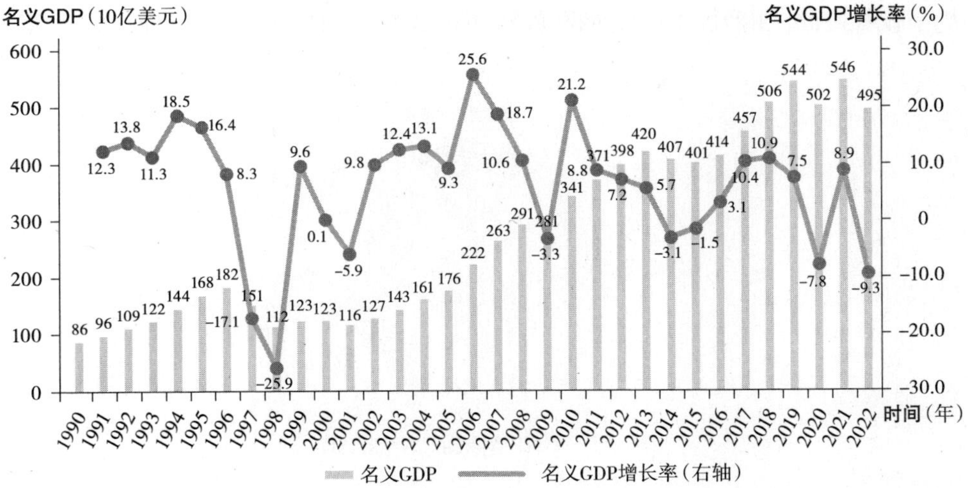

图 3-6　泰国经济增长情况（1990—2022）

注：图中名义 GDP 增长率是由精确数据计算得出，因此与图中所示名义 GDP 数据计算稍有出入。

资料来源：世界银行。

泰国现代史上的军事政变屡见不鲜。政治环境的动荡为泰国的经济发展埋下隐忧，一大表现就是泰国虽然是东南亚的传统制造强国，但制造业的发展和扩张在2000 年后进展十分缓慢。

2022 年，泰国人口约为 7 170 万，主体民族泰族在总人口中的占比超过 75%，人口年龄中位数为 40 岁。自 20 世纪 80 年代以来，泰国的生育率和人口增速逐年下降，截至 2020 年已有超过 10% 的人口年龄在 60 岁以上。泰国正步入老龄化阶段，劳动力大量依靠缅甸、柬埔寨和老挝等周边国家输送的外来人口。

优势产业和行业分布

泰国的经济支柱是制造业和服务业，2022 年三大产业对经济体量的贡献占比如图 3-7 所示。泰国的制造业主要集中在汽车、电子、食品加工和纺织等行业。泰国的工业区主要分布在曼谷及周边地区，主要工业城市包括曼谷、春武里和罗勇。东南亚消费市场的相关研究显示，这些地区贡献了泰国约 30% 的 GDP 和 90% 的工业产值。该区域不仅是全球重要的汽车制造基地，拥有丰田、本田等多家国际知名汽车制造企业的生产线，也是旅游经济的集中区域。

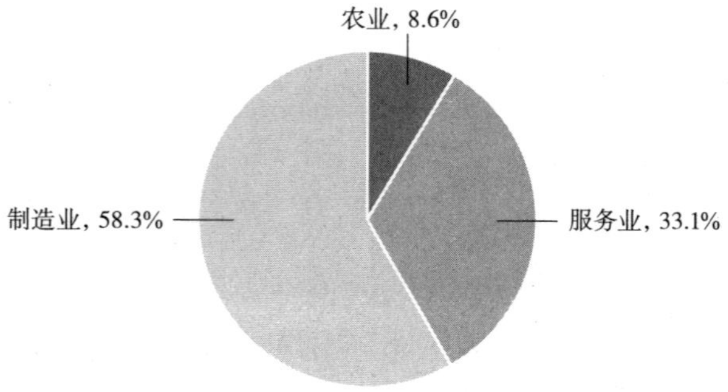

图 3-7　2022 年泰国三大产业占比

资料来源：世界银行。

旅游业是泰国经济的重要组成部分，占 GDP 的 20%。主要旅游目的地包括曼谷、清迈和普吉岛。泰国政府积极推动旅游业的发展，通过提升旅游基础设施和服务水平，吸引更多国际游客。

泰国的农业以水稻、橡胶树和热带水果的种植为主。其中，橡胶种植园主要分布在泰国南部和东北部地区，南部毗邻港口，而北部则是新兴农业发展区域，设施尚未完备。作为全球最大的天然橡胶生产国，泰国的橡胶产业链完整，上游种植、中游加工和下游产品（如轮胎和手套）环节均有覆盖。

对外贸易和经济协定

泰国身处多个地区贸易双边协定网络的中心，包括亚太经济合作组织（APEC）、《区域全面经济伙伴关系协定》和《全面与进步跨太平洋伙伴关系协定》形成的双边协定网络等。泰国与东盟各国、澳大利亚以及东亚、南美等多个地区的国家签署了双边贸易协定。

泰国的主要贸易伙伴包括中国、日本和美国。2021 年，泰国最大的出口市场是中国，对中国的出口额占其总出口额的 12.7%。

泰国的主要出口产品中，工业制品和农产品占了极大比重。出口的工业制品中，又数电子、汽车配件和电器占比最大，出口的农产品主要是大米和橡胶。主要进口产品的分类则更为细致和繁多，原油和天然气是进口体量最大的能源，进口需求极大的商品包括机械设备、电子机械、钢铁制品、集成电路等。2022 年泰国主要进出口产品的结构比例如图 3-8 所示。

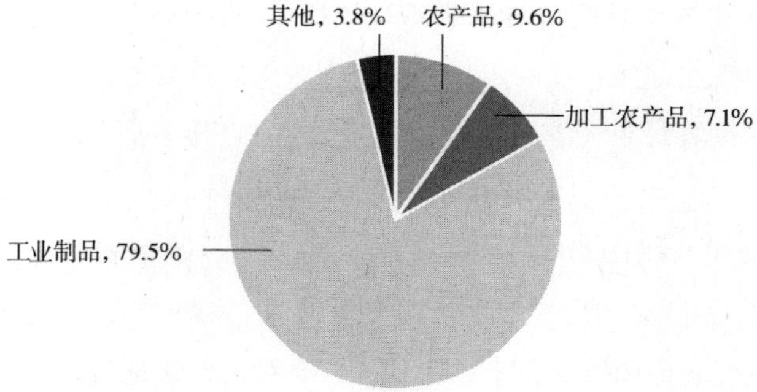

（a）主要出口产品

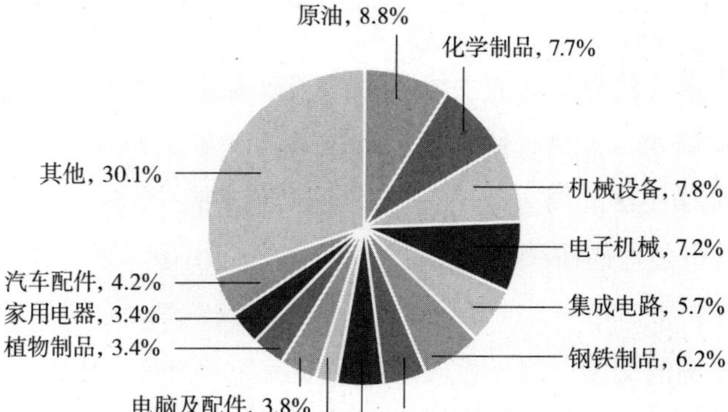

（b）主要进口产品

图 3-8　2022 年泰国主要进出口产品的结构比例

资料来源：泰国商务部。

金融市场

泰国证券交易所的上市板块主要包括主板和创业板。截至 2021 年底，泰国证券交易所总市值约为 19 643 亿泰铢。泰国股市估值在全球主要市场中处于中游水平，但在新兴市场中排名较前。泰国证券交易所的市盈率为 17.4 倍，市净率为 1.6 倍。能源、房地产和可选消费等行业估值较低。

2019—2023 年，泰国证券交易所每年新增 IPO 数量稳定上涨，2023 年之前的 3 年稳定在每年新增 40 个上下，但总体融资规模显著下降，2023 年总体融资规模创近 5 年来的历史新低。泰国 IPO 市场规模原本与印尼相近，在这一年也被印尼拉开差距，并呈现出截然相反的走势。但作为东南亚重要的传统金融市场，泰国的消费类公司仍保持着每年至少有两个进入东南亚 IPO 排名前十的稳定水平。

泰国上市公司所属的行业主要包括金融、能源、服务和科技。从市场份额来看，能源行业为 21.3%，服务行业同样为 21.3%，金融行业为 17%，科技行业为 16%。尽管科技行业市场份额较小，但随着数字经济的快速发展，其市场份额将逐渐增加。

政府债券是泰国债券市场的主体，2022 年政府债券占市场总值的 65%。国债占泰国发债总额的 45%，央行债券占 20%，民企债券占 27%，外企债券仅占 1%。也有部分企业选择去泰国周边市场发行债券。近年来，泰国公司债券市场有所发展，一些泰国上市公司选择在新加坡发行债券，以吸引国际投资者。

泰国二级市场的交易，海外投资者参与度较深，交易占比超过 50%；其次为泰国国内投资者，其中个人投资者交易所占比例为 60%，剩余的为其本国机构投资者和金融机构自营交易。

泰国政府积极推动金融科技的发展，通过一系列政策支持数字支付、在线贷款和区块链技术的应用。金融科技的快速发展不仅提升了金融市场的效率，还为中小企业和消费者提供了更多的金融服务选择。

消费市场

泰国消费市场呈现出快速增长态势，特别是食品饮料、零售和日用品等领域。本土品牌，如泰国酿酒和零售商中央零售（Central Retail），在市场中占据重要地位。泰国的零售业发达，现代渠道渗透率高达 49%，主要以大型超市和便利店为主。

泰国是东南亚乳制品出口和消费的第一大国，也是全球第二大超高温灭菌奶出口国，自产奶源充足且优质，过去 10 年人均乳制品消耗量显著上升，产量也在稳步提升。

根据 Statista 公布的数据，泰国的牛奶产量在 2021 年达到了 140 万吨，国内牛奶消费也上涨到几乎与产量持平的 130 万吨，每年人均牛奶饮用量从 2014 年的 13.2 千克增长至 2023 年的 21.3 千克，酸奶、牛奶替代品等消耗量也有不同程度的上升。

泰国没有上市的本土奶制品企业，但有诸多国际连锁品牌选择在泰国设立主要区域加工厂，如雀巢、Dairy Plus、星狮集团等。其中，星狮集团是发迹于泰国本土的饮料与奶制品行业龙头，但其饮料子公司选择在新加坡上市，控股公司在马来西亚上市。雀巢和 Dairy Plus 是鲜奶直饮行业的龙头，星狮集团则在其他奶制品市场拥有强大的影响力。

泰国目前主要依靠进口的奶制品是脱脂奶粉、乳清、奶酪、黄油和酸奶，出口的鲜奶、奶制品主要销往东盟地区。根据国际贸易中心（ITC）的数据，2020 年泰国出口奶制品 307 万吨，出口金额达 18 亿美元。

泰国的另一大消费市场是橡胶市场。作为全球最大的橡胶生产国，泰国的种植园遍布除曼谷工业区以外的泰国全境，且种植几乎没有越冬期。泰国橡胶产业链的中游产品为天然橡胶，主要竞品是以石油为化工原材料的合成橡胶；下游主要产品为轮胎、手套、橡胶管、弹性材料等。泰国国内生产的轮胎 65% 用于内销，作为国内生产的汽车、摩托车的配件，35% 直接销往国外。

疫情以来，医用手套和橡胶制医疗用品的需求量大幅上升，助推了疫情后泰国经济的复苏。泰国橡胶产业的领军企业诗董橡胶通过上下游的垂直整合，实现了泰国全境的生产线覆盖，并拿下了各大轮胎厂商的合作订单。疫情期间，诗董橡胶抓住了私家车出行和医疗手套需求暴增的机会，实现了营收增长，2020 年、2021 年的营收同比增长分别为 24% 和 53%，收入规模对比疫情前几乎翻倍。

与消费产业紧密相连的零售渠道也迎来朝向现代通路的转型。泰国与邻国马来西亚的现代渠道渗透率和发展路径相近，以超市、便利店等业态为代表的现代零售网络在过去蓬勃发展，尤其是泰国的便利店业态，正大集团旗下的 7-ELEVEn 便利店 2023 年在泰国全境拥有超过 14 700 家门店，且保持着每年稳定增加 700 家店的新增速度，市场覆盖在广度和密度上均达到了空前的领先程度。2023 年仅 7-ELEVEn 便利店的营收就达到 124 亿美元，在正大集团营收中占比近 50%。

小结与机会

泰国在东南亚经济体中仍然位处发达行列，但 2015 年后经济增长开始明显放缓。私人投资领域也呈现明显的增长放缓趋势，从 1997 年的 40% 下降到 2019 年的 17%。相比越南和印尼，泰国农业向工业的转型速度相对缓慢，制造业增长放缓。泰国频繁的政治局势更替也为投资带来了额外的风险。

泰国的人口结构相对成熟，消费升级已经进行到中期阶段。目前，泰国人口年龄中位数为 40 岁左右，生育率下降，社会进入初步老龄化阶段。同时，泰国正处于消费升级的中期阶段，消费者对更细分、中高档产品的需求不断增加。

泰国经济高度开放，20% 的 GDP 来自旅游业。本土产业对外资的开放度高，尤其是在汽车制造、乳制品和日化产品等领域，这些领域也几乎没有泰国自主品牌。泰国在医疗等方面也有所发展，同时，泰国与美国、印度和日本等主要市场签订的贸易协议进一步促进了泰国制造业的发展，并吸引了中国制造业外迁。作为最早的东南亚制造基地，覆盖曼谷周边八大城市的汽车和摩托车生产基地被誉为“亚洲底特律”，拥有成熟的产业链。泰国的电子和电器生产依然发达，但增长速度在放缓。

泰国农产品的加工和消费升级正在进行，传统产品如大米、橡胶等的市场竞争非常激烈。榴莲作为单一品类，出口占比达 1.3%；罐装海产品的出口占比也达到了 1.3%，其中金枪鱼加工产品具有高附加值；加工水果的出口占比则达到了 0.7%。垂直整合成为企业发展的趋势。

此外，泰国拥有成熟的消费人群和高互联网渗透率，消费者的产品多元化需求更容易被互联网金融满足，显示出巨大的潜力。

泰国市场细分赛道的机会总结如下：

- **零售业态：**泰国的现代零售渠道渗透率非常高，约为 50%，各种零售渠道已经开始细分化。例如，便利店（如 7-ELEVEn）和专营店（如 HomePro）都已经形成了成熟的规模，并且拥有相对固定的消费者群体和消费习惯。每个细分市场目前由一家企业主导。未来，泰国市场预计会出现更多细分的专营店，进一步推动零售渠道的发展。对于东南亚地区其他市场来说，泰国的零售业发展具有重要的参考价值，尤其是越南和印尼市场，预计其现代零售渠道的渗透率将会提高，百货商店可能会逐渐减少，而便利店和专营店的数量将会增加。
- **饮料食品：**泰国市场是全球第四大能量饮料市场。能量饮料的需求与制造业的发展密切相关。制造业高速发展的地区，如越南、印尼和孟加拉，未来的能量饮料需求预计将大幅增长。泰国本地市场几乎被两家能量饮料品牌垄断，增长空间有限。在酒精饮料方面，泰国酿酒公司由于在新加坡上市，且并入了新加坡大盘指数，具有较强的流动性和融资能力。该公司有收购东南亚市场其他酒精饮料品牌的意图，未来有可能成为东南亚地区较大的酒品企业。优质的收购目标应当具备本土品牌认知度和强大的渠道实力。

- **餐饮：**泰国的餐饮行业在 2020 年至 2021 年因疫情受到重创，是亏损最严重的消费行业之一。2023 年，泰国餐饮业有所反弹，但想要恢复到疫情前的水平还需要时间。泰国市场的连锁餐馆仍有较大发展空间，目前西餐市场已经较为饱和，但日餐连锁店的数量仍不足。参考新加坡市场，日餐、高档中餐和高档东南亚餐饮连锁品牌在泰国市场还有很大的发展潜力。
- **农产品：**由于疫情的影响，橡胶行业在 2021—2022 年经历了辉煌时期，但早在 2019 年时，泰国橡胶行业已经面临一定的财务压力。许多马来西亚和印尼的橡胶种植园已开始转型种植油棕树，供给侧缩水导致全球市场对泰国产天然橡胶的需求进一步增长。此外，家禽养殖和饲料业也在逐渐向外转移，如印尼的这些行业就显示出了国际化扩展的趋势。

THE FUTURE
OF GOING GLOBAL

第4章

南亚，部分产业转移的目的地

印度篇

印度近年来不断引起投资者的关注。大家可能都对几个标志性的事件略有耳闻：2023年4月印度超越中国成为全球第一人口大国；2024年1月印度股票市场市值超过中国香港股市，成为全球第四大股票市场；近两年印度是全球主要经济体中GDP增速最高的国家。国际上看好印度的声音层出不穷，甚至有国际机构预测，印度将在未来几年超越德国和日本，成为世界第三大经济体。

同时，随着印度股票市场在2023年表现优异，市场上关于印度的宏大叙事也在不断增加，这背后的主线是全球产业链的变迁与分散化。我们看到，近几年美欧发达经济体不断强调本地化和近端化，印度虽然不像墨西哥那样拥有更贴近美国的地理位置，但它是一个可以较好地承接中低端产业链的备份选择，甚至有机构认为印度有望成为下一个“世界工厂”。而且，印度在政治制度、意识形态等方面更偏西化。

国家概况

印度的基本情况如下：

- **历史**：印度曾沦为英国殖民地并长期被英国殖民统治，因而英语是印度的官方语言之一。1947 年，印巴分治，同年印度独立。1950 年 1 月成立印度共和国。
- **地理**：印度是南亚次大陆最大的国家，2023 年面积排名世界第七。印度与包括中国在内的多国接壤，并在南部与孟加拉湾、阿拉伯海相邻，拥有 5 560 千米长的海岸线。
- **宗教**：几乎所有主要宗教均在印度传播发展，印度也因此被称为“宗教博物馆”。印度人主要信仰印度教和伊斯兰教。不仅如此，印度的宗教生活还与世俗生活深度交融。
- **民族**：印度有 100 多个民族，其中印度斯坦族人约占总人口的 46.3%。
- **政治**：印度政体为联邦共和制，每 5 年进行一次国会选举，最主要的党派为印度国民大会党和印度人民党。
  印度议会由总统和两院组成，两院包括上议院（联邦院）和下议院（人民院）。人民院的 543 个议席由选民直接选举产生，每 5 年举行一次大选。
- **外贸**：经常项目方面，印度的商品长期处于贸易逆差状态，而服务贸易则凭借较强的国际竞争力持续处于顺差状态。印度相对强劲的资本项目顺差改善了其国际收支情况。得益于相对强劲的经济基本面，直接投资与证券投资下的外资净流入是印度的资本项目顺差的主要来源。据公开资料，2022 年，印度 GDP 约为 3.4 万亿美元，人均 GDP 约为 2 400 美元，二者都接近我国 2007 年的水平。
- **城镇化率**：2022 年，印度城镇化率不足 36%，远低于中国的 64% 和印尼的 58%。印度 2022 年的城镇化率接近我国 2000 年左右的水平。
- **财政赤字**：2020 年以来印度政府赤字占 GDP 的比例达 6% ～ 7%，截至 2022 年底，政府部门杠杆率约为 83%。印度的居民杠杆率基本稳定在 40% 的水平，相当于我国 2015 年前后的水平。

- **地区经济：**印度作为联邦制国家，共有 29 个邦、6 个邦联属地和 1 个国家首都辖区，其中 GDP 排名前五的邦合计占全国 GDP 的比重接近 50%，地区经济发展不均衡，重要的经济邦基本位于沿海地区。

人口结构

很多人看好印度的首要理由就是人口。人口是影响宏观的重大变量，历史上，拥有人口红利的国家大多可以获得经济快速发展的机遇。当然，人口是一个“大而钝”的变量，它发生变化的速度虽然慢，但是变化一旦发生所产生的影响也是不可忽视的。目前，印度不仅人口总量大，而且年龄结构非常好，人口年龄呈上窄下宽的金字塔状分布，15 ～ 34 岁人群占比最高，整体分布与 2000 年左右中国的人口年龄分布比较接近。看年龄中位数，印度约为 28 岁，比中、美年轻约 10 岁，比日本年轻约 20 岁。

但是，印度整体的教育水平较低。公开数据显示，截至 2023 年，印度成人识字率仅为 74.4% 左右（相当于我国 1990 年的水平），其中男性识字率约为 82%，女性识字率约为 66%。和亚洲其他国家相比，印度的成人识字率不仅低于中国的 96.8%，也远低于印尼的 96%、菲律宾的 96.3%、泰国的 93.8% 和越南的 95.8%。同时，由于严重的贫富差距问题，印度整体教育水平提升的速度比较慢。印度富人群体的高等教育入学率是穷人群体的 10 倍以上，这种教育不平等会大大影响普通人受教育水平的提高。

在劳动力转化方面，印度的劳动人口参与率仅有 50% 左右（低于我国约 25 个百分点），尤其是女性的劳动参与率只略超过 20%（我国女性劳动参与率约为 45%，中国的人口红利背后离不开性别红利），居全球末尾。这在很大程度上制约了印度人口红利的释放。

从出生率的角度看，印度人没有大家想象的那么“想生”。据世界银行数据，印度的人口增长率从 20 世纪 80 年代开始下降，到 2022 年人口增长率降至 0.68%。

2021年，印度的“总和生育率”（妇女在其一生中所生育的子女总和）已经下降至2.0，低于2.1的世代更替水平。印度的生育水平在国内各个区域的分化也是十分显著的，这和各区域的经济发展程度有关系。印度北部的人口还在快速增长，但南部一些经济发达的地区，人口总数已经趋于稳定。整体上看，就是经济相对落后地区人口的生育意愿较发达地区高，农村人口的生育意愿较城市人口高。

产业结构

在产业结构方面，作为一个发展中经济体，印度的经济呈现出比较“超前”的结构，或者说印度的发展是“跨工业化”的发展，走了一条和中国完全不同的发展道路。复盘历史，绝大多数经济体在产业转型升级的过程中，通常先从农业向工业转型，再逐步从工业向第三产业转型，服务业的比重慢慢提升。但不同于传统的升级路径，印度的发展模式非常“神奇”，它更像是跳过了工业化的阶段，直接实现了经济体系从以农业为主导到以服务业为主导的跃升。

从数据上看，在20世纪70年代印度服务业的增加值占比就已经超过农业，服务业在其国民经济中占据主导地位。自20世纪80年代以来，随着农业占GDP的比重下降，印度服务业占GDP的比重持续上升，而工业占GDP的比重基本保持不变，甚至有所下滑。至2022年，印度服务业的增加值占比已经提升至52%左右，而制造业占比则不到15%。

那么印度是如何跨过第二产业直接发展第三产业的呢？首先，在1757年普拉西战役后，印度沦为英国的殖民地，直到1947年才独立。受长期被殖民的影响，印度的国家管理体制、法律体系等都向英美靠近，印度的精英阶层更加西方化，价值观和西方基本吻合。英语是印度的官方语言之一，印度人与西方人之间没有语言障碍。这些因素都为印度发展外向型服务业奠定了基础。

其次，虽然印度的成人识字率较低，但不可否认的是，印度的精英教育是比较成功的。印度重视理工、商业和管理人才的培养，教育系统也与西方接轨，且有相当比例的精英阶层选择在完成本科教育后赴西方留学。

最后，同样不可忽视的是，与欧美国家相比，低廉的劳动力成本也是印度能够发展外向型服务业的重要原因之一。20 世纪 80 年代之后，得益于经济全球化的发展，不少欧美发达地区的企业为了降低成本，开始寻求将一些服务业外包给其他地区。20 世纪 90 年代，印度进行经济自由化的改革，采取了降低关税、利率自由化、开放对外投资等措施。这一时期，内外因素叠加在一起，带来了第三产业的发展机遇。印度成功抓住机遇，促成其第三产业在 20 世纪 90 年代末进入发展快车道。自此之后，在欧美发达国家服务外包的趋势推动下，印度服务业迅速增长，并成为其经济的支柱产业。

但是，印度跨过第二产业直接发展第三产业的模式，可能存在以下两方面的问题。

一方面，对于一个经济体而言，成熟的工业体系可以起到承载就业和提高更广泛群体收入水平的作用。单纯依靠发展软件等外向型服务业，能够承载的就业是相对有限的，也就无法带来更广泛的居民收入增长。

另一方面，当一个经济体的产业与国际产业链高度融合时，它对外的依赖度就会很高。所以，我们可以看到，过去印度的经济增长和全球经济增长高度相关。这在一定程度上加剧了印度自身的经济风险。

在历史上，印度为什么没有很好地发展第二产业呢？其实印度在独立之后，也曾试图依靠工业化推动经济的发展，并在 20 世纪 60 年代就形成了一套以重工业和基础工业为支撑的较为完整的工业体系。但如果我们仔细分析，就会发现印度在发展第二产业时面临种种约束。首先是人力的约束，比如前文提到的劳动力素质带来的约束。还有印度严苛的雇员限制政策也约束了企业的规模，而一旦企业规模起不来，必然导致发展第二产业的难度显著提升。其次，发展工业化必然离不开土地，但印度的土地流转同样对发展第二产业有一定的制约。印度 1894 年出台的《土地征用法》规定，政府可以出于公共目的征用私人土地，但必须赔偿。经过多年来的数次修改，到 2013 年，印度国会通过了新的征地法。该法案的核心内容包括：政府出于公共目的征地的范围，仅包括国防和基建；出于公共目的的征地必须取得

80% 的被影响人同意，公私合作项目不低于 70%；城市征地补偿标准为市价的 2 倍，农村土地甚至可达市价的 4 倍，同时，失地农民还可以得到长期的安置补偿。新的法案在保障农民权益的同时，也增加了征地的难度和成本，这对印度发展第二产业形成了阻碍。

与土地流转息息相关的自然是基建，基建对发展制造业起到决定性作用。比如，提到中国制造业优势，我们大多能理解我国政府过去多年在基建领域进行投资所起到的作用，毕竟决定制造业优势的不止人力成本与劳动力素质。但客观地讲，印度的基建是比较落后的，其公路里程数虽然在全球经济体中排名第二，但其中 70% 是农村土路，难以承载货运功能。

基建不仅包括交通物流体系建设，还包括能源供应体系建设。稳定的能源供应体系是发展制造业的基本前提，但印度严重缺乏石油、天然气、铜、铅、锌、金等矿产资源，对能源进口依赖度极高。而正是由于受到煤炭进口依赖度高、电力系统制度复杂、输电损耗较大等因素影响，印度目前仍难以给制造业发展提供稳定的、廉价的电力供给。尽管近年来印度政府在扩大电力供给方面已经取得了不少成果，但供电紧张甚至停电的情况依然时有发生。

当然，产业的发展也离不开良好的营商环境与透明度更高的政企关系。根据世界银行的数据统计，印度近些年的综合指标有所改善，已经略好于越南、印尼等国，不过在 190 个经济体中整体排名仅处于第 63 位，而且在开办企业的审批、财产登记（体现企业获得产权保护程度）、纳税、执行合同（体现商事司法水平）等环节，印度的排名都在 100 名以外。外资企业在印度面临很大的政策风险，因而对赴印度投资存有一定的顾虑。

最后，政府与政策也是一个不可回避的问题。一方面，在 2014 年莫迪上台之前，印度长期处于两党轮流执政的状态，这就导致一些政策的连续性不强，在延缓印度对外开放步伐的同时，也在一定程度上动摇了外资企业进入印度的信心。另一方面，复杂的中央和地方关系也制约了改革的进程，“央地博弈”这个词对印度同样适用。

目前市场对印度最核心的宏大叙事就是“结构性改革和要素释放”，核心看点在于印度能否通过包括“印度制造”在内的一系列刺激与改革，实现战略目标。

总的来说，印度的很多领域和我国 2000—2007 年的情形确实比较类似。我国在那时实现快速工业化，并且逐步形成全球竞争力，同时在加入 WTO 的助推作用下，经济发展一路向上，所有宏观指标持续向好。印度虽然在当今全球供应链变迁的大叙事下，凭借着和西方更接近的意识形态和政治制度，有一个承接产业链转移的机会，其政府也推出了各项制度改革和产业政策以支持制造业的发展，但一些固有问题的解决尚需时间。中性假设下，我们认为印度未来数年依然可以保持 5% ～ 7% 的实际 GDP 增速中枢水平，再加上通胀的因素，名义 GDP 增速可能在高个位数到双位数之间，这个增速水平在全球主要经济体中依然绝对领先。

消费行业的逻辑

诚然，印度消费市场依然有不少问题，但作为消费行业研究者，我们对当下印度消费行业所讲的大逻辑都非常熟悉，包括人口红利及城镇化率提升、可支配收入增加、品类渗透率提升、人均消费金额提升、品牌化及消费升级、电商及其他新渠道兴起等。这里我们主要提一些前文没有涉及的逻辑。

产品结构高端化将是持续的趋势，消费行业相关企业将因此有一个比较长的量价齐升的红利期。

- 以联合利华印度为例，公司的高端产品占比从 2012 年的 22% 提升至目前的 35% 左右。
- 同样的趋势不仅出现在快消品、酒水领域，也广泛出现在服饰、饮料、家电等领域。举一个直观的例子，在印度的衣物洗涤剂行业，近年来在演绎从洗衣粉到洗衣液的升级路径，并且该领域头部品牌也在加大洗衣凝珠产品的布局。

除产品结构高端化以外，目前印度很多品类的客单价基数非常低，未来有很大的提升空间。

- 以高露洁为例，其在印度市场 65% 的牙膏产品价格在 90～110 印度卢比（约合 7.8～9.5 元人民币[①]），定价在 115 印度卢比（约合 10 元人民币）以上的牙膏产品占比不足 15%。而定价在 40 印度卢比（约合 3.5 元人民币）以上的牙膏产品占比仅为 15% 左右。且印度消费者更换牙膏的周期非常长，城镇地区平均 6 个月更换一次，乡村地区更是长达 15 个月更换一次。因此，这些客单价基数低的产品未来是有量价齐升的机会的。

目前印度整体的品牌化率较低，未来有持续提升的机会。

- 以鞋类为例，按照销售金额计算，2015 年印度男鞋、女鞋、童鞋的品牌化率分别为 48%、32%、25%，2020 年提升至 54%、36%、28%，预计 2025 年将进一步提升至 60%、44%、35%。相似的规律在休闲鞋类、运动鞋类、正装鞋类、户外鞋类都有所体现。
- 相信在城镇化率提高、居民可支配收入增加、中产阶级占比提升等趋势的推动下，印度的品牌产品占比将不断提升。近年来我们也观察到印度本土品牌意识的崛起。

渠道方面，印度本身是一个非常庞大的市场，企业在这个市场里会有很大的发展空间。

- 联合利华印度通过 3 500 余个分销商，触达超 900 万个终端零售网点。雀巢在印度触达 520 万个终端零售网点，高露洁在印度触达超过 170 万个终端零售网点，印度本土快消品企业 Dabur 在印度覆盖零售网点 770 万个。
- 除了通过正常的铺货实现销售规模的增长外，我们也看到部分品牌开始强调自控终端和渠道精耕。按照目前的渠道建设，未来很多品牌通过“铺货 + 精细化运营”，依然会获得比较大的挖潜空间。

电商渗透率提升也为印度带来了新的增量。

- 印度有超过 12 亿的移动手机用户，预计到 2030 年，这一数字将提升

① 按 1 印度卢比约等于 0.086 7 元人民币换算。——编者注

至 13.5 亿。印度的网购渗透率已从 2010 年的 4% 提升至 2021 年的 41%，预计将在 2031 年提升至 70%。

- 以联合利华印度为例，其电商渠道的占比从 2012 年的 0 提升至 25% 以上。电商渠道成为公司重要的增长动力源之一。
- 我们在印度绝大多数消费类上市公司的年报中能看到管理层对电商渠道的重视与强调。

下沉市场是未来消费企业可以在印度持续开拓的增量空间。

- 根据印度瓷砖品牌 Kajaria 提供的数据，预计 2022 年下半年至 2025 年下半年，在印度最大的 7 个城市中将有超过 70 个购物中心建成，合计面积超过 288 万平方米。购物中心的建设不限于头部核心城市，随着下沉市场购物中心的建设，我们预计很多消费品企业在未来几年将提升下沉市场的业务布局，尤其是通过代理或加盟模式实现快速覆盖。

由于庞大的人口基数和经济发展阶段的限制，印度的很多消费领域都呈现人均消费金额远低于全球平均水平的现象。不过预计在上述宏观因素的正面推动下，这种差距会逐步缩小。

- 印度的人均快消品支出是印尼的 1/2、中国的 1/3、菲律宾的 1/5、泰国的 1/9。
- 印度的人均食品饮料消费支出占人均收入的比例仅为 3.7%，低于印尼的 4.8%、泰国的 7%、菲律宾的 8.8%。
- 从细分领域看，菲律宾的人均包装食品消费金额是印度的 3.3 倍，中国则是印度的 4.2 倍；印度的人均冰激凌消费金额只有马来西亚的 1/2、土耳其的 1/7。菲律宾的人均牙膏消费量是印度的 1.8 倍，巴西则是印度的 3 倍；印度人均鞋类消费量约为 1.9 双，而全球平均消费量约为 3 双。

品类、品牌渗透率的提升也是比较明确的趋势。

- 以联合利华印度提供的数据为例，其产品在印度农村和城镇的渗透率分别是：洗面奶约为 22%，沐浴露约为 14%，洗发露约为 7%，润肤露约为 3%，BB/CC 霜约为 2%，防晒霜约为 2%。

- 以惠而浦提供的数据为例，该品牌冰箱、洗衣机、净水器、空调、微波炉在印度市场的渗透率分别为 33%、14%、9%、5%、2%。
- 以高露洁提供的数据为例，55% 的印度农村人口没有每天刷牙的习惯，只有 20% 的城镇人口有早晚各刷一次牙的习惯。

餐饮和酒水市场发展情况

最后，我们再以餐饮和酒水两个大品类为例，具体看一下印度市场的发展情况。

2022 年印度的食品餐饮服务市场规模约为 411 亿美元，预计 2028 年提升至 797 亿美元，复合增速约为 12%。

- 按品类，我们可以将印度的餐饮市场简单分为北印度菜、比萨和汉堡、南印度菜、印度香饭、中餐和其他亚洲菜、其他品类 6 个部分，其中北印度菜是最大的品类，占比约为 25%。
- 印度的本土餐饮行业存在厨师依赖度高、标准化程度低等问题。在上述几个核心品类中，除了比萨和汉堡的品牌集中度较高以外，其余品类的前五大品牌份额都低于 15%，这个数字在最大的品类北印度菜中只有 8%。
- 印度餐饮的外卖渗透率在 11% ～ 13%，低于美国的 16% 和中国的 20%。不过未来渗透率有比较明显的持续提升趋势。
- 印度餐饮品牌的连锁化率不高，2023 年约为 13.2%，预计 2025 年提升至 16% 左右。在连锁餐饮行业中，快餐品类规模占比最高且增速相对领先，预计 2020—2027 年的年均复合增速为 23%，2027 年市场份额约为 48%。休闲餐厅 2020—2027 年的复合增速预计同样为 23%，2027 年市场份额约为 36%。其他品类中，预计 2027 年咖啡、冷冻甜品和冰激凌市场份额约为 4%，酒馆、酒吧和酒廊市场份额约为 5%，高级餐厅市场份额约为 1%。
- 在城市布局上，从连锁餐饮的角度观察，2022 年印度最大的 8 个城市（新德里、孟买、加尔各答、班加罗尔、金奈、海得拉巴、浦那、艾哈迈达巴德）贡献了整个连锁餐饮行业约 83% 的收入，其余区域的连锁餐饮行业发展还处于比较初级的阶段，但二线、三线城市近年来有规模快速提升的势头。

- 虽然我们对印度本土的餐饮消费习惯、餐饮供给并不十分熟悉，但可以通过麦当劳、肯德基、汉堡王等国际快餐连锁品牌在印度的表现来了解行业的发展情况。
- 从门店规模看，2023 年麦当劳、肯德基、必胜客、汉堡王在印度的门店规模分别为 357 家、341 家、286 家、391 家，绝对规模并不大。但近两年这些连锁品牌都处于快速开店期，门店规模增速非常迅猛，肯德基在印度的门店规模从 2021 年的 203 家增加至 2023 年的 341 家，必胜客从 162 家增加至 286 家，麦当劳从 305 家增加至 357 家。
- 从销售表现看，2023 年肯德基、必胜客在印度的单门店日均销售额分别约为 1 700 美元和 700 美元，餐厅层面息税折旧摊销前利润率（EBITDA 利润率）分别为 19.4% 和 13.3%。
- 从店面类型看，目前肯德基在印度的堂食类门店占比为 45%，外卖类门店占比为 36%，自取类门店占比为 19%，必胜客的这三种门店占比分别为 35%、50%、15%。

再看印度的酒类行业，过去几十年该行业的发展受困于消费者对产品价格的高度敏感，多数产品销售价格处于低价位段。但随着近年来城镇化率、居民可支配收入等宏观因素的提升，以及居民品牌意识的崛起，叠加消费者对更高品质产品的追求越发强烈，印度酒类行业正在发生高端化升级，英国酒类公司帝亚吉欧在印度提出了我们耳熟能详的口号“喝得更好，而不是更多”（Drinking Better, Not More）。

- 从法规上看，虽然印度每个邦的规定有所不同，但法定饮酒年龄下限都在 18～25 岁。对照目前印度的人口结构，未来 5 年行业将新增 1 亿潜在消费者。
- 目前，印度的人均酒水消费量约为 5.5 升，略低于全球 6.2 升的平均值。
- 除了新增人口的因素以外，女性饮酒量的上涨也将为行业打开发展的空间。理论上印度女性的饮酒比例可以达到 45%，而目前只有 18%。
- 从市场规模看，2023 年印度的酒水饮品市场规模约为 495 亿美元，预计 2024 年量增 3.9%，行业尚未进入量跌价升的阶段，依然有量价齐升的机会。其中烈酒的份额最高，规模约为 345 亿美元，预计 2023—2027 年规模复合增速将达到 5.2% 左右。
- 威士忌是酒水饮品市场的重要组成部分，是烈酒品类中份额最高的细分赛道。事实上，印度是全球最大的威士忌消费国，威士忌消费量约占全球消费量的 10%。2023 年，印度的威士忌市场规模约为 184 亿美元，预计 2023—2027 年规模复合增速约为 4.3%。同时，在威士忌品类中消费升级的趋势非常明显，中高端产品增速远高于行业整体，超高端产品价格非常昂贵且处于供给短缺状态。

- 啤酒市场的规模较小，约为 46 亿美元，但预计 2023—2028 年行业规模将保持 8.1% 的复合增速。年轻群体对啤酒的偏好程度更高，这将支撑行业未来的良性发展。印度是全球啤酒渗透率相对较低的国家，因此预计啤酒相关企业会有比较好的发展机遇。
- 红酒市场的规模较小，但增速相对较高。预计 2021—2026 年行业规模复合增速接近 20%，规模增量将达到 2.74 亿美元。目前价格是阻碍行业发展的核心因素。制约红酒价格的因素有两个：一是印度的气候使其不可能成为好的葡萄酒产区；二是印度对进口葡萄酒征收 150% 的关税，导致行业供给受到了一定的限制。

孟加拉国篇

历史、地理、政治等概况

提到孟加拉国，很多人可能不太熟悉。18 世纪，孟加拉地区曾是英国对印度进行殖民统治的中心。19 世纪后半期，孟加拉地区成为英属印度的一个省。1904 年，孟加拉地区被殖民政府分为东、西两部分。1947 年，印巴分治，西部孟加拉地区归属印度，东部归属巴基斯坦（称东巴基斯坦）。1971 年，东巴基斯坦宣布独立，并于 1972 年正式成立孟加拉人民共和国（简称孟加拉国）。

从地理位置上看，孟加拉国位于南亚次大陆东北部，北、东、西部与印度接壤，部分国土与缅甸接壤。孟加拉国总面积约为 14.76 万平方千米，约等于 4.2 个海南岛的大小。

从人口来看，根据 2022 年孟加拉国人口普查的最终结果，该国的人口总数约为 1.7 亿，居世界第 8 位。人口密度为 1 305 人 / 平方千米，排在世界第 7 位。平均寿命为 72.72 岁，15 ～ 64 岁劳动力人口占比为 67.61%。人口年均增长率从 2011 年的 1.48% 下降到 2022 年的 1.22%，不过依然保持正增长。人口年龄中位数约为

28 岁，和印度相当，比中、美年轻约 10 岁。可见，孟加拉国不但人口总量大，而且年龄结构非常好，是一个有潜力的经济体。

与印度有些相似，孟加拉国也面临众多制约，人口要素很难转化成人口红利。孟加拉国的劳动人口参与率约为 58%，高于印度，但远低于中国。其中，女性劳动参与率不到 30%，略高于印度，但远低于中国的 45%。从这个角度看，男女不平等的问题在孟加拉国也广泛存在。

同时，孟加拉国的劳动力素质偏低，2022 年该国的识字率约为 74%，与印度相近。虽然识字率较 2010 年的 57.9% 有显著提升，但依然远低于同期中国的 96.8%。

此外，孟加拉国有相对强有力的工会组织。根据中国驻孟加拉国大使馆经济商务处公布的数据，截至 2020 年，孟加拉国全国有超过 6 400 个工会组织，其中大型工会组织有 12 个。近年来，孟加拉国也出现了多次大面积罢工活动。比如，2016 年，服装工人为提高待遇，发起了涉及 25 万人的罢工；2022 年，抗议物价上涨和要求提高待遇的罢工活动导致部分地区的道路交通连续封锁多天。

孟加拉国国土面积不大，但人口总量多，因而人口密度非常高。其人口密度约为印度的 2.7 倍、中国的 8.1 倍。这也导致孟加拉国的人口与发展之间的关系比较复杂，人口不是红利，反而是一种负担。

与印度相似，孟加拉国也是一个多民族国家，主要民族为孟加拉族，人数约占总人口的 98%。孟加拉国民众多信仰伊斯兰教和印度教。

孟加拉国的官方语言是孟加拉语，商界和教育界广泛使用英语，部分人懂得阿拉伯语。

政治体制方面，孟加拉国实行一院议会制，议会行使立法权。350 名议员中有 300 名直接由选民选举产生，剩余 50 名为遴选的女性议员。孟加拉国总统是国家元首，由议员选举产生，每届任期 5 年。总统任命总理，后者是内阁首脑，行使国家最高的行政权力。20 世纪 90 年代以来，孟加拉国主要由民族主义党和人民联盟轮流执政。由于地理位置特殊，孟加拉国主要奉行独立自主、不结盟的外交政策。

经济概况

根据孟加拉国统计局数据，2022—2023 财年孟加拉国的人均 GDP 约为 26 万塔卡，按现价计算约合 2 176 美元。过去 5 年孟加拉国人均 GDP 年均复合增速约 11.1%（见图 4–1）。

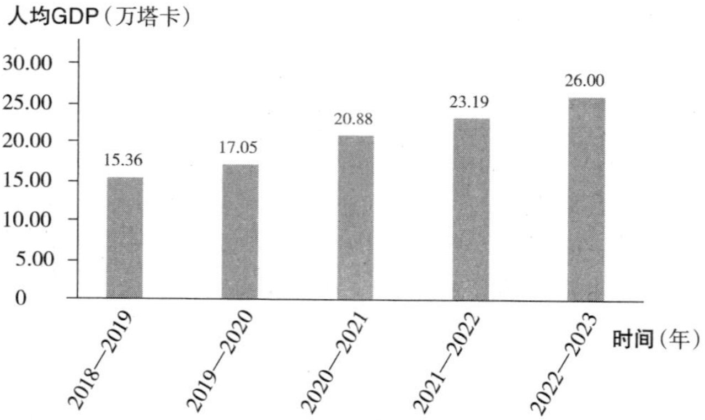

图 4–1 孟加拉国人均 GDP 水平（2018—2023）

注：1 塔卡约等于 0.008 4 美元（按 2024 年 11 月 1 日汇率）。

资料来源：孟加拉国统计局。

在增长方面，2017—2021 年孟加拉国的实际 GDP 增速基本维持在 6% 以上（2020 年略低），如图 4–2 所示。2024 年 1 月，孟加拉国央行在货币政策声明中表示，2024 年的 GDP 增速预测由之前的 7.5% 下调至 6.5%。

2022 年，孟加拉国约有 21.11% 的人口处于中重度粮食缺少状态，1.13% 的人口面临严重粮食匮乏的问题。根据孟加拉国统计局公布的数据，孟加拉国农村地区最贫困家庭的比例从 2021 年的 29.29% 增至 2022 年的 29.4%，城市地区最贫困家庭的比例从 2021 年的 3.0% 增至 2022 年的 4.1%。

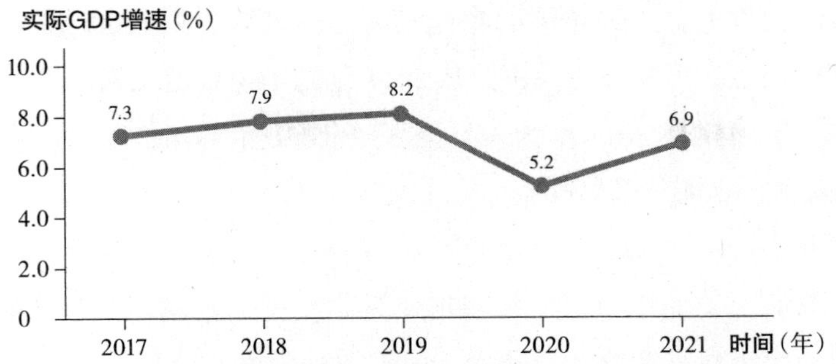

图 4-2 孟加拉国实际 GDP 增速（2017—2021）

资料来源：孟加拉国统计局。

孟加拉国 2022 年城镇化率约为 32%，远低于同期中国的 64% 和印尼的 58%，也略低于印度的水平，接近中国 2000 年之前的水平。同时，孟加拉国的基建水平相对落后，能源供应短缺的问题持续存在。虽然孟加拉国的电力普及率超过 90%（近年来有显著的提升），但人均用电量只有 560 千瓦时，不到中国的 10%。

了解一个国家自然离不开它的国际收支平衡表。在经常项目方面，近年来，孟加拉国的商品与服务均长期处于贸易逆差状态。金融项目同样长期逆差，而资本项目的顺差在一定程度上改善了孟加拉国的国际收支情况，但整体汇率呈现持续贬值的状况。

根据官方数据，截至 2023 年 5 月，孟加拉国的外汇储备总额仅为约 300 亿美元，国际援助是其外汇储备的重要来源。

近年来孟加拉国政府赤字占 GDP 的比例达到 4% ～ 5%。根据公开数据，孟加拉国债务与财政收入的比率超过 400%。按照偿债能力计算，孟加拉国是全球负债率最高的国家之一。

产业结构

在产业结构方面，孟加拉国统计局公布的数据显示，2022 年孟加拉国农业、工业和服务业占 GDP 的比重分别为 11.2%、37.56% 和 51.24%。

在创造就业方面，孟加拉国的农业劳动力占比从 2011 年的 47% 大幅下降到 2022 年的 37.9%；工业从业人数占比从 2011 年的 14.9% 增长到 2022 年的 18.4%；服务业从业人数占比从 2011 年的 38% 增长至 2022 年的 43.7%，不过绝大部分服务业从业者都集中在餐饮等低端服务业。

在工业方面，孟加拉国以原材料工业为主，重工业薄弱，制造业不够发达。但孟加拉国的优势在于廉价的劳动力，据孟加拉国统计局最新估计，2021—2022 年，孟加拉国年度普通工资指数为 191.80，上一财年为 180.83，同比上升 6.06%。孟加拉国高级管理人员每月工资水平在 1 200 ～ 3 000 美元之间，中级管理人员在每月 500 ～ 600 美元之间，技工 150 美元左右，普工在 80 美元左右。成衣制造成为孟加拉国工业的核心产业，是孟加拉国经济的支柱，也是国家外汇收入的主要来源。

在贸易方面，2020—2021 年，孟加拉国的前三大主要商品进口来源国是中国、印度和新加坡，前三大出口目的地为美国、德国和英国。

较高的关税使得出口的增长受到阻碍，同时，除服装行业外，孟加拉国在其他行业缺少出口配套设施，政策支持力度也不够，且法规和政策的延续性也不强，因此，我们在短时间内很难看到孟加拉国除服装行业外的其他行业有快速发展的机遇和基础。

由于孟加拉国的轻工业相对落后，主要的日用品需从海外进口，因此除本地产热带水果比较便宜外，其整体物价水平高于我国。

巴基斯坦篇

历史、地理、政治等概况

巴基斯坦是目前我国的“全天候战略合作伙伴”之一。在历史上，巴基斯坦曾是英属印度的一部分，于 1858 年随印度沦为英国殖民地。1940 年 3 月，全印穆斯林联盟通过关于建立巴基斯坦的决议。1947 年，英国实行印巴分治，同年巴基斯坦宣告独立。1956 年 3 月 23 日，巴基斯坦伊斯兰共和国成立。

从地理位置上看，巴基斯坦位于南亚次大陆西北部，与印度、中国、阿富汗和伊朗接壤。巴基斯坦总面积为 79.61 万平方千米，约等于 22.5 个海南岛的大小。

人口方面，根据巴基斯坦 2021 年的人口普查数据，其全国总人口约为 2.08 亿人（仅旁遮普省人口就达 1.1 亿人），人口数量排在全球第 5 位，按照劳动力人口排在全球第 9 位。年均人口增长率为 2.4%。15 ～ 59 岁人口占总人口的比例为 59%，15 ～ 29 岁人口占比为 27%。人口年龄中位数约为 22 岁，非常年轻。

在劳动力构成方面，仅 42% 的人为正常领取薪水的雇员，超过 20% 的人为无薪者，主要在家劳作，约 36% 的人为自营职业者，不到 2% 的人是雇主。从劳工法的角度看，巴基斯坦允许 14 ～ 18 岁的少年被雇用从事非繁重劳动，每天工作时间不得超过 7.5 小时；而对于年满 18 岁的雇员，每天工作不得超过 9 小时，每周工作不得超过 48 小时。但是，劳动力素质偏低的问题也在巴基斯坦广泛存在，巴基斯坦 10 岁以上的人口识字率约为 62%，整体识字率水平略低于印度和孟加拉国。女性识字率比男性低 20%，男女不平等的问题同样突出。

巴基斯坦是一个多民族国家，其中旁遮普族占比超 60%，信德族占比为 18%。伊斯兰教是巴基斯坦的国教。巴基斯坦宪法规定乌尔都语为国语，但官方语言是英语。

政治体制方面，巴基斯坦实行联邦制，总统是国家元首，议会是巴基斯坦的立法机构。省政府受联邦政府领导，但同时宪法规定省可以自治。在外交上，巴基斯坦奉行独立和不结盟外交政策，注重与中国和伊斯兰国家之间的关系。巴基斯坦实行多党制，现有政党 200 个左右，主要政党包括巴基斯坦穆斯林联盟、巴基斯坦人民党和正义运动党等。

经济概况

巴基斯坦中央银行统计的数据显示，2021—2022年，巴基斯坦GDP实际增长率超过原定增长目标，在2020—2021年的增速基础上继续保持增长态势；人均GDP也实现同比增长超过10%。2021—2022年，巴基斯坦国民经济三大产业继续保持增长态势。

2022年巴基斯坦城镇化率约为37%，远低于中国和印尼，和印度相近，接近我国2000年的水平。同时，巴基斯坦基建比较落后，公路密度为0.32千米/平方千米，远低于印度（1.0千米/平方千米）和孟加拉国（1.7千米/平方千米）。以电力为例，巴基斯坦的人均用电量为571千瓦时，不到中国的10%。同时，电网损耗较大，输配电环节综合线损甚至可以达到20%。

国际收支平衡表方面，在经常项目下，近年来，巴基斯坦的商品与服务均长期处于贸易逆差状态。整体汇率呈现持续贬值的状况。

进入2022年，大宗商品价格猛涨导致巴基斯坦经常账户赤字扩大，外汇储备迅速减少，汇率大跌，物价飙升。为解决上述问题、稳定经济，巴基斯坦政府紧急出台一些进口限制措施。根据官方数据，截至2024年1月，巴基斯坦的外汇储备总额为132.57亿美元。

拆分三大产业来看，农业方面，巴基斯坦的主要农作物包括小麦、水稻、玉米、棉花、甘蔗等，畜牧业产值占GDP的比重约为15%。

工业方面，从组成上看，制造业是巴基斯坦经济发展的支柱，其中轻纺工业占了较大比例。巴基斯坦是亚洲纺织品出口大国，纺织品出口额占出口总额的比重超55%。其他如电子、机械等行业的发展则相对落后。

在贸易方面，2020—2021年，巴基斯坦的前三大主要商品进口来源国是中国、阿联酋和印尼，主要进口商品包括矿物燃料、天然气、通信产品、车辆及零部件等；前三大出口目的地为美国、中国和英国，主要出口商品包括纺织品、皮革、矿产品等。

从国家竞争力和排名来看，根据世界经济论坛公布的数据，巴基斯坦在全球最具竞争力的 140 多个国家和地区中排在第 110 位；根据世界银行的数据统计，在 190 个经济体中，巴基斯坦位列第 108 位。

第 5 章

非洲，最大的劳动力群体以及最具活力的市场

尼日利亚篇

历史、地理、政治等概况

历史上，尼日利亚在 1914 年沦为英国殖民地，1960 年 10 月 1 日宣布独立。独立后，尼日利亚大部分时间由军队控制，1999 年才开始民主选举。2023 年 5 月，尼日利亚新总统上台，强调统一汇率、取消燃油补贴，旨在通过财政和货币政策实现经济增长。

尼日利亚全国有 250 多个民族，其中最大的 3 个民族是北部的豪萨 – 富拉尼族、西南部的约鲁巴族和东部的伊博族，分别占全国人口的 29%、21% 和 18%。

宗教方面，尼日利亚大部分人信仰伊斯兰教和基督教，其余人信奉其他宗教。

尼日利亚的官方语言为英语。除英语外，豪萨语、约鲁巴语和伊博语也是其国内主流的语种。

尼日利亚地处西非东南部，南部濒临大西洋几内亚湾，与尼日尔、贝宁、喀麦隆等国接壤，地理位置优越。其国土面积为92.38万平方千米，相当于约26个海南岛的大小。尼日利亚自然资源丰富，人口众多，是一块充满商机的热土。

尼日利亚拥有充沛的自然资源，已探明石油储量居世界第11位，可继续开采50年；已探明天然气储量居世界第10位，可继续开采上百年；已探明高品位铁矿石储量约为30亿吨；已探明天然沥青储量约为840亿吨。尼日利亚不仅是非洲第一大石油生产和出口国，也是西非唯一的产煤国，优质煤矿预测储量为11.34亿吨。

政治体制方面，尼日利亚分为36个州和1个联邦首都区，以及774个地方政府。尼日利亚实行三权分立的政治制度，实行联邦制，设立联邦、州和地方三级政府。国民议会由参、众两院组成，议员由直接选举产生，任期4年。当地主要政党包括全体进步大会党、人民民主党等。

人口方面，尼日利亚是非洲第一人口大国，2023年总人口达到2.24亿人，占非洲总人口的比重为16%，人口总量排在全球第6位。但尼日利亚人均卫生投入比较低，至2019年，出生时的预期寿命约为55岁。据世界银行公布的数据，2023年尼日利亚劳动力人口约为7 572万人，约占总人口的33.8%。

根据尼日利亚国家统计局公布的数据，超过60%的尼日利亚人因缺乏医疗、教育、生活水平、就业和保障而处于贫困状态。

尼日利亚的劳动力素质同样较低。根据公开资料，尼日利亚文盲比例高达46.7%，在经济合作与发展组织（OECD）公布的世界各国人力资本综合排名中，排在第76位。

尼日利亚的南北方经济和社会发展不平衡，北部人口多，但存在贫困和高失业率等问题。贫富差距，叠加复杂的民族和宗教构成，给了当地部族冲突和恐怖袭击一定的生存土壤。

经济概况

尼日利亚是非洲第一大经济体，近年来经济发展较为稳定。据世界银行公布的数据，2022 年，尼日利亚的 GDP 体量约为 4 726 亿美元（接近我国 1992 年的水平），如图 5–1 所示，同比增长约为 7.2%。2018—2022 年，尼日利亚的 GDP 总量复合增速约为 3.1%。

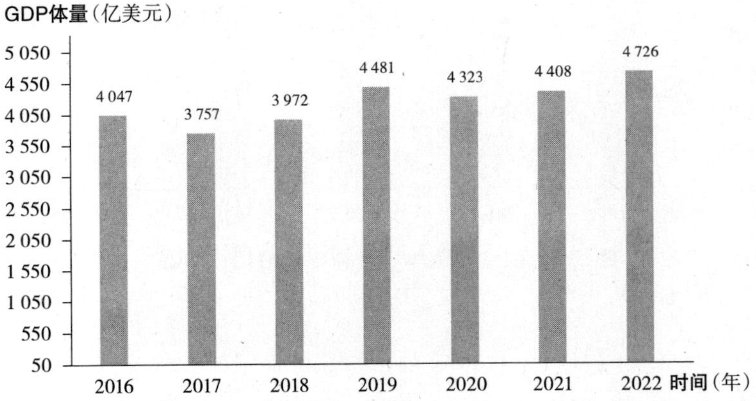

图 5–1 尼日利亚的 GDP 体量（2016—2022）

资料来源：世界银行。

据世界银行公布的数据，如图 5–2 所示，2020 年尼日利亚人均 GDP 约为 5 186 美元，接近我国 2011 年的水平。

从 GDP 的需求结构来看，根据尼日利亚统计局公布的数据，2020 年，投资、消费、政府采购和净出口占其 GDP 的比重分别为 29%、70%、9% 和 –8%。2016—2020 年，尼日利亚消费权重有所下降，投资大幅度提升。

尽管尼日利亚政府在基建方面投入了较多资金，但效果不明显，落后的基建水平是国家经济发展的瓶颈。在公路方面，尼日利亚道路总长 3.4 万千米，连接各州首府，但估计 40% 处于年久失修状态。此外，尼日利亚的电力供应水平非常落后，根据估算，其全国总装机发电量为 13.5 吉瓦，电力需求高峰为 8.25 吉瓦，但 2019 年实际发电量仅为 3.7 吉瓦，电力供需缺口极大。在尼日利亚，发电机是生产和生活必备品，大部分政府机关、事业单位及 97% 以上的企业都需要自备发电机发电。

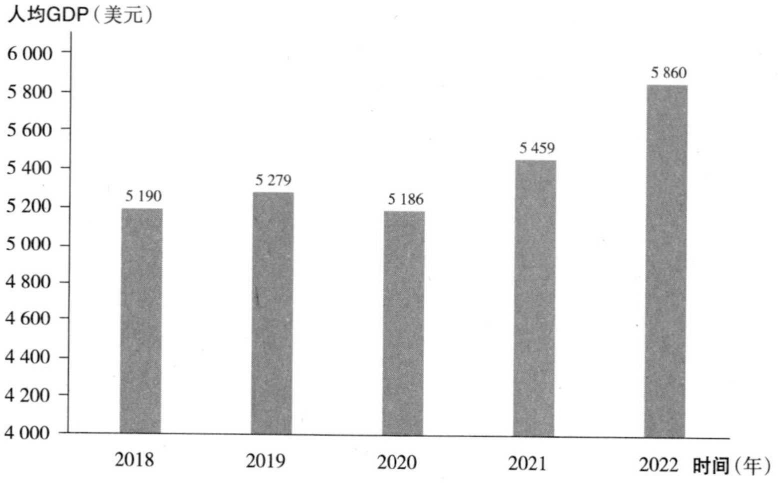

图 5-2 尼日利亚人均 GDP 水平（2018—2022）

注：数据按购买力平价计算。

资料来源：世界银行。

国际收支平衡表方面，在经常项目下，尼日利亚的货物和服务项目持续逆差，整体汇率呈现持续贬值的状况。

据尼日利亚中央银行最新发布的统计数据，截至 2021 年 9 月 27 日，尼日利亚的外汇储备为 363.6 亿美元。

产业结构方面，根据尼日利亚国家统计局发布的数据，2020 年，尼日利亚第一、第二和第三产业占 GDP 比重分别为 26.2%、21.4% 和 52.4%（见图 5-3）。值得注意的是，2012—2020 年，尼日利亚的第一、第三产业权重整体呈平稳或上升态势，第二产业权重反而有所下降。

油气产业是尼日利亚的核心产业，也是最重要的收入来源，一度为尼日利亚贡献了超过 90% 的外汇收入和超过 60% 的财政收入。但尼日利亚国内炼化能力不足，导致燃油严重依赖进口。根据公开资料，尼日利亚每年进口成品油占总消费量的 80% 以上。穆罕默杜·布哈里（Muhammadu Buhari）上台后，希望将农业和固体矿产业作为尼日利亚未来经济发展的重点，以降低对石油的依赖程度。

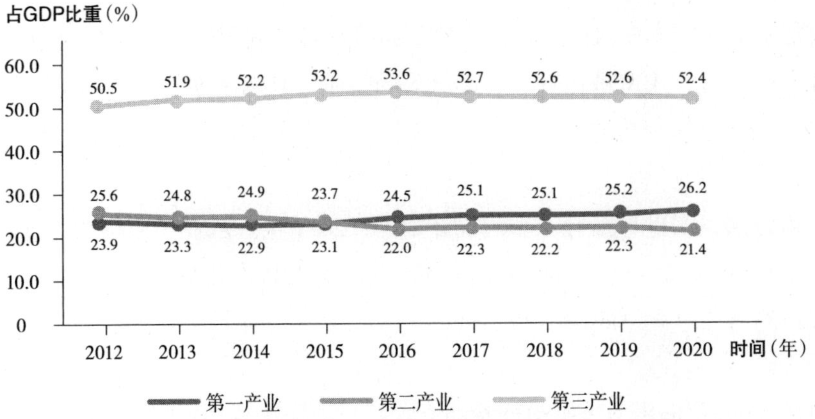

图 5-3　尼日利亚三大产业占 GDP 比重的变化（2012—2020）

资料来源：尼日利亚国家统计局。

尼日利亚为世界第四大可可生产国和第三大出口国，但其本国所产米面、蔬果、食用油等基本生活品不能满足国民的日常需要，需大量进口。

尼日利亚的货物和服务贸易长期处于逆差状态。在货物贸易方面，2020 年，尼日利亚前三大出口目的地分别为印度、西班牙和荷兰，出口贸易额占总出口贸易额的比例约为 15%、11% 和 9%，中国是其第五大出口目的地，出口贸易额占比约为 5%；前三大进口来源地分别为中国、美国和印度，进口贸易额占总进口贸易额的比例分别为 29%、9% 和 9%。

尼日利亚的货物贸易结构较为单一，原油出口占出口总额的 85% 以上，主要的进口产品包括机械设备、石油产品、食品、农产品等。

肯尼亚篇

历史、地理、政治等概况

肯尼亚共和国于1964年成立，目前是东非第一大国，在东非共同体、非洲联盟均有一定话语权。1995年，肯尼亚加入WTO。

肯尼亚有“非洲东大门”之称，位于赤道与东非大裂谷交汇处，与索马里、坦桑尼亚、乌干达、埃塞俄比亚、南苏丹等国接壤。其国土面积为58.3万平方千米，约相当于16.5个海南岛的大小。肯尼亚全国海岸线长536千米，平均海拔1 500米。

人口方面，据世界银行发布的统计数据，2021年肯尼亚总人口约为5 498.6万人，0～14岁人口、15～64岁人口、65岁以上人口占比约为38%、59%和3%。农村人口约占其总人口的71.51%。

根据2020年世界卫生组织发布的数据，肯尼亚人均寿命为66.1岁，其中男性人均寿命为63.7岁，女性人均寿命为68.4岁。

肯尼亚全国共有46个部族，其中最大的部族是基库尤族。基库尤族的人口数量约占肯尼亚总人口的17%。肯尼亚大部分人信仰基督教、天主教和伊斯兰教，其余人信仰原始宗教和印度教。斯瓦希里语为肯尼亚国语，和英语同为官方语言。

政治体制方面，肯尼亚实行总统内阁制，总统为国家元首、政府首脑兼部队总司令，由直接普选产生，每届任期5年。总统拥有最高行政权和任免权，有权召集或解散议会。截至2022年5月，肯尼亚注册的政党约90个。

从整体上看，肯尼亚是撒哈拉以南非洲政局相对稳定和经济基础较好的国家之一。但自20世纪90年代以来，索马里、苏丹等国局势长期动荡，大批非法武器及难民流入其邻国肯尼亚，而肯尼亚国内贫困率和失业率居高不下，且部族之间的冲突不断，这些因素都导致肯尼亚社会治安总体不佳。

经济概况

自20世纪90年代以来，肯尼亚推行经济自由化，对国有企业进行私有化改造，并逐步开放允许外国投资的行业。目前，肯尼亚是撒哈拉以南非洲第三大经济体，私营经济在整体经济中的份额超过70%。同时，肯尼亚并未实行外汇管制，本国货币可以与西方主要货币自由兑换，但汇率波动较大。

据公开数据，2022 年，肯尼亚 GDP 约为 1 134 亿美元，如图 5–4 所示，近年来 GDP 保持中个位数复合增速水平。

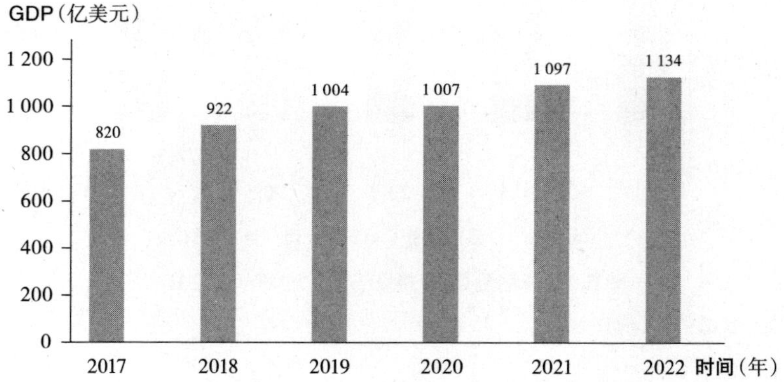

图 5–4　肯尼亚 GDP 概况（2017—2022）

资料来源：公开数据，弘章投资整理。

据肯尼亚国家统计局发布的数据，2021 年，肯尼亚人均 GDP 约为 2 236 美元（见图 5–5）；投资在 GDP 中所占比重约为 19.6%，政府消费占比约为 12.1%，净出口占比约为 –9.5%，居民消费占比约为 74.6%（见图 5–6）。

肯尼亚的城镇化水平较低。同时，根据公开数据，2023 年，肯尼亚全国电网覆盖率仅为 30% 左右，而农村电网覆盖率仅为 10%。

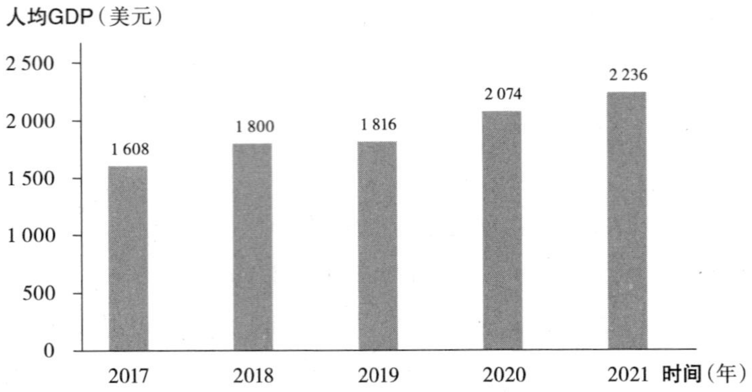

图 5-5 肯尼亚人均 GDP 水平（2017—2021）

资料来源：肯尼亚国家统计局。

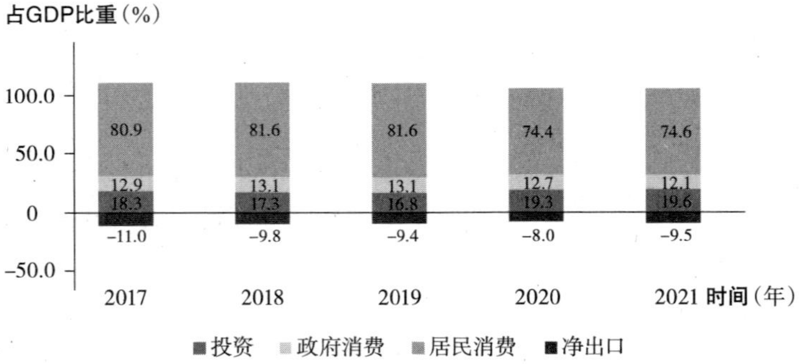

图 5-6 肯尼亚 GDP 需求结构（2017—2021）

资料来源：肯尼亚国家统计局。

农业是肯尼亚国民经济的支柱产业，2021 年占 GDP 比重约为 22%。肯尼亚主要的粮食作物是玉米，小麦和水稻严重依赖进口，主要经济作物有咖啡、茶叶、剑麻等。工业方面，肯尼亚制造业在东非地区较为发达，其国内日用消费品基本可以实现自给自足。

服务业方面，2021 年交通和仓储业增加值占 GDP 比重约为 11%，批发零售业占比约为 8%，金融保险业占比约为 7%，建筑业占比约为 7%，房地产业占比约为 9%。值得一提的是，肯尼亚旅游业较发达，是国家经济的支柱产业之一。其国内主要旅游景点包括内罗毕等地的国家公园、东非大裂谷等。

对外贸易方面，2021 年，肯尼亚出口贸易额占比排名前三的国家分别是乌干达、荷兰和美国，占比分别为 12.3%、8.3% 和 8.0%；进口额占比排名前三的国家分别为中国、印度和阿联酋，占比分别为 20.5%、10.7% 和 8.3%。石油制品、工业机械等为肯尼亚进口的主要品类。

从整体上看，肯尼亚的商品贸易常年处于逆差状态，但得益于交通、旅游业的支撑，肯尼亚的服务贸易呈现顺差状态。而在吸收外部投资方面，肯尼亚的治理、基建水平及营商环境在非洲地区排名靠前。跨国公司为了更好地利用东非共同体的市场优势，也倾向于将肯尼亚作为区域总部。比如，2022 年上半年，微软、谷歌等大型跨国企业在肯尼亚建立了非洲第一个技术中心。

AfricArena 发布的《2021 年非洲科技概况》（*The State of Tech in Africa 2021*）报告指出，肯尼亚是 2020 年非洲风险投资第二受青睐的国家，在 2020 年共获投资 3.05 亿美元，仅次于尼日利亚。排名方面，根据世界经济论坛《2019 年全球竞争力报告》的数据，肯尼亚在全球最具竞争力的 141 个国家和地区中排第 95 位。

南非篇

历史、地理、政治等概况

历史上，17 世纪以后，荷兰人、英国人相继入侵南非。1910 年，南非成为英国的一个自治领。此后，南非当局长期在国内推行种族隔离政策。1961 年，南非退出英联邦（1994 年又再次加入），成立南非共和国。1994 年，南非首次进行不分种族的大选，曼德拉当选，成为南非首任黑人总统。目前，南非是 G20、金砖国家等重要国际组织的成员，拥有较强的国际影响力。

南非位于非洲大陆最南端，国土总面积约为 121.9 万平方千米，相当于 35 个海南岛的大小。南非的地理位置十分重要，与纳米比亚、博茨瓦纳、津巴布韦等国接壤，处在印度洋和大西洋的交汇处，全国海岸线长达 3 000 多千米。

资源禀赋方面，南非是世界五大矿产资源国之一，拥有的矿产资源种类多、储量大、产量高。截至 2019 年，南非主要矿产储量占全球总储量比重如图 5-7 所示。但南非缺乏油气资源，能源方面主要依靠煤炭资源，石油、天然气等能源需要进口。

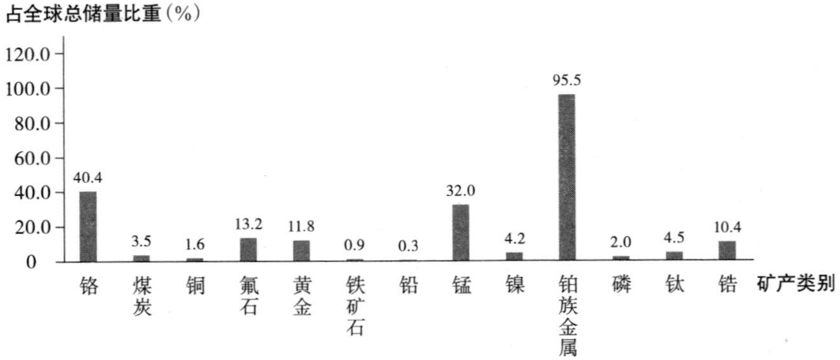

图 5-7　南非主要的矿产资源和储量占比（2019）

资料来源：南非矿业委员会。

人口方面，根据南非统计局公布的数据，2021 年南非总人口约为 6 014 万人。按年龄结构划分，南非小于 15 岁的人口占比约为 30%，60 岁以上人口占比约为 9%。

按种族划分，南非黑人占比超过 80%，有色人、白人占比约为 9%、8%。南非黑人又分为祖鲁、科萨、斯威士等 9 个部族，主要使用班图语。南非的官方语言有 11 种，各级政府可根据实际情况选择办公用语，国家层面将英语和阿非利卡语作为通用语言。南非大部分人信仰基督教。

政治制度方面，南非实行行政、立法、司法三权分立制度，中央、省级和地方政府相互依存，各行其权。中央政府实行总统内阁制。议会实行两院制，分为国民议会和全国省级事务委员会（简称省务院），任期均为 5 年。此外，南非实行多党民主制。目前南非国民议会有 13 个政党，主要的政党包括非洲人国民大会、民主联盟和经济自由斗士党等。南非的恐怖主义问题不算严重，但存在影响较大的刑事犯罪问题。根据官方数据，2021 年，南非绑架案超 8 000 起，抢劫案超 20 000 起，谋杀案超 23 000 起。

经济概况

据世界银行公布的数据，南非 2017—2022 年的经济总量整体保持平稳（2020 年降幅较大），2022 年的 GDP 约为 4 053 亿美元（见图 5-8）。

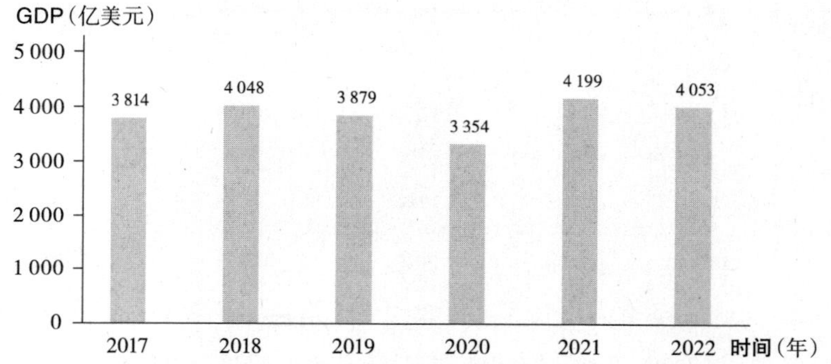

图 5-8 南非 GDP 水平（2017—2022）

资料来源：世界银行。

2021 年，南非人均 GDP 接近 7 000 美元，如图 5-9 所示，接近我国 2015 年的水平。在 GDP 需求结构中，2021 年，南非消费占比约为 13%，投资占比约为 80%，净出口占比约为 6%。从趋势上看，近年来投资占比有所下降，消费整体平稳，净出口上升较为显著。

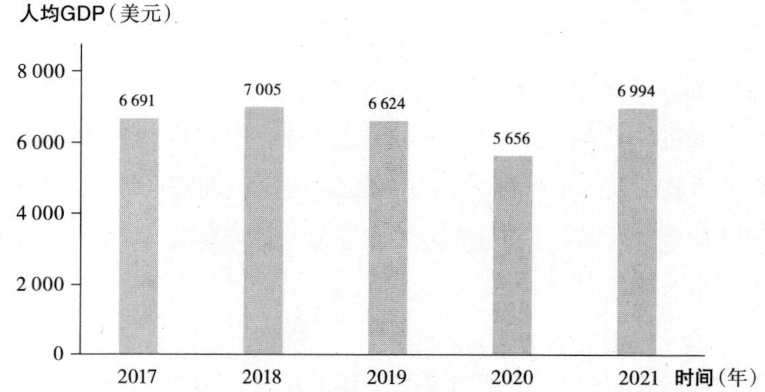

图 5-9 南非人均 GDP 水平（2017—2021）

资料来源：世界银行。

产业结构方面，2021 年，南非的第一产业占 GDP 的比重约为 2.4%，第二产业占比约为 24.5%，第三产业占比约为 62.8%（见图 5-10）。

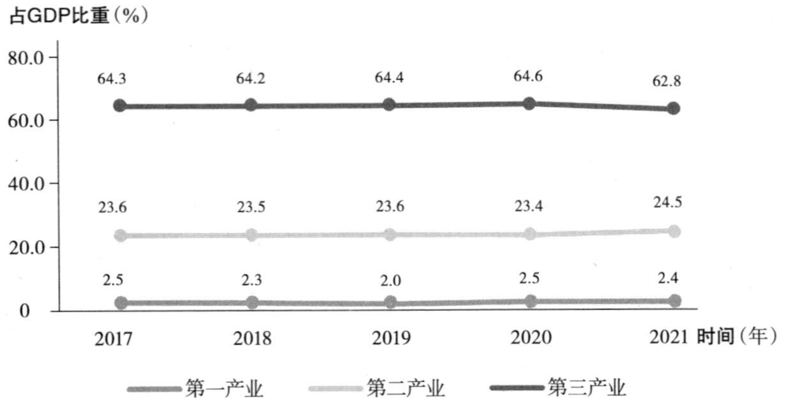

图 5-10　南非三大产业占 GDP 比重的变化（2017—2021）

资料来源：世界银行。

拆分来看，农业方面，南非农产品以家禽、牛羊肉、玉米、水果等为主。南非柑橘品质上乘，是世界著名果汁品牌的主要原料。同时，南非也是世界著名的“新世界”红酒产区。根据南非葡萄酒协会统计的数据，2021 年南非葡萄酒出口价值约为 5.4 亿美元。农业在 GDP 中的权重及对就业的贡献都比较小，2021 年，南非第一产业增加值占 GDP 总额的比重约为 2%，创造的就业岗位数量是总人口数量的 6% 左右。玉米是南非最主要的农作物，产值约占 40%。

制造业方面，南非制造业门类齐全，包括钢铁、化工、机器制造、食品加工等，其中冶金和机械工业是制造业的支柱。近年来，南非的纺织、服装等行业因缺乏竞争力而出现萎缩，汽车制造、农产品加工等行业反而发展较快。以汽车行业为例，南非是全球汽车及零部件制造的主要国家之一，包括宝马、大众、丰田等企业都在当地拥有生产基地。

服务业方面，受益于丰富的旅游资源，南非是世界著名的旅游胜地，也是非洲接待国际游客最多的国家。旅游业产值约占 GDP 的 9%，创造就业岗位约 140 万个。

南非的失业率较高，根据南非统计局公布的数据，2022 年第一季度失业率约为 35%，15 ～ 24 岁劳动人口的失业率约为 64%，25 ～ 34 岁劳动人口的失业率约为 42%。而在失业率高企的同时，南非劳动力的工资水平在非洲国家中是相对高的。尤其在 2016 年以前，南非每年平均工资的涨幅在 5% 以上，持续高于 GDP 增速，在 2017 年之后工资涨幅才有所回落。

基建方面，南非有着全非洲最完善的交通运输体系，包括非洲最长的公路网络，占全非洲超 33% 的铁路总里程，以及非洲最大、最高效的海运网络。

与其他新兴市场国家多存在的能源供应问题不同，南非是非洲的电力大国，人均用电量约为 3 737 千瓦时。

对外贸易方面，2021 年，南非主要出口产品中，占比最高的是珍珠、宝石、贵金属及制品等，占比约为 28.2%；排在第 2 位的是矿砂、矿渣及矿灰等，占比约为 15.1%；排在第 3 位的是车辆及其零部件等，占比约为 8.7%。同年，南非主要进口产品包括石油、机动车辆、无线电话传输设备和药品等。

南非是中国企业在非洲最重要的投资目的地之一，也是企业落地非洲区域总部的首要选择。根据商务部统计，2021 年在中国驻南非使馆经商处备案的中资企业已经超过 200 家，华为、海信等已经成为南非家喻户晓的国际品牌。

第 6 章

中东，全球税率较低的经济体

沙特篇

历史、地理、政治等概况

沙特的前身阿拉伯帝国建立于公元 7 世纪。8 世纪，阿拉伯帝国进入鼎盛时期，但到 11 世纪开始走向衰落，并于 16 世纪被奥斯曼帝国统治。1932 年，沙特王国建立。1938 年，沙特地下发现大量石油，国家命运从此改变。第二次世界大战后的全球工业化推动了对石油的高需求，给沙特带来快速发展的长期机遇。

沙特位于阿拉伯半岛，国土面积约为 225 万平方千米，与约旦、伊拉克、科威特、阿联酋等国接壤。沙特的自然禀赋充沛，据商务部公布的数据，目前沙特已探明石油储量居世界第 2 位，天然气储量居世界第 6 位。同时，沙特拥有金、铜、铁等 30 多种金属矿藏和石灰岩等非金属矿产。此外，沙特还是世界上最大的淡化海水生产国，生产的淡化海水占世界总量的 20% 左右。

人口方面，据2022年沙特人口普查数据，其人口总数为3 220万。其中，沙特本地人数量为1 880万，占比为58.4%；移民数量为1 340万，占比为41.6%。沙特外来的移民主要来自埃及、巴基斯坦、印度、孟加拉国和也门。

沙特的劳动力占总人口的比重超过70%，人口年龄中位数约为29岁，整体年龄结构较为健康。此外，沙特95%的人口集中分布于利雅得（首都，第一大城市，沙特的政治、文化中心）、吉达（第二大城市，沙特的金融、贸易中心和红海沿岸的重要港口）等大城市，人口区域分布不均衡的现象比较显著。

政治制度方面，沙特是典型的政教合一的君主制国家，国王行使最高行政权和司法权，可以指定各内阁部长。萨勒曼·本·阿卜杜勒阿齐兹·阿勒沙特于2015年继任沙特国王，2017年宣布穆罕默德·本·萨勒曼本·阿卜杜勒阿齐兹·阿勒沙特为新王储，后者于2022年担任沙特首相，开始逐步掌握沙特政治经济实权。

沙特的主要民族为阿拉伯族，国教是伊斯兰教。沙特的官方语言是阿拉伯语，但商界、政界更倾向于使用英语。沙特本国无反政府武装组织，在中东、海湾地区属于社会治安较好的国家。

经济概况

经济发展方面，沙特在2016—2019年的GDP增长相对平稳，2020年受到国际油价冲击，当年GDP同比下滑4.1%，但随着2021年和2022年国际油价反弹，沙特分别实现了3.9%和8.7%的增速水平。整体上看，沙特全国GDP增速跟石油行业高度相关，而非石油行业的增速则相对稳定[①]。

产业结构方面，2022年沙特石油相关行业占GDP比重约为40%，第二产业、第三产业增加值占GDP比重约为41%和56%，第一产业增加值占比非常低。

① 由于沙特GDP受油价影响显著，因此官方公布的GDP往往是实际增速口径，以2010年为基准，而不是名义口径。

长期以来，石油和石化产业是沙特的经济支柱。2016 年沙特公布《沙特 2030 年愿景》（*Saudi Arabia Vision 2030*，简称《2030 年愿景》），意在减少对石油的依赖，增加经济资源的种类。近年来，沙特政府积极推进采矿、钢铁、建材、电力、医疗等行业的发展。以医疗保健领域为例，沙特目前允许外国人作为沙特医院的持股人和管理者，外商将可通过公私合作模式及与国内实体合资的形式，参与新医院的建设经营和投资。此外，为改变药物主要依靠进口的现状，沙特政府积极鼓励外国药品制造企业通过公私合作或者与沙特国内企业合资的形式，在沙特本土建设工厂，提升本地化水平，并承诺在未来批量招标时提供优惠待遇。

延续《2030 年愿景》，沙特也推出了一系列更加细化的计划方案，包括：2016 年推出的“国家转型计划”，将《2030 年愿景》中的各项目标细化为具体指标，并分解到各相关部门，指标包括非油财政收入、公共资产规模、石油日产能、非油出口额、政府债务、国际信用评级和吸引外商直接投资等；2018 年推出的“2020 年生活质量计划”，计划通过 1 300 亿里亚尔（约合 346 亿美元[①]）的总支出拉动经济增长；2019 年提出的“国家工业和物流发展规划”，旨在将沙特打造为全球领先的工业强国和物流中心。2021 年，沙特公共投资基金（Public Investment Fund，PIF）发布下一个 5 年投资计划，预计资产规模将扩增至 1.07 万亿美元，对经济社会转型起到进一步的推动作用。

营商与投资环境方面，近年来，沙特对外商投资的限制不断减少，投资所得利润可自由兑换和汇出。同时，沙特的通信、交通、银行、保险及零售等行业也陆续对外国投资者开放。在产业扶持方面，沙特十分重视数字化建设和人工智能的发展。在《2030 年愿景》规定的 96 个战略目标中，有超过一半的目标与人工智能有关。

对于消费领域，我们观察到沙特是中东最大的电商市场，并且市场规模保持快速增长，预计 2017—2027 年保持 15% 的年均复合增长率。其中，美妆个护、服装时尚和消费电子为三大主要赛道。

① 按 1 里亚尔约等于 0.266 美元换算。——编者注

竞争格局方面，2017 年后，中东电商市场进入混战阶段，强调性价比、质量、品控、品牌为重要竞争标准。亚马逊（2017 年 3 月收购中东最大的电商网站 SOUQ，快速进入中东市场）和 noon① 进驻后，中东电商市场开始洗牌，初期野蛮生长的电商平台被淘汰。

阿联酋篇

历史、地理、政治等概况

根据波斯（今伊朗）史籍记载，公元 6 世纪，萨珊王朝越过波斯湾，征服了今天阿联酋所在的海湾地区。7 世纪，阿拉伯帝国占领该地区并使其民众信奉伊斯兰教。公元 661 年至 750 年倭马亚王朝和公元 750 年至 1258 年阿拔斯王朝统治时期，伊斯兰文明在海湾地区蓬勃发展。在此期间，海湾地区发展了渔业和农业，与东南亚其他地区及西非沿海地区之间的海上贸易也蓬勃发展，造船工艺随之迅速成熟。

1498 年，第一批到达阿拉伯半岛的葡萄牙人（达·伽马率领的船队）从土著商人手中接管了印度洋港口之间的贸易，成为新的中间商。自 16 世纪起，荷兰、法国等殖民主义者相继侵入阿联酋地区。18 世纪，阿联酋地区各地方首领自封埃米尔，拥兵自立为独立政权。阿拉伯及欧洲商船均屡遭该地区各酋长国的劫掠，该地被称为“海盗海岸”。

1820 年，各酋长国与英国签订和平条约，同意停止海盗行为，各酋长国沦为英国的保护国。1853 年，各酋长国宣布永久休战，它们被称为特鲁西尔酋长国。1952 年，英国召集当地 7 个酋长国的埃米尔召开会议，该会议遂成为英国政治代表的咨询机构。1971 年，英国宣布终止保护条约，阿布扎比、迪拜、沙迦、富查伊拉、乌姆盖万和阿治曼 6 个酋长国组成联邦国家阿联酋。1972 年，哈伊马角酋长国加入阿联酋。

① 2017 年 12 月 noon 由伊玛尔地产集团的创始人穆罕默德·阿拉巴尔（Mohamed Alabbar）在沙特公共投资基金投资 10 亿美元的情况下创办，是亚马逊的竞争对手。

气候和地理方面，阿联酋属于典型的热带荒漠气候。地形地貌方面，阿联酋沿海地带是地势较低的平原，半岛的东北部分属山地，横贯其间的哈杰尔山脉最高峰海拔 2 438 米。此外，阿联酋绝大部分地区是海拔 200 米以下的荒漠和洼地。

阿联酋的 7 个酋长国按政治影响、经济实力、人口比例排列，依次为阿布扎比、迪拜、沙迦、哈伊马角、阿治曼、富查伊拉、乌姆盖万。

人口方面，阿联酋总人口约为 1 000 万人，阿拉伯人占比超过 85%。外籍人口占比接近 90%，主要来自印度、巴基斯坦、孟加拉等国。男性人口占比近 70%，因为流入阿联酋的外籍劳工主要是男性。

阿联酋的官方语言为阿拉伯语，但商界和政界的通用语言为英语。伊斯兰教是阿联酋的国教。阿联酋非常重视教育和本国人才的培养，不仅为国民提供从幼儿园到大学各阶段的免费教育，还包揽个人前往海外高等学府深造的费用。

政治制度方面，阿联酋的政体为贵族共和制，禁止设立党派。联邦最高委员会是阿联酋最高权力机构，由 7 个酋长国的酋长组成。除外交和国防外，各酋长国拥有相当的独立性和自主权。

经济概况

经济发展方面，2023 年其 GDP 总量为 4 574 亿美元，人均 GDP 5.06 万美元。第二产业、第三产业占 GDP 比重约为 49.4% 和 49.7%，第一产业占比极低。

20 世纪 60 年代发现和开采石油后，油气产业逐渐成为阿联酋的支柱产业。2023 年，阿联酋已探明的石油和天然气储量均居世界第 6 位，其中 95% 的油气资源分布于阿布扎比。虽然迪拜的石油业目前已经进入枯竭期，最多还能开采 20 年，但阿布扎比的石油资源按目前的产量和储量测算，还可开采 120 多年。此外，虽然阿联酋有大量的天然气资源，但开采难度极大，成本较高，目前反而需要持续进口天然气。

除了石油，阿联酋还有着非常好的植物及水产资源，其中椰枣树是重要的经济作物，沿海地区也有丰富的渔业资源，并且盛产珍珠。近年来阿联酋实行经济多样化计划，大力推动石化冶金、新能源、金融、旅游、航空、酒店、港口、物流房地产等非石油产业的发展。目前，非石油产业占阿联酋 GDP 比重已经达到约 70%。阿联酋正迅速成为信息技术、人工智能、生物技术、区块链驱动的贸易、金融服务和全球供应链管理等领域的知识驱动型企业的中心。

和消费相关的产业中，阿联酋的纺织服装业占 GDP 的 10%，是第二大出口产业。其中迪拜的纺织服装业规模最大，年产值达 24 亿美元。迪拜目前有超过 300 家成衣厂，有接近 600 家成衣批发商、9 000 多家零售商及 13 000 多家成衣服饰店。其中，超过 75% 的成衣外销，主要外销地区为欧洲及美国。

对外开放方面，截至 2023 年底，阿联酋有 40 多个自由贸易区，主要位于迪拜和阿布扎比，某些自由贸易区还免除关税。迪拜推行统一执照，公司只需持有一个许可证，就可以在迪拜的自由区开展业务。阿联酋作为单一市场和关税同盟的一部分，实行共同对外关税（Common External Tariff，CET）。进口商品进入海合会后，只需在一个入境点缴纳关税。

从 2021 年 6 月 1 日起，阿联酋允许外资 100% 控股陆上公司。修订后的《商业公司法》（*Federal Decree-Law no.（32）of 2021 on Commercial Companies*）取消了陆上外资公司必须有一名重要的阿联酋股东的要求，还取消了由阿联酋国民或阿联酋所有的公司担任代理人的要求。

埃及篇

历史、地理、外交等概况

回顾埃及的发展历史，公元前 3200 年，美尼斯统一埃及，建立第一个奴隶制国家。此后埃及经历了 30 个王朝，也曾成为军事帝国，但后期内忧外患，国力衰微，公元前 525 年成为波斯帝国的一个行省。此后的 1 000 多年里，埃及先后被希腊和罗马帝国征服。公元 641 年，阿拉伯人入侵埃及。此后，埃及开始阿拉伯化。12 世纪，埃及人已普遍使用阿拉伯语，信奉伊斯兰教。1798—1801 年，埃及一度被拿破仑占领，1882 年被英国军队占领。后来，埃及成为英国的“保护国”。1922 年，英国被迫承认埃及独立，但仍保留对埃及国防、外交、少数民族等问题的处置权。1953 年，埃及共和国成立。1958 年，埃及与叙利亚组成阿拉伯联合共和国（简称阿联）。1961 年，叙利亚退出阿联。1971 年，阿联改名阿拉伯埃及共和国（简称埃及）。

埃及地跨亚、非两大洲，大部分国土位于非洲东北部，其中 94% 的国土是沙漠。按照地理位置划分，埃及的国土包括 4 个部分：尼罗河谷和三角洲地区，开罗以南称“上埃及”，以北称“下埃及”；西部的利比亚沙漠，也是撒哈拉沙漠的东北部分；东部阿拉伯沙漠，富含油气资源及黄金矿产资源；西奈半岛，大部分为沙漠。

外交政策方面，埃及奉行独立自主、不结盟政策，主张在相互尊重和不干涉内政的基础上建立国际政治和经济新秩序。

人口方面，2023 年，埃及总人口突破 1.05 亿人，人口主要集中在尼罗河三角洲和沿岸地区。埃及的主要民族是东方哈姆族，占比约为 99%。

埃及的官方语言是阿拉伯语，英语和法语在大城市通用。埃及的国教是伊斯兰教。

经济概况

经济发展方面，2022—2023 财年埃及的 GDP 约为 3 871 亿美元，实际 GDP 增长率约为 3.8%，人均 GDP 约为 3 644 美元。在该财年内，埃及的国际收支平衡问题再次出现，汇率承压，输入性通胀问题严重，通胀率达到 21.6%。根据国际货币基金组织预测，2023—2024 财年埃及的 GDP 增速将达到 3.6%，并在随后几年提升至 5% 以上，经济情况将迎来显著好转。

产业结构方面，埃及近年来的产业结构变化不大，2021—2022 财年，第一产业占 GDP 比重约为 11%，第二产业、第三产业占比约为 34% 和 55%。

埃及是农业大国，农业承担了近 19% 的就业人口。但埃及也是农产品的净进口国，对小麦、玉米、橙子、土豆等农产品都有较高的进口依赖度。

与消费相关的产业方面，埃及拥有非洲最大的棉花和纺织工业集群，产业链完整，纺织业增加值占 GDP 比重约为 3%，占出口总额比重约为 7.9%。埃及纺织业的成衣加工能力强，有超过 1 000 家企业的产品可免税出口美国市场。但埃及纺织业的合成纤维等制造环节薄弱，因此产品尚需大量进口。近年来，部分中国纺织企业已经在埃及投资建厂。

埃及的汽车业也具有一定的特色。在 20 余年的时间里，埃及市场先后吸引了包括比亚迪、奇瑞等中国品牌车企进入，并且已经从最早的整车进口转为在埃及组装。

基建方面，埃及是中东及北非地区较早开启现代化进程的国家，近年来高度重视基建，2014 年阿卜杜勒・法塔赫・塞西（Abdul Fatah Al-Sisi）上台后更是为埃及基建投入了足够的资金。比如，2015 年，为了满足埃及国内日益增长的用电需求，埃及政府宣布和西门子达成巨额能源合作，引进以 24 台 H 级燃气轮机为主体的发电项目，总计 14.4 吉瓦的装机容量。这意味着埃及的装机容量会大幅增加，一举扭转电力紧缺的窘境。

同时，埃及于 2014 年启动“埃及国家公路建设项目”，计划建设或改造约 7 000 千米高速公路，目前超过 5 000 千米已完成建设，包括开罗—艾斯尤特、开罗—苏伊士等高速公路。

据商务部援引埃及企业新闻网的数据，2023—2024 财年，埃及基建规划总投资 1.05 万亿埃镑（约合 213 亿美元[①]）。

发展规划方面，埃及政府于 2016 年发布《可持续发展战略：埃及 2030 愿景》（*Sustainable Development Strategy : Egypt Vision 2030*），计划到 2030 年实现年均 GDP 增长率达到 7%，投资对经济增长的贡献率提高到 30%，出口对经济增长贡献率达到 25%，服务业占 GDP 比重升至 70%，债务占 GDP 比重不超过 50% 等目标。

产业方面，埃及将重点发展人工智能、油气资源行业，并希望到 2030 年将制造业占 GDP 比重从 12.5% 提升至 18%。

① 按 1 埃镑约等于 0.020 3 美元换算。——编者注

第 7 章

东南亚市场的优势产业和增长机会

东南亚拥有较大的人口基数和较年轻化的人口结构，产业发展还有非常大的空间。其产业发展阶段类似于 20 年前中国所处的人口红利和工业化的早期阶段，人均可支配收入逐步提升。这个阶段可以快速出现很多“小巨人”企业，比如在印尼，消费品牌的收入天花板有机会达到 30 亿～ 50 亿人民币。由此估算，在东南亚各国都比较成功的消费品牌，其收入规模有机会达到 100 亿人民币。

目前，对东南亚地区市场，我们比较看好的是中国企业在零售连锁、电商、餐饮、日化领域的发展，发挥品牌和供应链优势。

电商新流量的机遇

从整体上看，东南亚地区互联网渗透率高于全球平均水平。2022 年东南亚地区互联网普及率约为 74%，显著高于全球的平均水平 63%。其中，新加坡、马来西亚的互联网渗透率最高，在90%左右，渗透率最低的菲律宾也有接近70%的水平。完善的网络基础设施，加上庞大的人口基数和健康的年龄结构，使得东南亚电商市场成为一个颇受关注的大赛道。

从市场规模看，2015—2021年，东南亚地区电商行业规模从50亿美元跃升至1 200亿美元，复合增速达70%。根据预测，东南亚地区电商行业市场的规模在2025年可能达到2 340亿美元左右。

我们把目光聚焦到单一市场，以印尼为例，印尼的网购人数及互联网渗透率近年来呈持续上涨趋势。2017—2022年，印尼网购人数从7 000万左右提升至1.8亿左右，互联网渗透率则从54%左右提升至80%左右。

与此同时，我们看到，消费者有逐渐从PC端消费转为移动端线上购物的趋势。目前印尼消费者的移动端消费占比已经达到60%左右，其中App下单占比约为70%。

从商品交易总额（Gross Merchandise Volume，GMV）口径看，印尼的电商市场规模大、增速高，GMV从2015年的20亿美元提升至2020年的320亿美元，复合增速超70%。至2025年，GMV体量有望达到830亿美元。届时，印尼市场有望占据整个东南亚电商市场近50%的GMV。目前跨境电商在印尼占比不足10%，且多来自中国、美国和新加坡。

从消费者端看，便捷性、性价比高和产品丰富等因素是印尼消费者选择网购的主要原因。在支付方式方面，银行卡支付为主要支付方式，占比为31.4%左右；数字支付占比快速增长，主流的电子钱包支付方式为OVO和GoPay。

印尼排名前三的电商平台为Tokopedia、Shopee和Lazada（见表7-1）。其中，Tokopedia和Lazada的投资方是阿里巴巴，Shopee的投资方是腾讯。Tokopedia和Shopee的月活流量均已超过1亿。

表 7-1　印尼排名前三的电商平台

排名	平台名称	月活流量	投资方	平台简介
1	Tokopedia	1.5 亿	阿里巴巴	成立于 2009 年，是印尼目前最大的电商平台。同时提供 C2C 与 B2C 的模式，企业与个人商家和买家都可以免费使用。在 B2C 基础上经营的品牌也可以选择在该平台上建立经过验证的官方商店。Tokopedia 上的商品包括食品饮料、美容时尚等多个品类，同时提供信贷、账单支付、优惠券和门票购买等服务。
2	Shopee	1.3 亿	腾讯	成立于 2015 年，致力于构建一站式跨境出海方案。秉承“打造 SLS 物流服务、小语种服务和支付保障的技术硬实力，整合流量、孵化、三方资源的运营软实力”的运营宗旨，布局于马来西亚、泰国、中国台湾、印尼、越南和菲律宾等多个市场。
3	Lazada	2 468 万	阿里巴巴	电商 B2C 平台，目前东南亚规模最大、人气最高的电商平台之一，已在印尼、马来西亚、菲律宾、新加坡、泰国和越南成功开展在线电商业务。

资料来源：三大电商平台官网，内容由弘章投资整理。

品类方面，我们重点关注鞋帽服饰、消费电子、美妆个护、家用电器、玩具和游戏及宠物用品六大赛道。

- **鞋帽服饰：**印尼作为发展中国家，其消费者看重服装性价比。印尼也是目前世界上穆斯林人口最多的国家，满足穆斯林着装需求的“适度时尚”在该地区有较大的市场吸引力。同时，在印尼，电商是鞋帽服饰品类所有销售渠道中唯一占比正增长的渠道，线下渠道占比呈下降趋势。该品类的特点是性价比高、轻时尚感及“适度时尚”。
- **消费电子：**中国制造的功能齐全、设计到位、质量过硬且性价比高的消费电子产品在印尼市场的需求持续升高。虽然受疫情影响，消费电子品类在 2020 年整体的年均复合增长率有所下滑，但仍保持在较高水平。目前消费电子品类在印尼的销售主要依赖线下渠道，线下渠道占比为 77%，但线上渠道同样值得关注。该品类需重点关注的产品是音箱、蓝牙耳机和智能手表等。
- **美妆个护：**中国是印尼美妆个护用品的主要进口国之一。《区域全面经济伙伴关系协定》签订后，中国和印尼之间的贸易壁垒得到削弱，美妆个护品类及相关原材料的进口更加便捷。清真标识的获取对于企业开展相关业务十分重要。

- **家用电器：**疫情对印尼家用电器市场造成了一定影响，在实体商店无法开门营业的情况下，原本就偏向在家里烹饪的印尼人对厨房用电器有了更高的购买兴趣。家用电器品类中值得关注的是小家电。目前该品类在印尼的主要分销渠道虽然仍在线下，但线上渠道也保持高增长。
- **玩具和游戏：**从印尼人口结构来看，14 岁以下的人口占了人口总数的 26.1%，达到 7 000 余万人。而且印尼平均每个家庭养育两个小孩，由此可以推知印尼市场有着十分庞大的玩具和游戏消费潜力。目前在印尼，玩具和游戏品类的销售主要在线上，线上渠道占比约为 77%，且仍呈上升趋势，线下渠道被持续挤压。
- **宠物用品：**经济的正增长和中产阶级占比的扩大让印尼出现了越来越多的养宠人士，从而扩大了宠物食品和用品的消费增量。在印尼市场，宠物用品品类值得重点关注的是猫咪头巾等与当地宗教特色相关的宠物用品。同时，宠物美容是印尼宠物用品市场的风口，可考虑布局宠物剪发器、梳毛器等单品。

餐饮连锁行业的机遇

东南亚地区人口基数大，且人口结构整体年轻化。根据 2023 年东盟简报网（ASEAN Briefing）发布的数据，“东南亚六国”人口共计 5.94 亿人，年龄中位数仅为 30.2 岁，远小于中国的 38.4 岁和欧洲的 44.1 岁，年轻人口基数大，中等收入群体也正处于高速增长期。中坚群体消费能力和消费意愿的增长是“东南亚六国”经济增长的重要驱动力。

我们常说“民以食为天”，餐饮市场对发展中经济体的重要性不言而喻。以 2022 年“东南亚六国”经济总量为基准，这 6 个国家的 GDP 总额约为 3.53 万亿美元，餐饮市场总销售额约为 1 012 亿美元，占 GDP 总额的比重约为 3%（见图 7–1）。

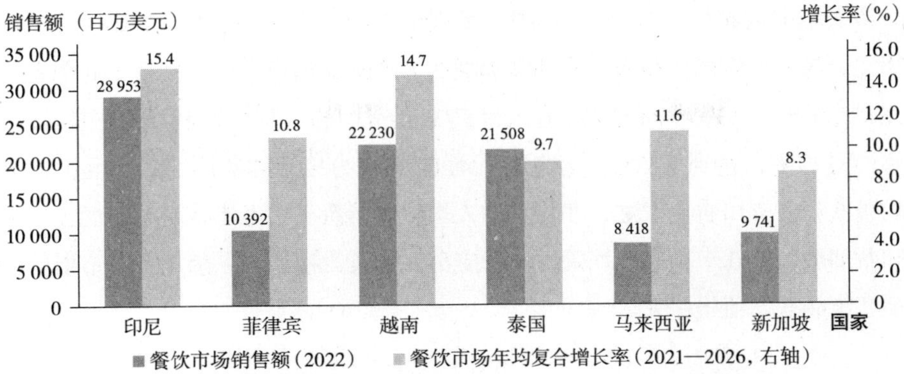

图 7-1　“东南亚六国”2022 年餐饮市场销售额及 2021—2026 年年均复合增长率

资料来源：欧睿国际（Euromoniter International）研究报告。

就增长情况而言，2021—2026 年“东南亚六国”的餐饮市场年均复合增长率普遍高于 GDP 增长率，印尼、泰国的餐饮市场年均复合增长率更是将近 GDP 的 3 倍（见图 7-2）。

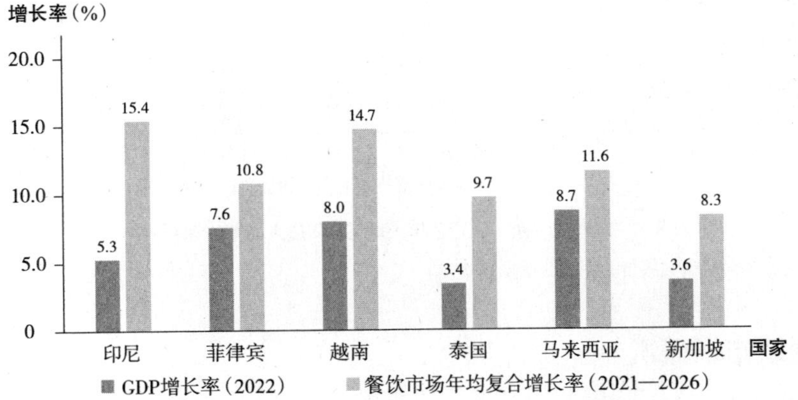

图 7-2　“东南亚六国”2022 年 GDP 增长率及 2021—2026 年餐饮市场年均复合增长率

资料来源：欧睿国际研究报告。

从横向对比来看，“东南亚六国”中印尼的餐饮市场规模最大、增长速度最快，越南的市场规模和增长速度次之，泰国的市场规模基数大而增长趋于稳定，马来西亚的市场规模较小但增长更快，菲律宾市场的发展阶段介于马来西亚和泰国之间，新加坡市场则是人均消费能力带动市场规模的典型，但其人口结构和收入水平不能代表地区普遍水准。

从人均层面解析，“东南亚六国”呈现出不同的现状和趋势。2022年，印尼、菲律宾、越南、泰国、马来西亚和新加坡的人均餐饮消费支出分别为110美元、90美元、230美元、300美元、250美元和1 730美元，占人均GDP比重如图7-3所示，最高的是越南，达到5.53%，远高于人均GDP较为接近的菲律宾和印尼；泰国的人均餐饮消费支出占比次之；菲律宾的人均餐饮消费支出占比略高于印尼、马来西亚和新加坡，这3个国家人均餐饮消费支出占比较为接近。东南亚餐饮市场的消费习惯和市场业态值得深究。

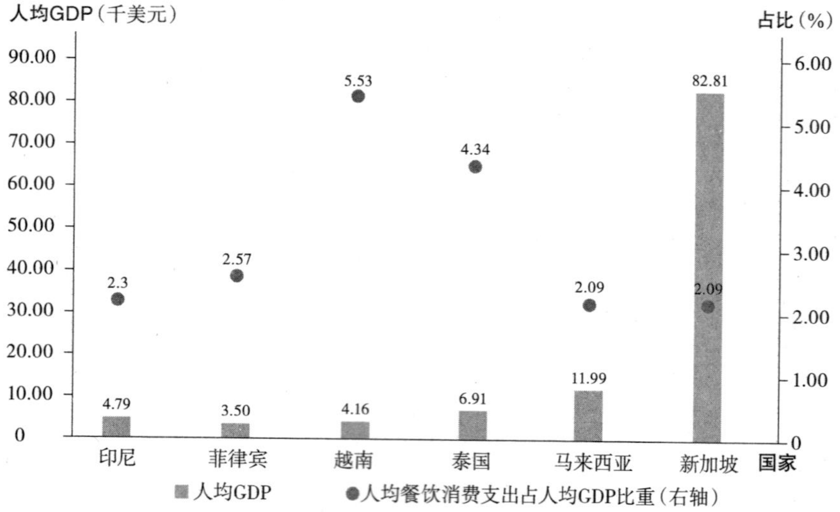

图7-3 “东南亚六国”2022年人均GDP及人均餐饮消费支出占比

资料来源：欧睿国际研究报告，图由弘章投资整理。

印尼餐饮市场概况

如图7-4所示，2022年底，印尼人口约为2.76亿人，且保持着年均1%的稳定增速。庞大的人口基数带来消费红利。从增长率来看，印尼餐饮市场的扩张速度是国民生产总值的2.9倍，结合人均餐饮消费支出占人均GDP比重来看，这一占比将会持续扩大，给印尼的餐饮市场带来可观的增长红利。可见，餐饮市场将是未来印尼市场的重点增长项目。另一佐证来自印尼人与中国人消费习惯的对比。根据世界银行统计的数据，印尼人均可支配收入仅为中国的1/3，但印尼人均餐饮消费支出与中国不相上下，甚至在咖啡这一品类上，印尼每年人均消费支出是中国人均消费支出的近 2 倍，高达 17.2 美元。

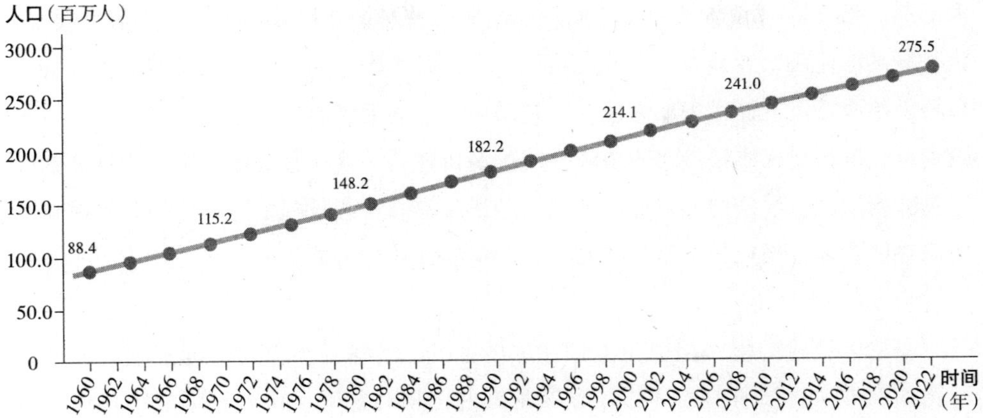

图 7-4　印尼人口数量变化（1960—2022）

资料来源：世界银行。

从宏观层面来看，印尼餐饮市场的增长动因可以归于地域文化催生的消费者习惯和餐饮业态。

消费者习惯方面，相较于经济发展水平与之较为接近的越南，印尼人没有买房的刚需，也没有储蓄习惯，基础消费的意愿和能力较强，但在餐饮消费占比上仍有相当大的追赶空间。从口味习惯来看，被殖民历史和多民族融合的文化样态使印尼人的口味趋向于多样化，他们对融合口味的接受度较高。以印尼传统菜式为例，仁当、印尼炒饭等都融合了马来菜、东南亚香料等，原材料丰富而口味多样；加多加多（Gado Gado）起源于印尼，后又融合了西式沙拉的烹饪方式；而在印尼广受喜爱的炸鸡、烤鸡等则源于在印尼高度普及的清真文化。

餐饮业方面，印尼市场呈现出以全服务式餐厅为主导和连锁化率上升两大明显趋势。

全服务式餐厅在印尼餐饮业占主导地位，主要是因为疫情导致人们的消费需求发生了改变。疫情流行期间，印尼消费者的户外消费需求明显提高，但非全服务式餐厅很难提供户外空间，而全服务式餐厅正好满足了消费者的需求。全服务式餐厅的营业并不依赖零售业、旅游业等其他行业，在时间、供应链、客流群体方面有更大的灵活性，同时又能从周边产业链的发展中获益。相比较而言，有限服务餐厅、快餐等其他业态的经营方式并非要构建一个完整生态，而是更依赖上游供应商的原材料供给或特定群体带来的客流。疫情结束后，受通胀影响，印尼一些餐厅不得不减少菜品的分量来维持价格不上涨，从而挽留顾客。这一趋势也与全球餐饮业的发展趋势相吻合。受疫情影响而中断的全球供应链、快餐日益上涨的价格和不够自由的用餐体验等，都成为全服务式餐厅在印尼餐饮业独占鳌头的助推力。

印尼餐饮业的另一趋势是连锁化率的上升。2008—2022 年，印尼餐饮业的连锁化率从 6% 上涨到 12%，并且业界龙头占比相对稳固。比如，印尼市场份额排名前三的连锁品牌均为西式快餐，2022 年这 3 个品牌的市场份额分别稳固在 11%、11% 和 7% 上下，前十大餐饮连锁品牌中排名靠后的品牌的市场份额则稳固在 2% ～ 3%（见表 7–2）。

表 7-2 印尼前十大餐饮连锁品牌的市场份额（2019—2022）

单位：%

连锁品牌	分类	2019 年	2020 年	2021 年	2022 年
麦当劳	西式快餐	9.4	11.3	10.8	11.3
肯德基	西式快餐	11.6	12.1	12.3	11.3
必胜客	西式快餐	7.2	8.9	8.5	6.8
星巴克	高端咖啡	3.3	3.3	3.9	4.3
HokBen	日式快餐	3.2	3.1	2.8	2.9
Kopi Kenangan	中低端咖啡	1.0	1.8	2.1	2.6
Restoran Sederhana	印尼餐厅	2.7	2.7	2.8	2.6
日出茶太	奶茶	1.9	2.3	2.4	2.4
J. CO Donuts & Coffee	甜品、咖啡	3.0	2.7	2.0	2.4
Kopi Janji Jiwa	中低端咖啡	2.0	2.0	1.8	2.0

资料来源：内容由弘章投资整理。

在发达国家的餐饮市场，美国的线下餐饮发展较早，且线下门店市场渗透率和议价能力较强，连锁化率高达 60%；日本、英国的餐饮业连锁化率也分别达到 50% 和 40% 以上。中国的餐饮连锁化率在 15% ～ 20%。在东南亚市场，泰国餐饮业的连锁化较为成熟，这得益于过去其餐饮业的发展曾领跑东南亚市场；菲律宾 2021 年的餐饮业连锁化率更是达到了 70%。对比来看，印尼的餐饮业连锁化尚有很大增长空间。

疫情后期，线下餐饮面临着外卖服务份额增长的压力，吸引线下客流也成为门店要解决的主要难题之一。值得一提的是，印尼的线下连锁咖啡店在西式快餐和本土品牌的夹击下，仍能在连锁业态中稳占一席之地，线下门店的营业额增长，更是其业绩增长的主要动力。中国品牌蜜雪冰城的成功出海和在印尼市场的不断扩张也印证了连锁模式在印尼餐饮市场的可行性。连锁模式成功的原因有二，其一是针对中低端消费人群的精准定位，其二是标准化的品控、运营和借此打出的品牌效应。这两者也是线下餐饮打开连锁化市场的破局思路。

数据层面，根据权威调研机构欧睿国际的统计，印尼餐饮市场在疫情结束后 5 年的年均复合增长率预计可以达到 15.4%，预计 2040 年印尼的餐饮消费额将会达到 2022 年的 2.3 倍，整体增长空间极大。

印尼餐饮行业案例

印尼餐饮行业的案例分享主要选取了三家企业，分别是印尼本土餐饮零售龙头、上市公司 PT Map Boga Adiperkasa Tbk（简称 MBA），肯德基本地代理、西式快餐产业龙头 PT Fast Food Indonesia Tbk（简称 FAST）、以及印尼本土直营品牌、多业态餐饮连锁 PT Champ Resto Indonesia Tbk（简称 ENAK）。

案例一：印尼本土餐饮零售龙头、上市公司 MBA

印尼本土的餐饮上市公司 MBA 是一家于 2002 年成立的餐饮零售企业，也是印尼本土零售龙头企业 MAP（Mitra Adiperkasa）集团的子公司。该公司于 2017 年在印尼证券交易所主板上市。MBA 作为印尼的餐饮龙头企业之一，在 42 个城市拥有

740 多家门店，并且获得了星巴克、歌帝梵、元气寿司等国际知名餐饮品牌的印尼全境代理权。

根据 MBA 财报，2020—2023 年疫情期间，该公司的主要财务指标不减反增，从 2020 年的 2.04 万亿印尼卢比（约合 1.3 亿美元①）增加到 2023 年的 4 万亿印尼卢比（约合 2.5 亿美元），收入几乎翻倍；毛利率稳固在 67% ～ 68%，净利率在疫情早期受冲击较大，2022 年已回归为 4.3%，2023 年回落至 3.6%。MBA 财务指标的另一增长体现在净资产收益率从 2020 年的 -15.9% 上涨至 2023 年的 6.2%，这说明 MBA 已平稳驶过疫情，净资产回报回归正值。

回望 MBA 的成功道路，渠道和产品创新至关重要。比如，MBA 在咖啡文化渗透率极高的印尼首推从种子到咖啡的星巴克体验店和产品原料个人定制，主导赛百味推出路边餐车的经营模式和斋月专属的赛百味礼篮，帮助元气寿司于 2022 年 9 月取得清真饮食证书，从而为寿司品牌打开印尼市场描绘下极为重彩的一笔。

案例二：肯德基印尼本土代理、西式快餐产业龙头 FAST

印尼餐饮连锁品牌的另一大本土代理 FAST 专注于单一西式快餐品牌，是肯德基和塔可贝尔在印尼的唯一全境代理商，品类较 MBA 更加单一。FAST 的成功依靠 40 多年专精于肯德基印尼的品牌建设，使其成为印尼境内肯德基连锁的代名词。FAST 的主要业务部门也围绕着肯德基的产品、服务和品牌建设搭建，公司主要的业务部门负责肯德基外卖、肯德基团餐、肯德基免下车服务等业务。截至 2023 年 10 月，FAST 的门店遍及印尼 34 个省 171 个城市，共计 746 家，其中有 740 家是肯德基门店。

FAST 1993 年就在印尼主板上市，比 MBA 更早地形成从供应链到营销策略的全产业链本地化。所代理品牌本身的强大意味着有一定国民度和原始受众托底。比起形成多元化、覆盖广的多品牌矩阵，该公司更注重在保持单一品牌定位的大前提下做出品类差异化，在既有的受众群体中创造更多客单收入，形成更稳固的垄断地位。

---

① 按 1 美元约等于 15 783 印尼卢比换算。——编者注

餐饮企业出海印尼的挑战大致可分为两类：一类来自需求端，主要源于消费者对品牌的认知尚处于早期阶段，以及本土街店、餐车等的餐饮模式更平价、接地气，这在一定程度上分散了连锁餐厅的客流量；另一类则来自供给端，印尼食品和药物管理局（Badan Pengawas Obat dan Makanan，BPOM）对进口食品和加工食品有严格的认证要求，出海企业在印尼本土建立食品供应链也需要攻克人力资源、本地化运营管理、产品认证等合规和成本方面的问题。因此跨国餐饮品牌多采用寻找印尼本土龙头代理的方式进驻市场。服务于出海餐饮企业的本地化品牌建设，或将成为餐饮品牌打入印尼的一大伴生市场。

案例三：印尼本土直营品牌、多业态餐饮连锁 ENAK

印尼本土餐饮品牌的做法也十分具有借鉴意义。以印尼本土品牌 ENAK 为例，该公司成立于2010年，通过收购和经营门店及料理种类的多样化，开拓出定位丰富、受众广泛的市场，旗下店面的料理主题包括自助烧烤火锅、日本料理、法式面包房、咖啡馆和小酒馆、印尼美食、中餐等。ENAK 通过高度本地化的菜品、改良的服务模式和集中的门店布局获得了商业成功，并于 2022 年 2 月成功上市。ENAK 的成功可以归结为多样化商业运作模式包装下的精准客户群定位，旗下餐饮品牌 Raa Cha、BMK 主打本地化的平价自助烧烤和小吃，针对年轻人和工薪阶层，清真日本料理品牌 Gokana 和法式小酒馆品牌 Monsieur 则获得了消费水平较高的中产阶级和外籍人士的青睐。ENAK 旗下每个品牌都准确捕捉到特定消费群体的胃口，又在每个细分群体中积累了口碑并提高了知名度。

受疫情冲击，ENAK 2020 年的净利率明显下降，至 –24.2%，但疫情后期恢复能力强劲，净利率显著提升，2021 年已回到 4.9%。由此可见，本土餐饮企业针对细分客户群体定制的品牌策略，在宏观市场环境面前具备相当可观的韧性与抗风险能力。这种策略也不失为外资餐饮企业进驻印尼市场的参考思路。

印尼餐饮市场小结

纵观印尼餐饮市场的成功案例，品牌多样化、产品本地化和精准的市场定位，是抢夺市场份额的三大要素。总体而言，印尼的餐饮市场竞争十分激烈，业态由全服务式餐厅领跑，但并没有建立成熟的餐饮品牌心智，每个细分赛道下品牌的市场份额也十分接近。针对不同收入的消费者群体，各品牌都倾向于逐个击破，通过不同定位的品牌矩阵笼络市场。而主打单一品牌的连锁企业，只多见于产业龙头和国民认知度已经非常高的国际品牌或本土品牌。无可非议的是，印尼餐饮市场仍有极大的开发潜力。外来品牌要在印尼餐饮市场激烈的竞争中杀出重围，关键在于如何切入市场，以及利用好人口和人均消费增长的趋势。

新加坡餐饮市场概况

新加坡餐饮市场呈现出与印尼截然不同的业态。

新加坡是东南亚地区发达国家的代表，人口总量位列“东南亚六国”末尾，人均餐饮消费力却位居东南亚第一，且遥遥领先于位居第二的泰国 5 倍之多。新加坡的餐饮业态走的是典型的小而精路线，就市场份额和增长空间而言，并没有太多外来企业大规模进驻的空间。但作为人均消费高的餐饮市场，新加坡所拥有那些业态与商业指标，以及作为规模远小于其他国家的区域金融中心，新加坡的高端餐饮业发展所呈现出的形态，仍然值得中国企业借鉴。

根据新加坡统计局公布的数据，新加坡 2021 年的名义 GDP 为 4 238 亿美元，餐饮业产值约为 42.31 亿美元，约占名义 GDP 的 1%，全行业营业收入规模约为 66.5 亿美元。虽然餐饮业产值在名义 GDP 中占比较低，但餐饮行业的劳动人口在其总人口中的占比高达 6.1%。由此可见，在新加坡的国民经济体量中，餐饮行业的人均产值并不高。

新加坡的餐饮门店种类十分有特色，在总计 14 000 家的餐饮门店中，数量占比最高的是新加坡特有的食阁（又称小贩中心）与居民楼下的咖啡馆，占比达到 50.5%；数量占比第二的是餐馆，占比为 38.9%；快餐和订餐门店数量占比分别为 5.2% 和 5.4%。营业收入占比最高的同样是食阁，如图 7–5（a）所示，占比达到总营业收入的 45.5% 左右，餐厅营业收入的占比约为 32.2%，快餐门店的营业收入占比约为 16.3%，订餐门店营业收入占比约为 5.9%。从成本结构来着，如图 7–5（b）

所示，位列前三的商业成本类目分别是原材料、人工和租金，三项累计占比达到餐饮门店成本的80%左右。其中，原材料成本占比约为33.5%，人工成本占比约为29.3%，租金成本占比约为17%。由此可见，人工和租金成本是新加坡餐饮门店经营模型中显著有别于东南亚地区其他国家的一大开支，也是餐饮企业进驻新加坡市场的一大门槛。

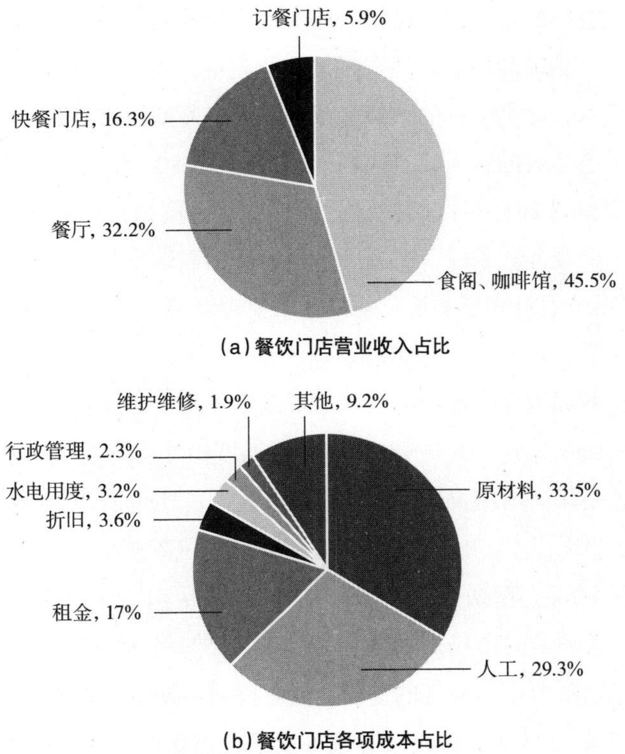

图7-5　新加坡餐饮门店营业收入和成本结构

资料来源：新加坡统计局。

结合新加坡人快节奏的生活习惯和新加坡多民族、多元文化的人口组成，品类众多、价格适中的各色食阁几乎是每个居民区的标配，也是新加坡人解决一日三餐的首选去处。为避免同业态恶性竞争，也为了保证大部分居民可以负担得起餐食，新加坡政府对食阁的定价、食品安全和料理种类都做出了明确规定。食阁通常会设有清真和非清真两类自助餐具归还点，也会聘请独居或没有收入来源的老人负责回收餐具并承担轻体力劳动工作。

在新加坡的餐饮业态中，除了食阁占据最大比例以外，独立餐厅的商业模式也自成一派。例如，新加坡没有小费文化，但全服务式餐厅通常会收取 10% 的服务费，消费税也在菜单价格之外单独计算，每个餐厅几乎就是一个独立品牌。除了扎根多年的邻里餐厅和年营业收入规模小于 100 万新元（约合 75.8 万美元[①]）的餐厅以外，全服务式餐厅的定价通常被认为匹配收入水平处于中高端的消费人群，其主要的菜品、菜系、品牌和门店之间有强绑定的关系。相比之下，连锁业态只多见于通过走量压缩成本、冲高毛利的快餐和茶饮品类。商圈门店不菲的租金和改装费用也是独立餐厅需要面对的一大成本问题。自 20 世纪 80 年代起，主打日式餐饮的全服务式餐厅在新加坡拥有广泛的受众。日式餐饮一度以寿司和刺身为主，价格昂贵，这也奠定了全服务式餐厅，尤其是日料餐厅的高端定位，西餐厅同理。中餐馆直至 2000 年以后才通过高度本地化的口味调整逐渐进入新加坡人的生活。

疫情期间，新加坡政府推行的特殊政策助推了线上餐饮服务和外卖产业的高速增长。根据 Statista 数据，2019—2022 年，新加坡的外卖产业营业收入从 5.89 亿美元增至 12.92 亿美元，增幅高达 119%，营业收入占比也从 2019 年的不足 10% 跃升至 2021 年的 25% 以上。行业内市场份额最大的三家外卖平台分别是 GrabFood、foodpanda 和 Deliveroo。根据市场调研机构 Measurable AI 公布的数据，截至 2022 年 5 月，这三家外卖平台的市场份额分别为 57%、35% 和 8%。它们在骑手、餐厅和支付平台方面都已形成不同程度的垄断。随着疫情后期消费者群体对外卖服务的依赖程度上升，外卖习惯逐渐养成，通过外卖平台点餐的菜品单价比门店点单高出 25% ～ 30%，高昂的运费也是客单消费增加的另一大原因。以 GrabFood 为例，即使有平台推出的“点单满 15 新元减 3 新元运费”的优惠，最低运费也需要 3 新元，每单还有最低起送费、服务费等各项杂费。

总的来说，快节奏的城市化生活、价格高昂的食材和高昂的生活成本让大部分新加坡人减少居家烹饪，于是平价如食阁、居民楼下的咖啡店等，贵价如餐厅、外卖等，构成了新加坡人两极分化的主流餐饮选择。不同的市场定位下，新加坡餐饮

① 按 1 新元约等于 0.757 5 美元换算。——编者注

业的品牌路线又因多元文化和民族的特点而呈现出多样性。

新加坡餐饮市场的其他特点

第一，多元化。新加坡作为一个区域文化熔炉，人口占比最多的三大种族（华人、马来人和印度人）各自的特色饮食也经过改良和融合形成了新加坡特色料理。比如，改良过后辣度可选的“麻辣香锅”由一对华人夫妇引入食阁，如今已经成为大部分食阁必备的档口。又如，受历史文化等因素的影响，马来西亚土生华人（Peranakan）[①] 的娘惹菜融合了马来西亚、印尼和中国饮食的口味；印度咖喱也常作为多民族、多元文化的代表菜式在新加坡各种宴席、社区活动中出现。

第二，健康意识强。新加坡政府于 2022 年底开始全面推行饮料含糖量标签，将含糖量分为 ABCD 四个等级，也鼓励商家使用低卡路里、低糖、低钠等健康标签（图 7–6）。

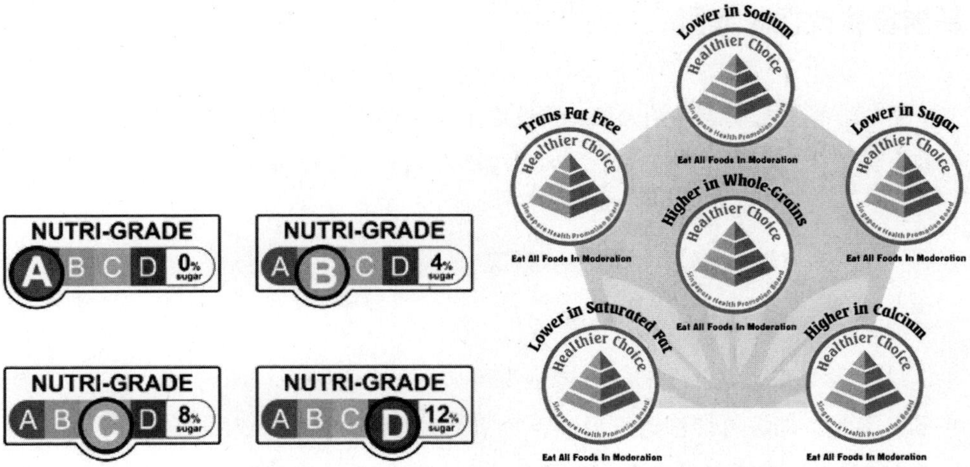

（a）饮料含糖量标签　　（b）健康标签

图 7-6　新的饮料含糖量标签与健康标签

资料来源：新加坡卫生部网站。

① 也称峇峇娘惹。明朝广东和福建一带的中国人迁居东南亚，并与当地土著通婚生下后代，男性后代称“峇峇”，女性后代称“娘惹”。峇峇娘惹，即土生华人，主要分布于今马六甲、新加坡、马来西亚槟城和印尼一带。——编者注

疫情暴发以来，新加坡政府不仅大力呼吁全民采取健康预防措施，更是将食物营养信息可持续发展落实在所有进出口食品饮料上。此外，新加坡的多元民族和文化也导致不同民族的饮食结构不尽相同，比如，马来西亚、印尼餐食具有高钠、高油的特点，长期食用会使部分新加坡国民患糖尿病和肥胖的风险大大提高，为了提醒民众注意这些风险，大小食阁内都引入了健康饮食和标签，还在入口处张贴宣传健康饮食的图文。

第三，高度依赖进口。新加坡餐饮成本居高不下的原因之一是原材料高度依赖进口。根据新加坡统计局 2020 年的数据，新加坡国内超过 90% 的食材完全依赖进口，从新鲜果蔬到优质蛋白，供货源遍布全球 170 个国家。新加坡国土面积小、自然资源匮乏，不利于大规模开展农业活动，但新加坡政府仍然响应联合国气候变化公约，希望通过科学政策充分利用土地资源、减少进出口贸易过程中造成的碳排放，提出包括“垂直农场”在内的一系列解决方案，力求达成“30 By 30”（2030 年以前达到 30% 的农产品由本土生产）这一可持续发展目标。

新加坡餐饮行业案例

新加坡餐饮行业的案例分享主要选取了两家企业，分别是新加坡最大的餐饮运营商金味餐饮和日式美食街 Japan Foods Holding Ltd（简称 Japan Foods）。

案例一：新加坡最大餐饮运营商金味餐饮

金味餐饮是集合了当地特色菜系和特色门店形式的餐饮运营商，成立于 1990 年，目前在新加坡开设终端门店多达 224 家，旗下食阁档口高达 680 个，在面积并不广阔的新加坡可谓渗透率极高，是当之无愧的新加坡最大的餐饮运营商。即便是在 2021 年疫情期间堂食业务遭受重创的情况下，金味餐饮也保持着 16% 的增长率，营业收入高达 3 亿美元。2022 年，随着堂食的恢复，金味餐饮的营业收入增长率也猛冲至 29.8%，其中食阁档口的零售和管理收入占总营业收入的比重高达 98%。金味餐饮的规模和稳定增长也验证了食阁模式是新加坡餐饮市场的主动脉。

案例二：新加坡日式美食街 Japan Foods

新加坡的日式餐饮市场极具特色，除了契合新加坡高收入人群的消费需求外，品牌矩阵的高渗透也是东南亚地区餐饮业不可多得的成功案例。

Japan Foods 成立于 1997 年，2009 年在新加坡上市，旗下有多个加盟的日本品牌，包括味千拉面、大阪王将、秋光等耳熟能详的日式连锁餐饮品牌（见图 7–7）。Japan Foods 将这些餐饮品牌引入新加坡后，一方面借助它们本身的品牌力加以宣传，学习这些品牌在海外市场的成功经验；另一方面针对本土消费者群体做出品牌重塑等策略调整，还针对加盟品牌的不足（如缺少清真食品、融合菜等）开发了自主品牌，填补了市场空白。

图 7–7　Japan Foods 旗下日本品牌

资料来源：弘章投资整理。

Japan Foods 2022 年的总销售额为 5 460 万新元（约合 4 136 万美元），净利润为 320 万新元（约合 242 万美元），全岛共计开设 56 家直营店，全服务和快餐式服务门店并行。但由于 Japan Foods 旗下的主力品牌还是加盟代理品牌，因此为贴合这些品牌调性而开设的全服务餐厅占大多数。考虑到公司披露的区域拓展计划，以及全服务餐厅资产架构不够轻便的问题，Japan Foods 的扩张速度会受到限制。

泰国餐饮市场概况

泰国在“东南亚六国”中的经济体量仅次于印尼，人均 GDP 落后于新加坡和马来西亚，主要依靠本土服务业和制造业出口支撑经济增长。自 2020 年疫情暴发后，泰国的旅游业体量不降反增，主要原因在于疫情前旅游业的高速增长得到了政府充分重视，疫情期间除了防控工作以外，其他经济发展的重心都转移到了振兴和保障旅游业。餐饮行业也从中获益。根据英国权威咨询公司 GlobalData 的统计，2022 年底泰国餐饮市场规模已达 1.6 万亿泰铢（约合 436 亿美元[①]），占 GDP 的 8.8%，且餐饮行业正在以年均 9% 的增长率高速扩张。

泰国餐饮主要包含全服务式餐厅、快速服务式餐厅、移动商贩、工作场所供应餐厅和酒吧 5 种业态，其中营业收入占比最高的是快速服务式餐厅。根据印度的市场研究机构 Mordor Intelligence 发布的数据，快速服务式餐厅营业收入占泰国餐饮服务类营业收入的比重高达 50.74%。泰国人最喜爱的速食是鸡肉和猪肉制品，2022 年的人均年消耗量可达 22 千克。该饮食偏好也是快速服务式餐厅实现营业收入迅速增长的主要动因之一。开店数量占比最高的形式为独立门店，在所有餐饮门店中所占比例达 75%。

泰国常见的餐饮企业经营模式主要包括国际品牌连锁和家族企业，餐饮市场呈现出巨头瓜分主要市场份额与品牌矩阵多样化的稳定格局。泰国知名的餐饮巨头包括 MK 集团（MK Restaurant Group）、美诺国际（Minor International）、麦当劳、Yum! 和 Charoen Pokhand。上述在泰国本土发迹的餐饮巨头背后多有横跨多条产业链的控股集团支持，资金和门店储备雄厚。

泰国餐饮行业案例

泰国餐饮行业的案例分享主要选取了两家企业，分别是酒店龙头美诺国际和泰餐连锁的海外先锋 MK 集团。

案例一：酒店龙头美诺国际

美诺国际是威廉·海内克（William Heinecke）于 1967 年在泰国创立的酒店集

① 按 1 美元约等于 36.697 泰铢换算。——编者注

团，1980 年后才开设餐饮和生活方式两条分支业务线。美诺国际旗下的酒店品牌多见于美洲、东南亚和欧洲旅游城市，截至 2023 年底，包括自有产业、租用和管理合约在内的酒店共计 532 家，足迹遍布全球 63 个国家。

美诺国际旗下餐饮分支 Minor Food 在全球范围共计开设 2 645 家餐厅，以代理国际连锁品牌为主要经营路线，在多个国家和地区取得了 DQ、Swensen's、汉堡王等国际连锁品牌的独家代理权或特许经营权。2023 年，美诺国际的总营业收入为 1 490 亿泰铢（约合 41 亿美元），其中餐饮版块贡献了约 11.9 亿美元的营业收入，约占总营业收入的 29%。其他业务版块营业收入占比如图 7–8 所示。

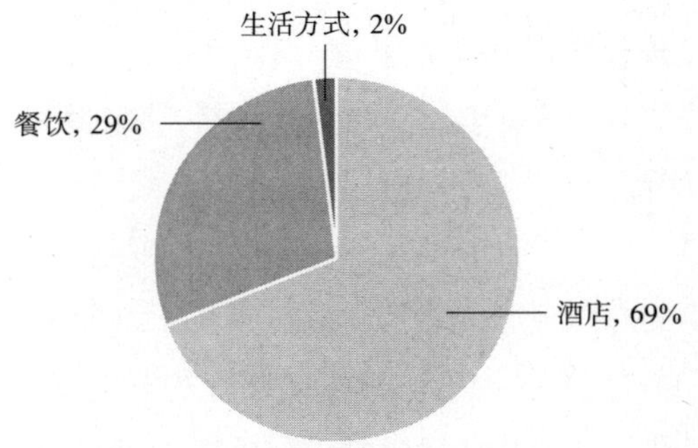

图 7–8　2023 年美诺国际各业务版块营业收入占比

资料来源：公开资料内容，由弘章投资整理。

在 Minor Food 旗下的所有门店中，有 74% 的门店开设在泰国，26% 的门店开设于海外。营业收入占比方面，60% 的门店营业收入来自泰国国内，40% 的门店营业收入来自海外。海外门店营业收入中，占比最高的来自中国（营业收入占比为 14%）和澳大利亚（营业收入占比为 11%）。按加盟和自营门店的数量占比区分，泰国国内的加盟门店占比为 49%，自营门店占比为 51%，几乎各占一半；海外加盟和自营门店占比分别为 5% 和 95%，可见占比最高的是便于管理的自营门店，经检验在海外开设自营门店也是更适宜的战略。

Minor Food 最具特色的做法莫过于通过投资和借助酒店经营的优势拓展业务区域，尤其是在业务量最为集中的亚太地区，绝大多数开设美诺国际酒店的国家和地区可见 Minor Food 的足迹。此外，美诺国际代理的餐饮品牌基本都是已经具有国际影响力的知名连锁品牌。美诺国际作为这些品牌在泰国第一家门店的建立者，一旦其商业模式得到验证，就会迅速将授权体系拓展到周边其他国家和地区。

在所有餐饮门店中，工序简单、客单价低、门店资产结构较轻的咖啡、冰激凌和比萨店是开放加盟最多的类型，中餐、西餐等全服务式餐厅和食品加工则几乎完全由集团自营。比较反常的品牌有两个：一是加盟店占比高达80%的日式铁板烧品牌Benihana，二是Minor Food持股50.1%的现制茶饮品牌GAGA。

案例二：泰餐连锁的海外先锋MK集团

MK集团是泰国本土的家族企业，2013年在泰国证券交易所上市。整条MK集团产业链的起点是现任集团掌舵人里特·泰拉科门（Rit Thirakomen）的岳母在1962年开设的泰餐小档口。在深耕本土市场多年后，MK集团将泰国市场覆盖到饱和，转向拓展海外市场。

MK集团2022年的总营业收入约为160亿泰铢（约合4.4亿美元），其中74%的营业收入来自旗下自主创立的品牌MK，18%的营业收入来自代理日餐品牌Yayoi（MK集团旗下唯一具有一定规模的代理品牌），另有6%的营业收入来自自主海鲜品牌Laem Charoen Seafood。自主品牌MK主打的品类是泰式火锅，门店发展已十分成熟，在泰国当地有449家门店，又分为MK Suki、MK Gold和MK Live，针对不同口味偏好和收入的消费群体，整体定位偏向中高端消费，门店多见于商场或大型购物中心。

作为扎根泰国本土、近年来积极拓展海外市场的泰餐企业，MK集团主要的目标是日本、新加坡、越南和老挝市场，其中又以和日餐融合的品牌合作最为成功。截至2022年，MK集团共计在日本开设自主品牌门店26家，在新加坡开设代理的日餐品牌Yayoi门店11家。而作为典型的本土企业，MK集团最大的风险点在于完全依赖本土市场，且家庭烤肉餐馆主打堂食。2020—2021年受疫情冲击，MK集团关停20余家烤肉门店，净利润率也从15%骤跌至1%，营业收入变化情况如图7-9所示。

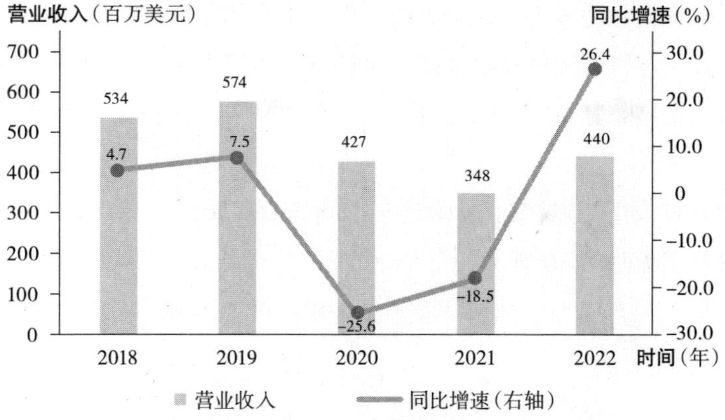

图 7-9　MK 集团营业收入变化情况（2018—2022）

资料来源：MK 集团年报。

东南亚餐饮篇小结

通过对印尼、新加坡、泰国餐饮市场的观察与分析，我们揭开了东南亚餐饮市场的多样化生态和广阔增长空间的一角。与印尼的高速发展不同，新加坡和泰国的餐饮竞争格局更为稳定。但受经济发展程度、消费习惯与偏好等差异化因素影响，新加坡的餐饮业态更偏向小而精，泰国的餐饮业态则更加依赖本土庞大的根系和延伸到海外市场的脉络。

无论是在上述三个市场，还是在面貌相似或迥异的东南亚其他市场，菜式的本地化、渗透进国民生活方式的品牌打造和不惧深入本土固有竞争格局的探索精神，都是开拓东南亚餐饮市场必不可少的重要资产。

零售连锁的快速崛起

“东南亚六国”近年的 GDP 增速高于全球平均水平，其优势在疫情结束后尤为明显。尽量东南亚各国之间的发展阶段差异较大，重点市场需要制定差异化的策略来打通，但极高的年轻人口占比和市场空白也为培养特定的消费习惯和品牌心智提供了土壤。

东南亚市场目前的零售渠道分为线上和线下两部分，线下消费也有传统和现代通路两种模式，传统模式包括批发商、零售商、传统集市等，现代通路则包括便利店、大卖场、超市和其他连锁门店等。

按人均 GDP 划分，东南亚各国处于不同的发展阶段，其市场大体分布及对应的线下零售业态如图 7–10 所示。

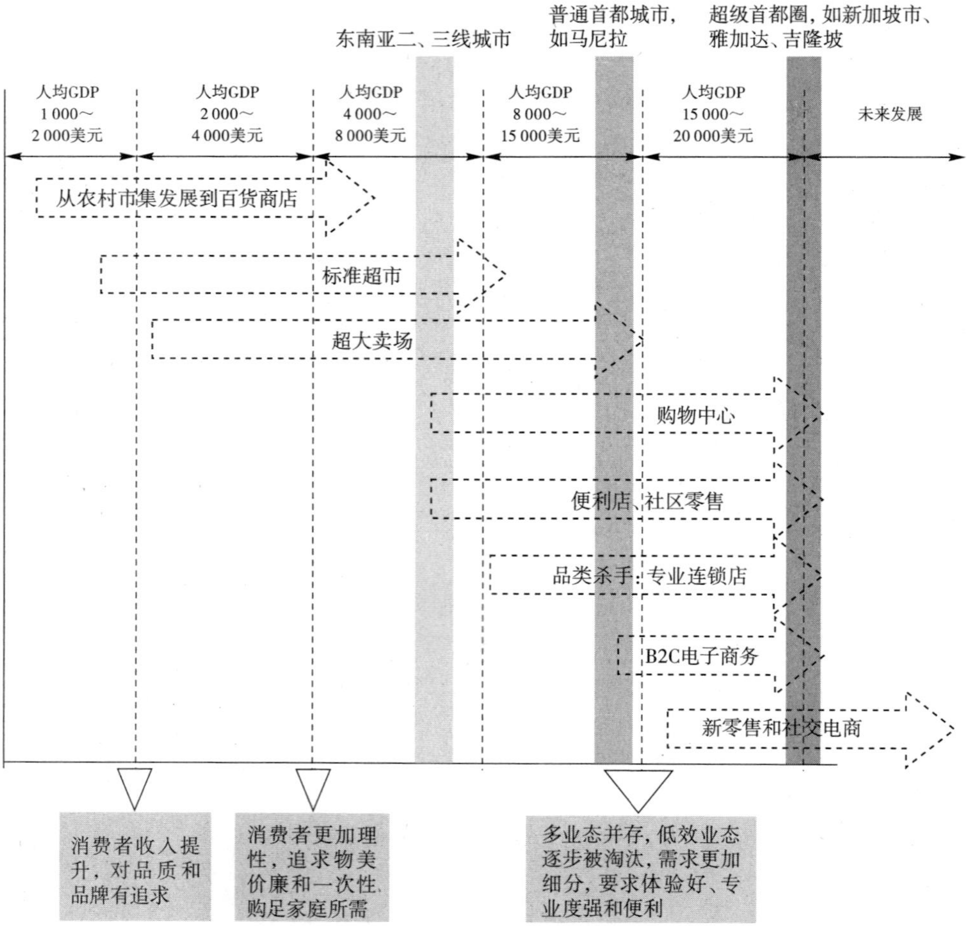

图 7–10 东南亚各国市场分布及线下零售业态一览

资料来源：弘章投资研究。

截至 2022 年底，东南亚的零售业收入有 80% 仍来自线下渠道，各国的首都圈竞争激烈，农村地区发展则相对滞后，地区差异大，仅印尼一个国家的经济发展就横跨零售业态发展的 4 个阶段。但无可非议的是，东南亚国家的首都圈消费力强劲，将是下一个 10 年出现增长机会和实现蓬勃发展的市场。

印尼零售业概况

印尼是东南亚体量最大的线下零售市场，收入和人口分布均呈现出明显的两极化。印尼主要分为爪哇岛和外岛。据统计，爪哇岛占印尼约 7% 的土地，但拥有 60% 的人口、60% 的 GDP 和几乎全部的制造业。外岛包括苏门答腊、加里曼丹、苏拉威西和巴布亚，是印尼主要的矿产和棕榈油产地。苏门答腊和加里曼丹的主要产业是油棕种植和煤炭开采，苏拉威西的主要产业是镍矿业，而巴布亚的主要产业则与铜、金、银等丰富的矿产资源有关。从经济格局看，外岛的零售业占比和业态的发达程度低于爪哇岛。

收入层面，印尼各地实行最低收入制度。2023 年，印尼的发达地区如雅加达，每月最低收入可达 490 万印尼卢比（约合 311 美元）。有趣的是，印尼最低收入地区同样出现在人口集中的中爪哇，2023 年每月仅为 196 万印尼卢比（约合 124 美元）。此外，2022 年底，印尼人的月平均收入约为 192 美元，与最低收入之间的差距很小。根据司尔亚司数据信息有限公司（CEIC）统计，印尼约有 60% 的人口属于贫困人群，25% 的人口属于中低收入人群，中高收入人群占总人口的比重为 10% ～ 15%，高收入人群占比不足 3%。这反映出尽管印尼经济高速发展，但其仍然拥有数量庞大的低收入人群（占比为 80% ～ 85%），高收入人群数量极少（占比约为 3%），缺乏中产阶级。

收入分布的两极化直接影响了印尼零售渠道的演变。根据麦肯锡 2021 年的研究报告数据，印尼的零售渠道中 77% 为传统渠道，15% 为迷你超市，6% 为中型超市，2% 为大卖场（见图 7–11）。印尼的现代零售渠道总共只占 23%，在东南亚国家中排名倒数第三（现代零售渠道占比排名倒数第一的是缅甸，占比为 3%；倒数第二是越南，占比为 11%）。

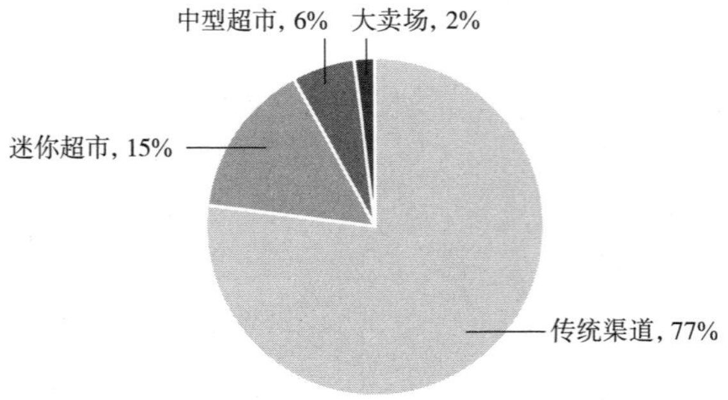

图 7-11 印尼零售渠道分布

资料来源：麦肯锡。

印尼现代零售渠道业态

印尼现代零售渠道中占比最高的迷你超市，其市场份额主要由 Indomerat 和 Alfamart 两家公司垄断。这两家公司目前分别拥有约 20 200 和 19 600 家门店，在迷你超市领域的市场份额为 95%。迷你超市通常位于人口密集的生活区，门店面面积为 100 ～ 150 平方米，销售的产品主要包括零食、饮料、香烟、调味料、食用油、冷冻食品和其他生活必需品，其中香烟的销售额约占总销售额的 10%。由于印尼人通常在传统市场购买蔬菜，因此迷你超市不销售生鲜蔬菜和水果。

印尼绝大多数中高端超市位于大型购物中心内，分布在首都圈。其中具有代表性的中高端超市是 Ranch Market，它的面积一般为 2 000 ～ 3 000 平方米，店内装潢高端，生鲜区的蔬菜水果包装整齐，进口商品占比为 60% ～ 70%。

印尼大卖场面积一般为 8 000 ～ 10 000 平方米，代表性品牌包括 Hypermart 和乐天。大卖场主要分布在非一线购物中心，卖场内的食品区占 1/3 的面积，生鲜区占地面积较小。印尼的贫富差距大，大卖场既无法满足高收入人群的购物需求，又与低收入人群的消费能力不匹配，中产阶级不足以支撑现有大卖场的数量和规模。

线上杂货在印尼零售业中的占比非常小。2022 年 9 月，Grab 宣布关闭印尼的全部前置仓，转而与现有零售商 Trans Retail 合作，继续运营 GrabMart。迷你超市 Alfamart 推出了自己的 App，并依靠 3 000 个配货点和 3 万名骑手开展线上业务，线上销售额占其总销售额的3.5%左右。

印尼零售业案例

印尼零售业的案例分享主要选取了两家企业，分别是连锁大型超市的龙头PT Matahari Putra Prima Tbk（简称MPPA）和现代渠道主力Alfamart。

案例一：连锁大型超市的龙头MPPA

印尼线下超市业态分为大、中、小型，小型超市通常以迷你超市或便利店的形态存在，中、大型超市根据针对的消费者群体不同而划分为高端超市和中低端超市。其中大型超市由MPPA旗下的Hypermart领头，中型超市中Super Indo独大。

MPPA是一家典型的印尼超市企业，于1986年成立，截至2022年底旗下共有115家大卖场，其中Hypermart门店有100家，还有33家超市和63家药妆便利店。MPPA有超过80%的销售额来自主攻低价战略的大卖场。该公司2019—2022年的主要销售额分布如图7-12所示。根据图中数据可知，2022年大卖场的销售额在MPPA总销售额中所占比重约为86%。

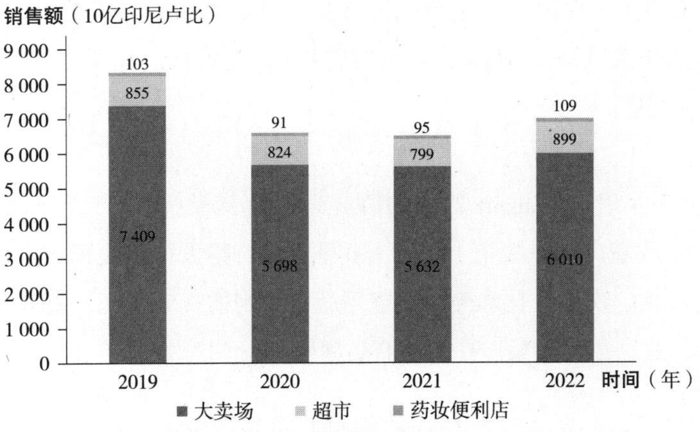

图7-12 MPPA的主要销售额分布（2019—2022）

资料来源：MPPA年报。

MPPA 旗下的门店分布在印尼全境，其中，首都圈和外爪哇的门店数量各占门店总量的 1/4，其他门店按数量从多到少依次分布在苏门答腊、加里曼丹、苏拉威西等地。该公司起初布局在爪哇岛，如今已有 43% 的门店开设在爪哇岛以外，呈现出由首都圈向外辐射的趋势。此外，MPPA 于 2022 年获得印尼清真产品质检局（Badan Penanggulangan Jaminan Produk Halal，BPJPH）清真认证，是第一个全线（包括分拣中心、冷链、门店等）获得该认证的快消品类公司。

MPPA 区别于其他连锁企业，尤其是外来品牌的主要竞争优势就是供应链壁垒。尽管其供应链在外岛的布局还不完全，但在二、三线城市的供给已经处于领跑地位。目前 MPPA 也在积极拓展生鲜冷链，旗下的生鲜品类超市 HyFresh 也是除大卖场以外扩张最快的分支。

案例二：现代渠道主力 Alfamart

印尼的另一大线下渠道是迷你超市，其 95% 的市场份额由两家企业占有——Alfamart 和 Indomaret。下面我们介绍其中之一 Alfamart。

Alfamart 于 1989 年创立，做贸易起家，1999 年开始涉足零售业。Alfamart 主打迷你超市网络，旨在为消费者提供低价生活必需日用品，在印尼 303 个城市开设了约 2.2 万家门店，在门店数量和扩张速度上与 Indomaret 不分伯仲。除了在印尼全境实现门店覆盖以外，Alfamart 还将门店开到了菲律宾，目前在菲律宾境内拥有超过 1 000 家门店。

截至 2023 年底，Alfamart 77% 的门店采用自营模式，23% 的门店为加盟店，标准迷你超市的室内面积约为 100 ～ 150 平方米，绝大多数面积被副食货架占据，剩余面积被冷饮、洗涤日化和美妆护理用品等类别的货架占据。Alfamart 推出了不少自主品牌，这些品牌也集中在副食商品领域。

尽管疫情冲击导致 Alfamart 在 2020 年遭遇了一波增长减速，但公司的毛利率和净利率增速一直保持稳定，可见迷你超市的业态和所覆盖的生活必需品拥有穿越周期的属性。此外，迷你超市 2022 年的平均客单价比 2019 年提升了约 40%，但门店访客量下降了约 20%，顾客每周购物次数也由 3 ～ 5 次减少到 2 ～ 4 次，这与收入增长的情况基本吻合，可见迷你超市承载的零售业务水平与人口的收入水平紧密挂钩，且没有明显滞后。

印尼迷你超市与大型超市相似的发展趋势之一是，近年来首都圈的开店和收入增长速度已经放缓，现在的增长主力主要来自外岛。

综上所述，印尼收入两极分化的情况始终是影响零售业态分布的核心原因。庞大的低收入人群、极少量的高收入人群和缺乏中产阶级的现象塑造了印尼当前的零售业态。

印尼作为一个资源丰富、人口年轻的国家，在前总统佐科领导的政府管理下取得了显著的经济发展，国民收入有所提升。如果 2024 年后的印尼新政府继续坚持经济至上的政策，那么我们有理由相信印尼将会迎来一批数量庞大的中产阶级，他们也将为零售市场带来巨大的消费潜力。

泰国零售业概况

泰国的经济结构由多个行业支撑，其中制造业和旅游业对零售市场的推动作用尤为显著。作为东盟第二大经济体，泰国的现代零售渠道渗透率达到 50%，零售业收入水平和现代零售渠道渗透率都与中国、马来西亚相近。

泰国的现代零售渠道包括大卖场、超市、便利店和食阁。其中，便利店的市场份额最高，为 48%，7-ELEVEn 是便利店中占比最高的连锁品牌；超市的市场份额为 26%，大卖场的市场份额为 18%，食阁的市场份额为 8%。便利店和超市的市场份额呈上升趋势，而大卖场的市场份额则呈下降趋势。

泰国零售业案例

泰国零售业的典型案例是泰国零售业龙头正大集团和大型百货品牌中央零售。

其中，中央零售将在第 20 章进行详细论述，下面将先介绍正大集团概况。

正大集团在泰国零售市场中占据领先地位，尤其在便利店和超市领域表现突出。7-ELEVEn 在泰国由正大集团的子公司 CP ALL 全权运营，至 2021 年，CP ALL 旗下便利店的营业收入达到 92 亿美元，门店约为 1.4 万家，并以每年新增 700 多家门店的速度扩张。

2013 年正大集团通过收购 Siam Makro 获得 To B 模式的食物生鲜批发业务，同时也囊括了 Siam Makro 旗下 To C 端的强力品牌莲花超市。这两个品牌助力正大集团全面覆盖了 To B 和 To C 市场，并开始销售食品，目前食品销售规模占总商品销售规模的比重超过 75%。

截至 2022 年底，7-ELEVEn 在泰国的门店已经超过 1.4 万家，毛利率稳定在 20% 以上，净利率受疫情影响有一定下降，但整体也稳定在 2% ～ 3%，且疫情后期恢复强劲。虽然自 2019 年以来 7-ELEVEn 单店单日客流量受疫情封控影响有所下降，但自 2022 年第一季度以来每季度均有回升，单店整体销售额自 2020 年以来上涨趋势明显。

7-ELEVEn 作为泰国零售业的代表之一，86% 的门店是独立门店，其中又有近 40% 开设在居民密集区，其余的则是开在商场或加油站中的嵌入式门店，直营门店和加盟门店各占一半。地域分布方面，曼谷及周边地区的 7-ELEVEn 门店分布已近饱和。

新加坡零售市场格局

新加坡作为东南亚另一大市场，其零售市场格局也十分值得研究。新加坡的超市品牌呈现出三足鼎立的局面。

新加坡最著名的零售基础设施新加坡职工总会（National Trades Union Congress，NTUC）开设的超市是在新加坡分布最广的零售超市，主打平价、季节性折扣，起到了保障新加坡供应链的重要作用。NTUC 旗下的 FairPrice 超市根据不同的社区定位采用不同的门店模型和经营策略。比如，走高端经营路线的 FairPrice Finest 通常多见于商业繁华地带和区域中心；大型门店 FairPrice Xtra 则以品类更加齐全著称，分布密度较低，仅开设在大型居民区；还有一种快捷门店 FairPrice Xpress，多见于加油站。

第二条分布较广的产线和超商供应链是 DFI 零售集团（DFI Retail Group Holdings Limited）旗下的品牌超市包括定位低价的 Giant，主打生鲜和高档进口商品的 Cold Storage，以及走顶级高端超市路线的 Market Place。

和以上两家并称新加坡第三大超市的昇菘超市则在全岛开设了 40 多家门店，且绝大多数门店开设在当地特有的组屋楼下。昇菘超市所售商品品类齐全、价格低廉，还自创了许多接地气的日常消费品和包装食品品牌。

值得一提的是，新加坡的线下零售业态以均衡著称，讲究文化的多元和兼容。比如，近年来崛起的休闲食品商超思家客主打为新加坡新移民群体中的中国人提供“家乡味”，大创（DAISO）和 DON DON DONKI 等日本大型连锁特价店也深受新加坡本地消费群体喜爱。

由于新加坡的人均消费能力处于发达国家水平，且平价超市的竞争十分激烈，因此品牌战和打造文化差异或成中国出海企业破局的关键点。

新茶饮连锁的快速发展

根据灼识咨询的调研报告，2022 年东南亚地区的现制茶饮市场规模已达 50 亿美元，且市场仍处于遭遇结构性机遇高速扩张的路途中，预计 2022—2028 年的年均复合增长率可达 22.1%，2028 年市场规模可达 160 亿美元。2022 年东南亚人均年消费现制饮品 13 杯，较美国的 322 杯、日本的 167 杯仍有极大增长空间，东南亚地区的人均年消费现制饮品量增速为全球最快。

总览“东南亚六国”，新加坡虽然是其中人口最少的国家，但人均茶饮消费额最大，人均茶饮消费力和茶饮产品单价均列东南亚第一；而印尼则是东南亚地区最大的茶饮市场，2022 年其茶饮市场总规模在 16 亿美元左右。疫情结束后，多国恢复线下零售，茶饮门店也进入新一波开店加速期。与此同时，线上订单量自 2018 年以来一直稳步上涨，线上销售渠道成为茶饮市场另一大新增收入渠道。

东南亚地区之所以能够形成如此惊人的茶饮市场规模，原因可以追溯到其气候特点和居民口味。从气候特点来看，东南亚地处赤道，受热带气候影响，冷饮销量常年居高不下。从居民口味来看，一方面，马来西亚、泰国等地是全球重要的蔗糖产区，居民普遍喜甜；另一方面，东南亚的风味食材种类繁多，为奶茶风味创新提供了取之不尽的灵感，口味多元的区域环境也为这些创新茶饮提供了市场。

新加坡茶饮市场概况

根据 Momentum Works 研报，2022 年新加坡的茶饮市场总额约为 3.42 亿美元，占东南亚市场的 10%。此外，新加坡作为东南亚互联网普及率和电商渗透率最高的国家，不少科技公司如 GrabFood、Shopee 等也纷纷与大热的奶茶品牌联合推出活动。此外，尽管新加坡的人口数量在“东南亚六国”中最少，但茶饮产品的客单价和单品价格是最高的。比如，同品牌的同规格茶饮产品在东南亚其他国家的售价为 2 美元，在新加坡的售价却可能高达 3.9 美元，价格近乎翻倍。

追溯历史，早在 1992 年新加坡就首次引入珍珠奶茶，品牌 Bubble Tea Garden 的门店开设在繁华的核心商业区滨海广场。这次尝试掀起了新加坡第一波茶饮消费和开店热潮，直至 2000 年后才逐渐退潮。

2000 年后，中国台湾现制茶饮品牌 KOI 和贡茶闯入新加坡市场，它们的到来掀起了第二波茶饮热潮，不仅茶饮的原材料品质和口味较 2000 年以前有了极大的提升，单价也从 3 新元（约合 2.3 美元）翻倍至 6 新元（约合 4.5 美元）。

第三波茶饮热潮始于喜茶和奈雪的茶出海新加坡的尝试。在新茶饮赛道，茶饮品牌纷纷各显神通，推出大量芝士茶、水果茶等主打健康和风味原材料的高端茶饮产品。疫情期间外卖订单数飙升，茶饮的线上销量较 2018 年前呈现出指数级上涨的趋势。

新加坡发展本土茶饮市场的一大挑战在于人工和租金成本，另一大挑战在于市场规模瓶颈。稀缺的土地资源注定新加坡市场不适宜大批量开设连锁门店，但选址在新加坡以外的区域代工厂和标准化原材料供应，仍然可以带来一波规模效应和价格红利。2018 年开始的茶饮热潮中，出海的中国茶饮品牌在新加坡地区的扩张进度最快、密度最大，建立完整门店的市场环境也已经成熟。

新加坡茶饮案例：高端茶饮品牌喜茶入场

新加坡作为东南亚地区人均收入和消费水平最高的国家，是不少高端茶饮品牌出海东南亚的首选入场地点。喜茶便是率先入场的高端茶饮品牌之一。

喜茶门店采用直营模式，在力求保证品控和质量管理的同时也需要面对扩张速度慢、资金和人员压力大的挑战。但正如上文提到的，新加坡的规模打法同样需要解决租金高、人工成本高的问题，因此这一门槛也限制了加盟门店的扩张速度。

喜茶在新加坡走的是高端路线，茶饮产品单价通常在 5 美元以上。高定价倚仗的是强品牌力、供应链质控和运营、服务质量打造的良好口碑。喜茶同时也是最早使用英文小程序点单的茶饮品牌之一。相比其他定位的茶饮品牌，喜茶的品类集中在芝士奶盖和新鲜水果茶等招牌产品，推出售价略低的波霸奶茶和芋泥奶茶是品牌进入新市场数年后才采取的中后期策略。喜茶门店的选址也集中在金沙、乌节路等消费高的热门商圈，与品牌的整体定位契合。

早年定位与喜茶相似的茶饮品牌还有奈雪的茶、KOI 旗下的 KOI Signature 等。这些品牌多采用直营模式，但在选品和选址上采取了不同的策略。事实上，定价较高的茶饮品牌在全球范围内都会遇到品牌力要求高、价格上涨空间小、扩张速度慢的问题。奈雪的茶曾于 2018 年在新加坡开设一家门店，数年间未扩张，后受疫情冲击关店，其间其定价和产品策略也饱受争议。

品牌的普及程度和定位本就相互影响，所以近年来喜茶开始推出单品价格更低的产品线，起初旨在应对疫情期间骤然减少的线下客流量，后续也一直保留。与在国内的发展不同，喜茶的出海策略是开设不同定位的体验旗舰店，而开设喜小茶等平价饮品门店的时机尚未成熟。

印尼茶饮市场概况

印尼茶饮市场是我们重点研究的另一大市场。前文中提到，印尼的人均消费力和消费意愿已经接近人均 GDP 是印尼三倍的中国，在咖啡这一品类上的人均支出达到中国的两倍。茶饮市场也是印尼增长快、潜力大的市场之一。

从定位划分，印尼市场中的大众定位品牌仍为市场主力，这一定位下的印尼本土品牌有 Haus!、Esteh，外来品牌有蜜雪冰城，这些品牌的主要特点是价格亲民，单品价格通常小于 20 000 印尼卢比（约合 10 元人民币[①]），门店通常开在街边而不是在商场里，门店数量多、运营成本较低；中档定位中最具代表性的是台湾品牌日出茶太和 KOI，前者在东南亚的茶饮市场中所占份额位列地区第二；高端定位的印尼本土品牌有 Ban Ban，外来品牌主要有喜茶和幸福堂，茶饮产品单价大于 40 000 印尼卢比（约合 20 元人民币），店面多见于一线商场里。

印尼茶饮案例：平价王者蜜雪冰城入场

印尼的茶饮市场格局已被蜜雪冰城近年来快速发展的加盟模式打破，目前蜜雪冰城在印尼是开设门店数量最多的茶饮品牌。截至 2023 年 12 月，蜜雪冰城在印尼境内的签约门店总计 2 500 家，推出的明星单品是拥有极致性价比的冰激凌。该款冰激凌仅售 8 000 印尼卢比（约合 4 元人民币），成为该品类下最受欢迎的畅销热品，也占据了蜜雪冰城印尼版菜单最醒目的位置。作为大众定位的茶饮品牌，蜜雪冰城在印尼的门店多以密集人群常去的街店为主，饮品常见单价在 1.6 万～ 2.2 万印尼

---

① 按 1 印尼卢比约等于 0.000 5 元人民币换算。——编者注

卢比（合 8 ～ 11 元人民币）。

自 2018 年进入越南、2020 年进入印尼以来，蜜雪冰城在这两个国家迅速扩张市场。截至 2023 年底，蜜雪冰城向港交所提交招股书时，其在东南亚现制饮品市场的份额已位列第三，印尼也已成为蜜雪冰城最大的海外市场。

蜜雪冰城之所以能快速获得印尼大众青睐，离不开其强劲的社交媒体宣传、运营本地化及区域集中供应链的商业模式。

在社交媒体宣传方面，蜜雪冰城非常重视受众更广的媒体。印尼的 TikTok 和 Instagram 渗透率极高，TikTok 更是已经成为印尼使用人数最多的社交媒体平台。根据用户洞察与策略咨询公司益普索（Ipsos）发布的白皮书，截至 2023 年第一季度，TikTok 在印尼的渗透率已达 70%。蜜雪冰城的官方宣传账号会在 TikTok 和 Intagram 上转发消费者购买蜜雪冰城的产品信息、评论、与消费者互动，还创建了粉丝页面，活跃在互联网一线培养消费者对品牌的喜爱度和忠诚度。

在供应链方面，蜜雪冰城的海外供应链覆盖六大洲 35 个国家，生产所需的原材料和直接供给门店的材料、设备均有完备的海外供应链和物流合作伙伴。在严格的品控和规模效应带来的价格红利的加持下，蜜雪冰城的供应链和产能比印尼本土茶饮品牌更具成本优势。在运营层面，蜜雪冰城的印尼门店在普通加盟机制的基础上增加了负责选址、培训、招聘等更贴近直营模式的管理手段，充分保证了单个门店的运营效率和管理的标准化。

印尼本土茶饮品牌：Esteh 与 Haus!

印尼本土茶饮品牌为应对蜜雪冰城极强的原材料供应链和单品性价比攻势，采取的策略是走差异化产品路线、升级店面和同步扩张。

采用加盟模式的印尼本土果茶、芝士茶品牌 Esteh，其在印尼全境开设了 860 家门店，同样走平价路线。Esteh 的加盟费虽然包含更多门店选址和设计装修的成本，也加收了一定的品牌费，但总体加盟费仍低于蜜雪冰城。

印尼本土茶饮品牌还有相当一部分采用直营模式，例如，2023 年门店总计达到 221 家的印尼本土连锁茶饮品牌 Haus! 坚持走直营路线，包揽员工培训和品牌运营。升级的 3.0 版本 Haus! 街店与韩国餐饮品牌 Hot Oppa 联名，在街店二楼开设韩国小吃用餐区，这也是相同业态门店常用的多品牌策略。联名的门店设计十分吸睛，自恢复线下营业以来吸引了不少到店客流。

总体而言，印尼茶饮品牌的优劣势都相对明显。自营门店拥有更高的控制力，服务质量更统一，但同时资本性支出和管理成本也更高，新店拓展受总部的规划和财政压力影响更大。加盟模式则能更快达到规模经济，提高市场份额，但开辟东南亚市场对供应链的要求较高，企业在管理加盟商时，也易和加盟商产生地域文化冲突。

茶饮市场机会总结

随着 2018 年蜜雪冰城进驻东南亚市场，数年间病毒式的门店增长和同样攀升的营业收入流水也引发了我们对茶饮市场连锁化门店加盟模式和直营模式的新思考。

此外，受蜜雪冰城近年来海外扩张的思路启发，我们得出了两点结论：一是原材料的标准化生产和供应可以在较大程度上保证品控和规范化的管理，二是品牌的出海策略需要完善具体到每个单个门店的运营与管理制度与实操。

相较于餐饮品牌，加盟模式对茶饮品牌更友好。茶饮品牌采用加盟模式进行扩张，资产更“轻”，标准化门槛也更低。在市场护城河不深的情况下，供应链和占尽先机以获取市场份额的方式是决定当下茶饮品牌扩张成功的关键因素。蜜雪冰城的成功离不开多年来对供应链和产能的布局，与之相区别的“小而精”的门店路线随着消费力的提高和品牌心智的树立也可在市场中占据一席之地。两者均可配合本地化的口味与市场营销实现品牌扩张。但产品力的核心，长期来看最终仍会回到成本控制。

日化行业的机遇

东南亚日化产业的上游是化工产业，东盟各经济体的政府一直心照不宣地将化工产业列为重点项目之一。印尼工业部于 2022 年公开表示，2020—2030 年，印尼政府将对大型化工建设工程投入总额达 310 亿美元的资金，以加强上游化工领域生产替代进口的石化产品。印尼的目标是成为东盟最大的石化生产国，实现石化产品完全自给自足，北加里曼丹综合体项目完成后将不再进口石化产品。

此外，东南亚的化工产业发展还呈现出高度碎片化、由中小企业主导的态势。例如，据马来西亚化学工业委员会 2022 年的统计，马来西亚化工行业包括 900 多家中小企业和 100 家跨国公司；据农药制剂和活性成分生产商 Salim Agro Chemicals 统计，印尼约有 300 家化学制品农药生产商；美国硅料生产商迈图在东南亚服务约 4 000 个客户。

在外国直接投资（Foreign Direct Investment，FDI）的加持下，东南亚本土厂商产能和市场的竞争格局也格外激烈。例如，马来西亚是除东京总部以外日本钟化集团的最大投资地，也是韩国乐天集团的生产基地；德国聚碳酸酯生产商科思创在曼谷运营其亚太业务，石油和天然气公司埃克森美孚也在曼谷设有其最大的商业支持中心；荷兰涂料和涂层行业的头部企业阿克苏诺贝尔在越南设有 4 个制造基地。

上游供应链的激烈竞争也辐射到下游产业，HELM 泰国的董事经理曾表示，公司放弃参与大宗商品交易，而选择去泰国发展的核心原因是，泰国拥有强大的制造业，从而能掌握下游行业细分市场竞争的主动权。HELM Thailand 定义的细分市场中就包括日化产品。

东南亚的清洁用品市场规模变化如图 7-13 所示，其中衣物护理剂为最大赛道，市场规模约在 2024 年达到 100 亿美元，占清洁用品总市场规模的比重约为 52%，预计超过 90% 的销售在线下实现。

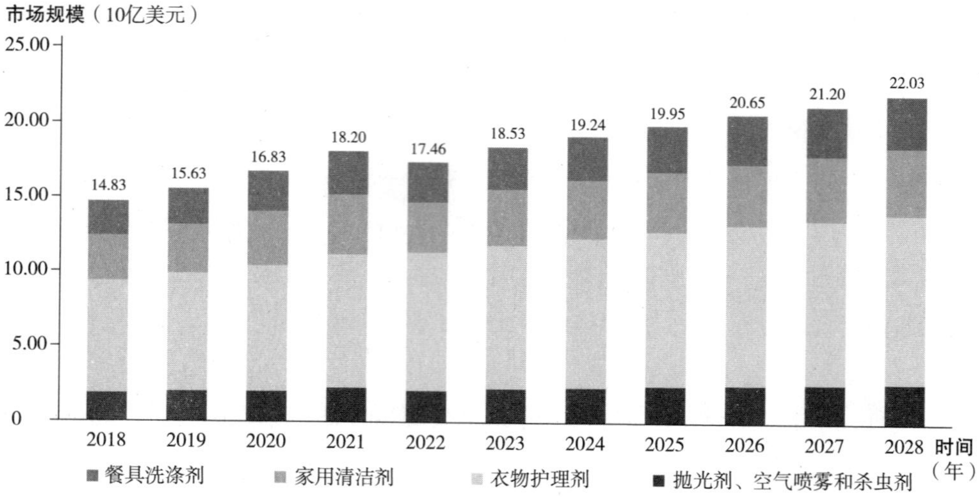

图 7-13 东南亚清洁用品市场规模变化情况（2018—2028）

资料来源：Statista。

泰国日化市场概况

泰国日化行业产值超过 40 亿美元。凭借发达的制造业，泰国也成为东南亚地区的日化产品生产基地。疫情期间，世界五大化学品分销商之一的 HELM 在泰国注册了办事处，正式进入泰国市场。它从欧洲出口化工原材料到泰国，在泰国完成性能化学品的加工，再将成品销往海外。

泰国日化市场以海外品牌为主，日化企业基本都是海外品牌在泰国的分公司，没有在泰国上市的大型日化企业。这一格局也多见于上游的石油、棕榈油等原油相关行业和下游的包装食品等行业。泰国的日化用品市场规模及增长预测如图 7-14 所示。

泰国的日化产品加工厂多见于曼谷周边地区，与其他的工业和旅游业集中在一起。该区域 GDP 占泰国 GDP 的 30%，区域工业总产值占全国工业总产值的 90%。该区域还集中了各大摩托车、汽车配件工厂，并且有良好的港口资源，航运便利。日化产品的加工和运输也以此区域为核心，向南部、北部和东北部地区输送。

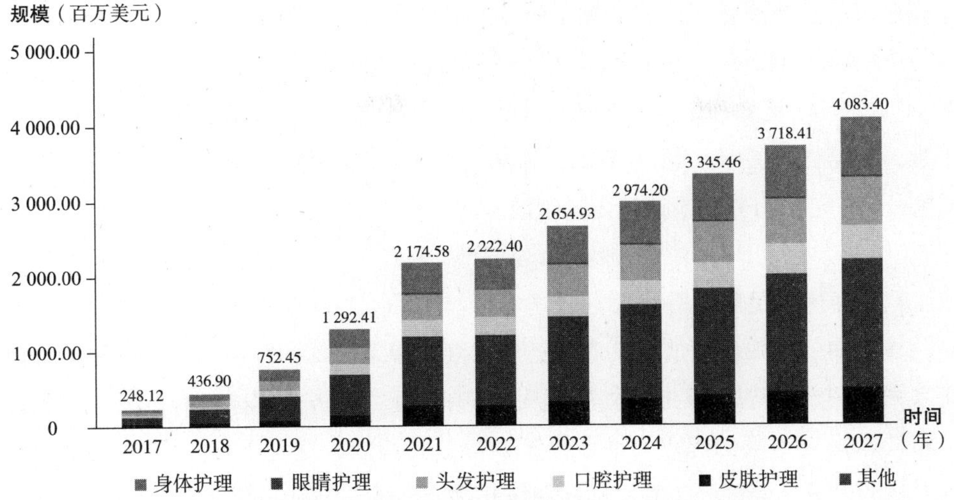

图 7-14　泰国日化用品市场规模及增长预测（2017—2027）

资料来源：Statista。

泰国日化企业主要呈现以下 6 种类型：

- 海外品牌，如妮维雅、花王、联合利华等，在泰国建厂。
- 本地品牌，如 BSC、蜜丝婷、芝芙莲等，在泰国建厂。
- 泰国独家代理，如 Central Marketing Group（CMG），Minor International 旗下代理的日化品牌。
- 外资分公司，如欧莱雅、雅诗兰黛等，都在泰国设有分公司。这些分公司仅负责分销而不在泰国本土自建厂房生产。
- 本地定牌生产（Original Equipment Manufacturing，OEM）。
- 以中小型企业作为供应商和分销商，自己联系上游工厂，以及从海外厂商处进口。

以下要介绍的两个企业就属于海外品牌在泰国本土建厂的案例。这种类型的企业在泰国拥有的市场份额最大，竞争力最强。

案例一：花王，最早布局泰国市场的日本厂商

日本花王株式会社的泰国分公司（简称花王泰国）于 1964 年正式成立，1972

年在泰国落成首座化工厂，增加了中游产品的生产，产品供给本地用户和出口销往周边地区。2003 年，花王泰国的新工厂春武里工厂开始建设，2005 年正式落成。新工厂投资 43 亿泰铢，占地 15.7 万平方米，产能是旧工厂的 2.5 倍，距离曼谷 57 千米，距离林查班深水港 46 千米，为花王的亚洲生产中心。花王泰国开设的 9 大销售分销中心，分布在泰国境内各区域。

花王泰国的品牌矩阵主要涉及洗涤清洁用品、婴儿和女性用品及其他个护用品，旗下知名品牌包括洁霸洗衣粉、洗衣液，碧柔面部护理和男士护理用品，珂润系列护肤产品等。花王泰国至今仍为私有企业，财务数据未公开。泰国只是花王布局东南亚市场的起点。继在泰国开设分公司后，花王于 1964 年进入中国台湾，1965 年进入当时还未独立的新加坡开设分公司，1970 年开设中国香港分公司，1973 年正式进入马来西亚市场，1985 年入驻印尼市场，1996 年进入越南市场。依靠强大的品牌力和在卫生用品方面的持续创新能力，花王一直在东南亚各国的日化用品市场拥有稳定的份额。

花王泰国近年来除了依靠产品创新实现媒体曝光和打造品牌力外，也着眼在环境和社会层面推动可持续发展，比如，使用可回收包材、绿色洗衣液原材料，推出上门回收服务预约 App 等。

案例二：联合利华，以泰国为中心进驻东南亚的日化巨头

联合利华泰国于 1932 年成立，目前已在泰国市场耕耘 90 多年，并且仍是私有企业，并未上市。99.9% 的泰国人每三天就会使用到联合利华的产品，联合利华旗下的品牌矩阵主要分布在美容与保健、个护、家居护理、营养和冰激凌五大产品线，知名品牌包括个护品牌多芬、夏士莲、旁氏、力士等，以及冰激凌品牌可爱多、梦龙等。联合利华泰国目前在曼谷东部自建有两座工厂，一座靠近市区，一座靠近港口。该公司最早在泰国注册于暹罗工厂名下，当时工厂主要生产肥皂、蜡烛、食用油和人造脂肪，后在 1954 年改为 Lee Company Verbrother，1997 年更名为联合利华。

印尼日化市场概况

印尼作为东南亚最大的单一市场，日化市场同样拥有巨大的增长潜力，且最大的增长驱动力是人口。印尼总人口超过 2.8 亿人，且保持着每年 1% 的稳定增速。目前人口年龄中位数为 29.7 岁，年轻人口基数庞大，人口结构呈金字塔型（见图 7–15），为未来的经济发展和即将大量涌现的中产阶级提供了稳定的源头。据世界银行预测，未来 15 ～ 20 年印尼人口仍然会保持年轻化。

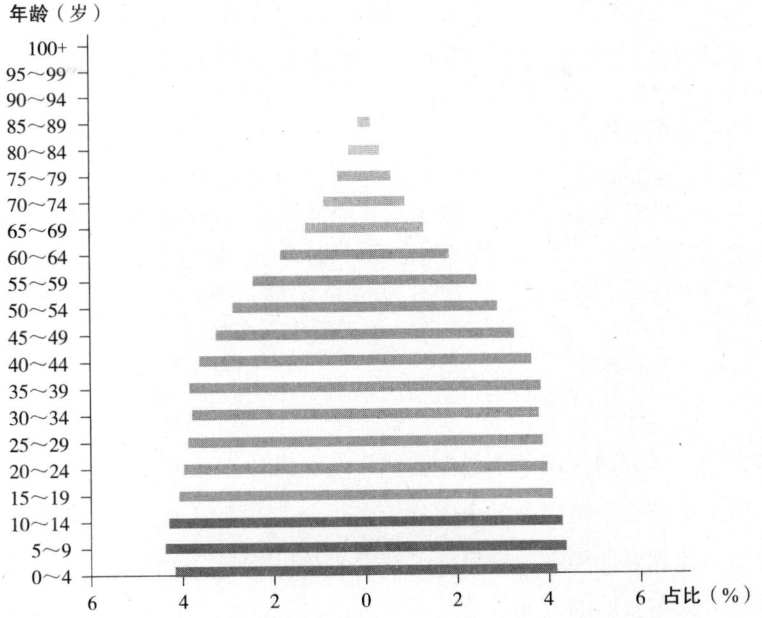

图 7–15　2020 年印尼人口结构

资料来源：联合国亚洲及太平洋经济社会委员会（Economic and Social Commission for Asia and Pacific，ESCAP）。

印尼市场正在经历大规模的消费升级，日化用品消费习惯的改变包括：

- 从洗衣粉过渡到洗衣液。目前中高端超市销售的洗衣液比例已经超过 50%，而大众渠道及下沉市场依然以洗衣粉为主，但洗衣液的比例也已逐步上升达到 20%。
- 男性个护需求提高。男性更加注意个护需求，生活品质更精致化。日化品牌也开始出现针对男性的专门产品线，例如男士专用洗面奶、保湿霜等。

- 市场偏爱进口品牌，但印尼本土品牌也在崛起。目前印尼市场虽然仍然可见欧美品牌的产品销量优于日韩品牌、中国品牌、印尼本土品牌的格局，但本土品牌的品牌力和代工厂的产能在提升，逐渐吸引了越来越多的本地消费者。

对应消费习惯的改变，印尼本土市场呈现出如下特点：

- 本土日化公司毛利率高、净利率高。印尼本土的日化公司长期保持毛利率 40%、净利率 10% 左右的出色表现。自建供应链和区域分销仓储门槛高、本地竞争小，这两点核心缘由确保了利润空间。
- 选品周期长。日化用品属于必选消费品类，与消费者每日的需求密不可分，因此选品的抗周期性强。印尼本土的成熟公司都能在 20 年以上的周期内保持高盈利。
- 区域分销商网络发展成熟。尽管印尼仍然缺少遍布全境的直达分销网络，全境经销商少于 5 个，但是每个省份的区域分销商网络已经十分成熟，全国总数大于 20 个。快消品公司一般采用自建区域分销仓配合区域分销商的模式，将商品销往全境。比如，经营快消品的联合利华就布局有四大分拣中心，超市品牌 MPPA 也采用自己布局的分拣中心配合当地区域分销商的模式。

目前，国际品牌进入印尼市场的方式主要有两种：一种是下放经营权给全国总代理商，但这种模式下可配合的全国分销商较少，因为印尼全境的分销网络并不发达，且全国总代理商如果有销售目标，就需要垫付资金，这种模式更适合强势的全球品牌。另一种则是在旧首都雅加达（新首都努山塔拉，位于东加里曼丹省）设立办公室，采取线上旗舰店配合线下各省分销代理商的模式，这种模式更契合印尼区域经销商较多的特点，更适合产品力强、品牌力弱的国际品牌进入印尼。采用第二种模式，各省代理商垫资压力小，可以先在首都打造样板，且对市场更有把握。

国际品牌进入印尼日化市场的典型案例是联合利华，第 12 章将详细叙述联合利华印尼的情况。下面将先叙述 PT Victoria Care Indonesia Tbk（简称 VICI）的情况。

VICI 于 2007 年开始运营，目前已成为印尼美发护发产品、个护清洁用品和消毒产品领域领先的制造商，并已获得印尼国家食品和药物管理局颁发的清真认证和良好生产规范（Good Manufacturing Practice，GMP）认证。VICI 的自建工厂位于中爪哇省首府三宝垄市，销售网络主要布局于印尼本土 27 个分销店和亚洲其他国家，出口贸易额占 VICI 营业收入的大头。VICI 在亚洲主要的出口目的地是日本、韩国、马来西亚、文莱、中国内地和中国香港。非洲国家和中东地区将是它下一个潜在市场。

VICI 于 2020 年 12 月 17 日在印尼证券交易所上市，股票代码为 VICI。自上市以来，VICI 的股价始终呈现上涨趋势，至今涨幅超过 90%。该公司 2022 年披露的年营业收入约为 7 亿美元，其中主要的销售收入来自个护清洁用品和美发护发产品，其他产品的销售收入占比不足 1%。2019—2021 年，VICI 的毛利率稳定在 20% 上下，净利率维持在 14% 上下，但 2021—2022 年均经历明显下降。2022 年的净资产收益率较之前缩水近一半，盈利能力下降明显，如图 7-16 所示。VICI 的营业收入增速部分受疫情影响，部分受本土日化品牌竞争力日益提升的影响。

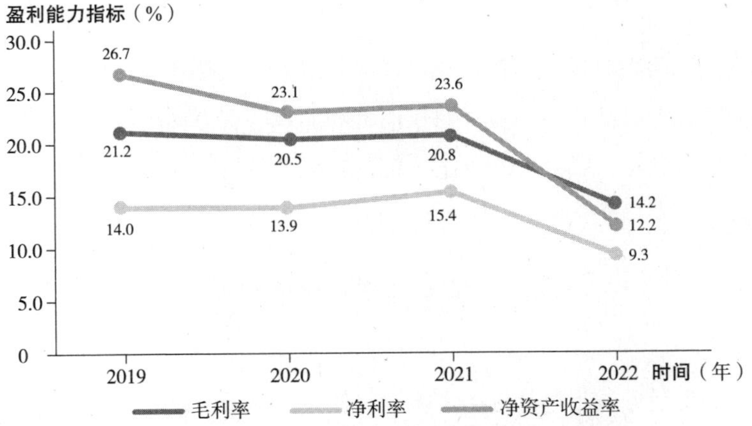

图 7-16　2019—2022 年 VICI 盈利能力指标变化

资料来源：VICI 年报。

除个护用品和化妆品领域外，印尼的包装食品和洗涤用品领域也是上游化工产业强力辐射下游产业。印尼洗涤用品市场的龙头品牌目前仍是联合利华。Liconrice 的问卷调查结果显示，印尼 40% 的家庭都使用过洗衣液，但洗衣液不是普通家庭长期主要的洗衣用品，属于消费升级的初级阶段；约 80% 的家庭会使用柔顺剂；75% 的家庭使用洗衣机。联合利华的 Rinso 和花王的洁霸在洗衣粉市场的份额约为 70%；联合利华的 Molto 和宝洁的当妮在柔顺剂市场的份额为 80%。受疫情影响，印尼消费者的生活习惯在清洁与健康方面发生了极大改变。日化用品市场顺应消费者的需求演化，增长势能巨大。

东南亚日化市场小结

东南亚的日化市场整体仍呈现出多样化的样态，除各国市场对洗护与美妆用品的监管外，经销网络方面的迥异布局也成为外来品牌进驻东南亚日化市场要适应和解决的挑战之一。泰国、印尼的市场和人口体量庞大，以外来品牌进驻下的自建工厂为主导，成立区域制造中心，辐射周边。此外，虽然不同的经济发展水平决定了不同的品牌心智和消费偏好，但作为深耕日化市场多年的国际品牌，联合利华、花王等龙头仍凭借着根深蒂固的品牌影响力和穿越周期的刚需选品主宰着东南亚日化市场份额。

未来，国际品牌布局东南亚日化市场要考虑的一大热点是，在可持续发展规范化产能的同时提升社会影响力。针对供应链和品牌心智方面的本土品牌缺口，如何更好地借力本土产能、带动区域经济发展，也是新兴日化品牌另辟蹊径的思路之一。

生活方式赛道的机遇

东南亚的生活方式市场是近年来崛起的新品类赛道。以泰国酒店行业龙头美诺国际为例，它从 20 世纪 90 年代开始布局生活方式品类，直到 21 世纪第一个 10 年才开始形成品牌矩阵。美诺国际旗下生活方式业务线的品牌涉及服饰箱包、最近才兴起的潮玩和智能家居，以及文具和早教等众多领域，这些品牌顺应消费者对商品的需求，不断升级。

生活用品按功能和场景分为家具、配套家装、美容用品、小家电、玩具和文具等几大类，比传统功能性用品更注重品牌的文化影响力，因而可以通过打造自有 IP 和进行 IP 联名等方式扩大影响力，同时也非常注重商品能为用户提供的情感价值。随着近年来电商平台的兴起和数字化普及率的提升，一些为特定生活场景研发的 App 和 App 内购买的服务也被列入线上生活方式市场的范畴，例如以社交功能为主的 App 和软件、实时定位功能装置等。

东南亚生活方式赛道概况

东南亚生活方式赛道的竞争格局随着 2002 年以来日本品牌的进入而形成第一个高峰。在此期间，日本的中高端品牌无印良品、大众品牌大创和创意品牌 Tokyo Hands 纷纷涌入东南亚市场。2008 年金融危机后，澳大利亚带起一波由东南亚地区进入英国的生活方式热潮，加入这波浪潮的品牌有美系品牌 Smiggle、欧系品牌 Typo 等。2018 年前后，中国品牌开始利用强供应链优势抢占市场，通过设计和品牌效应打造高端生活方式品类，开放能为消费者带来情感价值的平替产品，同时开发潜在的发展中市场客群。

根据品牌运营机构蓝钟集团（Bluebell Group）2024 年的市场研究报告，东南亚（以新加坡和马来西亚为代表）市场是整个亚洲区域消费者情绪最乐观的市场，也是高端生活方式消费力最强的市场。该市场的消费力在过去 4 年间增长 388%，足见东南亚地区在疫情前后的强劲发展势头。与此同时，新加坡和马来西亚也展现出极强的品牌包容力和品牌心智。

下面选取的两个品牌分别对应两种不同发展阶段下的独立店模式，顺应了不同收入水平人群、不同消费时代的生活方式需求。

案例一：日本连锁百元店大创

日本社会学家三浦展在《第四消费时代》一书中根据消费取向与经营业态，将日俄战争后至今的时间线划分为四个消费时代（见表 7–3）。而日本连锁百元店大创的发展特点大概吻合其对第二至第四消费时代的描述。

表 7-3 四个消费时代的时间及特征

消费时代	1912—1944 年	1945—1974 年	1975—2004 年	2005—2034 年
宏观经济特征	从日俄战争胜利开始至抗日战争 以东京、大阪等大城市为中心的中等阶级诞生 整体消费 重视国家	战败、复兴、经济高度增长期开始至石油危机 大量生产、大量消费 日本1亿人口中产阶级化 私有消费 重视家庭、社会	从石油危机开始，经历低增长、泡沫经济、金融破产，直到小泉纯一郎改革，阶级差距拉大 人口增长从放缓到停滞 65 岁以上老年人占比增至 6% ～ 20% 重视私有主义、以个人为中心	经历雷曼危机、两次大地震、经济长期不景气、不稳定 收入减少、人口减少导致消费市场缩小 65 岁老年人占比增至 20% ～ 30% 趋于共享、重视社会
消费取向	西洋化 大城市倾向	大量消费 大就是好 美式消费	个性化、多样化、差别化 品牌倾向 欧式消费	无品牌倾向 朴素、休闲 本土倾向
市场发展趋势	日本 1 亿人口中产阶级化 经济高速增长，大部分人开始富裕 大件商品（电视、空调、微波炉、电冰箱、小轿车）普及	经济泡沫时期对高档次商品服务需求强烈 泡沫经济破灭后，消费回归理性，重视性价比、精神需求、个性化和差别化需求		大量量化宽松政策难以刺激老龄化人口消费和低生育率的提高 朴素化、传统化的消费偏好 简约、舒适、环保风格 私有化欲望降低，共享消费将盛行
业态及示例	百货商店、超级市场兴起，20 世纪 70 年代便利店遍地开花 百货商店为主，伊势丹百货公司、大丸百货店、三越百货公司、松坂屋、高岛屋、丸井百货公司占据市场 传统食品零售转型到超级市场，如西友、伊藤洋华堂、永旺、生活馆等	从奢侈品、高档百货、折扣店到精神消费需求折扣店业态，出现唐吉诃德、大创、无印良品、优衣库等品牌，注重节约和性价比 重视设计个性差异化，以北欧简约设计风格为主的品牌进入日本，如丹麦的 Flying Tiger，还有日本品牌 Afternoon Tea LIVING 等	—	日本企业注重海外市场布局； 优衣库（日本 800 家门店，海外 1 600 家门店） 无印良品（日本 562 家门店，海外 626 家门店） 大创（日本 3 620 家门店，海外 2 272 家门店）

资料来源：参考三浦展的《第四消费时代》，内容由弘章投资整理。

大创是日本第一家连锁百元店，品牌诞生于日本第二消费时代末、第三消费时代初的 1972 年，在泡沫经济破灭时期以极低的定价和快速铺开的店铺数量强力挤进市场。最早的百元店以 70 日元批发价买进零售物品，再以 100 日元的低价在车库中的露天店里出售。对比当时无印良品 35% 的毛利率，起步初期的大创牺牲了一段时间的毛利以求打开市场。

从 1991 年开设第一家门店起，大创的门店在 8 年间爆发式增长到 1 000 家，开店模式也从露天店逐步发展到店中店、街店，再到独立店和商场店。第三消费时代末期，大创已经在日本开设 2 400 家门店，年营业收入达到 3 000 亿日元。

第四消费时代以来，公司积极出海，加大在韩国和东南亚市场的投入。大创在东南亚的布局采用了以新加坡为区域中心、以泰国和越南为制造中心的模式，截至 2022 年共计开设 2 272 家海外门店，其中 1 365 家在韩国，余下门店中超过 300 家在东南亚，在韩国以外的海外市场中门店数量占比超过 40%，其中泰国有 116 家门店，菲律宾有 102 家门店，马来西亚有 78 家门店，又为东南亚地区布局的中点。

与布局新兴市场相吻合的是大创的产品定位主打功能与实用性，同时兼顾性价比，设计和品牌等情感价值被排在后面。在新兴市场，大创重走日本泡沫经济破灭后的发迹路线，通过性价比和大量门店紧跟超级市场和百货商店横行的市场业态，又凭借日本连锁品牌的影响力锁定当地居民刚开始萌芽的日常消费需求。

案例二：中国生活方式品牌名创优品

名创优品的前身是创始人叶国富先生和妻子杨云云女士在东山开办的化妆品店。2004 年，化妆品店改名为“哎呀呀”，定位为 10 元店。截至 2010 年底，“哎呀呀”在全国已经开设超过 3 000 家门店。2013 年，叶国富联手日本设计师三宅顺也创办了名创优品，并在广州开设第一家门店。截至 2014 年底，名创优品已在全国开设超过 300 家门店，2015 年开始出海，并于 2018 年实现全球门店超过 1 000 家。2022 年 7 月，名创优品在港交所挂牌上市，市值约为 170 亿港币，全球总门店数超过 5 400 家。

目前名创优品的单品囊括美妆工具、数码配件、纺织品、玩具在内的数十个品类，加盟、代理和直营模式并行，加盟店的商品总额占品牌 GMV 的 83%，扣除加盟商收入分成后毛利率约为 25%。此外，名创优品采用“711”产品开发战略，即每 7 天从 1 万个产品设计方案中选择 100 个存货单位（Stock Keeping Unit，SKU）推出新品。强大的创新能力、丰富的产品设计布局和单一 SKU 性价比，构成了名创优品的竞争力体系。

名创优品在海外主要采用代理模式，新加坡、越南的门店为直营店，印尼的门店则采用合伙人模式，体现出品牌对东南亚市场的格外重视。名创优品的海外布局还遍及拉美、北美、欧洲和亚洲其他区域。在这些区域主要采用代理模式，并在当地设置总代理。总代理负责协调总部和代理商之间的沟通，库存和运营则由代理商负责。而在东南亚的越南和新加坡市场，名创优品的合伙人只提供初期开店投资和运营资金，货品所有权和库存归属总部。印尼的名创优品加盟业态也多见这种合伙人只投钱、运营由品牌公司负责的模式。

印尼目前的名创优品门店中 95% 为中型标准店，占地约 300 平方米，在和当地另一生活方式连锁品牌 KKV 的竞争中也开始尝试向大店模式拓展，苏拉威西的首家名创优品大店占地面积达 2 000 平方米，装修采用现代设计且吸引时下年轻人的主题。目前名创优品的加盟门店快速在印尼市场渗透，在印尼二、三线城市也已形成了一定密度。例如，在拥有 200 万人口的苏门答腊巨港，名创优品已开设直营店 4 家和当地零售渠道合作店 1 家，在拥有 250 万人口的棉兰开设直营店 5 家和合作店 2 家，在拥有 50 万人口的日惹开设直营店 4 家。部分印尼的名创优品门店也吸纳了本土品牌，如数码配件品牌 ROBOT，本地零食品牌 O'Rice、Rota 等。名创优品的海外扩张步伐在 2021 年受到疫情影响短暂停滞，2022 年即恢复增长，且毛利率和净利率较疫情前都有显著增长（见图 7-17）。究其原因，名创优品自 2018 年以来高歌猛进的海外扩张战略功不可没。

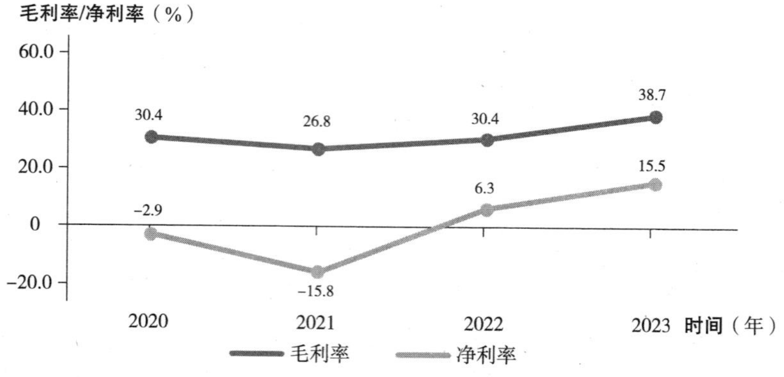

图 7-17　名创优品的盈利情况（2020—2023）

资料来源：名创优品年报。

东南亚生活方式赛道小结

与《第四消费时代》一书中提到的观点相匹配的是，东南亚生活方式市场存在随着人均收入的增长而发展的趋势。从第二消费时代到第四消费时代，门店模式会从实用日用品店转为集合店，再转向精品店，如图 7-18 所示，人群的需求也会越来越受情感导向影响，且越来越多样化。

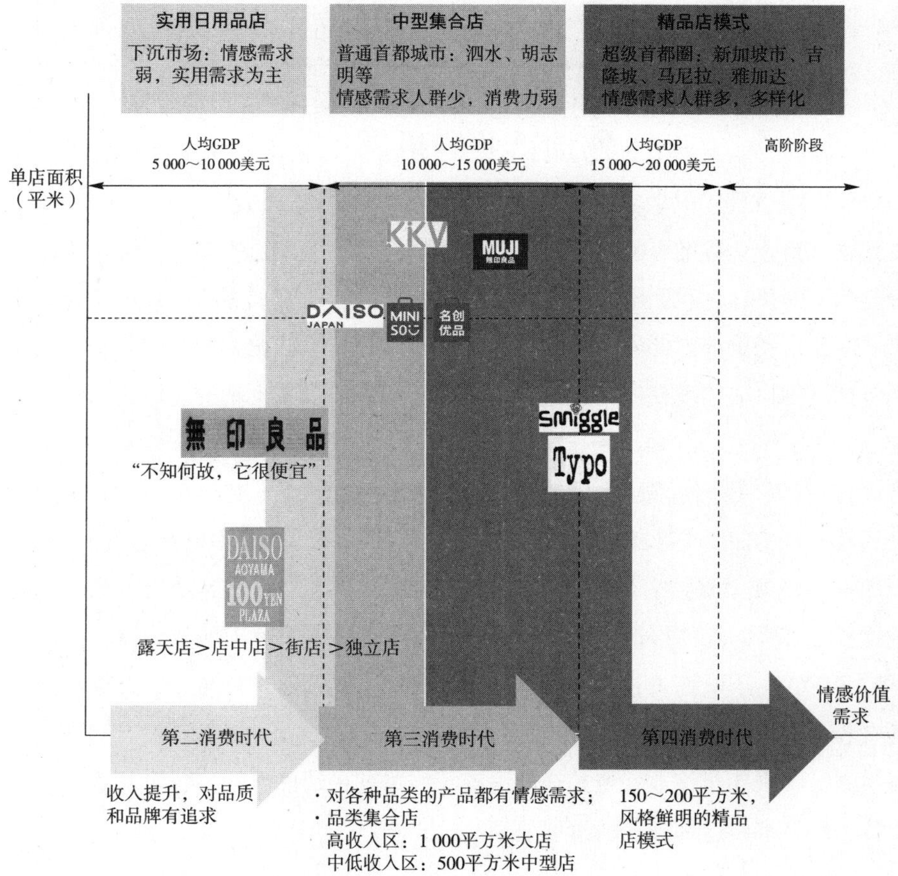

图 7-18　东南亚生活方式市场随着人均收入的增长而发展的趋势

资料来源：弘章投资调研。

东南亚生活方式赛道的其他品牌还包括定位中高端的欧美系品牌 Smiggle、Typo 等，选品强调设计感和品牌自有 IP；也有主打性价比的印尼平价品牌 NICESO，品类主打功能性和低廉的售价。整体而言，东南亚的生活方式市场被地区的多样化发展阶段赋予了多样的特色做法，不同阶段的产品和价格定位均能在此找到适合自己发挥的土壤。分析中国和日本两国的生活方式零售发展路径可知，这一赛道经历了从满足大众的功能需求到提供更多情感价值的阶段。随着实用价值提升的边际效应递减，功能性成为门槛，再往上的差异化和品牌力则要通过细化使用场景、美化品类展示等细致入微的体验派做法来实现。

物流行业的机遇

提到物流行业，我们可能第一时间想到的是电商物流。过去多年，随着国内互联网行业的不断扩容，我国电商物流行业也取得了持续的发展。我们预测这一故事有望在东南亚市场重演。此外，随着产业链的转移和新全球化大趋势的到来，我们也看到包括货物运输代理在内的物流产业链各环节都迎来了不错的发展机遇。

物流行业的话题比较宽泛，我们把目光聚焦到电商物流上。在当前的东南亚市场，随着人均 GDP、居民消费力的提升，以及互联网和智能手机渗透率的提高，电商行业的市场规模保持着快速扩容的态势。2023 年东南亚电商零售市场的交易额同比增长 22.6%，规模接近 1 900 亿美元，电商渗透率超过 18%，同比提高接近 3%，预计到 2027 年电商渗透率有望提升至 30% 左右。展望未来，东南亚电商行业将继续保持迅猛的发展势头。按照咨询公司弗若斯特沙利文（Frost & Sullivan）的数据预测，未来 5 年该地区将是全球电商规模增速最快的区域。这意味着产业链上下游各个环节都将迎来极佳的发展机遇。

根据公开数据，2023 年东南亚快递市场的总包裹量接近 130 亿件，同比增长约 15%，且预计 2024—2028 年包裹量将保持 15% 左右的复合增速，至 2028 年包裹量将提升至 250 亿件以上。同时，随着行业的不断发展与成熟，叠加消费者对时效性和服务体验的要求不断提高，预计下一阶段东南亚电商快递市场对高品质服务的需求将显著提升。

物流行业的发展离不开政策的扶持。在政策层面，以印尼和马来西亚为例，我们看到两国政府已经有相关政策及指导原则出台，以规范审批流程，保证物流行业的良好发展。两国政府的优惠政策包括：

- 《2021—2024年数字印度尼西亚路线图》，旨在开发涵盖物流等主体的数字生态系统。
- 《物流改革发展政策性贷款》，旨在完善印尼的物流系统，简化当前冗长的行政程序。
- 《马来西亚国家物流发展战略2030》，旨在提供未来物流发展的战略框架，包括完善交通基础设施、支持物流中心建设等。

竞争格局方面，东南亚的网络覆盖率和交通基础设施有待提升，且存在无法提供结算方式和难以到达偏远地区等问题，东南亚快递市场的竞争格局比较分散，集中度不高，大部分快递企业的业务覆盖范围十分有限，仅少数头部企业拥有提供跨区域多国派送服务的能力。截至2022年，东南亚市场有超过2 000家快递运营商，CR5（行业前五的企业的市场份额）水平显著低于我国，行业集中度提升的空间还很大。

提到东南亚快递市场，自然少不了极兔。极兔最早于2015年在印尼开展业务，并成功克服了当地快递市场巨大的进入壁垒及运营挑战，包括克服网络覆盖率不高、交通基础设施不够完善等困难。随后，极兔逐步将业务拓展到东南亚其他国家。经过多年的发展，极兔在东南亚市场的竞争优势十分明显。按照包裹量计算，极兔自2020年起始终是东南亚快递市场份额第一的快递运营商。2023年，极兔在东南亚市场的份额约为25.4%，较2022年提升了2.9%（第二名份额为21%，CR5约为67.5%）。

极兔财报显示，2023年，公司在东南亚市场的营业收入为26.33亿美元，占极兔总体收入的29.8%，同比增长约10.6%。量价拆分方面，2023年，极兔的包裹量增长 28.9%（超过 19.4% 的行业增速），单票价格由 2022 年的 0.96 美元下滑至 2023 年的 0.81 美元，下滑约 14.7%，不过单票成本也从 0.76 美元下滑到了 0.67 美元。

近几年，我们看到东南亚电商平台使用自建物流体系的比例不断上升，并在 2023 年达到了较高水平。以 2023 年为例，按包裹量口径计算，极兔是东南亚快递市场份额第一的企业，市占率达到 25.4%。份额排名第二、第三的企业都是电商平台自建的物流公司，两者的市场份额合计为 29.8%，从体量上对极兔形成了一定的挑战。但客观地讲，随着东南亚电商市场的竞争不断加剧，平台对降低履约成本的需求愈发迫切。在这样的背景下，极兔作为独立的第三方物流服务商，可以集合众多电商平台单量以扩大规模效应，在不断降低单票成本的同时为客户提供更加优质的物流服务，从而维持自身的竞争力及市场份额。

鞋服领域机会

印度是全球第二大纺织品和服装生产国。纺织服装行业有 4 500 万名印度从业者，是承载印度居民就业的重要行业。预计上游纺织行业至 2026 年将保持 10% 左右的复合增速水平。

在鞋服领域，各国有相对传统的民族服饰，衣着习惯也有些微差异，因此我们将聚焦点放在更具通用性的运动鞋服类赛道，并以印度市场为例，来探讨一下相关产业的发展阶段和机遇。

从市场规模来看，根据印度管理咨询公司 Technopak 的数据，2020 年印度运动鞋服市场规模约为 26 亿美元，2015—2020 年印度运动鞋服市场规模复合增速约为 14.3%。结构方面，2020 年印度运动服装、运动鞋、运动配件（如瑜伽垫等）的市场规模占比分别为 38%、56% 和 6%。预计未来随着行业整体的扩容，各细分品类有机会实现相近的增速水平，但大的品类结构不会出现显著变化。

放眼鞋服行业，运动品类的增速显著高于其他品类。Technopak 预计，2020—2025 年印度运动鞋服行业将保持约 16% 的复合增速，至 2025 年规模近乎翻倍，居民可支配收入增长和对健康生活方式的追求等因素都为行业的稳健发展提供了基础。作为对比，休闲服饰和正装在 2020—2025 年的复合增速预计分别为 9% 和 5%。

和全球其他国家进行对比，印度目前的运动鞋服产品人均支出仅为 1.9 美元左右，美国约为 227 美元，英国约为 221 美元，德国约为 131 美元，中国约为 34 美元。相比之下，印度的运动鞋服市场拥有极大的提升空间。

目前，在运动服装领域主要的品牌有三种不同的背景，包括：以运动为品牌核心，如阿迪达斯、彪马、Campus、锐步、耐克等；以鞋类起家，后切入运动领域，如 Bata、Liberty、Relaxo 等；传统服装企业切入运动领域，如 H&M 和优衣库等。

和近年来国内市场发生的国产品牌崛起相似，印度的国产品牌也在抢占其国内市场份额。我们观察到国际品牌在印度市场高举高打的同时，导致下面的价格带存在一定的空白，这就给了 Campus、Relaxo 等印度国产品牌机遇。我们看到印度国产品牌对消费者的吸引力在增强。它们凭借对本土消费者的认知、供应链优势和高性价比，逐步提升市场份额。我们对比耐克和 Relaxo 的经营数据就会发现，2015 年耐克在印度的门店约为 200 家，而 2020 年公司虽然营业收入规模较 2015 年有约 8% 的提升，但门店反而减少至 123 家。反观 Relaxo，2015 年门店为 207 家，和耐克的体量接近，但 2020 年公司的门店已经提升至 390 家，营业收入规模较 2015 年增长超 60%，极大地拉开了和国际品牌之间的差距。

就鞋类赛道而言，印度是全球重要的鞋品类生产和消费国之一，鞋类行业承载了 200 万就业人口。2015—2020 年印度的鞋类行业规模保持约 9% 的复合增速水平，预计 2020—2025 年行业将保持约 8% 的复合增速水平。但就鞋品类年人均消费量而言，印度显著低于世界平均水平，约为 1.9 双，而中国约为 2.9 双，印尼约为 3.6 双，欧美发达国家均在 5 双以上。相比之下，印度的鞋品类消费市场存在极大的提升空间。

对于鞋品类，我们看到品牌化率的持续提升，以及其所带来的平均售价的增长。根据 Technopak 的数据，鞋行业 2020—2025 年的平均售价将保持 5% 左右的复合增速水平，包括男鞋、女鞋、童鞋在内的全部品类都有持续提价的空间。就鞋类的品牌化率而言，预计各细分赛道在 2020—2025 年均有 6% ～ 8% 的提升幅度。

化妆品行业机会

东南亚化妆品市场 2023 年的规模约为 288 亿美元，其中，印尼美妆市场规模占比约为 32%，泰国美妆市场规模占比约为 28%。两国市场均处于快速增长期，2022 至今的年均增长率和预测均在 10% 以上。2022 年，菲律宾、马来西亚和越南的美妆市场规模占比分别为 18%、12%、10%，疫情结束后增长率均恢复到 5% 以上。2017—2026 年，"东南亚五国"（印尼、马来西亚、菲律宾、泰国、越南）化妆品市场规模（含预测）如图 7-19 所示。

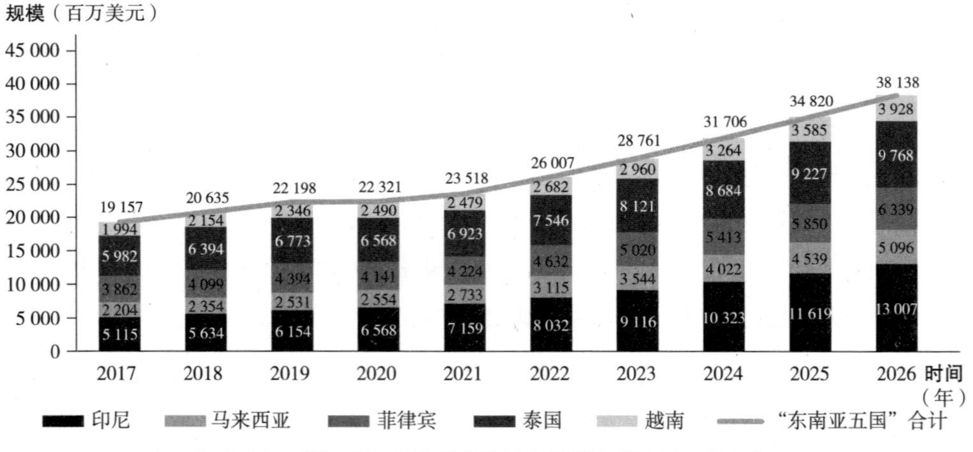

图 7-19 "东南亚五国"的化妆品市场规模（2017—2026）

资料来源：弘章投资调研。

2017—2021 年，东南亚化妆品市场整体规模的年均复合增长率为 4%，其中印尼市场的增速最快，已达 7%；2022—2026 年，东南亚化妆品市场整体规模的年均复合增长率预计为 8%，印尼和马来西亚市场的增速预计将超过 10%。

与中韩两国化妆品市场的品牌已经开始树立品牌格调、锚定不同的消费群体不同，东南亚的化妆品市场还处在早期阶段。截至 2023 年，中国市场的高端化妆品品牌市场占有率已达 54.7%，高端护肤品牌市场占有率达 53.3%；韩国市场的高端化妆品品牌和护肤品牌的市场占有率则分别达 48% 和 61.7%；而东南亚主要市场的高端品牌市场占有率均在 40% 以下，其中，印尼和菲律宾的高端品牌市场占有率仅在 10% 上下。

再深入挖掘，过去 20 年间，韩国高端品牌经历过市场份额的高速增长期和波动期，高速增长期与人均 GDP 从 8 000 美元涨至 30 000 美元的经济增长期紧密关联。中国刚实现人均 GDP 破万美元，化妆品市场消费倾向处在从性价比到树立品牌心智的阶段。印尼和菲律宾的人均 GDP 为 3 500 ～ 4 000 美元，尚处在经济发展阶段，化妆品市场消费倾向也处于从白牌产品[①]到性价比品牌的早期阶段，主打性价比的印尼本地化妆品品牌有机会崛起。马来西亚人均 GDP 已达 10 000 美元，但化妆品品牌的心智树立程度不及中国化妆品品牌。

综上来看，打造适应东南亚各国市场行情的品牌策略，不能忽视人均消费水平、化妆品消费力和品牌认知度等重要因素。人均 GDP 低但人口基数大、人口增幅快的菲律宾和印尼，广泛的白牌产品作为市场主力，尚未进入竞争的白热期。人均 GDP 接近中国的马来西亚在化妆品品牌的消费力上不及中国，且还没有形成成熟的消费群体和完整的产品链路。

政策角度，关键的区域性政策包括 2020 年 11 月亚洲经济主体签订的《区域全面经济伙伴关系协定》。该协定的主要内容之一是签署国跨境电商 65% 的货品零关税，个别国家（老挝、柬埔寨、缅甸）30% 的货品零关税。此外，2021 年印尼政府的站点商品售卖政策（BPOM 认证）一经出台，即对食品、药品和化妆品相关品类的安全标准做出了严格规定，要求在印尼站点和平台售卖的品牌必须按 SKU 申请 BPOM 认证，并在包装上展示认证标签。印尼政府的举措一方面响应了印尼消

① 通常指由中小厂商生产的无品牌产品，或消费者对其认知度比较低的产品，但这类产品一般都具备高性价比。——编者注

费群体对产品安全关注度高的诉求，另一方面体现了印尼化妆品规范渗透率高的市场特性。该项规定对包括 Shopee 在内的东南亚电商平台同样具有约束力，加强了东南亚化妆品市场的整体监管。

政策直接刺激了跨境电商市场的规模增长。在 2020 年和 2021 年两年间，“东南亚六国”除了原先数字消费渗透率较高的新加坡以外，数字消费者增长幅度均达到 2020 年以前消费者数量的 15%，其中又以菲律宾和泰国的增长最为亮眼，分别为 25% 和 22%。可见，新兴市场中数字消费者的数量也有极大的增长空间。菲律宾市场更是以较高的人口增长率和数字消费占比增长率吸引了一众投资者的目光。

化妆品的数字消费增长主要依托于电商市场的扩张。在各品类数字服务占比中，化妆品在 2020 年以前的数字服务占比仅为市场份额的 28%，这一数据在历经 2020 年政策新规和 2021 年的持续增长影响后扩大到 65%。总体而言，电商占比增幅扩大的速度大于市场整体规模扩张的速度，故而占比增长中有相当一部分是由消费习惯的转化带来的。此处不得不提成功出海的国货化妆品品牌完美日记、珂拉琪等，它们都充分抓住电商增长的机会，通过全渠道营销和 KOL 带货掀起一波销量热潮。

2017—2021 年，东南亚化妆品按品类划分的市场规模统计，如图 7-20 所示。

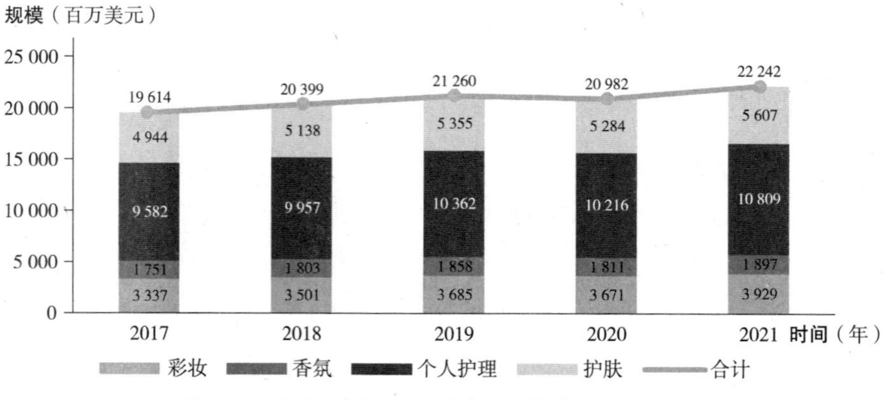

图 7-20 东南亚化妆品各品类市场规模（2017—2021）

资料来源：弘章投资调研。

2021 年，个人护理产品是市场规模的主力，占比约为 49%；其后依次为护肤、彩妆和香氛产品，占比约为 25%、18% 和 9%。2017—2021 年，彩妆产品的市场规模增速最快，年均复合增长率达到 4%；个人护理和护肤产品的年均复合增长率达到 3%；香氛产品的年均复合增长率仅有 2%。综合各品类来看，东南亚化妆品市场规模的年均复合增长率达到 3%。

化妆品市场需求的不同，主要由东南亚鲜明的地区气候特点和各国的文化差异导致。

从气候方面看，由于东南亚地区高温多雨，日照强，因此消费者对化妆产品的质地和功效有明显的偏好，比如，偏好具有温和修复、清洁祛痘、防水防晒防出油等功效的护肤产品，偏好质地轻薄的彩妆和护肤产品等。植物成分和肽、神经酰胺和视黄醇等活性成分能满足以上对功效和质地的需求，因此含有这类成分的化妆品广受东南亚地区消费者的喜爱。

从国家和地区层面看，东南亚各国的主力消费群体展现出了极具地域和文化特色的消费习惯，导致各国化妆品品类增长趋势存在异同。比如，印尼人口中拥有浅棕色肤色的人群占比最高，且印尼人五官和骨骼的量感较大，所以消费者常选择欧美风格的彩妆产品。近年来，受“韩流”影响，韩妆推崇的水光肌、厚底妆等风格在印尼也有不错的市场。印尼市场现有的化妆品品类中，消费占比排名前三的分别为精华、身体护理和唇妆产品，增长主要集中在个人护理和身体护理产品上，但环比增速最快的却是唇妆、头发护理产品和美妆工具，这也与年均复合增长率最高的品类是彩妆这一趋势吻合。此外，受宗教文化影响，印尼消费者偏好纯素和清真认证的品牌。比如，彩妆类市场份额排名第一的是名为 Wardah 的印尼本地化妆品品牌，它也是印尼首个获得清真认证的化妆品品牌。

渠道方面，印尼是疫情期间电商渗透率增长最快的东南亚国家。2021 年，彩妆品类的线上渗透率达 33%，疫情期间增长 15.6%；护肤品类的电商销售占比达 21%，疫情期间增长 15.4%。

除渠道外，印尼市场的品牌分布也具有十分显见的特点。个人护理和护肤这两个本地化妆品品类消费占比最大的市场，由国际品牌领跑。个人护理品类市场份额排名前三的均为联合利华旗下的品牌，分别是旁氏（产品主要为基础护理类，如洁面乳）、洁诺（牙膏）和卫宝（联合利华旗下抗菌品牌）。市场份额排名前十的个人护理品牌中，也仅有两个是印尼本土的。护肤市场同样由联合利华领跑，旁氏护肤的市场份额高达 14.7%，遥遥领先于排在其后的印尼本土品牌 Wardah 和宝洁旗下的品牌玉兰油。

值得注意的是，个人护理品类尽管市场份额最大，但并未在印尼市场形成垄断格局。个人护理大类下又分为剃须、洁面、造型、口腔护理等小类，每个细分赛道可能形成垄断格局，但整体市场份额不超过 4%。从收入量级来看，每个细分赛道的规模十分有限。疫情也带起了一波卫生用品使用量的急剧增长。

印尼市场更富有本土特色的赛道是彩妆品类，本土品牌 Wardah 以 9.6% 的市场份额独占鳌头。目前，中国跨境品牌跻身前十的化妆品品类里，只有彩妆。印尼本土的 PT Jalur Mandiri Utama 旗下的 Y.O.U 彩妆产品线，通过 TikTok 的流量营销和主打持久彩妆的产品定位，2019 年登陆市场就一举获得近 2% 的彩妆品类市场份额，次年增长超过 50%。结合另一成功出海东南亚的品牌菲鹿儿（Focallure）来看，流量红利和精细化的社交媒体运营的成功的确对于品牌初期的市场扩张至关重要。

东南亚化妆品市场另一主力是马来西亚，其人均 GDP 在“东南亚六国”中仅次于新加坡，但消费喜好尚处于发展的早期阶段。在马来西亚化妆品市场的电商渗透率方面，个人护理类仅为 6.1%，彩妆类为 5.7%，护肤类为 9.9%。

马来西亚 70% 的人口为马来裔，且多为马来西亚土著或土生华人，也有部分印度侨民。他们之中，皮肤为棕色的人群占比较高，彩妆类消费偏好也重点落在夸张的欧美风和高饱和度眼影盘，并且受宗教原因影响，偏好不含酒精和动物成分的化妆品。

就需求分布和增长趋势而言，马来西亚化妆品市场现有规模较大和增速较快的品类重合率较高，主要集中在身体护理和头发护理品类。印尼市场香氛品类销售规模仅占 6%，马来西亚香氛品类的市场份额达到 13%。渠道方面，马来西亚和印尼的主要差异由分门店销售类别的线下直销渠道填补。马来西亚市场各化妆品品类均有 15% ～ 20% 的份额走直销渠道。

品牌层面，马来西亚化妆品赛道三大品类排名前十的品牌中均仅有一家本土品牌。其中，个人护理和护肤品类的本土王牌是如新（Nu Skin）。如新的清洁和护肤产品在个人护理品类市场的份额排名第六，份额为 2.4%，在护肤品类市场的份额位列第三，份额为 6.5%，该系列产品最大的亮点是具有抗衰功效。彩妆品类排名前十的品牌中入选的马来西亚本土品牌是 Alliance Cosmetics 旗下的 Silky，它瞄准年轻女性用户群体需要的轻薄质地底妆和平价彩妆产品。Silky 的产品在彩妆品类市场的份额位列第三，份额为 5.8%。除上述品牌之外，马来西亚市场完全被国际大牌占领，未见成功出海或孵化的中国品牌。与印尼市场相比，中高端品牌在马来西亚的市场份额更高，比如欧莱雅、雅诗兰黛，以及在三个品类赛道的市场份额都位列第二的国际品牌玫琳凯。

马来西亚虽然人均 GDP 远超菲律宾（分别为人均 10 000 美元和 3 400 美元），但化妆品市场规模却远不如菲律宾，仅为菲律宾市场的 1/2，直到 2023 年才开始发力追赶。而菲律宾基于较高的人口增长速度、更高的化妆品讨论度和关注度，化妆品市场规模在东南亚仅次于泰国和印尼。而作为亚洲美白产品使用率最高的国家，菲律宾化妆品的受众、消费偏好和渠道呈现出与印尼极为相似的分布，两国的经济发展水平在人均 GDP 层面也十分相近。

菲律宾的电商销售占比介于印尼和马来西亚之间，互联网普及率虽为东南亚地区最低，但电商市场规模占比却高于马来西亚和新加坡，而且增长速度快。根据 GlobalData 的数据，2023 年菲律宾电商规模的增长率高达 30%。

经济发展形势向好的另一体现是菲律宾本土品牌表现强劲。与马来西亚本土品牌相比，菲律宾本土品牌的品牌力更强，市场份额更高。尤其是在彩妆赛道，菲律宾本地化妆品品牌 Ever Bilena 旗下的同名产品线，比及 HBC 旗下的 SanSan 产品线，在其国内彩妆市场的占比分列第三、四名。尽管随着电商崛起，菲律宾本地化妆品品牌的线下零售份额在一定程度上被国际品牌依靠线上策略转化，但2020—2021年，菲律宾本地化妆品品牌的市场占有率仍然保持上涨趋势。进驻菲律宾化妆品市场的国际品牌包括联合利华旗下的旁氏、宝洁旗下玉兰油，以及德国拜尔旗下的妮维雅。国际品牌在菲律宾化妆品市场的布局与印尼市场十分相近，主要瞄准中低端平价市场。马来西亚品牌如新在菲律宾化妆品市场也占有一席之地。

2020年以前，东南亚化妆品市场规模第一的泰国，虽然疫情期间已被印尼赶超，但泰国化妆品市场实则自成体系，与东南亚其他国家市场的显性特征并不相同。

渠道层面，泰国市场的非零售渠道更为多样，不仅有市场占比远超其他国家的线下沙龙渠道，还有在其他国家并不多见的多媒体零售渠道“居家购物”（消费者可通过电话、电视和收音机等传统多媒体订购化妆品），这种渠道的市场份额常年稳定在2%～3%，但随着电商渠道的崛起有被取代的趋势。疫情期间泰国的电商渗透率增长迅速，2021年彩妆品类线上销售额占比已达20%。

消费喜好层面，泰国人的肤色和肤质更多样化，也有自己本土的泰式妆容风格，主打奶油肌底妆、形状精致色泽浓丽的眉毛和根根分明的睫毛。泰国化妆品市场表现非常亮眼的另一个单品是电动按摩仪器。受泰国的推拿按摩和医美产业发展的影响，各种美容仪器的销售额也相当可观，约占个人护理品类15%～20%的销售额，因而在品类分布上和东南亚其他各国拉开了差距。

品牌层面，泰国是东南亚地区唯一能够做到本土品牌和国际品牌平分秋色的国家。泰国本土的化妆品产业链覆盖十分全面，既有被誉为“泰国安利”的高性价比品牌芝芙莲，也有国民级覆盖率的化妆品品牌蜜丝婷。蜜丝婷旗下产品从高端防晒、彩妆到高性价比护肤应有尽有，适用于不同的消费者群体。截至2021年，泰国市场份额前五的化妆品品牌中有三个是泰国本土的，分别位列第二、三、四名，销售额占比为市场整体的16.4%、前五品牌的60%。蜜丝婷更是成功出海中国的泰国一线品牌。

整体而言，东南亚的化妆品品牌较难形成地区范围内的垄断格局，受赛道细分影响，市场销量并不集中在头部品牌，不少主打小而精的差异化产品和品牌路线也能取得不错的品牌认可度和用户黏度。随着直播带货和流量营销在疫情期间的异军突起，如何利用线上营销做好细分赛道的品牌矩阵也是化妆品品牌开拓东南亚新兴市场的重点策略。

我们发现，成功出海东南亚市场的品牌，如菲鹿儿和海贝丽致，均采用了差异化细分类产品定位，结合本地化流量营销，成功在疫情前开始布局，疫情期间借助流量反哺，一举打入东南亚细分赛道的市场。

以菲鹿儿为例，它针对新兴市场人均消费水平低、追求较为夸张妆效的特征，推出了一系列高性价比彩妆产品，而且菲鹿儿有从事彩妆代工和供应链出海的优势积累，旗下产品线凭借准确定位和快速大规模生产的产能优势一举取得先发优势，成功以 5 美元单价的产品线和配色夸张、包装精美的“十六色眼影盘”打入东南亚市场。与生产齐头并进的是营销策略，菲鹿儿首先在东南亚地区提出“快时尚”的彩妆理念，通过数字化营销和数据赋能产品研发，打造品牌矩阵，快速适应跨境电商想要打入的东南亚地区每一个市场。菲鹿儿的成功营销案例包括联合洛杉矶超 50 位网红，打造“轻松上妆，自由创造”的宣传片，自创标签并常年霸榜 TikTok，借助 TikTok 开启了更有的放矢的目标用户群投放和精细化的社区运营，精准契合最早被 TikTok 上菲鹿儿的运营吸引的年轻女性用户群体。纵观菲鹿儿的成功，精准的产品定位、快速大批量生产的能力和将自身优势一以贯之的群体影响策略，三要素可谓是缺一不可。

另一个在印尼成功跻身彩妆品类市场份额前五的品牌是 Y.O.U。它由中国企业家孵化，在产品和团队的本地化上下足功夫，深耕线下渠道，再加上基于用户洞察的产品营销，走出了一条与菲鹿儿不尽相同，但收效同样颇丰的定制路线。

根据 Y.O.U 官网披露的信息，海贝丽致旗下王牌 Y.O.U 在印尼的产品线已经隶属于印尼全资子公司 PT Jalur Mandiri Utama，并在印尼众多热门商圈的高级商场内都有货架门店，主打中高端路线。

Y.O.U 在 2018—2020 年专注于线下渠道，针对饱受东南亚气候困扰的当地用户存在的油痘肌、妆效不持久的痛点，和本地的美妆达人交流经验后，研发出了妆效持久、不油腻、不捂痘的粉底液和染唇液产品。2021 年疫情期间，Y.O.U 选择 TikTok 作为主阵地，开始了互联网销售渠道和营销策略的转型。基于与 TikTok 的合作，Y.O.U 组建了“All in TikTok”的全链路营销模式，在社交媒体发起了 WouldYouLoveYou 斋月挑战赛、youbeauty 等专注于年轻女性自身力量的倡议等，半年内线上销售占比从全线的 7% 骤升至 25%。Y.O.U 这种产品研发与在社交媒体创造话题相结合的成功模式也引起了出海品牌的广泛讨论和借鉴。

电动两轮车行业机会

出行领域是弘章投资在衣、食、住、行四大消费领域中关注的重要赛道之一，我们也曾深入东南亚各地进行一线深度调研。本章以印尼市场为例，讲述一下我们对东南亚电动两轮车行业机遇的思考。

整体上看，东南亚是两轮车使用密度最高的区域之一，仅次于中国和印度。分国家看，印尼摩托车销量长期保持在 600 万～ 800 万辆之间，是东南亚地区最大的单一市场。近年来，随着中国国内两轮车年出货量增速逐步放缓，竞争格局也逐渐明朗清晰，走出去成为中国两轮车企业的重要课题之一，印尼市场对于中国出海的电动两轮车企业来说是必争之地。

印尼和其他新兴市场国家的公共交通基础设施普遍薄弱，公共交通欠缺使得当地居民只能补充自有交通载具。如果要采用公共交通方式进行，那么在中国，我们的做法可以是步行—乘坐公共交通设施—步行—抵达目的地，但换作印尼当地，那么出行只能依靠单一的交通工具摩托车。

事实上，这种出行方式与日本车企在印尼的布局有一定关系。以本田为首的日系车依靠印尼充沛的本地化供应链，进一步提高了摩托车品类的渗透率，改变了印尼当地的出行习惯，具体表现为：印尼居民很少有步行出行方式，社区周边的街道路人极少，人们普遍用摩托车出行。

历史上，日本企业在整个印尼进行了深度布局，完善的封闭供应链建设、下沉渠道及金融分期模式给行业筑起了极高的进入壁垒。通过与当地龙头企业 Astro 的合作及数十年的深耕，日本制造企业在印尼树立了较好的口碑，同时，在渠道方面也实现了单品牌门店及渠道的下沉。

从政策角度看，印尼政府在 2022 年宣布了国家新能源转型计划，对新能源四轮车给予了税务方面的减免。而对两轮车的支持则更为直接，政府会直接对单车给予现金补贴。

从市场的角度看，2023 年，印尼燃油摩托车出货量约为 640 万辆，电动自行车及电动轻便摩托车出货量约为 130 万辆，电动摩托车约为 1.1 万辆。从整体上看，两轮车电动化渗透率约为 17%，接近 2003 年中国的水平。

电动两轮车的用户以学生和家庭主妇为主，定位是通勤车，作为家庭的第二台车，填补燃油摩托车的空白。但电动两轮车的销售有一定的季节性，暑期是全年销售旺季。电动两轮车的整体用户群体及画像与国内下沉市场用户画像基本匹配。

从印尼电动两轮车市场的竞争格局看，U-winfly 的市场的份额约为 29%，Pecific 的份额约为 31%，Goda 的份额约为 8%，其余品牌的份额合计约为 32%。

中国的电动两轮车企业在过去几年加快了出海的步伐。例如，2019 年，雅迪官方宣布越南江北工厂正式投产，截至 2023 年 6 月，雅迪在越南的门店数量为 401 家，并将进一步扩建在越南的生产规模。2023 年 2 月，雅迪官方宣布 Indomobile 集团为其在印尼的独家经销战略合作伙伴，正式进入东南亚最大的两轮车市场印尼。基于该合作伙伴强大的本地资源，雅迪“冠能”系列产品在印尼头部商场入口获得了充足曝光。从展示的海报可看出，雅迪产品已通过印尼补贴认证。2023 年底雅迪开始在印尼本土部署工厂。

THE FUTURE
OF GOING GLOBAL

第 8 章

领跑东南亚资本市场的三大证券交易所

东盟于 1967 年在曼谷宣布成立，旨在推动区域经济融合，便利区域货物、服务、资金及人员流动。2022 年，东盟总人口约为 6.72 亿人，GDP 总值约为 3.6 万亿美元，占世界 GDP 的 3.5% 左右。印尼、泰国、新加坡、越南、马来西亚和菲律宾的 GDP 之和约占东盟 GDP 总值的 95%，人口之和约占东盟总人口的 90%，是无可争议的东盟核心成员国，也是东南亚资本市场的集中调研对象。

2023 年，东南亚资本市场新增 IPO 项目 163 个，与 2022 年 IPO 数量持平；融资额为 58 亿美元，同比减少 18 亿美元，主要原因是 2022 年有印尼的明星 IPO 项目——科技独角兽 GoTo 上市，单家公司估值达到 275 亿美元，融资额约为 15 亿美元；市场估值约为 417 亿美元。此外，东南亚资本市场融资情况按行业划分，表现如图 8-1 所示。

由图 8-1 可见，东南亚资本市场融资金额占比位列前三的行业分别为能源（占比为 52%）、消费（占比为 19%）和工业产品（占比为 12%），三者总占比为

83%。IPO 数量占比最高的五个行业依次为消费（占比为 34%）、工业产品（占比为 19%）、科技（占比为 16%）、能源资源（占比为 10%）和地产（占比为 10%）。

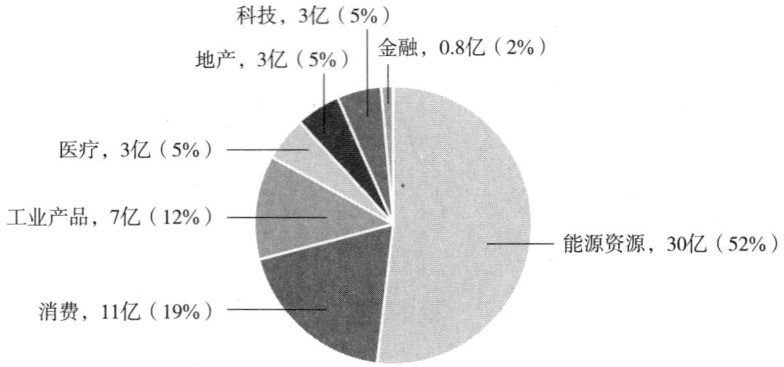

（a）融资金额（美元）与占比

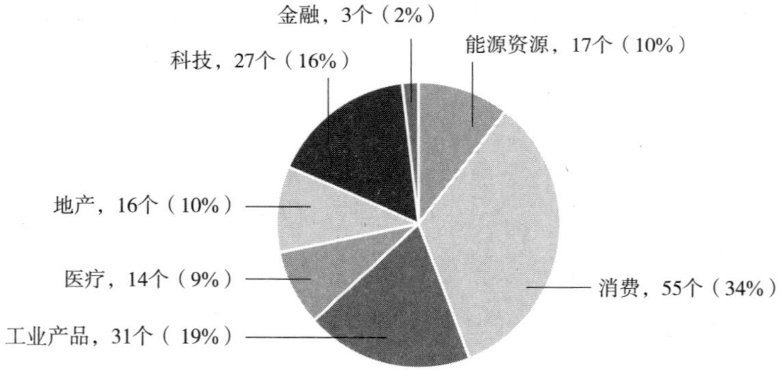

（b）IPO数量与占比

图 8-1 2023 年东南亚资本市场各行业的融资情况

资料来源：德勤 2023 年东南亚市场 IPO 研报。

纵观 2019—2023 年 5 年间的东南亚资本市场表现，如图 8-2 所示，2020 年上半年 IPO 数量和融资额经受一波疫情冲击后数据有所回落，即便 2021 年以来增长趋势已经恢复，2022—2023 年的增长也明显放缓。

横向对比“东南亚六国”2023 年资本市场的表现，印尼作为东南亚地区人口最多、GDP 体量最大的国家，同时也是东南亚地区最大的资本市场，2023 年 IPO 项目数量为 79 个，占地区总数的 48%，融资额为 36 亿美元，占地区总额的 60%

左右，位列第一。泰国和马来西亚分别以 16% 和 11% 的融资额占比位列第二、第三，菲律宾、新加坡紧随其后。

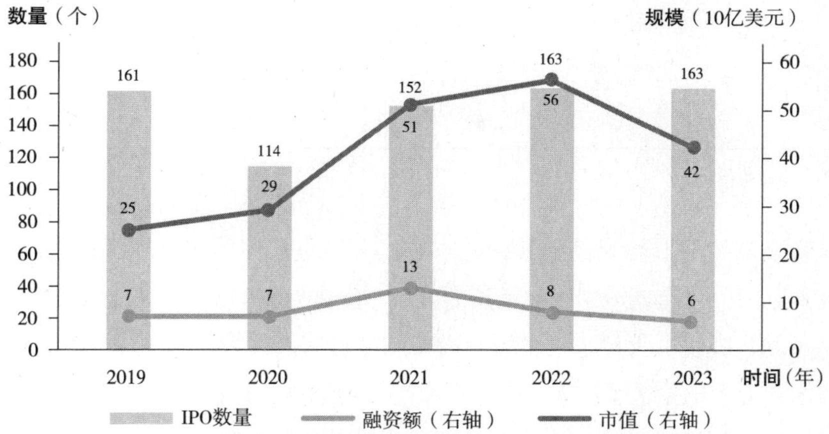

图 8-2 东南亚资本市场 IPO 表现（2019—2023）

资料来源：德勤 2023 年东南亚市场 IPO 研报。

2023 年上半年东南亚融资规模前十的 IPO 项目中，6 个来自印尼，其中 5 个分属于能源行业，1 个分属于消费行业；2 个来自泰国，分属于消费和医疗行业；2 个来自马来西亚，分属于房地产和消费行业。

2023 年，以上 10 个 IPO 项目融资总额为 34 亿美元，占东南亚资本市场全年融资额的 57% 左右；市值为 318 亿美元，占东南亚资本市场全年总市值的 76% 左右。这 10 个项目中，有 2 个消费项目，分别是印尼电影院运营商 PT Nusantara Sejahtera Raya Tbk 和马来西亚保健食品企业 DXN Holdings，融资额分别为 1.5 亿美元和 1.4 亿美元，合计占 2023 年东南亚资本市场融资额的 5% 左右。

东南亚证券交易市场的主要交易所受宏观经济格局影响，总市值由新加坡、印尼和泰国的证券交易所领跑，证券化率则是新加坡、泰国和马来西亚的证券交易所领先（见表 8–1）。

表 8-1 2022 年“东南亚六国”证券交易市场格局

国家	越南	泰国	新加坡	马来西亚	菲律宾	印尼
交易所名称	越南交易所	泰国证券交易所	新加坡交易所	马来西亚证券交易所	菲律宾证券交易所	印尼证券交易所
总市值（10 亿美元）	221	604	619	381	239	610
上市公司数量（个）	402	810	651	970	286	825
证券化率（%）	54	122	133	94	59	46

资料来源：中金研报。

尽管全球经济形势充满变数，但东盟的一级市场整体却呈现出稳定的正向走势。究其原因，东南亚地区高速增长的人口和经济红利，以及地缘优势、外交处境和贸易条款，吸引了大量来自中国的投资和项目涌入。为开辟东南亚的蓝海市场，大量资本和人才也输送了进来。眼下，东南亚的物流、科技、矿业和新能源均为比较热门的投资领域。国际货币基金组织预计东盟资本市场将会是世界增长最快的，2023、2024 年分别以 4.5% 和 4.6% 的增速稳步扩张。

2023 年，东南亚资本市场的融资规模已接近中国香港市场（规模约为 59 亿美元），市值低于 5 亿美元的小规模公司表现亮眼。根据德勤 2022 年的报告，疫情暴发前，IPO 的活跃度与 GDP 增长正相关，但疫情期间呈现出相反走势，疫情反而激发了散户投资者对 IPO 市场的兴趣。

印尼证券交易市场

印尼作为东南亚最大的单一市场，在研究覆盖率和证券化率等方面仍然处在相对早期的发展阶段。2016—2023 年印尼资本市场 IPO 表现如图 8-3 所示。

受疫情影响，2020 年印尼证券交易市场融资额锐减，加速板和开发板开始为印尼中小型企业提供融资新渠道；2021 年市场聚力反弹，融资额较 2019 年同期增长 328%；同年主板下设立新经济板块，主要面向科技创新或高社会效益、高增长型的公司；截至 2022 年，印尼 IPO 市场已经基本恢复活力，新经济板更是公开发行明星科技股 GoTo，这是东南亚资本市场近年来最大的 IPO 项目。

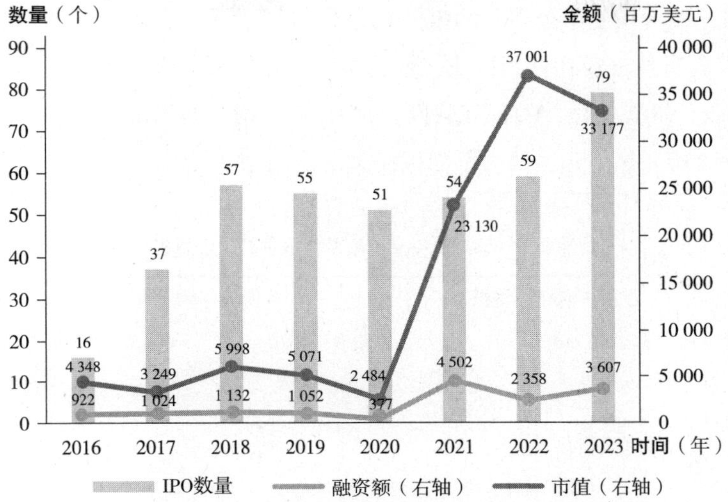

图 8-3　印尼资本市场 IPO 表现（2016—2023）

资料来源：德勤 2023 年东南亚市场 IPO 研报。

一级市场层面，印尼上市公司的本地化程度极高。印尼证券交易所 2022 年年报显示，自 1992 年起的 30 年间累计募资约为 2 117 亿美元，2022 年资本市场活跃投资者达 1 600 万人次，总市值约为 4 048 亿美元。

针对印尼本土企业的实际发展情况，印尼证券交易所设有主板、新经济板、开发板和加速板四大板块，各大板块之间的上市公司可以转化，不同板块上市要求不同（见表 8–2）。

在上述所有板块中，主板的上市公司数量和市值占比最高，共计 360 家上市公司，约占上市公司总数的 43.7%，市值约为 4 942.4 亿美元，约占全部板块总市值的 83.2%，该板块公司平均市值约为 13.7 亿美元。开发板主要面向未达主板上市要求的中小型企业，上市条件较为宽松，所以成为大多数公司的上市选择，目前上市公司有 436 家，约占上市公司总数的 52.9%，市值约为 872.3 亿美元，约占全部板块总市值的 14.7%，该板块上市公司平均市值约为 2 亿美元。加速板于 2018 年设立，在财务要求和发行结构方面的要求均低于主板和开发板，设立目的为进一步便利中小型公司上市，募资额度为 312 万美元～ 1 560 万美元。截至目前共 25 家上市公司，约占上市公司总数的 3%，市值约为 2.8 亿美元，占全部板块总市值的 0.05% 左右，该板块上市公司平均市值约为 1 110 万美元。新经济板于 2021 年新设，主要面向具备科技含量和创新性质，或具备社会效益和高增长率的公司，科技独角兽 Bukalapak、GoTo，以及头部互联网公司 Blibli，均于新经济板上市，目前该板块总市值约为 119.8 亿美元，约占全部板块总市值的 2%。

表 8-2 印尼证券交易所四大板块的上市要求

要求		主板（含新经济板）	开发板	加速板
实体类型		有限责任公司	有限责任公司	有限责任公司
财务要求	经营时间	≥ 36 个月	≥ 12 个月	从成立开始
	正向营业利润	＞ 1 年	可以存在负向利润（但第 2 年年底需要为正）	可以存在负向利润（但第 6 年底需要为正）
	经审计财报	至少 3 年（其中 2 年无保留意见审计财报）	至少 1 年（1 年无保留意见审计财报）	至少 1 年，或者从成立开始具备无保留意见财报
	资本	净有形财产＞ 1000 亿印尼卢比	满足以下条件之一：净有形资产＞ 50 亿印尼卢比；或营业利润≥ 10 亿印尼卢比且市值≥ 1 000 印尼卢比；或收入≥ 400 亿印尼卢比且市值≥ 2 000 亿印尼卢比	根据印尼金融服务管理局（Otoritas Jasa Keuangan，OJK）No.53/04 进行管理
发行结构	向公众出售的股份数量	最低 3 亿股且权益价值，	最低 3 亿股且权益价值，	最低 20%
		＜ 5 000 亿印尼卢比，占比 20%	＜ 5 000 亿印尼卢比，占比 20%	
		5 000 ～ 20 000 亿印尼卢比，占比 15%	5 000 ～ 20 000 印尼卢比，占比 15%	
		＞ 20 000 亿印尼卢比，占比 10%	＞ 20 000 亿印尼卢比，占比 10%	
	股东数量	≥ 1 000 人	≥ 500 人	≥ 300 人
	发行价	≥ 100 印尼卢比	≥ 100 印尼卢比	≥ 100 印尼卢比
	承销合同	完全承诺	完全承诺	完全承诺

资料来源：中金研报。

除表格中列示的板块要求以外，印尼证券交易市场受传统工业结构和自然条件影响，对能源和矿产行业也进行了重点监督。交易所对营业收入超过 50% 来自煤矿和其他矿产的煤矿与矿产企业有特殊要求，要求企业至少有一个董事具备工程背景，并且在过去 7 年内至少有 5 年矿业公司管理层经验。

二级市场层面，印尼证券交易市场的投资者国际化程度相对较高，市场走势强劲。交易量方面，国际投资者贡献了 1/3，机构和个人投资者贡献占比各一半，且零售交易量明显下降，除企业基金和社保基金以外的其他机构交易量快速上涨。根据印尼证券交易所统计，2022 年日交易量达 130 万笔，较 2021 年同期增长约 0.9%，共计交易 2 390 亿股，同比增长约 16%，日交易金额约为 9.16 亿美元，同比增长约 10%。同年，雅加达综合指数达到历史新高 6850 点，对比 2021 年增长 4.09%，对比 2000 年基准点涨幅近 500%，上证、标普指数 20 年间涨幅均在 200% ～ 300%，港股涨幅为 100%，相比之下，印尼股市表现十分强劲。

印尼资本市场的强劲表现部分得益于印尼证券交易所在可持续方向上的创新，例如，2022 年 1 月 31 日通过特殊符号和规则调整实施多重投票股份（Multiple Voting Share，MVS），2 月 5 日实施个人证券交易系统（SPRINT OJK）线上开户，6 月 27 日取消投资者住所代码，9 月 19 日推出结构性权证，11 月 12 日在交易所官网推出上市公司 ESG 评分，等等。除此之外，资本市场的持续稳定也有益于增强投资者信心，资本市场通识的普及化教育也扩大了潜在投资者群体。

债券市场方面，普通债券和伊斯兰债券也在 2022 年迎来一波急速增长，共有 73 家发行商发售 122 只债券，募资金额总计约为 94.7 亿美元，金额对比 2021 年增长 47.1%，且自 2006 年起一直保持稳定涨势，对比 2006 年增幅超过 300%。

就公司的定价分布而言，2019—2023 年的 5 年间，印尼股市的小市值公司占比迅速增长，资本市场市值排名前十的公司占总市值的比例从 2000 年的 64% 下降到 2022 年的 41%，市值排名一百名之后的公司占比则从低于 4% 扩张到大于 15%。

信息技术产业占比的扩大十分明显，传统行业如电信服务、日常消费、能源等的市值占比则在下降，可见资本市场的行业格局和价值驱动正在迎来转型。私募股权基金（PE）模式下的盈利贡献与估值贡献比例未见明显变化趋势，整体市盈率估值处于全球中上水平。

泰国证券交易市场

泰国资本市场曾是东南亚 IPO 融资和市值规模第一，2021 年被印尼资本市场超过，2022 年反超，2023 年再度被印尼资本市场拉开差距。近年来泰国资本市场 IPO 表现如图 8–4 所示。

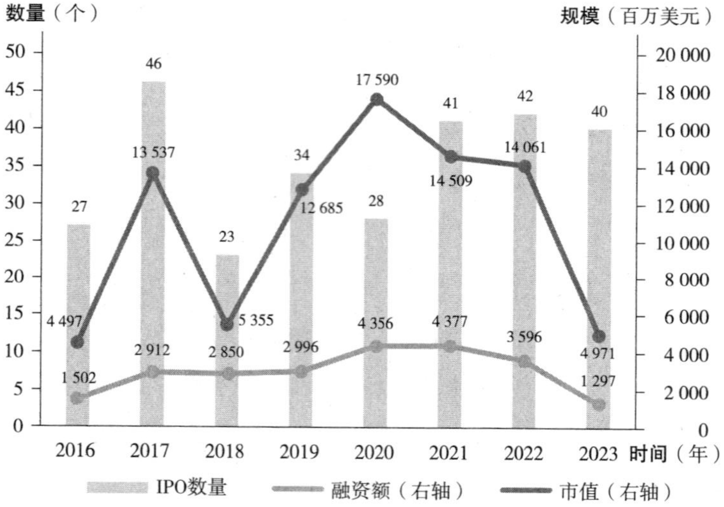

图 8–4　泰国资本市场 IPO 表现（2016—2023）

资料来源：德勤 2023 年东南亚市场 IPO 研报。

对比印尼资本市场 IPO 表现，可以看出泰国资本市场的 IPO 融资规模在 2016—2023 年先是平稳上升、自 2021 年开始呈现下降走势，2023 年的融资规模更是回到 2016 年的水平（甚至更低），新增 IPO 的市值自 2020 年以后也持续走低，IPO 数量始终低于印尼资本市场。但泰国资本市场的资本体量和证券化成熟度，仍然确保了每年新增 IPO 的质量和数量在东南亚地区稳居第二，遥遥领先于其他证券交易市场。

截至 2022 年，泰国证券交易市场的上市板块分为 SET 主板和 mai 创业板，2022 年底市值约为 535 亿美元和 139 亿美元。2022 年，SET 主板下开设 LiVEx 板块，针对中小型企业和初创公司降低门槛。2023 年，泰国证券交易所又推出了 LiVE 教育资源共享平台，旨在普及股权市场的上市准备和要求，配合 LiVEx 板块共同发力。2023 年 5 月 8 日，泰国证券交易所联合纳斯达克推行最新线上交易系统；同年，泰国数字资产交易所也发行了第一个公开交易的数字化代币 Real X。

泰国上市公司以消费类公司为主。2023 年，泰国新增的 40 个 IPO 项目的融资总额为 13 亿美元，其中，消费行业新增 IPO 项目 16 个，占新增 IPO 项目总数的 40%，融资额为 5 亿美元，约占 IPO 融资总额的 38.5%，其他占比较高的行业依次为工业产品、科技、医疗健康和房地产。尽管 2022 年上市的金融保险类公司泰国人寿保险（Thai Life Insurance）以 10 亿美元的募资规模和 50 亿美元的市值稳居当年东南亚新增 IPO 规模第二，但相比其他行业，金融行业并不是泰国资本市场长期的价值驱动主力。纵观 2022—2023 年泰国规模前十的 IPO 变化情况，工业产品和医疗健康行业占比显著提高，消费行业一直稳定占据 IPO 数量和募资规模的半壁江山。

二级市场层面，泰国股票市场活跃的国际投资者与当地投资者各占一半，机构投资者约占当地投资者的 1/3，主要投资群体由个人投资者组成，日交易体量约为 14.5 亿美元，活跃交易账户有 5 660 万个，同比增长 10.14%，线上交易量达 28.87%。泰国股票市场是东南亚地区流动性最高的二级市场。

2023 年，国际投资者的资金大多流往泰国以外。之所以出现这种情况，根据德勤的报告，主要原因是在美国国债和利率的双重增长刺激下，投资者更偏好债券市场。随着部分投资者退出泰国证券交易市场，2023 年的 SET 指数同比下跌 15%，收盘点数为 1 415.85 点，指数占比排名前四的主要行业为能源（占比为 21.3%）、服务业（占比为 21.3%）、金融（占比为 17%）、科技（占比为 16%）。

泰国证券交易所的金融产品结构较为简单，衍生品市场品类并不丰富，其中期货包含指数期货和个股期货，金属期货仅包含黄金，货币期货仅包含三种与美元挂钩的货币期货，农产品期货也仅包含三种橡胶期货。

泰国的债券市场以政府债券为主，国债、央行和国企发行的债券占比超过 70%。截至 2022 年底，泰国基金产品市场发展势头良好，规模超过 2 300 亿美元，其中又以共同基金占比最大，超过 50%，私募基金、公积金和基础设施基金占比分别位列第二、第三和第四。

整体而言，泰国二级市场的市盈率与印尼的全球定位十分相近，处于世界范围内中上水准。截至 2022 年底，泰国 SET 主板上市的 1 882 家公司市盈率为 17.4，市净率为 1.6，mai 板块的 247 家公司市盈率为 52.5，市净率为 2.9。

新加坡证券交易市场

新加坡证券交易市场是东南亚地区发展较为成熟的证券市场，但从出海角度来看，其在研究覆盖、业务和市场认知等维度对比港股业务并不占优势。关注新加坡证券交易市场的投资分析师较少。受市场规模限制，除能源、金融、科技等支柱产业以外的其他产业，如工业产品、消费等，也缺少分析师关注。

从市场环境角度考虑，新交所的市场活动由大型、有稳定盈利和分红的知名公司与 REITs 主导，投资者群体多为机构投资者、高净值个人和私人银行混合，投资者偏好也更倾向于盈利稳定、股息收益高的大型上市公司。

一级市场层面，随着东南亚其他各国的证券市场日趋成熟，新加坡的 IPO 募资情况和数量自 2018 年以来明显下滑，2016—2023 年的 IPO 表现如图 8-5 所示。新交所的上市板块分为主板和加速板两个板块。主板针对成熟企业，利润方面要求最近一个财年税前利润不低于 3 000 万新元，至少有 3 年经营记录；市值方面要求最近一个财年实现盈利，市值不低于 1.5 亿新元，或市值不低于 3 亿新元；房地产投资和商业信托方面的要求在一定程度上有所放宽，如 3 亿新元的市值要求，只需证明在上市后立即产生经营收入，经营记录不少于 1 年即可。加速板则针对处于快速成长阶段的企业，并无任何定量的最低标准，只要求由保荐人采用各自内部的交易选择标准进行决策。对传统能源行业有特殊要求，要求矿产公司拥有足够的推定资源量，石油和天然气公司则需要有足够的表外资源量。2023 年，新加坡的 6 个 IPO 项目均在加速板上市。

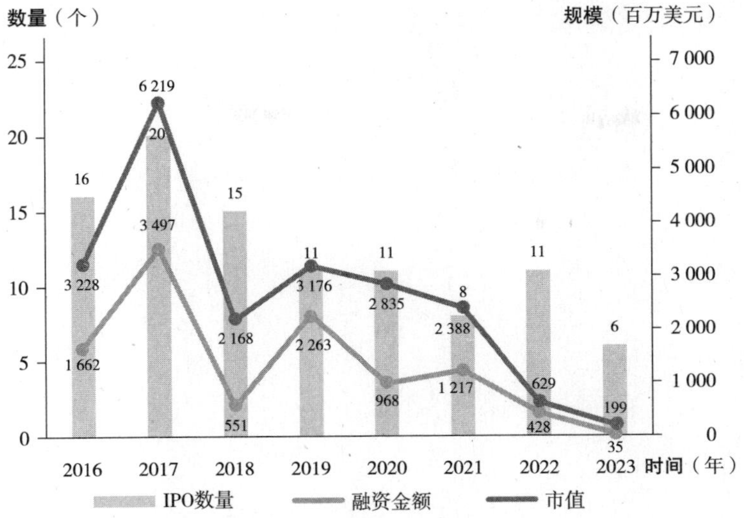

图 8-5　新加坡资本市场的 IPO 表现（2016—2023）

资料来源：德勤 2023 年东南亚市场 IPO 研报。

二级市场层面，新加坡海峡指数以稳固著称。截至 2023 年，与恒生指数近 5 年降幅超过 25%、纳斯达克指数近 5 年增幅 50% 相比，海峡指数几乎没有波动，稳定在 3 200 点附近。新交所市值规模从 2000 年开始稳步增长，截至 2023 年底，所有上市公司市值共计约 8 000 亿美元，其中约 40% 来自新加坡境外地址的公司。

债券市场层面，新交所是亚太地区最大的国际债券发行所，2023 年共计发行 9 700 多个债券类产品。新交所旗下另一个成熟的产品分类是新加坡地产信托（S-REITs），其自 2010 年以来每年至少有一只 REITs 产品发行，但近年来 REITs 的借款压力受高通胀和高利息环境影响有所增加，对 REITs 产品的整体估值产生了压力。

THE FUTURE
OF GOING GLOBAL

第9章

中国企业在新全球化浪潮中的成功探索

在新全球化探索过程中，已经出现了一批非常成功的中国企业。这些企业的成功反映了目前中国商业模式向外复制的成功，以及中国式创新的独特价值。虽然电商流量模式已经在中国变得非常“内卷”，但拼多多旗下的Temu和新流量平台希音（SHEIN）的超快速增长把中国电商模型创新、演绎出了全新高度。连锁业态也在中国形成了很多超级品牌，如IP潮玩连锁品牌泡泡玛特、生活方式连锁名创优品、餐饮连锁巨头海底捞的海外业务特海国际等，它们都向世界展示了中国消费连锁业的超级魅力。

中国物流业也是走向国际化的必备的基础设施，菜鸟国际和极兔都已经为众多中国供应链公司提供了优质的物流服务。小米和传音都验证了中国的智能科技制造业能够在世界范围谱写新的传奇。在非常规市场取得成功的安琪酵母也是中国消费制造业抓住机会的典型代表。

特海国际：海底捞的海外战略

特海国际控股有限公司（简称特海国际）是海底捞旗下海外业务单独分拆的公司，全自营，主要在海外市场提供海底捞火锅服务。同时，特海国际也为海外消费者提供外卖服务或直接销售火锅调味品及食材。

2012 年，特海国际在新加坡开设首家餐厅，随后在 2013 年、2014 年、2015 年分别进入美国、韩国和日本市场，2018 年进入加拿大市场。2019 年，特海国际先后进入英国、泰国、越南、澳大利亚、马来西亚和印尼市场。特海国际 2022 年全年营业收入达 5.58 亿美元，2023 年的营业收入达到 6.86 亿美元，发展不断向好（见图 9-1）。

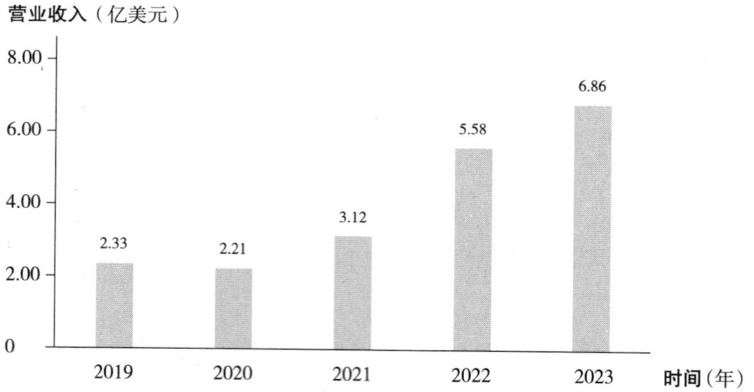

图 9-1 特海国际营业收入情况（2019—2023）

资料来源：特海国际公告。

2022 年，特海国际在开曼群岛注册成立，并于 2022 年底在港交所上市。根据该公司公告，截至 2023 年 6 月 30 日，特海国际已在亚洲、北美洲、欧洲、大洋洲及 12 个中东国家开设 115 家餐厅。

从餐厅分布上看，截至 2023 年底，特海国际在东南亚、东亚、北美洲和其他区域（主要包括英国、澳大利亚、阿联酋等国）分别拥有餐厅 70 家、17 家、18 家和 10 家，门店数量较 2022 年同期有所增加。从营业收入占比上看，东南亚地区的餐厅营业收入是特海国际目前的核心收入来源，收入占比超过 55%。

特海国际的门店分布与海外华人的分布有比较明显的对应关系。根据公开资料，截至 2021 年底，印尼、泰国、马来西亚是海外华人绝对数量最高的三个国家，分别有海外华人 801 万人、751 万人和 654 万人；其后是美国、新加坡和加拿大，分别有海外华人 416 万人、281 万人和 151 万人。

但海外华人并不是特海国际长期的核心客群，该公司高管曾多次表示希望做当地化的生意，而不是只做华人移民的生意。

从经营数据上看，2023 年特海国际整体的单店平均营业收入约为 575 万美元。东亚和东南亚地区的单店营业收入略低于平均值，分别为526万美元和466万美元；而北美地区单店营业收入达到 745 万美元，远高于平均值。

从单店日均营业收入来看，2023 年特海国际整体日均营业收入水平在 1.63 万美元左右。东亚和东南亚地区的单店日均营业收入分别为 1.5 万美元和 1.29 万美元左右；而北美地区的单店日均营业收入约为 2.04 万美元；其他区域有更高的门店稀缺性，单店日均营业收入高达 2.36 万美元。

从人均消费来看，2023 年特海国际整体消费者客单价在 24.8 美元左右，与 2022 年同期基本持平。东亚和东南亚的特海国际餐厅客单价分别为 27.8 美元和 19.5 美元，而北美和其他区域的特海国际餐厅客单价则高达 45.3 美元和 40.2 美元。

从翻台数据上看，2023 年特海国际整体翻台率约为 3.5 次，各区域之间差异不大，都在 3.5 ～ 3.8 的区间之内。

从餐厅经营利润率来看，2023 年特海国际经营利润率的整体水平在 9% 左右，较 2022 年同期的 4.1% 显著提升。2023 年上半年，东亚、东南亚、北美、其他区域的餐厅层面经营利润率分别为 5.7%、10.9%、5.8%、1.8%，同比都有显著的提升。

在同店层面，2023 年，在 85 家同店中，特海国际整体的同店增速约为 8.8%。东亚、东南亚、北美洲、其他区域的同店增速分别为 2.7%、30.6%、11.8%、14.7%。

特海国际之所以能维持比较快的发展速度，离不开其品牌力、供应链能力及成熟的门店运营能力。

在品牌力层面，根据其招股书信息，按照 2021 年的收入水平，特海国际已经成为国际市场第三大中式餐饮品牌，也是国际市场上真正源自中国的最大的中式餐饮品牌。同时，按照自营餐厅覆盖国家数目口径，特海国际也是目前国际市场上规模最大的中式餐饮品牌。

在供应链方面，特海国际主要的底料供应商是颐海集团。而对食材供应商，特海国际会根据不同地区的门店密度差异进行调整。比如，如果当地的门店不超过 3 家，特海国际会更倾向于寻找当地的食材供应商进行合作。而在门店密度较高、市场发展较为成熟的区域，特海国际会选择自建供应链。比如，在新加坡市场，特海国际已经建立了中央厨房和自有供应链体系。

在物流方面，特海国际一般会在各地市场直接聘请第三方物流公司进行服务。而在仓储方面，特海国际在提交招股书时已经于泰国和日本建立了两个大型仓库，并计划在新加坡和马来西亚建立新的仓库。至于其他区域，特海国际倾向于为每家餐厅单独配置一个小仓库，并保持较高且合理的库存水平。

在门店运营层面，一方面，特海国际坚持了火锅品牌的高度标准化，以确保品质供应；另一方面，它基于各地不同的消费习惯，做了比较充分的本地化调整。在实际经营层面，特海国际对火锅的三大核心组成部分锅底、酱汁蘸料和食材都做了本地化调整，并根据地方风俗定制了菜单样式，比如泰国门店的冬阴功汤锅底、加拿大门店的辣肉酱薯条，以及在万圣节于北美地区门店开展的“不给糖就捣乱”活动等。

根据特海国际公告，为了更好地适配不同地区消费者的口味，提升消费体验，

2023 年上半年，该公司在全球各国累计推出 300 多款新产品，包括锅底、菜品、小吃及饮料等多品类。同时，为了更好地配合新品上市，公司也会不定期举办各种营销活动。比如，2023 年上半年在新加坡、马来西亚及泰国等地针对 10 款新品举办“小嗨的美味奇遇”主题营销活动，实现了很好的转化效果，尤其是“先喝一碗汤的麻辣牛奶火锅”“黑糖爆浆糍粑”及“瀑布土豆丝”三款新品，在活动期间的点击率在上述三个国家均超过 10%。

关注海底捞的投资者都知道，其在员工管理与激励方面非常有特色。这也是海底捞在门店规模不断增长、员工管理难度不断提高的餐饮业中，能够实现超额收益的核心原因之一。

而在海外门店及员工的管理中，特海国际充分尊重不同国家、种族之间的文化差异，对一些管理的细则和落地执行做了调整，但保留了多年来形成的管理理念和价值观。比如师徒制，和海底捞在国内的管理体制相似，特海国际的门店经理不仅可以获得自身经营餐厅的收益分成，还可以通过培养第一代、第二代徒弟，从徒弟的门店中分成。另外，特海国际在海外的门店同样采取计件式的薪酬体系，以提高员工的主观能动性。在海外给予员工的薪酬水平在同行之中是有竞争力的。

在门店管理层面，特海国际将旗下餐厅分为 4 个级别，分别由各自的大区经理管理。公司有严格的门店评级制度，由大区经理对负责范围内的餐厅进行业绩考核和指标评估。

在财务数据方面，2023 年，特海国际实现营业收入约 6.86 亿美元，同比增长约 23%，净利润约为 2 526 万美元，成功扭亏为盈。关于盈利能力大幅度改善的原因，特海国际在业绩预告中指出：门店的平均翻台率从 2022 年的 3.3 次提升到 3.5 次；餐厅层面经营利润率显著提升，且 2023 年下半年利润率水平高于上半年；公司于 2023 年拨回减值亏损。

从整体上看，与国内头部餐饮企业随着门店规模的扩大，逐步遇到开店天花板的问题有所不同，特海国际依托于火锅这一好赛道，以及海底捞的品牌力和供应链能力的赋能，积极开拓海外市场，并将消费群体逐步从移民华人、留学生扩展到当地人，在不断做大体量的同时，也同步打开了海底捞发展的天花板。

安琪酵母的非洲发展

相信关注国内食品饮料，尤其是调味品板块的投资者都不会对安琪酵母感到陌生。目前，该公司已经是全球第二大酵母公司。截至 2022 年底，按照产能口径，安琪酵母在国内酵母市场的份额达到 55%，在全球市场的份额超过 15%。客观地讲，安琪酵母是目前 A 股上市公司之中，尤其是食品饮料板块内，少有的具有超过 30% 海外业务收入占比的公司。

近年来随着技术进步，酵母产品已经深入食品制造、饲料工业和生物制造等领域。传统酵母的应用领域主要包括面食发酵、烘焙和酿造等，这部分市场相对成熟和稳定。近年来酵母产品在饲料养殖、生物发酵等领域快速扩容，同时酵母衍生品规模也在风味和健康等领域持续扩大。

从消费角度看，欧美酵母市场较为成熟，存量很大，但是增速较为平稳，产品形态上以鲜酵母为主。同时，随着非洲、亚太、中东等区域烘焙业的快速发展，市场对活性酵母的需求也在快速增长。

从产能的角度看，截至 2022 年底，全球酵母总产能约为 200 万吨，行业过半的产能集中在欧美。而近年来中国的酵母产能增长最快，目前已经成为全球最大的酵母生产和出口国，行业龙头凭借规模、品牌和渠道优势不断提升份额。

回顾安琪酵母的发展历程，该公司成立于 1986 年，前身为湖北宜昌食用酵母基地。经过 30 多年的发展与壮大，安琪酵母已经成为亚洲最大、全球第二大的酵母公司，产品远销 150 多个国家和地区，是名副其实的具有全球竞争力的龙头企业。

其实安琪酵母在成立之初就面临着一定的挑战。原材料糖蜜在公司的成本中占比超过 40%，对公司的利润水平造成显著的影响。糖蜜是制糖的副产品，每生产 3 吨糖可产生 1 吨糖蜜，每产生 1 吨酵母需要 4.5 吨～ 5.5 吨糖蜜。而糖蜜是可用作原料的固体废物，2017 年，国家相关部委发布联合公告，将糖蜜从《限制进口类可用作原料的固体废物目录》调整进入《禁止进口固体废物目录》。虽然公司也在积极探索通过水解糖来代替糖蜜，但当糖蜜的价格处于一定水平之下时，依然是使用糖蜜更具经济效益。这也导致公司的实际经营和利润率水平具有一定的周期性，周期主要由上游糖蜜的高成本占比造成。

目前，我国主要的糖蜜产地位于新疆、内蒙古等甜菜产区，以及广西和云南等甘蔗产区。但安琪酵母地处湖北宜昌，既远离消费市场，又远离原材料产地，加上 20 世纪 90 年代面包等品类在国内市场的需求总量尚小，因此公司在发展初期将方向锁定在馒头、包子等传统面点上，并希望形成一定的差异化。

1994 年，安琪酵母首次提出要成为国内第一的目标，并在 1996 年提出要“争亚洲第一，创国际品牌”。1991—2000 年，公司的酵母产能从 0.2 万吨提升至 2.5 万吨，产能的年均复合增长率约为 28.7%。

2000 年前后，安琪酵母开始加速国际化进程。1999 年，公司从乌兹别克斯坦获得了第一个自主进出口订单，随后提出了“国际化、专业化酵母大公司”的战略目标，利用高性价比产品和服务优势先后进入非洲、中东、东南亚和南美等地区。

2000—2010 年，安琪酵母在国际市场的营业收入复合增速超 40%。至 2010 年，该公司的国际市场业务收入已经超过 8 亿元，约占其总营业收入的 38.8%。客观地讲，安琪酵母早在 2000 年左右就实现了国内、国外业务的双轮驱动。

在销售网络上，我们看到安琪酵母从 2006 年起就对经销商实行专营制。这种做法虽具有排他性，但能提升整体的销售质量和效率。目前，其在国内市场已经完成了所有县级以上城市的销售网络覆盖，在海外也已经布局了 150 多个国家和地区，构建起了遍布全球的营销网络，并在埃及、俄罗斯、新加坡等国设立了 6 个海外事业部，在全球拥有 12 个应用技术服务中心。

同时，安琪酵母已初步实现了国际化品牌布局。根据安琪酵母的公告，其所有在售海外产品中，自主品牌占比超过 95%。

从行业角度看，酵母行业是非常典型的重资产行业。从固定资产的角度看，企业新增一条约 6 000 吨活性干酵母的产线至少需要 1.8 亿元的固定资产投入，整体投资强度非常高，且单位固定资产所产生的营业收入在食品饮料行业内并不算高。如果用公司的营业收入除以固定资产，那么同为调味品板块的上市公司海天味业的数值约为安琪酵母的 3 倍。同时，由于酵母生产过程中产生的废水经生物处理将产生高浓度有机废水等污染物，因此公司除了固定资产投入外，在日常的运营过程中也将产生不小的环保维护开支。

我们看到，安琪酵母的核心壁垒之一就是经过多年的重资产投入、产能建设之后所形成的制造业壁垒。这一壁垒是行业新进入者无法快速实现追赶的直接原因，也是安琪酵母能够不断提升市场份额的关键。

安琪酵母不仅在国内有众多产能，也在埃及和俄罗斯拥有合计 5.5 万吨 / 年的酵母产能，占公司目前总产能的 20% 左右。

早在 2007 年，安琪酵母的海外投资项目组就考察了俄罗斯、巴西、土耳其、埃及等国，经过长达 3 年的反复论证，最终决定在埃及建设公司的第一个海外工厂。埃及工厂完工后，安琪酵母的产品出口到北非及周边地区的时间从原来的 40 天以上大幅度缩短到 1 周以内，同时公司的关税和贸易成本也得以降低。

安琪酵母围绕埃及工厂的产能建设，率先开发海外市场，从而使得埃及工厂投产后不久就实现了满负荷运行。随后，该公司在俄罗斯建成了第二个海外工厂，并同样在工厂完工前就充分开发了当地市场，实现了营销和生产的同步推进。

在财务数据方面，2023 年，安琪酵母实现收入约 135.81 亿元，同比增长 5.74%；实现归母净利润约 12.70 亿元，同比下降 3.86%。2023 年，安琪酵母的海外业务实现收入 47.86 亿元，同比增速为 21.99%，显著高于公司整体增速，海外业务收入占比超过 35%。2019—2022 年，公司的海外业务收入占比分别为 28.7%、28.2%、26.4%、30.5%，整体呈现稳中有升的态势。

泡泡玛特的海外业务发展

泡泡玛特于 2020 年底在港交所上市。在香港美元流动性充裕的情况下，得益于赛道、高增速预期及一定的稀缺性，泡泡玛特在二级市场获得了极高的估值倍数。虽然在随后的疫情扰动中泡泡玛特的业务发展受到了明显的冲击，但 2023 年的营业收入较前年仍在上涨（见图 9-2）。此外，该公司在海外市场的探索逐渐引起市场的关注。2023 年上半年，泡泡玛特的海外业务收入占比已提升至总营业收入的 13.35%。在 2023 年的半年报业绩沟通会上，泡泡玛特的创始人、CEO 王宁表示希望公司的海外业务可以“再造一个泡泡玛特”。

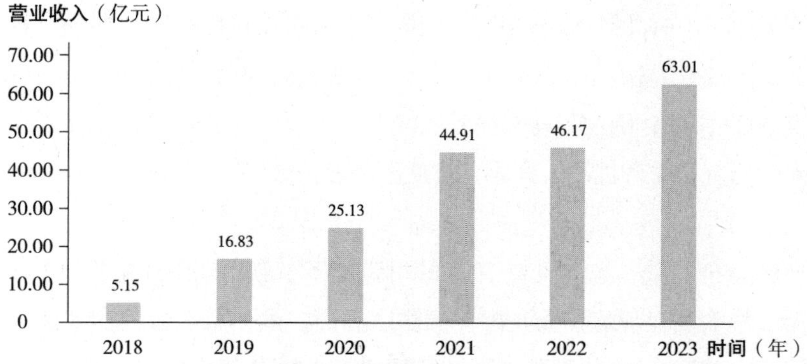

图 9-2　泡泡玛特营业收入情况（2018—2023）

资料来源：泡泡玛特公司公告。

泡泡玛特海外业务的拓展始于 2019 年，早期以 To B 批发模式为主。据泡泡玛特年报披露，2021 年其海外业务中批发收入占比超过 70%。该公司在最初试水海外市场的时候，与当地代理商的合作有轻资产、低风险、扩张快的特征，因此采用 To B 的模式也合乎逻辑。

随后，泡泡玛特逐步从 To B 模式向 To C 模式转型，包括在海外设立合营或全资子公司，并开设直营店，以及通过亚马逊等跨境电商平台直销。通过调整业务结构，至 2022 年底，泡泡玛特在海外的直营模式收入占比超过 50%。泡泡玛特向 To C 模式转型的背景是基于潮玩行业需求变化快、除大单品外产品生命周期较短等特性。公司直控终端、直面消费者的模式有利于公司获得市场的反馈并及时做出调整。长期来看，To C 模式可以提升公司的运营效率和经营稳定性。

在合营和全资模式之间，泡泡玛特会选择与当地强势的零售商以合营模式进行合作。比如，2023 年，泡泡玛特与泰国美诺国际成立合资公司，美诺国际是全球最大的酒店、餐饮、零售集团之一，业务布局涉及 60 多个国家和地区，在泰国有 250 多家生活方式零售店。泡泡玛特和美诺国际成立合资公司后，很快在泰国开出首店。

在海外的组织架构方面，泡泡玛特海外业务负责人有丰富的全球业务规划经验，熟悉当地市场。截至 2023 年上半年，其海外员工近 500 人，其中各地及新加坡总部人员约占 1/4，预计未来当地一线职能人员占比将持续提升。

截至 2023 年底，泡泡玛特在海外已经开设了 80 家门店，其中包含合营店和加盟店，同时拥有 159 台机器人商店，目前已经覆盖 20 个国家和地区。

从地区分布上看，泡泡玛特 70% 的门店位于东亚、东南亚地区，30% 的门店位于欧美、澳大利亚等地。而在发展的顺序方面，该公司于 2020 年在韩国开设首家海外门店，并于 2021 年进驻新加坡、加拿大，2022 年先后进入英国、新西兰市场。整体上，我们看到该公司的海外市场拓展采取由近及远的策略，以文化属性相近或华人、留学生较多的区域为主，再逐渐扩展至当地消费者。

从进入新市场的节奏上看，由于潮玩和普通商品不同，无法依靠简单的招商—铺货完成渠道建设，而文化和品牌认同才是关键，因此泡泡玛特在进入新市场之前，会有 1 ～ 2 年的准备阶段，通过“展会曝光—机器人或快闪店试点—开设零售店”等步骤实现相对稳健的发展。这样做也在很大程度上提高了该公司开拓新市场的成功概率。

从营业收入构成上看，2023 年上半年，泡泡玛特的海外业务收入中，直营零售店业务收入占比约为 43.9%，直营机器人商店业务收入占比约为 6.7%，线上直营业务收入占比约为 15.1%，批发及其他模式收入占比约为 34.2%，较 2021 年超 70% 的批发业务占比的收入构成有显著变化。

泡泡玛特的海外业务拓展之路与传统的中国制造业出海模式不同。以泡泡玛特为代表的潮玩、文化、游戏等产业，不依靠产能过剩所形成的成本优势，而凭借优秀的设计和运营能力出海。它的做法正在成为文化输出的一种形式。同时，正是这种输出潮流和文化的能力，让泡泡玛特的产品可以在海外卖出更高的价格。它根据不同市场的消费水平、汇率、成本等因素，在不同的地区实行差异化定价。我们观察到，泡泡玛特在日韩地区的定价与国内基本相同，但在欧美市场的溢价率非常高，普通盲盒产品的溢价接近 200%，而手办和 MEGA 产品（超大型手办）也都有明显的溢价。

同时，与其他公司在出海过程中不断强调本地化相同，泡泡玛特也将主力 IP 与各地的文化元素结合，以提高知名度和品牌认知感。比如，公司在法国门店增加海军蓝元素设计的产品，在马来西亚门店增加芒果冻 Plus 设计的产品。同时，公司也推出和当地元素相结合的限定款，比如，在日本销售的黑熊限定系列，在英国、新西兰销售的黑女仆限定系列等。

2023 年上半年，泡泡玛特的海外业务经营利润率约为 21.0%，国内业务经营利润率约为 20.61%，在实现了快速扩店的同时，也验证了自身在海外的整体盈利能力。在归母净利润这项指标上，除 2022 年外，泡泡玛特整体呈增长态势（见图 9–3）。

在店效方面，泡泡玛特海外门店的面积较大，选址位置也更优，人工或租金成本可能高于国内门店，但预计费用率可以被更高的单店营业收入分摊。目前，基于海外市场更好的单店日销水平和更高的毛利率，我们预计该公司海外门店基本处于盈利状态。

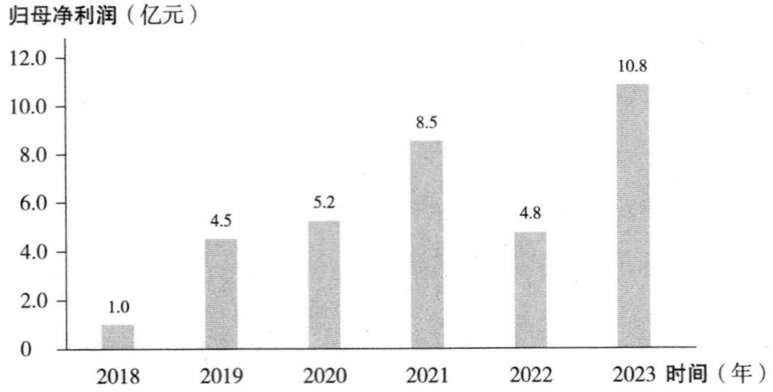

图 9-3 泡泡玛特的归母净利润情况（2018—2023）

资料来源：泡泡玛特公司公告。

我们认为，随着国内居民消费力的下行、青年失业率的上升及供给侧的扰动，泡泡玛特国内业务的发展将恢复到相对平稳的增速水平，但海外市场的发展不仅为其打开天花板，形成了新的增量逻辑，也在财务数据、增速水平上为其做出了较大的正面贡献。

传音控股的全球化发展

传音控股的前身传音科技成立于 2006 年，自成立后一直专注于手机的研发，推出了 TECNO 和 itel 两大手机品牌，2008 年瞄准非洲市场并开启品牌战略。在接下来的几年中，传音科技的手机产品在非洲市场快速做到销量前三。同时，传音科技也进行了多元化的业务布局，大力发展数码配件、移动互联网等业务。2013 年，传音投资、传力投资共同出资成立了传音控股有限公司，2015 年正式进军印度市场并推出家电品牌 Syinix。同年，传音控股的业务向东南亚、拉美、中东等地新兴市场扩展。

传音于 2019 年在上交所科创板上市。发展至今，传音已拥有手机、数码配件 / 家电、移动互联网、服务与支持 / 售后服务四大类业务。从销售区域布局看，传音的产品主要面向海外，集中在非洲、南亚、东南亚、中东和拉美等全球新兴市场。截至 2022 年，传音在非洲、南亚、孟加拉国的市场占有率排名第一。

传音依靠手机业务起家并形成 TECNO、Infinix、itel 三大品牌，随后也逐渐发展出了数码配件品牌 oraimo 和家电品牌 Syinix。此外，公司还建立起了智能终端操作系统和服务与支持 / 售后服务。

传音的主要产品为智能手机，目前旗下推出了 TECNO、Infinix、itel 三大品牌，面向不同的消费群体。其中 TECNO 定位中高端品牌，核心客户群体是新兴市场的中产阶级，主打拍照影像技术；Infinix 面向年轻人群；itel 则面向大众，定位偏向于中低端，质量好、价格优惠。除多元化的产品定位外，传音也始终立足于本地化的创新和专注于用户体验，因而品牌拥有较高的用户忠诚度。

传音控股 2023 年 4 月发布的报告显示，该公司 2022 年实现营业收入约为 466 亿元，其中手机业务收入占比超 90%，智能机收入占比约为 86%。2023 年，传音实现营业收入 622.95 亿元，同比增长约 33.68%，实现扣非归母净利润 51.34 亿元，同比增长约 131.61%。

在收入区域拆分方面，非洲是传音的基地市场。2022 年，传音在非洲市场的收入占比约为 45%。2020—2022 年公司在除非洲以外的新兴市场获得的收入占比显著提升。2023 年第一季度，按照手机出货量口径，传音在非洲、南亚及其他区域的市场份额分别为 34%、24% 和 42%。

从市场成熟度来看，传音所在的市场可以分为三类，即成熟市场、半成熟市场、纯新兴市场。其中，成熟市场即非洲市场，半成熟市场包括印度、孟加拉国、巴基斯坦等市场，其他则为纯新兴市场，如泰国、菲律宾、俄罗斯、墨西哥、哥伦比亚等市场。2019—2020 年，传音在巴基斯坦、孟加拉国、菲律宾、沙特等市场的份额快速提升。2022 年受到全球手机出货量下行的影响，传音的主要亮点集中在菲律宾市场，份额继续逆势提升。

在成熟的非洲市场，传音凭借优异的产品性能及瞄向本土需求的技术创新已取得较大成效，目前的市场占有率在 40% 左右。传音 2022 年年报披露，在《非洲商业》（*African Business*）发布的“2022 年度最受非洲消费者喜爱的品牌”百强榜中，传音下属三个手机品牌TECNO、itel及Infinix分别排在第6名、第15名及第25名。在百强榜中，TECNO连续多年位居入选的中国品牌之首，itel排在入选的中国品牌第2名。从整体上看，传音拥有“渠道下沉+产品优越+品牌响亮+本土运营”多重优势，未来在非洲市场平均售价提升的空间依然很大。

在半成熟市场印度、孟加拉国和巴基斯坦，2023年，传音的市场占有率分别为8.2%、30%以上和40%以上，分别排在第6位、第1位和第1位。

在新兴市场，目前传音依然有极大的份额提升空间。2022年以来，传音在菲律宾、俄罗斯市场存在明显的结构性亮点，公司全球化扩张的能力再次得到验证。

除手机业务外，传音也在积极开展移动互联网和消费电子及家电业务，其中移动互联业务收入主要划分为OS系统、第三方App业务两大板块。传音2022年年报披露，其与网易、腾讯等多家国内领先的互联网公司，在多个应用领域进行出海战略合作，积极开发和孵化移动互联网产品。截至2022年底，传音有多款自主研发与合作开发的App产品月活用户数超过1 000万，其中，音乐类应用Boomplay的月活跃用户数约为6 800万人，曲库规模超过9 000万首，是目前非洲领先的音乐流媒体平台。新闻聚合类应用Scooper为非洲头部信息流与内容聚合平台之一，月活跃用户数约为5 500万人；综合内容分发应用Phoenix月活跃用户数约为1.2亿人，是非洲用户规模领先的综合内容分发平台。Phoenix通过用户洞察和本地化能力，推出了多个针对新兴市场用户的本地化功能，其通过推荐算法分发的内容受当地用户喜爱。2022年，传音的移动互联业务整体收入达7.7亿元，同比增长40%，其中OS系统收入约为7亿元。

从消费电子和家电品类看，传音在传统手机业务的基础之上延伸品类布局，持续丰富产品矩阵，目前已经推出oraima、Syinix两大子品牌，同时TECND、Infinix也在增加配件周边产品，而itel也聚焦于下沉市场的多品类开拓，子品牌之间形成差异化。

此外，智能手机作为AI的终极硬件入口，长期看大有可为。传音从2018年起着手布局于 AI 领域，2020 年成立 AI 专门技术部门，未来有望打造垂直领域 AI 模型。2023 年 5 月，传音发布的 TECNO Camon 20 可接入 OpenAI，拥有可实现 ChatGPT 文字交互的 AI 助手。

传音之所以能取得如今的全球化成就，我们认为这与其自成立以来专注于深耕非洲等全球新兴手机市场，并秉持"全球化思考，本地化行动"（Think Globally, Act Locally）的理念密不可分。比如，在人才引进和培养方面，传音自设立以来就高度重视本地化人才队伍的建设，长期吸收和培养当地人才，他们在传音的生产经营中发挥着重要作用。

根据传音控股年报披露的信息，以非洲市场为例，针对非洲国家局部地区经常停电、使用者手部汗液多等问题，传音还有针对性地研制了低成本高压快充技术、超长待机、环境温度检测的电流控制技术和防汗液 USB 端口等。另外，针对非洲消费者的娱乐方式，传音研制了适合非洲音乐的低音和喇叭设计，设计了适合非洲人的收音机功能，并在音乐、内容聚合等领域开发了契合非洲用户偏好的移动互联网应用，等等。此外，传音基于非洲当地需求，为深肤色消费人群深度定制摄像头器件，将当地审美时尚趋势与消费群体影像调试标准相结合，形成独特的适合当地的拍照和视频技术。

传音搭建了具备自动化测评、自动化调试等专业性和当地特色的影像实验室。针对新兴市场不同肤色人种，传音通过对屏幕显示色彩科学的研究，提升屏幕色彩一致性和消费者的视觉舒适性，形成领先的屏幕显示体验，增加覆盖多种肤色的影像系统兼容能力，更好地服务更多的海外新兴市场消费者。

成功的业务出海自然离不开渠道建设。传音的销售模式以经销为主，在多年的发展过程中逐步建立了一套覆盖面广、渗透力强、稳定性高的营销渠道网络。截至 2022 年底，传音的产品已进入全球超过 70 个国家和地区，与全球超过 2 000 家有丰富销售经验的经销商客户建立了密切的合作关系，并已形成覆盖非洲、南亚、东南亚、中东和拉美等全球主要新兴市场的庞大且高效的销售网络。

小米的海外探索之路

提到小米集团，可能近期市场的关注点主要集中在其造车业务上，但我们更希望通过复盘来看一下小米的海外手机业务探索之路。

据小米半年报披露，2023 年上半年，按照智能手机出货量口径，小米排在全球第 3 位，市占率约为 12.1%，且公司已经连续 12 个季度稳定在全球第 3 名的位置上，是当之无愧的全球手机行业龙头企业之一。如果聚焦到 2023 年第四季度，根据 Canalys 公布的数据，小米智能手机出货量约为 4 100 万台，全球份额约为 13%，同比提升 2%，市占率依然排在全球第 3 位（份额排在前 5 名的公司分别为苹果、三星、小米、传音和 vivo）。2023 年第四季度，这 5 家公司的出货量份额分别为 24%、17%、13%、9% 和 7%，但其中只有小米和传音在 2023 年第四季度的出货量同比增速中保持双位数增长，这两家公司的全球份额同比也有所提升。

小米海外战略的成功得益于其在很早之前就把全球化发展的策略付诸实践。近年来小米在全球主要手机品牌中的份额呈现逐步提升的态势，根据国际数据公司（IDC）公布的数据，小米的全球市占率从 2017 年的 6.3% 大幅提升至 2021 年的 14.1%；2021 年，小米智能手机海外市场出货量占小米整体份额的 70% 左右。

从各市场来看，根据小米半年报，2023 年上半年，其智能手机出货量在全球 50 个国家和地区中排名前三，在 60 多个国家和地区中排名前五。2023 年第二季度，小米在欧洲地区排名提升至第 2 位，市占率达到 21.2%，在中东地区的市场份额也提升至第 2 位，市占率达到 17.1%。

从区域来看，小米手机的海外业务主要集中在欧洲、印度和其他新兴市场三个区域。根据公开资料，2022 年小米在欧洲、印度和其他地区的智能手机出货量分别为 3 700 万台、3 000 万台和 4 600 万台，出货量占比分别为 24%、20% 和 30%；平均售价分别为 1 000 元、780 元和 346 元，显著低于国内市场 1 700 元的平均售价水平。且由于 2022 年全球经济下行及多国受到疫情影响，小米智能手机的平均售价在上述海外市场都有不同程度的回落。

拆分来看，小米进入欧洲市场的时间并不算早，但依靠线上、线下相结合的方式稳步推进，实现智能手机份额的持续提升。根据 Canalys 等机构公布的数据，小米在欧洲智能手机市场的份额从 2020 年第一季度的 14.3% 提升至 2022 年第一季度的 19.7%。

西欧市场是小米发力较早的区域，根据 Canalys 公布的数据，小米的份额排名稳定在前三，市占率水平从 2020 年第三季度的 13.3% 提升至 2022 年第一季度的 15.4%。近年来，小米在运营商的渠道建设工作上取得了一定的成效，从而推动了整体市占率的提升。

在中东欧地区，小米的市占率水平相比西欧市场更高一些。根据 Canalys 公布的数据，2020 年第三季度小米在中东欧的份额达到 26.9%，排在所有品牌中的第 2 位，至 2021 年第三季度，其份额小幅度提升至 28.7%。

近年来发展受到市场广泛关注的印度市场，是小米海外业务拓展的第一站。根据国际数据公司等机构公布的数据，从 2017 年第四季度开始，小米已经连续多个季度保持市场份额第一；2020 年初，其在印度市场的份额超过 30%，不过随后由于低端芯片紧张、市场竞争加剧等原因，份额出现一定的下滑。2021 年，小米在印度市场的出货量约为 4 040 万台，份额达到 25.1%，三星和 vivio 的份额分别为 17.4% 和 15.6%，分别排在第 2 位和第 3 位。值得注意的是，2021 年份额排名前三的品牌的市占率均有一定程度的下滑，小米同比下滑 1.5%，三星和 vivo 分别下滑 6% 和 6.1%，下滑幅度显著高于小米。直到 2022 年初，小米在印度当地依然有超过 20% 的市占率水平。

根据 Canalys 的数据，2022 年第二季度，小米在印度市场的份额被三星和 vivo 反超，但是 2023 年下半年，小米在印度市场的份额超越 vivo，排在第二位。2023 年第四季度，小米在印度市场的智能手机出货量达到 720 万台，同比增长约 31%，增速水平远高于三星和 vivo，但市场份额小幅落后于三星，两者之间差距 2%，相比 2022 年同期有所收窄。

而在东南亚、拉美和非洲等新兴市场，小米的智能手机呈现稳健发展的态势。根据公开数据，2022 年第一季度，小米在上述三个市场的份额分别为 15.2%、13.9% 和 6.3%。

物流平台巨头：极兔

随着全球产业链的再分布，物流出海肯定是大势所趋，市场对国际化布局的企业也给予了较高的增速预期。作为全球综合物流服务运营商，以快递和国际物流为核心业务的极兔速递（简称极兔）正是这样一家企业。

极兔速递于 2015 年在印尼成立，随后业务布局逐渐延伸到越南、马来西亚、泰国、柬埔寨、新加坡等国。2020 年，极兔速递正式进入中国市场，并于 2021 年完成对百世快递的收购，随后在 2023 年收购丰网，并加强与顺丰之间的合作关系。

2022 年，极兔的快递网络运营业务落地沙特和阿联酋、墨西哥、巴西，开始开拓中东和拉美市场，随后通过埃及市场正式进军非洲。目前，极兔的国际快递网络覆盖包括印尼、越南等在内的 13 个国家。按照包裹量口径测算，极兔在 2022 年以 22.5% 的份额成为东南亚最大的快递运营商。

2023 年 10 月，极兔于港交所更新了招股说明书，并于 10 月底正式在港交所上市。

从业务模式来看，极兔的业务主要包含电商小包、传统货运、集运服务和国际仓储解决方案等，为 Shopee、拼多多、淘宝等电商平台，以及 TikTok、抖音等短视频平台的商户及消费者提供全场景化的物流解决方案。

在渠道方面，极兔通过可复制、可扩张的区域代理模式提升整体的管理效率（见图 9–4）。整体上看，总部为各个市场制定营运策略和落地计划，区域代理负责管理网络合作伙伴，或直接运营网点及服务站。在实际的业务运营框架下，区域代理可根据各区域的实际情况做出相应的业务决策。

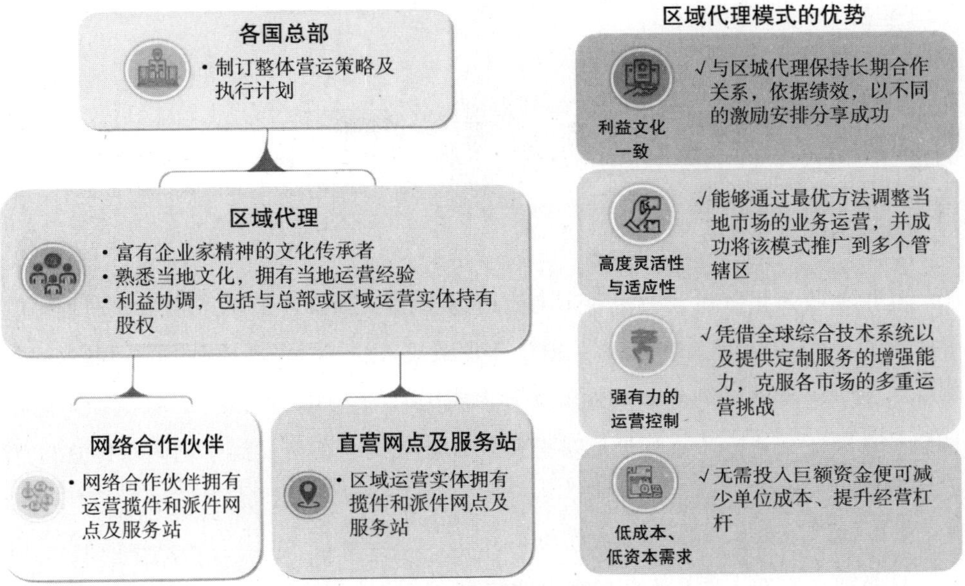

图 9-4　极兔公司的区域代理模式架构

资料来源：极兔公司招股书。

公司创始人李杰在成立极兔之前，曾被派往印尼负责 OPPO 的市场开拓。仅仅两年后，OPPO 在当地的份额就达到了 20%。而在创立极兔之后，创始人此前做手机业务时积累的渠道打法和市场认知也得以一定程度的复用。

根据极兔公司公告，截至 2023 年 6 月 30 日，其在全球拥有超过 100 个区域代理和接近 9 000 个网络合作伙伴，运营超过 260 个转运中心，拥有超过 8 000 辆运输车，设立了接近 20 000 家揽件、派件网点。同时，极兔也在不断努力提升各个区域的数字化管理能力，从而更好地配置网络及运力资源，提升整体的运营效率。

在财务数据方面，极兔在 2020—2022 年分别实现收入 15.35 亿美元、48.52 亿美元和 72.67 亿美元，三年收入复合增速约为 118%。2023 年，极兔实现收入 88.49 亿美元，同比增长约 21.77%。

从业务收入拆分角度看，2023 年，极兔在中国市场的业务收入占比从 2020 年的 31.2% 大幅度提升至 59.1%，在东南亚市场的业务收入占比从 2020 年的 68.2%

下滑至29.8%。

从业务类型上看，2023年极兔的快递服务收入占比约为91.4%，是收入贡献的核心，但较2020年96.5%的占比略有下滑。2023年，极兔的跨境服务业务收入占比约为7.5%，较2020年的0.6%显著提升。

从单票收入角度看，极兔在东南亚市场2020—2022年的单票收入分别为每件0.91美元、1.1美元和0.95美元，2022年单票收入的下滑主要是因为受到电商行业增速下滑、汇率波动和收购当地实体等多重因素的影响。2023年，极兔在东南亚地区的单票收入进一步小幅度回落至每件0.81美元，但依然高于国内每件0.34美元的单票收入水平。

从单票成本看，受益于公司规模的扩大，以及运营优化和自营车队运力提升等正向因素，极兔在东南亚地区的单票成本自2021年以来持续下行，2021年、2022年和2023年的单票成本分别为每件0.79美元、0.76美元和0.67美元。

由于单票收入下滑，近年来极兔在东南亚市场的毛利率水平有所回落，从2020年的29.8%下降至2023年的17.3%，但毛利率水平依然远高于国内。2023年，极兔在国内的单票收入与成本基本持平，国内整体毛利率约为1.1%。

从利润来看，极兔于2022年实现盈利，全年产生净利润15.73亿美元，主要由按公允价值计入损益的金融负债的公允价值收益导致，全年经调整的EBITDA约为-8.94亿美元，但2023年正式实现经调整的EBITDA转正，约为1.47亿美元，其中东南亚市场经调整的EBITDA利润率约为14.3%，国内EBITDA利润率首次转正，达到0.6%。

菜鸟的国际扩张之路

菜鸟成立于2013年。当时电商行业的发展背景是，阿里的竞争对手凭借自身的物流体系，为消费者提供了更好的购物体验，而第三方物流公司的效率提升又难以与阿里电商的发展速度相匹配，因此菜鸟应运而生。

2014 年之后，菜鸟的 CEO 由负责电商业务的张勇担任，后又由万霖担任至今。菜鸟提出了“快递、仓配、跨境、农村、驿站”五大战略方向，从这时开始，其业务布局呈现“一轻一重”两个维度。

- 在“轻”的层面，菜鸟更加聚焦于为快递企业赋能，先后推出电子面单、菜鸟裹裹和菜鸟驿站（见表 9-1），分别从信息支持、单量导入和末端共配三个维度来赋能快递公司。同时，阿里还与“通达系”① 互相持股，从而形成更强的绑定关系。
- 在“重”的层面，根据公开资料，菜鸟与速卖通等相配合在全球各地布局海外仓，随后逐渐布局了干线和末端配送的资源，形成了端到端的能力。这也为菜鸟目前成为跨境物流龙头企业奠定了坚实的基础。

表 9-1　菜鸟国内业务概况

	业务分类	业务模式	收入模式	发展情况
国内业务	菜鸟驿站	提供终端寄配服务	按包裹收取驿站经营方平台技术服务费	• 按 2022 年的收入计，菜鸟是中国前三大品质电商物流公司之一 • 按截至 2023 年 6 月 30 日的三个月包裹量计，菜鸟是中国最大的逆向物流解决方案提供商 • 按截至 2022 年 12 月 31 日驿站及 2022 年驿站处理的包裹量计，通过菜鸟驿站，菜鸟已建立起全球最大的数字化驿站网络 • 按 2022 年平均月活用户数计，菜鸟运营全球最大的物流 App
	菜鸟 App	消费者查询物流信息、寄送包裹的工具	收取广告展示费	
	菜鸟裹裹	提供逆向退货服务	按包裹收取运费	
	国内供应链	中心仓 + 前置仓，模式类似于京东物流	按提供的服务，包括仓储、配送等，收取服务费	
	菜鸟速递	自营快递，模式，定位类似于顺丰	按包裹收取运费	
	物流科技	提供自动化、数字化供应链和智能硬件	根据软件、硬件及其他服务内容，按项目收取服务费	
	物流资产服务	将闲置的仓库出租给商家或品牌	收取设施租赁费	

资料来源：菜鸟招股书。

2019 年之后，随着新的电商平台的崛起，为了保证公司长期处于竞争有利地位，菜鸟不断升级其全球跨境物流网络的履约能力，强调服务的性价比，主张“以一杯咖啡的价格送全球”。同时，在国内，菜鸟于 2023 年正式下场做自营电商，将

① 指国内几家主要的民营快递公司，它们分别是中通、圆通、申通和韵达。——编者注

丹鸟升级为类似于顺丰的菜鸟速递，并与申通协同提供不同定位的快递产品。

对海外客户，菜鸟主要为速卖通、天猫国际及天猫淘宝海外等阿里电商平台上的商家提供服务。2020 年，菜鸟在升级了原有的跨境配送服务水平后，将速卖通商家标准派送服务的履约周期降低到 10 天，后又升级了优先派送服务，将履约周期缩短到了 5 天。展望未来，菜鸟将以“72 小时全球必达”为愿景，不断提高其服务能力。

据菜鸟招股书披露的信息，在海外业务板块（见表 9–2），按 2022 年的包裹量计，公司为全球排名第一的跨境电商物流公司，市场份额为 8.1%，2020—2021 年跨境包裹日均件量分别为 378 万件、460 万件、416 万件，年均复合增长率为 4.9%。

表 9–2　菜鸟国外业务概况

	业务分类	业务模式	收入模式	发展情况
国外业务	跨境快递	类似跨境专线小包，直邮模式	按包裹收取运费	● 按 2022 年的包裹量计，菜鸟是全球第一的跨境电商物流公司，在中国出口及进口电商物流中均排名第一
	国际供应链	类似海外仓模式	按包裹收取运费	● 截至 2023 年 6 月 30 日，按建筑面积计，菜鸟运营全球最大的跨境电商仓库网络，总建筑面积约为 300 万平方米
	海外本地物流	在海外当地起网进行物流服务	按包裹收取运费	

资料来源：菜鸟招股书。

截至 2023 年 6 月 30 日，菜鸟在全球 200 多个国家及地区拥有业务布局，包括两个总建筑面积超过 150 000 平方米的综合电商物流枢纽（e-Hub），以及 1 100 多个仓库和 380 多个分拣中心。这个庞大的物流网络与超过 4 400 个网点及超过 170 000 个驿站的大型末端网络相连接。

菜鸟在跨境物流各环节的布局如下：

- **e-Hub**：菜鸟建立了 e-Hub，e-Hub 集合了货运站、清关及分拣能力，从而整合来自不同发货地的货物，并根据目的地进行分拣，最后将其有效地分配到适当的航班或地面运输部门，以供进一步派送或储存处理。截至 2023 年 6 月 30 日，菜鸟已在比利时列日和马来西亚吉隆坡拥有两个 e-Hub，以分拣、合包、清关来往于欧洲与东南亚的快递包裹及其他货物。

- **仓库**：仓库在供应链中提供关键性功能，菜鸟通过所有权或长期租赁控制主要仓库，并将其选址于主要运输枢纽、邻近客户或终端消费者的地点，从而提高履约速度、服务质量及成本效益。
- **分拣中心**：分拣是影响送达时间和成本的关键因素之一。截至 2023 年 6 月 30 日，菜鸟在全球管理着 380 多个分拣中心，包括 27 个国际物流专用分拣中心（其中 18 个位于海外）及 350 多个国内物流专用分拣中心。
- **干线运输**：菜鸟已与众多第三方服务提供商建立合作伙伴关系，通过空运、海运、铁路及公路在全球提供干线运输服务。
- **清关**：菜鸟已与全球超过 100 个口岸的服务提供商合作建立智能清关系统。
- **末端**：菜鸟借助物流合作伙伴之力，管理一个在全球具有一定规模的末端网络。

从财务数据看，据菜鸟招股书披露的信息，其 2021 年、2022 年、2023 年的营业收入分别为 527.3 亿元、668.7 亿元、778 亿元，2023 年的国内、海外业务体量相近。2021 年、2022 年、2023 年，菜鸟的年度亏损分别为 20.15 亿元、22.86 亿元、28.01 亿元，根据非国际财务报告准则调整后的利润净额分别为 –8.29 亿元、–10.3 亿元、2.79 亿元。

生活方式零售品牌名创优品

2023 年，消费行业在二级市场的整体表现欠佳，但以名创优品为代表的、有出海逻辑、已在海外形成较大规模并保持高增速的标的，都为投资者带来了不错的回报，因此名创优品的海外业务发展也引起了市场的高度关注。

根据名创优品公告，截至 2023 年 9 月 30 日，其海外门店合计 2 313 家，同比净增加 286 家，环比净增加 126 家。在这 2 313 家海外门店中，直营店有 202 家，同比净增加 71 家；第三方门店有 2 111 家，同比净增加 215 家。

从营业收入来看，自 2021 年起，名创优品的营业收入呈上升趋势，2023 年名创优品营业收入达 114.73 亿元（见图 9–5），其中 2023 年第三季度国内收入占比为 65.8%，海外收入占比为 34.2%（较 2022 年同期提升了 1%）。

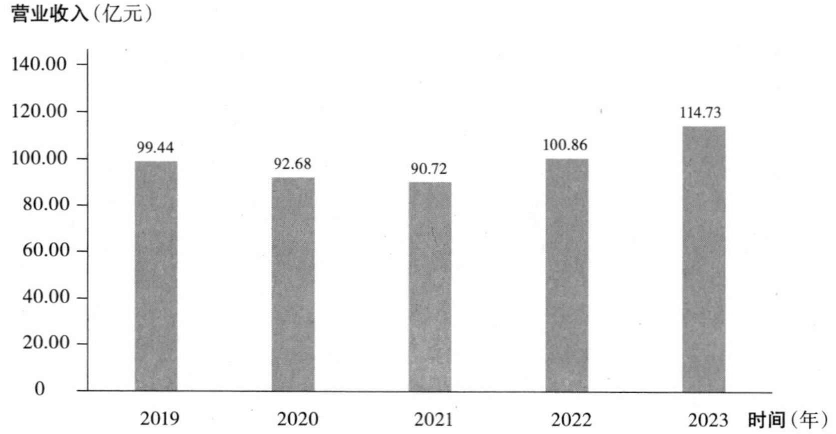

图 9–5 名创优品营业收入情况（2019—2023）

资料来源：名创优品公告。

在商业模式上，我们可以将名创优品的海外市场分为直营、类直营和代理三种模式（见表 9–3）。

表 9–3 名创优品海外市场商业模式

市场类型	定义	管理模式	门店类型	分成模式	管理模式	分布区域
直营市场	公司在海外当地设立全资子公司	库存在公司手上，公司负责选品、门店经营、员工招聘、房租支付等	直营门店	公司全额确认收入，财报口径毛利率较高	公司直管	美国、加拿大、新加坡、越南、波兰、乌兹别克斯坦

续表

市场类型	定义	管理模式	门店类型	分成模式	管理模式	分布区域
类直营市场	公司在海外当地设立全资子公司	库存在公司手上，但由合伙人/加盟商负责选品、门店经营、员工招聘、房租支付等，公司帮助加盟商进行员工培训	以名创合伙人加盟为主，直营门店数量极少	与公司国内门店的模式类似。加盟商分门店流水的 38%，公司留存 62%，财报口径毛利率较低	公司直管	印尼、印度
代理市场	公司通过代理商管理当地市场	库存在公司手上，公司在国内港口发货上船时就计收入	代理商开设门店	公司按照国内零售价的 58% 向代理商出货，财报口径毛利率较低	公司可通过 POS 机监控代理商的实际销售情况，并向代理商建议选品及库存水平，但货权在代理商手上，所以仍以代理商为主	其余 90 多个国家（菲律宾、巴基斯坦、泰国、西班牙、意大利等）

资料来源：公开资料，内容由弘章投资整理。

值得注意的是，按名创优品的财报口径，直营和类直营市场都被计为“直营市场”，判断的标准就是“公司是否在当地设立了全资子公司”。名创优品在印尼和印度的门店虽然多为加盟商开设，但因为在当地设立了全资子公司，所以在报表端印度和印尼市场依然被计入“直营市场”。

截至 2023 年第三季度，在名创优品的海外市场中，直营市场收入占比约为 46%，高于 2022 年同期（占比为 34%），收入占比提升的核心原因是以美国、加拿大为代表的北美纯直营市场在 2022 年名创优品更换管理团队后重新梳理了选品、人员管理等门店运营工作，因而在 2023 年享受了管理提升的红利。2023 年，名创优品在北美地区不仅实现收入大增，还扭亏为盈，从而带动公司利润率及海外直营市场收入占比提升。

对一些发展不好的传统代理市场，名创优品可能会收回代理权而选择直营，但对经营状况良好的代理市场，则可能不会改变轻资产的运营方式。

从类型拆分的角度看名创优品的门店，截至 2023 年 6 月 30 日，海外门店中代理门店占比约为 80%，类直营门店占比约为 12%，直营门店占比约为 8%。

从门店的地区分布来看，截至 2023 年 6 月 30 日，名创优品在亚洲（除中国外）的门店占比约为 45%，拉美门店占比约为 22%，欧洲门店占比约为 11%，中东及北非门店占比约为 7%，北美洲门店占比约为 6%，其他区域门店占比约为 9%。

从整体上看，根据公开资料，目前名创优品直营市场单店日均销售额约为 1 万元，代理市场单店日均销售额约为 1.7 万元。

虽然亚洲（除中国外）和拉美市场的门店占比领先，但这些市场对名创优品而言属于“传统市场”，发展相对成熟。从边际变化的角度看，北美市场反而更加显著。

从 GMV 拆分的角度看，截至 2023 年 6 月 30 日，在名创优品的海外市场 GMV 中，拉美市场 GMV 占比约为 37%，亚洲（除中国外）市场 GMV 占比约为 27%，中东及北美市场 GMV 占比约为 12%，其余区域 GMV 占比均在 10% 以下。由于单店面积和店效存在差异，因此虽然名创优品在亚洲（除中国外）市场的门店规模最大，但 GMV 占比反而是拉美市场更加领先。

从海外市场的盈利能力来看，根据公开数据，名创优品海外市场整体营业利润率（Operating Margin）在 17% 左右。其中代理市场发展相对成熟，同时名创优品不吃库存，海外代理市场营业利润率为 20% ~ 21%。海外直营市场整体营业利润率为 11% ~ 12%，但较 2022 年同期的负利润率水平已经取得显著的改善。自 2022 年以来，名创优品在净母净利润方面一直保持显利状态，其中 2023 年归母净利润达 17.69 亿元（见图 9-6）。

从产品来看，名创优品在海外的定位更偏向产品可选品牌，在当地属于消费升级类，但名创优品的产品定价远比当地竞争对手更低。以美国市场为例，名创优品的定位为“城市购物中心的礼物商店”，产品均价在 10 美元上下。其实，名创优品最早开拓美国市场的时候，主要以 10 美元以下的货品为主，但经过实地调研后，认为美国市场的 IP 产品无处不在，消费者也愿意为之买单，只依靠性价比的发展模式可能遇到问题，因此及时做出了产品战略调整。

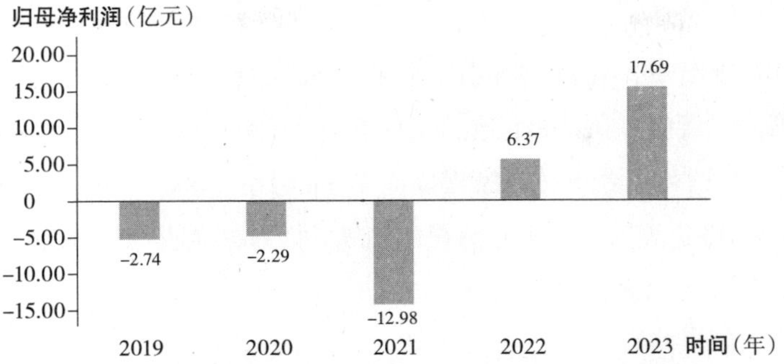

图 9-6　名创优品归母净利润情况（2019—2023）

资料来源：名创优品公告。

从本质看，名创优品在海外的发展，一方面是中国供应链优势的"外化"，同时该公司在选品、供应链方面确实有沉淀和优势；另一方面借助性价比和可选属性，在异国他乡反而能做出与国内不同的品牌定位。

拼多多 Temu 的出海

拼多多于 2022 年 9 月在美国上线跨境电商平台 Temu。在随后的发展过程中，Temu 也引起了市场的极大关注。

从商业模式上看，Temu 采用自营模式，不对入驻商家收取佣金，而是赚取供销差价。从货物链路来看，Temu 的卖家主要负责发货和运送到仓，其后包括定价、销售、物流、售后等环节则由 Temu 负责。商家可以在商品详情页露出品牌，但不具备后台操作权限，商品最终定价权归属于 Temu。

从整体运营的流程上看，目前商家入驻拼多多的流程比较简单，企业或个人都可以入驻开店，且已经在拼多多完成开店的商家可以直接入驻 Temu。商家在 Temu 后台上线产品，Temu 买手进行选品，选品通过后，商家寄送样品供 Temu 审核。商品通过质检后，Temu 对商品核价，定价权被其掌握，商家仅有一次反馈机制。

随后，商家向 Temu 的广州仓发货进行备货，Temu 产生订单后再由广州仓向海外发货，途中的物流和售后由该平台负责。

从仓储物流上看，在国内部分，货物由商家统一、提前发往广州仓，后由 Temu 发往海外。同时，该平台也允许商家在产生订单后的 48 小时内送货到仓而无需提前备货。在这种模式下，商家需要向 Temu 缴纳 5 000 元保证金。跨境运输环节，由 Temu 和极兔等第三方服务商合作完成。而海外尾程配送环节，主要由 DHL 或美国邮政完成。

目前，Temu 支持邮政小包和商业快递两种模式。前者的包邮门槛为 49.9 美元，预计 7～15 天送达；后者的包邮价格为 99.9 美元，预计 3～5 天送达。在售后环节，Temu 承诺 90 天内可退换货、首单退货免费等。

从平台及产品定位上看，Temu 延续了拼多多的定位，主打性价比。平台的性价比主要来自几方面：Temu 在选品环节以同类平台中的最低价为标准，更倾向于选择高性价比类产品。同时，自营模式也给了 Temu 更强的定价权和成本压缩的空间，从而提高了商品的价格竞争力。Temu 在平台上推出了多项优惠政策，通过平台补贴的打法实现性价比，比如新用户首单折扣等，部分做法和拼多多在国内的做法相似。平台出海自然离不开国内供应链的优势，相比海外的平台，Temu 能够更好地控制产品成本。

从品类上看，Temu 目前以服饰箱包和日用百货为主。根据公开资料，截至 2023 年 10 月，上述两大品类的 GMV 占比合计超 60%。此外，Temu 还包含母婴、宠物、电器、运动等 20 多个一级类目。

从市场布局看，目前 Temu 以美国市场为主，同时也在积极开拓非洲和中东市场。根据公开资料，截至 2023 年 10 月，Temu 已经在接近 50 个国家和地区开设站点，覆盖包括北美、欧洲、东南亚、中东、非洲等区域。截至 2023 年 11 月，Temu 在北美洲、大洋洲市场的 GMV 占比超 60%。虽然 Temu 在美国市场的 GMV 占比下降，但美国依然是 Temu 绝对的基地市场。

从用户体量上看，根据 Sensor Tower 公布的数据，截至 2023 年 11 月，Temu 的月活跃用户达 1.5 亿人左右，环比增速接近 10%，用户体量和希音较为接近。从商家的角度看，入驻 Temu 的好处包括：平台增速快，销量高，可以快速拉动产品销售；平台入驻门槛低，且平台对品类的管理，尤其是对同一主体多家开店、销售多个品类的管理更加宽松。

渠道调研结果显示，入驻 Temu 的商家利润率水平虽然高于拼多多主站，但是略低于海外同类平台。出现这种情况的主要原因在于，Temu 的核心机制十分严格，商家不掌握定价的主动权，同时，一旦涉及退换货，产生的运输成本就会由商家承担。此外，Temu 的回款周期比较长，略长于其他同类全托管平台。从经营数据看，根据公开资料，Temu 在 2023 年 1 月至 11 月累计实现 GMV 约 160 亿美元，2024 年的 GMV 目标可能高达 300 亿美元。

希音的全球拓展

希音的前身成立于 2008 年，希音品牌成立于 2014 年底。根据公开资料，希音于 2021 年成为美国下载量最大的购物 App。截至 2023 年 5 月，希音已经完成 G+ 轮融资，估值 660 亿美元。2022 年，希音实现 GMV 约 290 亿美元（见图 9-7）；营业收入达 227 亿美元，同比增长约 45%（见图 9-8）。

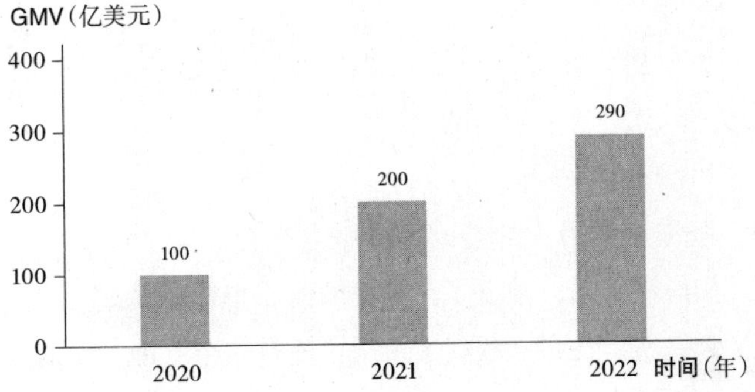

图 9-7　希音实现 GMV 的情况（2020—2022）

资料来源：希音公告。

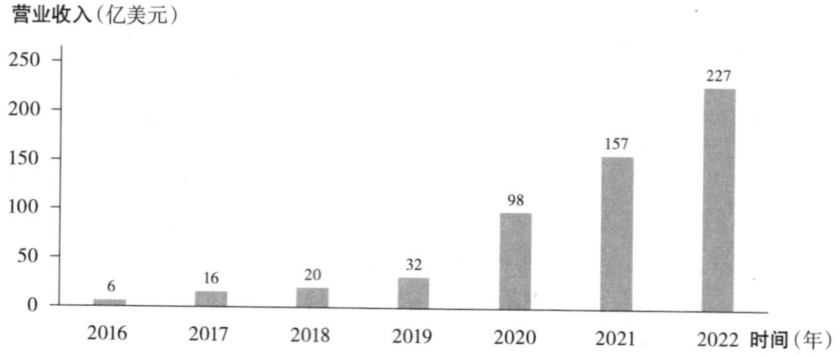

图 9-8 希音的营业收入情况（2016—2022）

资料来源：希音公告。

希音以快时尚女装为核心业务，并逐渐向家居等多品类扩展。作为时尚跨境 B2C 的龙头企业，希音通过数字化及柔性供应链，凭借“线上 + 性价比 + 高频上新 / 小单快返”的模式满足了海外消费者的需求。目前，希音的业务已经覆盖全球 150 多个国家和地区。

根据公开资料，2021 年希音美国市场占比约为 33%，欧洲市场占比约为 30%，中东市场占比约为 17%，东南亚市场占比约为 8%，其他区域占比约为 12%。

从用户数量和构成上看，根据公开资料，2022 年，希音用户数超过 7 000 万人。根据 Simllarweb 统计的数据，希音的用户约 65% 为女性，25 ～ 34 岁的用户占比超 30%，35 ～ 44 岁的用户占比约为 21%。

从客单价看，根据公开资料，近年来希音的客单价呈现提升的态势，从 2019 年的 50 美元提升至 2022 年上半年的 75 美元。

众所周知，服饰企业最大的经营风险来自库存。与 ZARA 相似，希音依托于国内强大的柔性供应链体系，建立了十分高效的小单快返模式，将产品的上新周期大幅度缩短至 7 天左右，在很大程度上解决了库存这个服饰行业的“老大难”问题。

具体来看，希音在完成设计、样衣打板后，会先进行小批量测试，而无需大量备货。一旦购买需求旺盛，库存消化速度高于预期，希音就会基于柔性供应链快速补单，从而大大降低库存周转天数。除了销售数据以外，希音也可通过网站向消费者提供个性化推荐，并基于用户浏览、收藏和购买数据快速决定返单深度。

根据公开资料，ZARA 一次性生产并测试的最小量为 500 件，而希音可以做到 100 件。这意味着生产同样数量的商品，希音可以测试更多的 SKU，从而提高押中爆款的概率。

希音对供应商的数字化赋能是实现这一小单快返模式的重要前提之一。希音自主研发了供应链数字化管理系统，对全体供应商的生产进度、订单处理等情况进行统一管理，真正打通了上下游信息，提高了整体效率。除此之外，希音对供应商还有其他赋能与支持（见表 9–4）。

表 9-4　希音对供应商的赋能与支持

	希音对供应商的赋能与支持
账期	回款周期 15 天，最快 7 天
资金	月度结算，无需保证金、入驻费
培训	专人对接、系统跟单
生产	提供数十家面辅料合作资源
管理	数字化系统指导生产

资料来源：公开资料，内容由弘章投资整理。

希音能够实现小单快返也离不开供应链的协同。其总部位于广州市番禺区，服装行业是当地传统的优势产业。公开数据显示，截至 2022 年底，番禺共有超 3.4 万家服装企业，其中超 7 000 家为服装制造企业，当地配合希音的核心供应商在 300 ～ 400 家。这些供应商与希音合作，还须满足一定的要求（见表 9–5）。

表 9-5　供应商与希音合作的细则

	合作细则
类目	供应商提供货品，平台采购
下单模式	全品类均为小单快返，具体单量根据品类和款式决定

续表

	合作细则
合作要求	无须保证金、申请费、合作费、推广费、销售佣金、国际物流费等
结款周期	新供应商平均月结，最短可进行周结
生产规模	自有或长期合作的工厂的生产面积在 1 000 平方米以上，有一定的外单经验
考核	根据发货、备货及时率、次品率、上新成功率等，按照季度考核将供应商分为 S、A、B、C、D 5 个级别，D 级末位的 30% 淘汰

资料来源：公开资料，内容由弘章投资整理。

从仓储物流看，希音的供应商可以选择将货物运往平台指定地点，经物流服务商取货后送往希音中心仓。同时，供应商也可以选择自主送往中心仓。后续跨境运输的费用全部由希音承担。根据公开数据，截至 2022 年，希音在全球已经与 200 多家物流和供应链伙伴达成合作，拥有佛山、南沙、比利时、美国等六大物流中心和 7 个客管中心。

希音 95% 的商品由国内中心仓发往海外。国内的中心仓位于广州市，周边有几个卫星仓配套。由于希音每单商品在 10 件左右，很容易出现海外无货的情况，因此大部分商品采用国内直邮的形式发往海外。公司的海外仓分为运营仓和中转仓两种，前者负责发货，后者主要承担退货责任。

从网站和运营看，希音在 2012 年就着手进行了独立站的搭建。独立站不仅为其带来相对稳定的流量，也使后续的用户触达、数据积累、营销抓手更为准确。

从营销来看，除了常规的社交网站外，热门搜索网站也是希音重点的广告投放阵地。同时，希音也通过 KOL 和营销联盟客渠道的双管齐下，帮助平台和品牌势能持续向上。

汉朔科技：消费科技企业出海的典范

汉朔科技股份有限公司（简称汉朔科技）是一家以物联网无线通信技术为核

心的高新技术企业，围绕零售门店数字化领域，该企业构建起了以电子价签系统、SaaS（Software as a Service）云平台服务等软硬件产品及服务为核心的业务体系。2021—2023 年，汉朔科技电子价签收入规模在全球上市公司中排名前三，它在国内市场的占有率超过 60%。汉朔科技的产品覆盖了全球 50 多个国家和地区的 400 多家客户，目前已在美国、英国、法国、德国、荷兰、澳大利亚、新西兰、新加坡、日本、瑞典、加拿大、越南和波兰等国家设立了下属公司，是我国消费科技企业中当之无愧的出海典范。

汉朔科技成立于 2012 年。当时，创始人侯世国先生结合自身在芯片领域多年积累的经验，以电子价签系统作为切入点，进军零售领域。在 2013 年发布了首款产品后，汉朔科技于 2014 年正式实施“走出去”战略，并组建起了团队开拓海外市场。经过几年的产品迭代和渠道建设，2019 年，汉朔科技与华润万家、阿霍德·德尔海兹（Ahold Delhaize）、沃尔玛等国内外领先的零售商结成合作关系，深度参与其门店数字化转型升级工作。2021 年，汉朔科技与微软签署了全球战略合作协议，直接向其客户提供 SaaS 云平台服务。

根据招股说明书，2023 年，汉朔科技实现的营业收入约为 37.75 亿元，2021—2023 年，营业收入的年均复合增长率超过了 50%。2023 年，汉朔科技实现的扣除非经营性损益后的归属于母公司的净利润为 6.9 亿元，净利率约为 18%，盈利能力强劲。

汉朔科技的核心产品是电子价签，在总营业收入中占比超过了 90%。电子价签是一种带有信息收发功能的电子显示装置，由通信模块和显示模块构成。通信模块可以实时接收服务器发送的控制命令和需要显示的图片以及回传信息，显示模块则负责显示接收到的图片等信息。简单来说，电子价签通过对商品信息数据进行实时、快速、大规模响应，从而实现线下门店价格管理、库存管理、人机交互等功能。因此，相较于传统纸质价签，电子价签充分地节约了线下门店的人力成本与纸张资源，极大地提升了商品价格统一管理的效率。除此之外，由于它还具备节能环保等优势，因此，它在零售业得以广泛应用。

从全球电子价签行业的发展趋势来看，1993 年，欧洲首次推出了电子价签，但由于生产成本高昂，未能得到广泛推广。随着发达国家人力成本的持续上升，电子价签作为降低门店运营成本的重要措施，开始逐渐被应用在零售商的各大门店中。目前，在欧美多国、澳大利亚、中东的土耳其、亚洲的日本和韩国等国家中，已经有大量超市应用了电子标签，全球市场的渗透率在15%左右，在发展相对成熟的法国，其渗透率已经超过了30%。

而在中国市场，2011年，沃尔玛率先在中国展开了货架标签电子化的尝试，但由于成本较高，下游市场的接受度不高，还处于缓慢发展阶段。2016年，“新零售”概念开始流行起来，随着电子价签技术的不断完善以及应用价值的不断丰富，电子价签日益发展成门店数字化建设的必备手段，永辉超市、物美、京客隆、大润发等国内领先的零售商均逐渐采用了电子价签。

根据法国巴黎银行的预测，2024年，全球将有2 000多家零售商的超100万家实体门店会配置电子价签。根据CINNO Research统计数据，2017—2023年，全球电子价签的市场规模从28亿元上升至169亿元，年均复合增长率为34.9%；截至2028年，全球电子价签的市场规模将进一步增长至349亿元，2024—2028年，市场规模的年均复合增长率为13.2%。

整体来看，在全球电子价签良好的发展前景下，汉朔科技凭借优秀的研发能力，不断创新升级产品，在2015年、2018年、2020年和2023年分别上线了Stellar、Nowa、Nebular和Polaris四个系列、数十种电子纸显示价签产品。与此同时，汉朔科技在芯片工艺、电池工艺及使用寿命、快闪响应时间、变价速度等方面持续优化，从而实现了更好的产品使用体验，进一步达到了降本增效的目的。

研发技术方面，由于汉朔科技面向的客户场景具有设备与商品数量多、门店分布广、通信干扰严重以及物理环境复杂等特点，因此，需要有全面的核心技术体系作为支撑。底层通信协议是最基础的核心技术要求。除此之外，在软硬件结合、网络构建、云平台开发应用等方面也需要具备全面的架构设计和技术开发能力。整体上看，汉朔科技自主研发的广泛适用于各产品条线通信及数据传输的

HiLPC协议，具备吞吐能力强、并发量大、抗干扰、低功耗等优势，可以确保通信系统运行得更加流畅、稳定。HiLPC协议在通信速率和精准定位上也具备明显优势。此外，汉朔科技在传统ESL芯片的分离式器件设计路线上进行了突破创新，形成的系统级封装SiP芯片制备技术，可以有效地提高系统的集成度与可靠性。汉朔科技还在电子纸显示模组测试与调校方面积累了丰富的工艺经验，可结合客户的具体需求对出厂模组的工艺参数进行调试和增补，这有效地解决了电泳技术的显示稳定性问题。

渠道建设方面，汉朔科技超过75%的营业收入由直销渠道贡献，经销渠道占比仅约25%。这张遍及全球的服务网络是汉朔科技除了产品以外的另一个突出的竞争优势。这个庞大的服务体系能够很好地完成快速响应客户需求、及时完成产品交付、挖掘潜在客户等任务。针对销售和服务环节，汉朔科技成立了专门针对大客户的独立销售小组，从而保证了服务的质量。针对海外大客户，汉朔科技布局了海外仓，产品可从海外仓直接送往下游客户指定的仓库或门店，这进一步地保证了产品交付的时效性。

核心客户方面，汉朔科技目前已与欧尚（Auchan）、阿霍德·德尔海兹、奥乐齐（Aldi）、华润万家、多点集团等国内外零售头部企业形成了战略合作关系。其中，荷兰最大的日用零售商阿霍德·德尔海兹、德国最大的连锁零售超市奥乐齐分别于2018年、2020年开始与汉朔科技合作。2023年，汉朔科技的第一大客户是奥乐齐，作为单一客户，在营业收入贡献方面，其占比约为18%，而以上五大客户的整体占比约为55%，所以，汉朔科技是一家颇具特色的以服务大企业为主的企业。

从营业收入结构方面来看，2023年，汉朔科技超过95%的营业收入源于境外。其中，欧洲地区贡献最大，来自这一市场的营业收入占比超过了60%。无论从产业发展趋势来看，还是从企业的营业收入构成、核心大客户等方面来看，汉朔科技都是目前国内消费科技企业出海的典范。

出海成功案例的方法论

综合以上中国企业在新全球化浪潮中成功探索，可以总结出中国企业成功出海的五大方法。

第一，从新兴市场中相对落后的区域起步，形成现金“奶牛”市场，前期避开竞争过于激烈的市场，以免消耗掉太多资金。传音的创始人曾分析说：人们一般都会把发达国家视为“金市场”，如美国、西欧等国家，大家看重金市场消费者的购买力，认为他们重视品牌，适合做高价格的产品。把次发达国家，如日本、韩国等国家称为“银市场”，这些市场具有相对成熟的购买力和购买渠道，中等价格的品牌比较受欢迎。传音最重视的是“铜市场”，在这类市场中，有些国家，人们甚至都没听过它们的名字，感觉没什么好去发展的，但正是这样，才让这里缺乏有力的竞争者。如尼日利亚、巴基斯坦、孟加拉国等国家。很多创业者都会认为，铜市场消费能力肯定很差，只能做低价格带的产品，把廉价产品卖往那里。这是一个非常错误的认知，恰恰是供给不足、缺乏竞争者的市场，才有很大机会经营价格相对较高的产品，没有必要去卖廉价产品。价格是由供给决定的，而不是消费力。“铜市场”往往缺乏多层次的品牌，只有一些国家超级品牌占据了金字塔的塔尖区域。而留给中国企业家的是一个非常舒服的中间价格带，这里有较大的市场空间可以去挖掘。

第二，灵活地采用“三合模式”，通过合资、合伙、合作模式来探索海外市场往往比较有效，比自己全面投入业务中要快速很多，成功率也比较高。如名创优品在探索不同国家出海机会时，快速找到了很多在海外国家有丰富资源的中国人，他们之间的合作模式非常灵活，有设立合资公司的、有授权发展的，还有一部分是通过直营模式落地海外市场的。据悉，名创优品在墨西哥的业务刚开始时压力也很大，在找到本地资源特别丰富的家族进行合资合作后，整体规模和盈利能力都变好了。如今，泡泡玛特的海外业务已经很大了，且贡献了相当一部分的盈利规模。这部分贡献与本地合伙人的价值创造密不可分。当然，随着业务和品牌的不断发展，合作模式也会不断发生变化，特别是考虑到上市后的合规性，品牌方也往往会在业务成熟的后期，通过并购的方式来购买合作方的股份或者进行换股操作，给合作方一些资金退出的机会。

第三，深度实施本地化策略，不管产品在国内市场如何好卖，一旦来到海外市场上销售，一定要为当地消费者带来价值，满足当地人的需求。比如，传音在非洲市场上推出的手机就解决了当地人的独特需求。因为非洲没有 4G 网络，基本上都是 2G 和 3G，所以传音手机抓住了非洲的这一特点，将手机音量做到极致，人们可以用来听音乐，声音特别响，而且续航时间比较长，有精美的开机动画。针对非洲通信讯号不稳定且不同运营商之间通话资费很高的问题，传音开发了“四卡四待”智能手机，便于消费者切换信号和节省通话费用。此外，传音还专门定制了照相机器件，对摄影算法进行了定向优化，使旗下手机能在暗光环境中识别出深肤色用户的脸庞，拍照效果更佳，因此深受非洲用户的喜爱。

第四，前期最大程度发挥中国供应链的优势，后续逐步本地化发展。如希音通过中国服装供应链的快速反应能力，整合出超高效的产品能力。其经营模式非常像 ZARA，重点是做好供应链管理，公司最核心的就是上百个设计师，一旦接收到目标市场的最新时尚潮流信息，他们会立刻设计出最符合当地时尚风格的服装，生产就交给中国的合作工厂。希音小批量、快周转、轻资产的模式，简直就是中国版的 ZARA。比 ZARA 更惊人的是它的销售完全依赖线上，广告曝光 100% 来自社交媒体中的意见领袖，各种社交媒体上的人气大 V 在帮其做宣传，不断刺激着潜在客户的消费欲望。名创优品起步时也是如此。它背靠国内大量超级代工厂的能力，通过几百个产品经理，不断组合出非常有特色的商品品类。但来到不同国家后，由于审美的不同以及各种本地监管限制，它也不得不开始加大本地化的商品组合。总而言之，全球化发展得好的企业，都是能把产品本地化做到极致的企业。

第五，尊重本地文化，合规经营。有很多事情都不能用中国人的思维方式来想当然的处理，包括灰色清关、少交税款等。在成熟的欧美市场，有品牌被本地竞争对手抓到了不合规的把柄，在接受严厉处罚后，一夜归零。欧美发达国家的用户隐私保护政策、知识产权保护等都是优先、重点考虑事项，很多中国企业家时常会忽略了这一点。此外，要尊重本地的劳动法和税务合规问题，这些问题一旦积累起来，往往会变成致命问题。

THE FUTURE
OF GOING GLOBAL
新全球化洞见

中国企业出海的四大优势与四大风险

中国企业出海的四大优势

相较于国内高度竞争的环境，中国企业在全球市场上是非常有竞争力的，因为绝大部分的新兴市场国家都还处于供给不足的状态，这些国家缺乏有经验的创业者，制造能力也不足。总结起来，中国企业出海具有以下几大优势。

一是智能化供应链制造优势。全球大量的消费品制造都是在中国进行的，特别是小家电以及一些生活方式品类，近 70% 的产品生产制造都在中国进行，相当比例的劳动力、资本、原材料等生产要素都由国内供应。中国制造业供应链高度灵活，能够实现快速反应，比如，跨境电商平台希音每年都会上 15 万件新品，其供应链的自动化水平不断提高，供应链流程管理实现了节点化、数据化、柔性化。中国培养了大量的原始设计制造商（ODM）和原始设备生产商（OEM）方面的人才，可以帮助制造业供应链实现高度复杂的体系建设，多种模块的技能储备使我国的生产研发和自主创新能力不断加强。这种压倒式的供应链制造优势在新兴市场国家可以快速形成差异化的产品能力，在很多发达国家也具有很好的规模化竞争能力。

二是创新的商业模式和运营经验优势。中国企业已经历了多年的电商高度竞争，无论是品牌方还是供应链制造商，都积累了大量的高度竞争下的运营实战经验。目前，中国已经拥有全球最为复杂的电商形态，并掌握了各种流量玩法，如B2C、B2B、C2C、社交电商、社区团购、新零售等创新模式。社交类媒体创新形态多样，公域和私域两种流量相互转化，互联网企业投放流量的玩法丰富且成熟。比如，在国际上非常成功的流量平台 TikTok，它让抖音上的各种流量玩法在国际上也火了一把。在零售连锁领域，中国也创新出了很多的知名品牌和模式，如瑞幸、盒马鲜生、兴盛优选、叮咚买菜等各种新零售企业，均很好地实现了线上和线下双向流量互动，使中国消费者享受到了超级方便和高性价比的体验。所以，具有商业模式和运营经验优势的中国企业在出海时具有降维打击优势。

三是中国企业家精神和企业人才储备优势。2018 年以后，中国的人口红利逐步减弱，但最近 20 多年的商业发展，让中国的人才红利越来越大。比如在产品技术制造能力方面，中国的工程师数量超过了 4 200 万人，这让中国的产业从劳动密集型发展至技术创新型。中国优质专利占全球优质专利的 25%。此外，中国企业跨国协作能力也已经非常强大。过去 10 年，快速发展的跨境产业衍生出了大量的跨国协作服务商，它们将为未来扩容版的世界工厂提供协作支持。

企业家精神是最重要的生产要素之一，企业家承担了创新创业的巨大风险，相应地也有机会获得丰厚的剩余价值。中国政府不断推动资本、劳动力、土地、数据信息、技术等要素市场化，并加大产权保护力度，而企业家则将上述生产要素整合起来并参与市场竞争。过去 20 多年，中国已经涌现出一批具有“企业家精神”的企业家，他们是时代的弄潮儿。而今天，这些企业家开始把目光放到国际市场上，特别是一些新兴市场国家，新全球化战略将成为中国企业家核心的发展战略。

四是强大的资金实力支持。中国拥有除美国以外的全球第二大风险投资市场和资本市场，过去累积的大量资金需要通过实业再投资的方式实现新的增长。除资金支持外，中国企业更需要的是借鉴成长路径和分析、学习商业模式，中美成熟的商业发展案例是新兴市场模型的重要参照。特别是那些已经获得中国资本市场地位的上市公司，它们的营业收入、利润规模已经相当大，也非常有意向在新兴市场中进行并购和扩张。而大部分新兴市场中的业务缺乏足够的资金来运作，两者的有效结合可以大大提升经济效率。

企业出海的四大风险

在当今地缘政治相互博弈的大背景下，面对全新的政治、经济环境，走出去的企业会面临巨大的不确定性，我们已经听说了很多失败或陷入困境的企业案例。特别是去到那些处于发展早期的新兴市场国家的企业，由于当地法律体系并不完善，对外国投资者也不友好，所以遭受失败。某种程度上，很多风险要素也是不得不面对和需要承受的，出海企业无法简单通过对冲的方式来化解。

第一大风险是汇率变化。外汇风险是指企业在对外经济活动中，使用外币计价结算和持有外币资产与负债时，因汇率变动，资产、负债和所有者权益以记账本位币反映的价值发生变化，并由此产生损失的可能。出海企业需要在外汇风险可能产生的收益和可能导致的损失之间谋求平衡，从而减少汇率波动对企业经营的影响，这就是外汇风险管理。对拓展海外业务的企业和跨境电商而言，外汇风险管理的战略价值在于有助于他们确定成本收入、增加市场份额、打通融资渠道、增加收入和利润。

要有效管理汇率风险，需要在计算产品销量或进口价格之前，设定好一个参考汇率作为基准。参考汇率必须能够反映企业制定价格时的真实市场汇率水平，然后采用汇率风险对冲工具来降低风险。参考汇率能让企业更好地定义自己面临的外汇风险。运用好外汇对冲工具本身也是非常不容易的，过程中要避免衍生工具的失控和滥用。

第二大风险是新兴市场国家的政治和政策风险。总体来说，各国都有一定的政治和政策周期性，我们在判断进入一个市场的节点时，需要对政策周期有一个明确的预判。中国的出海企业在这方面是吃过很多亏的，有些市场看似机会很多，但政治性波动会带来很多政策上的不确定性，造成资金出境时的巨大不确定性、额外的税务负担、各种不透明的罚款等问题。相当一部分的国家是有选举周期的，而在选举期间，社会也会产生一些不稳定因素，甚至是一些冲突性事件，这时出海企业要特别留意风险事件的发生。在应对上，主要是多和当地的资深人士或家族进行良好的互动和交流，对大的趋势性事件保持足够清醒，要站在当地精英的视角去判断政策走向。总体来说，和中国保持良好国际合作关系的国家还是应成为首选。特别是在目前中美对抗的大背景下，关税问题变得越来越突出，中国电商流量平台“四小龙”的攻城拔寨，让很多新品牌开始伴随电商流量平台共同出海发展。为了平衡各国的中小企业利益，一些国家正在快速提升关税壁垒。额外的关税壁垒给出海企业带来了很大的冲击。

在很多新兴市场国家，家族化财阀和当地政治家族往往会有很深的渊源，特别是在东南亚，华人家族历经几代人的不懈努力，逐步在金融、地产、消费等经济领域处于垄断性的规模地位。印尼、泰国等国家出现了大量的控制当地经济命脉的华人家族力量。如何与家族巨型企业进行合作，往往是中国的出海企业不得不面临的问题。由于历史上的原因，和某些家族力量走得过近也可能带来新的风险。

第三大风险是当地人力资源风险。出海经营最困难的一点是如何形成本地化的组织力和执行力。我们看到，很多中国企业家在考察、调研市场时，都觉得机会非常多。但经过一定时间的深入了解后发现，瓶颈往往还是落在如何搭建本地团队上。对此，中国企业家的第一反应还是用中国企业的经营文化去要求当地员工，这往往会形成巨大的文化鸿沟和矛盾冲突。因为中国的企业文化以效率至上，但在很多新兴市场国家中，工作只是个人谋生的阶段性手段。很多当地人习惯了超前消费和无固定工时的工作方式。对于他们而言，每周发薪是常态，一拿到钱他们就去消费了，消费完了再回来工作。这种工作方式对出海企业的团队管理形成了巨大考验。此外，还有一些当地员工在诚信上也有问题，出于对市场政策的不了解，中国企业往往会吃亏。构建有效的管理体系是一个很难实现的目标，因为这里包括语言文化、管理方式等问题。通常来说，出海企业首先需要解决的是，中国高层管理人员和当地中层管理团队之间的信任问题，以及双方风格的融合问题。在这方面，不确定性也是非常大的。

第四大风险是宏观经济影响和当地宗教文化冲突带来的风险。在世界范围内，不同国家之间的经济发展往往会相互影响，特别是美国作为世界第一大经济国，其宏观经济政策的变化，会对各新兴市场国家的经济产生重大影响。在当前持续加息的经济周期中，东南亚国家明显会面临着外资流出和货币贬值的风险。当地宗教文化冲突带来的风险往往是长期的，然而一旦引发冲突，往往就会导致前所未见的危机。所以，国与国之间、民族与民族之间，必须通过沟通、协同的方式来实现相互理解、彼此宽容的局面，这样才能真正联合起来，预先防范，分担风险，共克时艰。大部分的中国企业对于其他国家的宗教文化了解得不多，也缺乏快速融入的意愿。所以这方面也是不得不面对的重大风险要素。

THE FUTURE OF GOING GLOBAL

第二部分

新兴市场 20 家产业巨头的第一手观察和研究

第 10 章

DFI 零售集团，亚洲零售业态的巨头

提起 DFI 零售集团，可能很多人会觉得有些陌生，但当我们说到它旗下分布在亚洲各国的业务品牌，包括联营及合资企业，如 7-ELEVEn 便利店、香港美心集团、宜家家居、永辉超市等，相信大家会瞬间对 DFI 及其构筑的庞大零售王国有一个相对清晰的认识。

DFI 是一家在新交所上市的零售集团，主要经营食品、便利店、健康美容产品、家居用品、餐饮及其他业态。业务遍布中国、新加坡、马来西亚、印尼、泰国等 13 个亚洲国家及地区。截至 2022 年底，DFI 在各种零售业态之下，经营的线下门店数合计超过 10 000 家，员工数合计约为 22 万人。根据公司年报，2022 年，整个集团的营业收入超过 270 亿美元。其中，旗下上市公司的收入也超过了 90 亿美元。

DFI 旗下业务分为食品、便利店、健康美容产品、家居用品、餐饮和其他联营业务六大板块，其中：

- 食品板块主要包括中国香港的惠康超市、中国内地的永辉超市（2014年入股）、新加坡的冷藏公司超市（Cold Storage）及巨人超市（Giant）、印尼的英雄超市（Hero）和菲律宾的罗宾森超市（Robinsons）。
- 便利店板块包含在中国华南地区及港澳地区和在新加坡的 7-ELEVEn 便利店的经营权。
- 健康美容产品板块主要包括中国内地及港澳地区的万宁药店（Mannings），和文莱、柬埔寨、印尼、马来西亚、新加坡、越南地区的个护零售连锁店（Guardian）。
- 家居用品板块主要包括中国港澳台地区以及印尼的宜家家居业务。
- 餐饮板块主要是公司入股香港美心集团（持股 50%）后在中国、柬埔寨、马来西亚、新加坡、泰国、越南、老挝等国家和地区开展的各项业务。
- 其他联营业务板块主要包括在菲律宾的罗宾森品牌旗下的其他零售业态业务。

发展路径

1886 年，苏格兰籍医生帕特里克·曼森（Patrick Manson）与 5 位香港商人合作创办了 DFI 的前身。20 世纪 90 年代之前，这家企业名为“牛奶公司”；之后更名为“牛奶国际”；2021 年更名为“DFI 零售集团”。早期，DFI 在中国香港西区薄扶林建立了牧场，专门饲养从英国进口的奶牛，并向当地消费者供应高性价比的新鲜牛奶。1904 年，DFI 开始进口冷冻肉，并在中环仓库开设了首家零售店。1918 年，DFI 在九龙弥敦道开设了第二家店。

1960 年，DFI 与连卡佛（Lane Crawford）合作创办了子公司大利连（Dairy Lane），并在中国香港中环开设了首家大利连超级市场。大利连超级市场是中国香港第一家线下超市。1964 年，DFI 收购了惠康杂货连锁店，并于同年全数回购了连卡佛所持的大利连股份。20 世纪 70 年代，大利连在铜锣湾珠城大厦开设分店，并在 20 世纪 80 年代正式更名为惠康（Wellcome）。1987 年，DFI 收购了台湾顶好企业旗下的顶好超市，并将其并入惠康超市体系。

20 世纪 70 年代，DFI 由于在薄扶林牧场、铜锣湾和观塘等优质地段的冰厂占地面积较大，吸引了财团的目光，后者曾尝试对 DFI 进行收购。1972 年，英资怡和洋行旗下的香港置地集团公司（简称香港置地）提出想要收购 DFI 的股权，但当时 DFI 的实际控制人周锡年并不接受，随后，香港置地与周锡年展开了 DFI 控制权争夺战。1972 年 12 月 15 日，香港置地宣布已取得 DFI 90% 的股份。因此，根据相关规定，1973 年 4 月 8 日，香港置地将对其余小股东进行强制收购。最终，香港置地全面收购了 DFI，DFI 的上市公司身份也随之被取消。收购事件曾引发香港置地及 DFI 的股价大幅上涨，这也成为 1973 年香港股灾的触发点。

1986 年，DFI 从香港置地分拆了出来，单独在香港上市。在分拆的过程中，DFI 接手了香港置地在香港美心集团所持的 50% 股权。1994 年，DFI 与怡和系的其他企业一同从香港退市，而后在伦敦和新加坡市相继上市。

DFI 的业务布局也在多年的发展中出现了几次重大调整。早期，DFI 以奶制品业务起家，但在 20 世纪 90 年代，DFI 决定结束奶制品业务并专注于零售业务，因此在 1992 年，DFI 将奶制品业务出售给了雀巢公司，同时更名为“牛奶国际”，并由香港置地持有其 78% 的股份。1997 年 9 月，DFI 又以 4 000 万美元的价格将雀巢牛奶公司 49% 的股权出售给雀巢公司，从而退出了冰激凌和冷冻产品制造业。

目前，DFI 是怡和集团旗下的零售集团，于新交所上市，业务遍布 13 个亚洲国家及地区。DFI 的母公司怡和集团是亚洲历史最为悠久的著名企业之一，业务涉及金融及保险服务、零售百货、机械制造、汽车贸易、运输服务、房地产及餐饮等领域。2023 年，怡和集团在《财富》世界 500 强排行榜中排名第 395 位，凯瑟克家族是怡和集团的大股东。1832 年，怡和集团在广州成立，创办者是英国人威廉·渣甸（William Jardine）及詹姆斯·马地臣（James Matheson）。公司最早从事的是洋行业务，旗下的怡和洋行是最著名的老牌英资洋行，也是远东地区最大的英资财团，在清朝时就与中国有贸易往来，买卖的主要是鸦片和茶叶。1840 年，怡和洋行将总公司从广州迁至香港。1949 年以后，怡和集团在中国内地的大部分资产及生意都被收归国有。1954 年，怡和集团总部迁往香港，1961 年在香港上市。

20 世纪 80 年代，怡和集团将注册地由中国香港迁往百慕大地区，并在 90 年代将自己及旗下多家子公司的上市地点从香港移至新加坡市或伦敦。

时至今日，怡和集团依然在香港维持了相当大的业务体量，集团旗下子公司包括香港置地、DFI、文华东方酒店集团（简称文华东方）、怡和太平洋、怡和汽车。怡和集团投资的业务遍及建筑（金门建筑）、地产（香港置地）、航运（香港空运货站、怡中机场服务、香港货柜码头）、零售（惠康超市、7-ELEVEn、必胜客、万宁药店、美心集团）、投资银行、酒店（文华东方）、保险顾问等不同领域。

正是凭借怡和集团雄厚的资源，DFI 不仅承接了怡和集团旗下的零售业务板块，也在业务发展过程中开启了“买买买”的模式：

- 1989 年，收购怡和集团旗下的香港 7-ELEVEn，DFI 目前已拥有 7-ELEVEn 在中国华南地区、港澳地区及新加坡的经营权。
- 1998 年，收购印尼的英雄超市。
- 2002 年，出价 2 700 万美元，从怡和太平洋手中购入宜家在港台地区的业务，后于 2012 年被授予宜家在印尼的专营权。
- 2003 年，收购新加坡当时第三大超市首得惠超市（Shop N Save）的所有股权。
- 2014 年，以 56.9 亿元人民币的价格收购了永辉超市 20% 的股权，并在 2015 年京东入股永辉超市后，继续增持永辉超市以维持股权份额不变。

财务分析

新冠疫情的 3 年袭扰，叠加通胀带来的原材料成本上涨，对 DFI 的业务增长带来了一定的挑战，直到 2022 年下半年，DFI 的业务才重新步入正轨。如表 10–1、图 10–1 所示，2022 年的营业收入体量与 2021 年相近。根据年报，DFI 的健康美容产品板块的上涨对冲了百货零售业务的下滑，后者主要因 2022 年东南亚地区解除了出行限制，导致居民在家吃饭的比例有所减少，DFI 的百货零售业务收入出现下降。

表 10-1 DFI 零售集团财务指标概况（2014—2022）

财务指标	2014 年	2015 年	2016 年	2017 年	2018 年	2019 年	2020 年	2021 年	2022 年
营业收入（百万美元）	11 008.3	11 137.3	11 200.7	11 288.7	11 749.3	11 192.3	10 268.5	9 188.2	9 174.2
毛利润（百万美元）	3 291.0	3 285.2	3 385.5	3 432.6	3 648.8	3 533.8	3 190.8	3.042.5	3 065.8
毛利率（%）	29.9	29.5	30.2	30.4	31.1	31.6	31.1	33.1	33.4
净利润（百万美元）	509.1	424.4	469.0	402.4	84.8	323.8	271.0	102.9	−114.6
净利率（%）	4.6	3.8	4.2	3.6	0.7	2.9	2.6	1.1	−1.2
总资产（百万美元）	4 316.3	4 820.9	5 128.9	5 467.2	8 533.0	8 369.9	7 900.5	7 604.8	7 326.3
股东权益（百万美元）	1 522.5	1 455.2	1 579.4	1 755.7	1 161.9	1 239.5	1 335.9	1 267.2	941.4
杠杆率 D/A	0.65	0.70	0.69	0.68	0.86	0.85	0.83	0.83	0.87
净资产收益率(%)	33.4	29.2	29.7	7.3	26.1	20.3	20.3	8.1	−12.2
资产回报率（%）	11.8	8.8	9.1	7.4	1.0	3.9	3.4	1.4	−1.6

资料来源：DFI 年报。

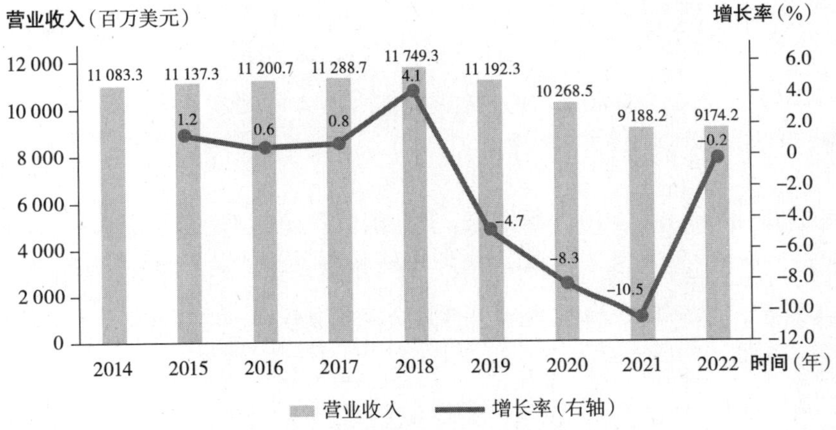

图 10-1 DFI 的营业收入情况（2014—2022）

资料来源：DFI 年报，内容由弘章投资研究整理。

受疫情以及前所未有的原材料成本上涨带来的冲击，2022 年，DFI 的利润率表现不佳。这一年，DFI 还针对罗宾森的相关投资进行了一次性的减值处理，这造成了整体的亏损，实际上，在减值之前，2022 年，DFI 处于微盈利状态。

值得注意的是，虽然在过去几年 DFI 面临了多种挑战，但整体的毛利率水平反而较疫情前有所提升（见图 10–2）。这是因为，健康美容产品板块的利润率提升显著，而百货零售业务，虽然它的收入体量在 2022 年有所下滑，但其毛利率水平还是较 2019 年有所提升。此外，DFI 还表示，将继续在数字化建设方面加大投入，从而实现更可观的经营效率和盈利能力。

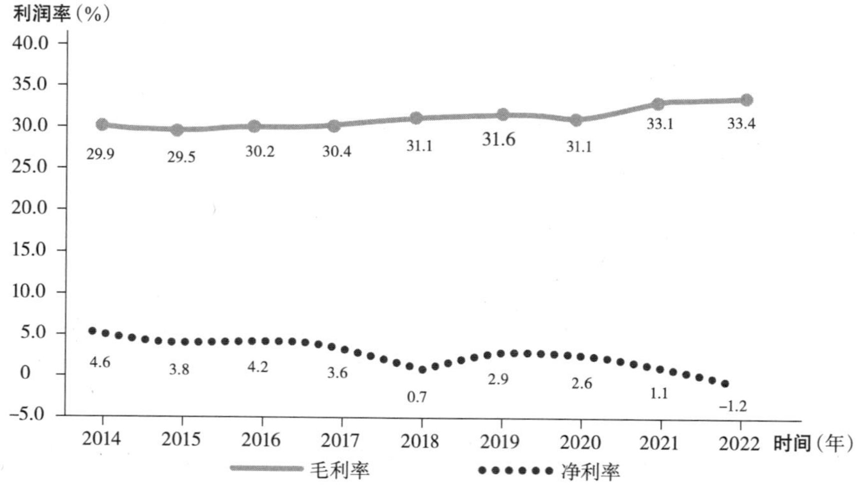

图 10–2 DFI 的利润率情况（2014—2022）

资料来源：DFI 年报，内容由弘章投资研究整理。

如图 10–3 所示，自 2018 年以来，DFI 的资产负债率均高于 80%，流动比率约为 0.39。与其他零售类上市公司相比，DFI 的流动比率相对较低。除此之外，如图 10–4 所示，近 5 年来，DFI 的经营性现金流状况较好，均在 9 亿美元以上。

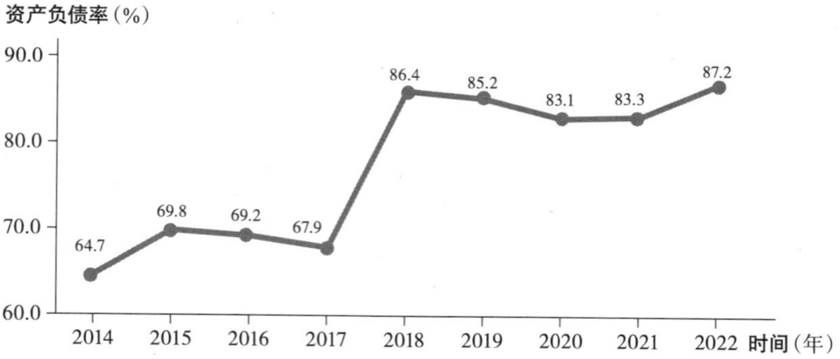

图 10–3 DFI 的资产负债率情况（2014—2022）

资料来源：DFI 年报，内容由弘章投资研究整理。

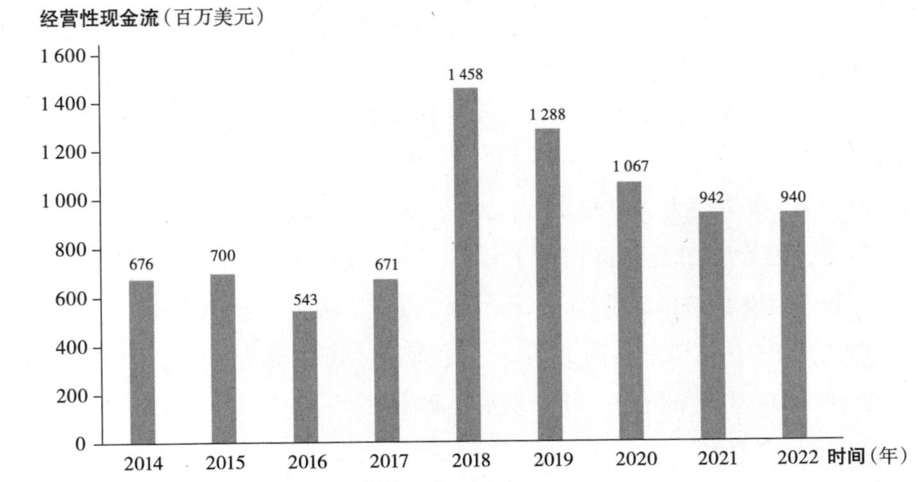

图 10-4 DFI 的经营性现金流情况（2014—2022）

资料来源：DFI 年报，内容由弘章投资研究整理。

股价和估值

如图 10-5 所示，DFI 的股价发展可以分为几个阶段。2012 年之前，由于 DFI 的营业收入同比增长水平常年保持在 10% 以上（2004—2011 年中只有两年的营业收入增速低于 10%），净利率也相对稳定在 4% ～ 5% 之间，所以在这个阶段，DFI 的股价处于上涨趋势。

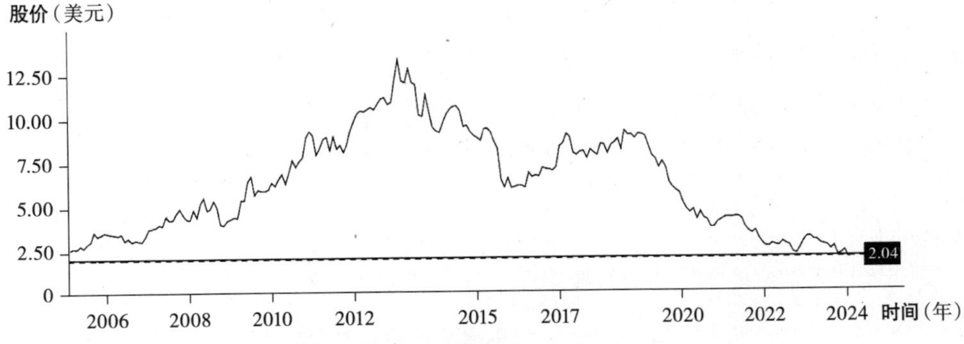

图 10-5 DFI 的股价走势（2006—2024）

资料来源：英为财经。

但 2012 年之后，DFI 的营业收入增长水平跌破 10%，一直到 2023 年，再未出现过双位数的增速，于是，在 2012 年之后，股价出现了一定的回撤。疫情对 DFI 业绩的冲击很大，所以在 2020 年之后，DFI 股价又出现了一波明显的回调。

目前，DFI 市值约为 27.7 亿美元，对应 2022 年的营业收入，PE 估值约为 0.3 倍。实际上，因为 2022 年 DFI 出现了亏损，所以我们其实无法直接判断出 PE 估值水平。我们假设 DFI 的净利率可以回到 3% 以上，从理论上来说，目前与稳态净利率相对应的 PE 估值水平约为 10 倍。无论是 PS 估值，还是 PE 估值，都能相对合理地反映出 DFI 目前的增长水平和发展空间。

新全球化企业洞察

通过外延式并购不断做大做强

通过复盘 DFI 的发展历程我们发现，在被纳入怡和集团体系后，DFI 虽然放弃了原有的奶制品业务线，专注于零售业务，但凭借怡和集团的资源及优势，DFI 通过外延式并购的方式实现了新市场、新业务的持续扩张。在进入海外新市场时，DFI 多是依靠收购的方式实现了布局。DFI 在并购时，倾向于选择与自身业务形成互补或具有协同效应的企业，因为这些企业在某一市场已经具备了一定的渠道力和品牌力，通过收购，DFI 可以顺利地实现资源共享和优化配置。

因此，我们看到，DFI 在发展的过程中，对内不断细化管理，提高经营效率；对外有效整合资源，拓展经营范围。最终，DFI 成功地提升了自己在行业内的竞争力。

对管理与整合能力提出更高要求

在并购企业后，DFI 会充分利用自身的品牌优势，对被并购的企业进行品牌管理。通过整合品牌，DFI 提升了被并购企业的市场竞争力，实现了双方的共赢。这一套并购与整合的能力，是所有希望通过跨国并购实现外延式增长的企业所必备的基础能力，也是企业的核心竞争力之一。以 DFI 为例，它在并购企业后，十分注重企业文化的融合，此举可以不断加强企业间员工的交流与合作，尤其是跨国企业之间的交流。

实际上，我们在国内市场也见到过类似的发展思路，比如，区域性低温乳企通过几轮外延式并购后的赋能与整合，从而实现了收入体量的快速增长。这些乳企也在不断尝试提升内部经营效率，最终使企业整体的利润率水平得到显著提升。

第 11 章

昇菘超市，新加坡的零售国民品牌

1985 年，昇菘超市（简称昇菘）由林福星和哥哥林福荣、弟弟林佑龙在新加坡共同成立。早年，林福星的父亲在新加坡经营一家养猪场，林福星原本是在新加坡中部宏茂桥地区的 Savewell 超市经营猪肉摊位。1985 年，Savewell 超市因经营不善，开始出售旗下的多家分店。林福星在父亲的帮助下，盘下了自己档口所在的这家分店，自此正式进入零售业，这就是昇菘的第一家店。

发展路径

昇菘的创始人林福星最初是在他们家族所拥有的养猪场里工作。在鼎盛时期，林氏猪场一度饲养了 3 000 头猪。但在 1985 年，新加坡政府关闭了在新加坡本岛经营的养猪业。由于手里还有大量未售出的猪肉，林福星就四处寻找销路。在走访宏茂桥地区时，他发现了一个机会，原来，大型连锁超市 Savewell 的宏茂桥分店不销售猪肉。于是，他在这家分店内设置了一个猪肉档口，并支付给店主销售额的20%作为租金。

不巧的是，这一年，Savewell 遇到了财务困难，林福星进驻的这家分店被出售。尽管没有经营超市的经验，林福星还是向父亲借了30 000新元，并以20 000新元的价格买下了宏茂桥约150平方米的门店。在Savewell员工林玉卿的帮助下，林福星与他的两个兄弟、6个姐妹以及前超市员工组成的基本队伍开始经营第一家昇菘门店。在昇菘门店附近还有5家超市，竞争十分激烈。对此，林福星的策略是：专注于提供基本商品，并以较低的利润率来换取销售额，向客户提供超高性价比的商品。这后来成了昇菘最主要的经营战略。到了2004年，在宏茂桥昇菘店附近，仅有一家竞争对手还在经营。

经过一年左右的发展，昇菘第一家门店的日营业额已经接近3 000新元。于是，在1987年，林福星等人又在新加坡的东部地区勿洛开设了第二家门店。1995年，位于新加坡北部兀兰的第三家门店也开业了。后两家门店的日销售额进一步增长到50 000新元。兀兰门店是第一个将传统的"湿巴刹"（新加坡的菜市场）模式引入超市的门店，也就是在超市内设立生鲜产品区域，这种组合在当时很受欢迎。

在扩张阶段，昇菘在其他超市和杂货店都看不上的、租金较低的地点进行了布局。1997年的亚洲金融危机和2001年的互联网泡沫破裂让零售业的租金急剧下降，这为昇菘的扩张提供了新的契机。昇菘借此机会快速扩张，1996—2006年，共开设了14家门店。最大的门店开设于2003年，它位于新加坡小印度区的竹脚商场里，面积约为6 000平方米，是昇菘在市区的第一家门店，也是第一个尝试"超市+美食广场"模式的门店。2007年，昇菘开始赞助电视节目，并在新加坡的中文电视台上打出了"缤纷万千在昇菘"的广告，进一步强化了自己的品牌影响力。2009年底，昇菘门店数量拓展到23家，它是第一家在门店内设立生鲜产品区域的连锁超市。2011年，昇菘修建了面积达2.31公顷的一体化分拣中心，大大地提高了效率，同年，昇菘成功在新交所上市。截至2022年底，昇菘在新加坡共运营了67家连锁超市，已成为新加坡排名前三的超市企业。

昇菘的零售战略

极致的性价比

昇菘从运营第一家门店开始就在坚持性价比战略，在价格上力求做到市场最低。起步初期，昇菘主要是通过减少利润、精简人员的方式让利于顾客。当时的宏茂桥地区人口密度很高，尽管零售业竞争激烈，但是仍能达到较好的坪效[①]。低价策略让昇菘在起步阶段就能在竞争十分激烈的地区站稳脚跟。但维持较低的毛利润并非可持续的性价比策略，昇菘主要从以下几个方面来保持成本优势：

- 选址策略：在业务拓展中，昇菘的选址策略是拿下相对便宜的地区，减少租金压力，用低价来引流。直到 2022 年底，昇菘的 60 多家门店大多位于居民区楼下，而非租金贵、人流量大的地铁口附近。昇菘的很多门店都会利用公共住宅下面空地多的特点来延伸自己的货架，比如用一些移动货架来拓展超市的产品展示区。这是商场门店不具备的优势，因为在商场里，门店的陈列面积一般都有严格的管理规定。
- 陈列密度：昇菘的货架陈列密度是很高的。因为新加坡的地价很高，所以如何提高坪效，这对零售业而言十分重要。在昇菘，货架之间的距离基本上只能容纳两人并行，所以昇菘很少提供推车，而是让顾客尽量使用提篮。密集的货架摆放可以让超市在有限的面积里陈列更多的 SKU。
- 精简的 SKU：与新加坡市场中体量最大的职总平价超市（NTUC Fairprice）和第二大的巨人超市相比，昇菘的 SKU 更加精简（见图 11-1）。精简的 SKU 让昇菘可以通过提高单品的采购量来形成更好的规模效应。
- 不断加强的自有品牌矩阵：昇菘通过不断开发自有品牌，提高了毛利润，增强了客户黏性。截至 2022 年底，昇菘已经开发了 23 个自有品牌和 1 600 多款自有产品。

---

① 一个用来衡量商场或店铺经营效益的指标。指每平方米的面积可以产出多少营业额。——编者注

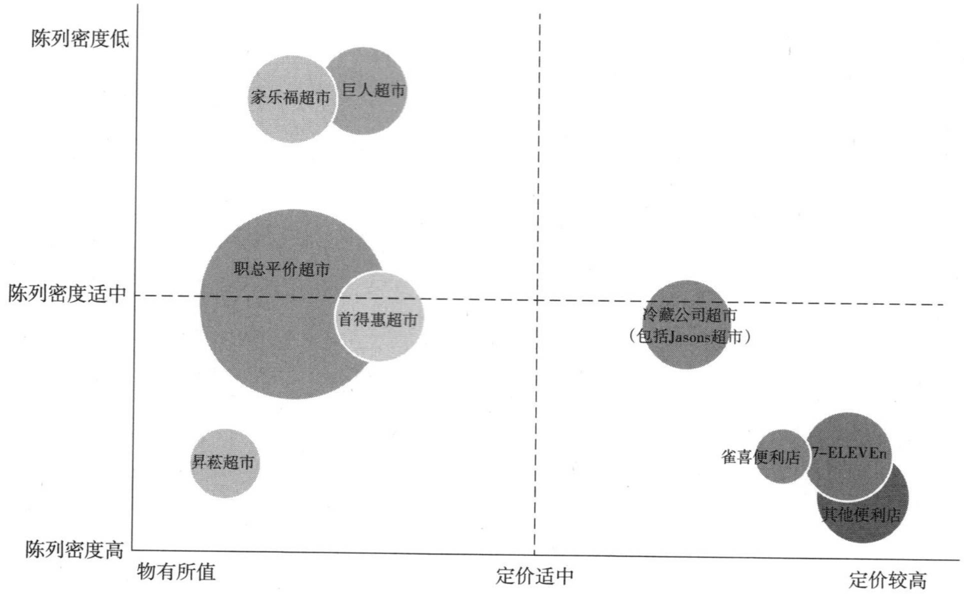

图 11-1　新加坡市场上的主要超市陈列密度与定价情况

资料来源：新加坡标准、生产力与创新局。

延长营业时间

2012 年，昇菘率先在东边的芽笼新店尝试 24 小时营业模式。如今，昇菘的很多门店都在通过 24 小时营业的方式来延长销售时间。之所以做出这一决定，是因为高峰时的超市有时比较拥挤，延长销售时间可以让不同顾客更好地规划自己的时间，最终实现错峰消费。

与时俱进的零售模式

1995 年，昇菘开设第三家超市的时候，大胆地将传统的菜市场模式引入超市环境内，使其成为一个独立的生鲜产品区域，并且主打大卖场模式。这在当时是十分新颖的，20 世纪 90 年代，中国的很多大卖场如大润发等也都在超市中设置了类似的生鲜区域。

随着新加坡经济的不断发展，2010 年以后，大卖场模式日渐式微，人们的生活节奏不断加快，而生活方式变得更加简单，在此背景下，中型超市和社区超市更符合人们快速、高频的消费习惯。现在的昇菘基本上采取的都是 300 平方米左右的社区超市模式，以高效的 SKU 来提高客户黏性。

逆周期扩展

昇菘的平价定位让其在经济萧条时期实现了逆周期增长。2008 年的金融危机发生后，新加坡的经济也受到影响。然而，昇菘的销售额仍然超过了 6 亿新元，并继续扩张。欧睿信息咨询公司的调查显示，2008 年，如果按销售额计算，昇菘是新加坡的第三大零售商，这一成绩要比一年前的第 8 名跃升了许多个位次。即便是在疫情期间，昇菘还是实现了逆势增长。2020 年，昇菘的营业收入较 2019 年增长了约 41%，约为 14 亿新元；2021 年和 2022 年，这一体量的营业收入得以保持，并逆势发展，让昇菘在疫情时期表现抢眼（见表 11–1）。

表 11-1　昇菘的财务指标概况（2014—2022）

财务指标	2014 年	2015 年	2016 年	2017 年	2018 年	2019 年	2020 年	2021 年	2022 年
营业收入（百万新元）	726.0	764.4	796.7	829.9	890.9	991.3	1 394.0	1 369.8	1 339.5
毛利润（百万新元）	175.7	188.9	204.7	217.4	238.4	266.9	381.9	393.3	393.5
毛利率（%）	24.2	24.7	25.7	26.2	26.8	26.9	27.4	28.7	29.4
净利润（百万新元）	57.7	56.8	62.7	69.5	70.5	75.8	139.1	132.9	132.8
净利率（%）	8.0	7.4	7.9	8.4	7.9	7.6	10.0	9.7	9.9
总资产（百万新元）	345.0	367.8	387.8	403.6	436.3	532.8	692.1	739.0	785.1
股东权益（百万新元）	236.3	244.2	254.9	273.2	292.4	315.4	375.1	416.3	455.2
杠杆率 D/A	0.32	0.34	0.34	0.32	0.33	0.41	0.46	0.44	0.42
净资产收益率（%）	24.4	23.3	24.6	25.5	24.1	24.0	37.1	31.9	29.2
资产回报率（%）	16.7	15.4	16.2	17.2	16.2	14.2	20.1	18.0	16.9

资料来源：昇菘年报、雅虎金融。

锁定发达市场中的大众市场，培养自主品牌

锁定大众市场让昇菘确保了自己的基本盘。新加坡是发达市场，居民的消费力很强。虽然大众消费的毛利润没有中高端消费高，但是大众消费能带来很稳固的基本盘，而这正是昇菘强化防御性能所必需的底牌。自 2000 年起，昇菘就开始了培育自主品牌之路。2011 年，新的中央仓储的建成，进一步提高了昇菘培育自有品牌的能力。如今，昇菘已经拥有 23 个自主品牌，涵盖了 1 600 多个单品。如图 11–2 所示，这些自有品牌是昇菘多元产品线的重要组成部分。

图 11–2 昇菘的部分自有品牌

资料来源：昇菘超市季度信息披露。

竞争格局分析

新加坡的整体现代化水平较高，根据麦肯锡对东南亚零售业所做的分析：新加

坡的现代渠道销售占了零售总量的 81%，传统渠道销售占了零售总量的 19%。在整个东南亚的现代渠道销售中，新加坡最高。在新加坡的现代渠道销售中，超市是主力，占了一半以上（见图 11-3）。新加坡政府在城市规划方面做得很全面，所以居民区内街店数量并不多，特别是在一些刚刚做了新规划的大型城镇。所以，超市之间的竞争一般体现在抢夺居民区中的有限街店和商场内的优质位置上。

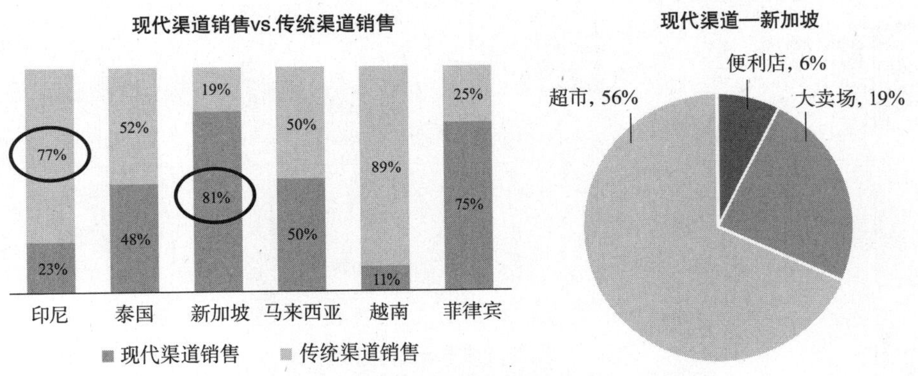

图 11-3　新加坡在整个东南亚的现代渠道销售占比最高

资料来源：麦肯锡 2021 年《东南亚杂货零售报告》。

如图 11-4 所示，新加坡超市领域的龙头是职总平价超市，在第一梯队中，它的门店数量最多，约有 150 家，位置一般会选在地铁站出口，十分方便。职总平价超市旗下还有一家新加坡本土连锁便利店——Cheers，2022 年，其门店数量超过 160 家，仅次于 DFI 旗下的 7-ELEVEn。排名第二的是 DFI 旗下的巨人超市，它的店面规模普遍偏大，SKU 也很多。DFI 旗下还有冷藏公司超市和 Market Place，这两个超市品牌在富人社区的市场占有率很高，其产品的整体定位为高端。DFI 还负责运营在新加坡拥有连锁便利店数量最多的 7-ELEVEn，2022 年，其门店数量已经约有 420 家。多品牌超市矩阵的形成令 DFI 稳稳地占据了新加坡超市体量排名第二的位置。昇菘在这两年间也实现了逆势发展，其门店数量已经拓展至 67 家，2022 年，营业收入更是达到了约 13.4 亿新元，如今的它已经是第一梯队的第三名了。新加坡市场上还有一些小型的区域连锁超市。一般来说，它们也集中分布在居民区的楼下，比如好超市、百美超市和福星超市。这 3 家超市的规模都是 20 多家门店，定位也跟昇菘很相似。虽然它们的选址策略跟昇菘相似，有一定的租金优势，但由于规模还很不够，所以在品类和价格上，还是要比昇菘略逊一筹。

图 11-4 新加坡市场上的主要超市

资料来源：内容由弘章投资研究整理。

值得注意的是，近年来，新加坡的专营超市也发展迅猛，比如在疫情期间以售卖中国品牌商品为主的思家客超市，它在 3 年的时间里门店数量已经拓展至 14 家。它的快速发展满足了移民至新加坡的华人对中国品牌食品的需求。日本超市堂吉诃德（DONDON DONKI）和大创百货注重商品特色，主要以商场店为主。我们观察到，新加坡市场的连锁店数量的天花板一般在 20 ～ 30 家。要突破 30 家，就需要将产品定位为大众化，只有把握最大公约数才能寻求突破。

财务分析

1985—2010 年，昇菘发展得并不算快，20 多年间仅仅拓展到 22 家门店。2011 年，昇菘在新加坡主板上市后，融到的资金为企业的发展提供了充足的弹药。这一年，昇菘还启用了新的中心仓库和分拣中心。这些做法均让昇菘的门店数量在 2012 年迅速扩展到 33 家，一年之间就新拓展了 8 家门店（见图 11-5）。2012—2017 年，昇菘迎来了一个消化整理期，门店拓展的速度有所放缓，年营业收入增长率基本维持在 5% 左右。可以说，它用了 5 年的时间练好了"内功"。从 2017 年开始，昇菘加快了拓展的步伐，几乎只用了 3 年多的时间就把门店数量从 40 家拓展到了近 60 家。营业收入增长率也从 2017 年的 4.2% 迅速提高到了 2019 年的 11.3%（见图 11-6）。自此，昇菘奠定了自己市场第三的地位。

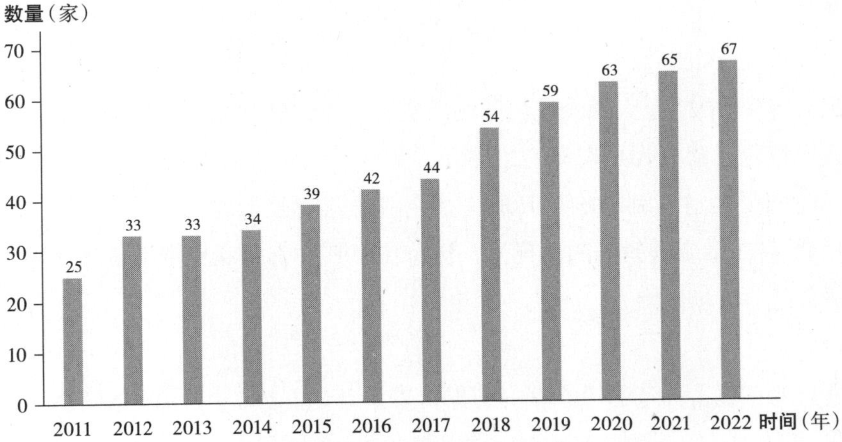

图 11-5　昇菘门店数量（2011—2022）

资料来源：昇菘官网，内容由弘章投资研究整理。

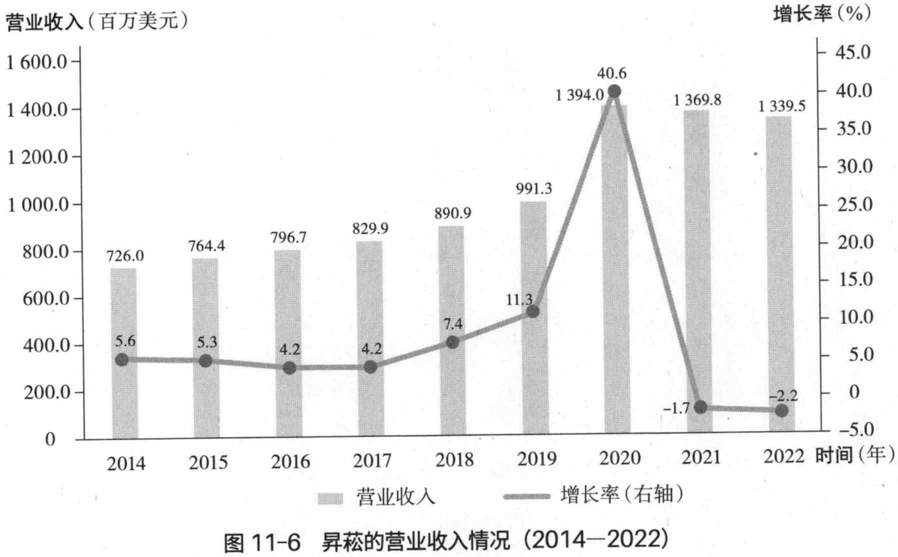

图 11-6　昇菘的营业收入情况（2014—2022）

资料来源：昇菘年报，内容由弘章投资研究整理。

2020 年，新冠疫情给供应链带来了前所未有的挑战。这时，昇菘苦练的内功发挥出了优势，与供应商的深度配合，保证了品牌产品的有效供给。昇菘内部稳定和高效的系统保证了门店的有序运转。市场上的恐慌情绪倒逼消费者囤积更多的必需品，而昇菘因为大众化的定位成了大众消费者囤货的首选。2020 年，昇菘的门店只新增了 4 家，但营业收入却奇迹般地增长了 40.6%，这印证了必需品消费的抗周期性。

2021 年和 2022 年，随着疫情的逐渐退去，疫情红利也在慢慢消失，但昇菘还是大致保持住了营业收入规模。2022 年，昇菘的营业收入增长率只下滑至 –2.2%，而同一时间受疫情红利影响的其他许多企业的营业收入增长率都下滑至 –40% ～ –30%。昇菘在供应链紧张的情况下，保持住了其性价比和稳定性优势，这让它巩固住了自己的市场份额。

过去几年里，昇菘的毛利率一直保持着上升的态势，从 2014 年的 24.2% 上升至 2022 年的 29.4%，增幅超过 5%（见图 11–7）。

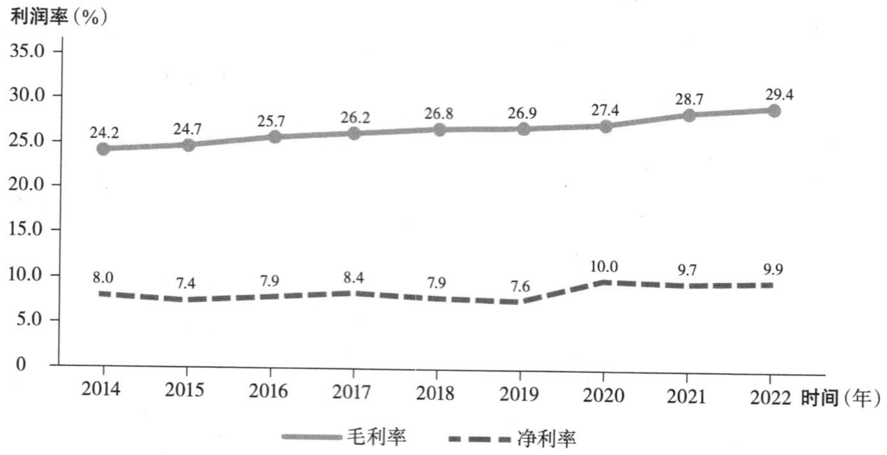

图 11–7 昇菘利润率情况（2014—2022）

资料来源：昇菘年报，内容由弘章投资研究整理。

其中，规模采购、多货源策略和自有品牌化都是提高毛利润的有效策略。在前面所述的自有品牌矩阵里我们可以看到，绝大部分的常用生活品，昇菘都已经开发出了自有品牌，并以有别于超市的名字来为其命名，这给消费者带来了产品多样化的体验。另外，自有品牌产品的价格较供应商品牌产品价格普遍低 5% ～ 10%，很有吸引力。

整体来看，新加坡零售市场的利润可观，昇菘更是其中的佼佼者：在疫情之后，昇菘的净利率提升至约 10%，同期，中国超市行业的平均净利率仅在 3% 左右。

昇菘的分销成本并不高，长期维持在 0.6% 左右（见图 11-8），这是因为，昇菘并没有再采取激进的销售策略，销售投入非常稳定。然而，新加坡的人力成本很高，且零售等服务行业长期存在人员不足的情况，这让昇菘发给员工的薪水也一直处于行业前列。比如，2020 年受益于疫情，昇菘的营业收入和利润都很可观，于是，昇菘发放给员工的年终奖为 5 ～ 16 个月的工资不等，这创下了超市行业的纪录。一系列鼓励政策让昇菘在服务行业人员短缺的新加坡留住了宝贵的人才。

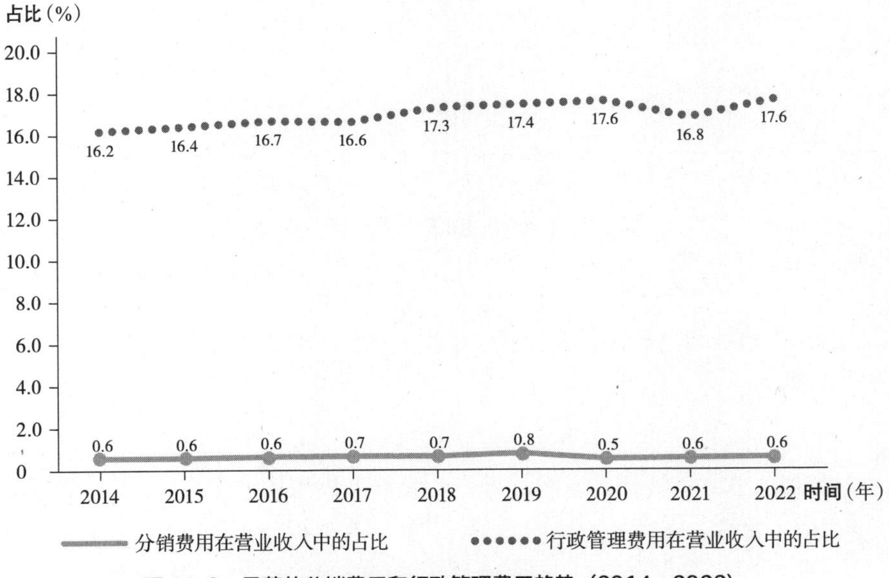

图 11-8　昇菘的分销费用和行政管理费用趋势（2014—2022）

资料来源：昇菘年报，内容由弘章投资研究整理。

股价和估值

昇菘的股价和营业收入增长呈现出很强的正相关性。

昇菘每股股价从2011年上市时的约0.5新元，上涨至2019年底的1.27新元，年均复合增长率约为12%，略高于营业收入的增长速度，这表明，巩固了自己在新加坡零售业中的地位之后，市场对于昇菘的信心也随之增强。

昇菘在疫情期间表现突出，2020年，股价也一度涨到约1.75新元（见图11-9），其约38%的增长水平与当年40.6%的营业收入增长基本持平。

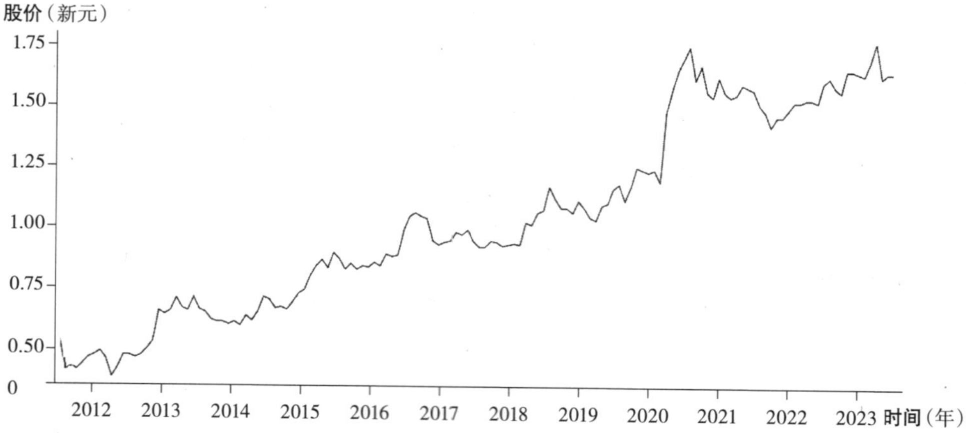

图11-9 昇菘股价走势（2012—2023）

资料来源：雅虎金融。

当然，疫情红利之后，昇菘的股价也在2021年出现了回调，下挫到2021年底的约1.45新元。

如果排除2020年疫情的影响，昇菘的股价走势几乎呈现为一条缓缓爬升的斜线。这说明，昇菘在跻身于市场前三之后，其业务发展的步伐极为稳健。

与此同时，昇菘不断提高的单店效率和继续深化的自有品牌策略进一步巩固了昇菘的市场地位，也加强了资本市场对昇菘的信心。

通常情况下，昇菘的 PE 估值大多保持在 22 倍上下（见图 11-10），而新加坡必需品消费行业的整体水平一般为 6 ～ 11 倍。昇菘较高的 PE 估值体现出了市场对昇菘的市场地位、防守能力和逆周期能力的肯定。

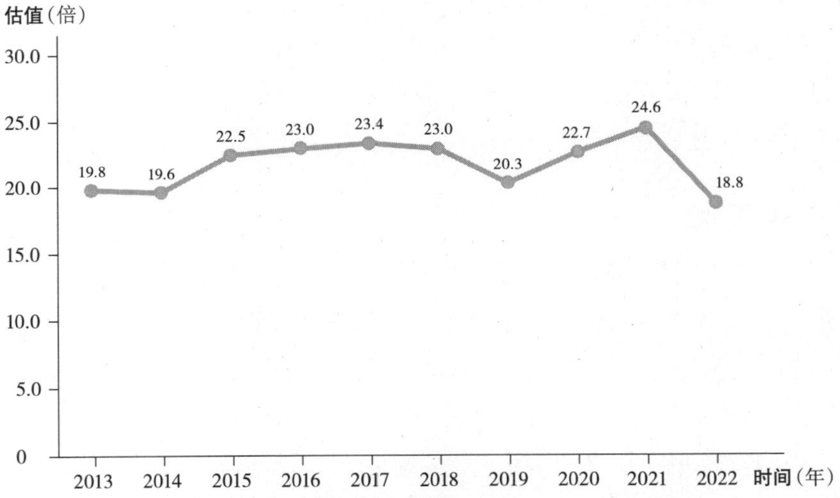

图 11-10　昇菘的 PE 估值情况（2013—2022）

资料来源：雅虎金融、FinBox。

但是，新加坡市场规模十分有限，于是，昇菘开始将目光投向国外。目前，昇菘在中国拓展了 4 家门店，但都表现平平。

除此之外，新加坡超市的天花板问题也限制了昇菘未来持续增长的可能，所以我们看到，2022 年，昇菘的 PE 估值其实是有一定下滑的。

我们相信：对于昇菘而言，市场的正常化带来的是营业收入的正常化，股价和估值也会体现出这样的正常化，在这之前，应该会有一些起伏和修正。

新全球化企业洞察

大众定位的坚持

在过去的30多年里，昇菘始终坚持大众定位和向中低端收入人群提供超高的性价比产品。从最初的牺牲利润，到后来的精细化选择、规模化采购以及自主培育品牌，虽然新加坡是发达市场，但是超高性价比的产品、清晰的大众定位以及适宜的产品类别帮助昇菘牢牢地抓住了一群忠实的消费者，建立起了自己的护城河。

逆周期的稳定

必需品消费的稳定性和抗周期性被昇菘把握得很好。在市场低迷时期，昇菘利用机会积极扩张。在市场行情高涨时期，昇菘稳住阵脚，修炼内功，打好基础。在市场恐慌时期，昇菘做好自己的本分工作，保持稳定供给。在对市场周期的良好把握下，如果我们把时间线拉长，就可以看到，昇菘刻画出了一条几乎是直线的增长路径，并做到了稳中求胜。

与时俱进的模式调整

世上唯一不变的就是变化。20世纪90年代，昇菘在超市内设立了生鲜区域，引领那个时代实现了从菜市场到超市的切换。2000年以后，昇菘积极推进自有品牌战略，强化自己的核心性价比定位。2012年，昇菘开始尝试24小时营业模式，并逐渐推行到各个居民区。最近10年，随着新加坡大卖场模式日渐式微，昇菘提前布局社区超市，积极迎合快消费需求。正是通过不断地调整，昇菘才做到了与时俱进。消费行业的迭代是不会停止的，从即时迎合到积极布局，只有那些展现出了领先能力的玩家才能一直活到最后。

第12章

联合利华印尼，日化领域的先锋

联合利华在印尼的征程开始于1933年。最早，联合利华印度尼西亚公司（简称联合利华印尼）的英文名为Lever's Zeepfabrieken NV，1980—1997年，历经两次更名后才成为今天的PT Unilever Indonesia Tbk。该企业的主要业务涵盖日化个护和食品饮料两大领域。

发展路径

联合利华印尼在发展中经历了几次重要的历史事件。1936年，该企业推出了知名产品力士香皂。1982年，该企业在印尼证券交易所挂牌上市，股票代码为“UNVR”，上市时发售了其15%的股份。1990年，该企业在印尼东爪哇省的泗水市成立了一家个护工厂；同年还收购了当地的袋装茶品牌SariWangi，自此正式进入印尼本土饮料市场。1992年，该企业在雅加达东南部的芝卡朗（Cikarang）开设了和路雪的第一个冰激凌工厂，同年还在市场上推出了 Conello 和 Paddle Pop 品牌的冰激凌产品。2001 年，该企业并购了印尼本土的酱油品牌 Bango，正式进入了印尼调味品赛道。2008 年，该企业在芝卡朗开设了当年亚洲最大的护肤品工厂；同年还收购了本土果汁品牌 Buavita 和 Gogo，开始进入果汁饮料领域。2012 年，该企业达成了“5 年收入翻一番”的目标，收入达到了 27 万亿印尼卢比[①]。2015 年，该企业在芝卡朗开设了占地 9 公顷的第 9 家工厂，使调味料和酱油的年产量达到了 700 万件。2022 年，该企业取得了不错的成绩：营业收入达约 41.2 万亿印尼卢比、净利润为 5.5 万亿印尼卢比（见表 12-1）。同时还拥有 9 大工厂、43 个品牌，与 600 多个分销商在印尼当地联合构建了成熟的分销体系。

表 12-1 联合利华印尼财务指标概况（2014—2022）

财务指标	2014 年	2015 年	2016 年	2017 年	2018 年	2019 年	2020 年	2021 年	2022 年
营业收入（10 亿印尼卢比）	34 511.5	36 484.0	40 053.7	41 204.5	41 802.1	42 922.6	42 972.5	39 546.0	41 218.9
毛利润（10 亿印尼卢比）	17 206.9	18 649.0	20 459.1	21 219.7	21 104.8	22 028.7	22 457.0	19 626.4	19 064.9
毛利率（%）	49.9	51.1	51.1	51.5	50.5	51.3	52.3	49.6	46.3
净利润（10 亿印尼卢比）	5 926.7	5 851.8	6 390.7	7 004.6	9 081.2	7 090.2	7 163.5	5 716.8	5 512.9
净利率（%）	17.2	16.0	16.0	17.0	21.7	16.5	16.7	14.5	13.4
总资产（10 亿印尼卢比）	14 280.7	15 729.9	16 745.7	18 906.4	20 326.9	20 649.4	20 534.6	19 068.5	18 318.1
股东权益（10 亿印尼卢比）	4 746.5	4 827.4	4 704.3	5 173.4	7 383.7	5 281.9	4 937.4	4 321.3	3 997.3
杠杆率 D/A	0.67	0.69	0.72	0.73	0.64	0.74	0.76	0.77	0.78
净资产收益率(%)	124.9	121.2	135.8	135.4	123.0	134.2	145.1	132.3	137.9
资产回报率（%）	41.5	37.2	38.2	37.0	44.7	34.3	34.9	30.0	30.1

资料来源：联合利华印尼年报，雅虎金融。

品牌矩阵

联合利华印尼的品牌主要集中在日化个护和食品饮料两大赛道。根据官网和企

① 1 印尼卢比≈ 0.000 1 美元。——编者注

业年报信息，2022 年，联合利华印尼的主力品牌如图 12-1 所示。

图 12-1　联合利华印尼的品牌矩阵

资料来源：联合利华印尼年报、官网，内容由弘章投资研究整理。

日化个护

日化个护赛道是联合利华印尼的传统强势业务。在家庭清洁用品方面，联合利华印尼旗下包括厨房清新品牌晶洁（Cif）和洗碗液品牌阳光（Sunlight）等，在洗衣粉方面，其旗下包括市场占有率第一的 Rinso 和柔顺剂 Molto。在洗衣市场，联合利华印尼的市场占有率常年保持在龙头位置。联合利华印尼也是很多细分赛道的冠军。比如能清除异味、持久清新的 Rexona 和护肤美容产品庞氏（POND'S）都一直在当地市场中占据着领先地位。

食品饮料

在食品饮料赛道，其产品主要分为营养品和冰激凌两大类。

营养品又可以进一步细分为 3 个子品类：一是调味品类，代表品牌是 Royco、Bango；二是茶饮类，代表品牌是 SariWangi；三是果汁类，代表品牌是 Buavita。其实，我们可以看出，联合利华印尼为了更好地让自己的产品本地化，在过去的 50 年内，它并购了很多优秀的印尼本土品牌来补充、强化自己的品牌矩阵。比如，Bango 酱油是由 4 种纯天然原料制成，不含色素和人工添加剂，一直以来都是印尼市场酱油类的第一品牌。2022 年，联合利华印尼在营养品类别的市场渗透率达到了 95%，当之无愧地成为这个赛道的龙头。

在冰激凌品类方面，该企业产品丰富，由和路雪等几大品牌组成。因为印尼常年为夏季，冰激凌行业没有淡季，所以该企业牢牢占据了一个市场规模较大的赛道。根据摩根大通的研究报告，近年来，虽然联合利华印尼不断受到竞争对手的挑战，但是在 2021 年的印尼冰激凌市场中，联合利华印尼的占有率约为 40%，依然稳居行业龙头的位置。

并购与整合

联合利华印尼的并购主要集中在两个维度。横向上，不断完善自己的品牌矩阵；纵向上，不断强化自己的垂直供应链系统。在完善品牌矩阵方面：

- 1990 年，收购当地袋装茶品牌 SariWangi，加强自己在饮料市场的布局。
- 1992 年，在芝卡朗开设了一家冰激凌工厂，自此，联合利华印尼正式开启了冰激凌的本地化生产。
- 2001 年，并购 Bango，正式进入本土调味品赛道。
- 2008 年，收购本土果汁品牌 Buavita 和 Gogo，开始进入果汁饮料领域。

在强化供应链方面：联合利华印尼只是在早期收购了东爪哇省泗水市的一家工厂。在西爪哇省的其他工厂都是自建的。由此可见，印尼的本土供应链资源稀缺，联合利华印尼自建的供应链能更好地满足自身发展的需求，形成较高的行业优势壁垒。

在食品饮料赛道，印尼当地的畅销品牌，特别是复购率高的调味品品牌有很高的消费者认知度。企业要在这个赛道重新打造出一个新的知名品牌是非常困难的。所以，联合利华印尼除了一些冰激凌类的核心品牌是自己打造的，其他的食品品牌多是通过收购方式获得的。

深耕印尼：市场、供应链和营销

联合利华印尼在印尼市场已经深耕了 90 多年。在印尼，人口以穆斯林为主。根据当地法规，食品饮料中的每一个 SKU 都需要做清真认证，所以本地化的供应链建设和合规运营是每一家企业在印尼做大做强的必备要素。联合利华印尼收购和自建了 9 家工厂，其中，8 家集中在西爪哇省的芝卡朗地区，1 家位于东爪哇省的泗水市。联合利华印尼总部位于雅加达西部的唐格朗（Tangerang），占地面积为 3 公顷，可以容纳 1 500 人办公。联合利华印尼旗下有 43 个核心品牌，包括自主打造的品牌和并购的本土品牌，强大的品牌矩阵形成了很高的护城河。

印尼由 17 000 多个岛屿组成，天然的岛屿结构给分销工作带来了很大的挑战。印尼的全境通路商是非常稀缺的，但好在这里的区域分销商还是比较活跃的。联合利华印尼通过自建遍布印尼全境的 35 个分拨仓和配合 605 个独立的分销商运营等方式，对印尼全境的各大连锁渠道以及夫妻店等传统渠道形成了全覆盖。强大的分销网络链接起了几十万家零售终端，这进一步筑高了联合利华印尼的护城河。

财务分析

如图 12–2 所示，在 2016 年之前，联合利华印尼一直保持了较高的营业收入增长率。但自 2017 年起，市场逐渐饱和，一直到 2020 年新冠疫情之前，联合利华印尼的营业收入增长率基本保持在 1.5% ～ 3%。疫情期间，随着印尼民众的可支配收入下降，联合利华印尼也受到了较大影响。2021 年，营业收入急剧下滑了 8%。

2022 年，营业收入下滑态势得到了很好的缓解，全年的营业收入增长率较疫情前的水平略有提升。由于 2016 年之前印尼卢比和美元之间的汇率波动较大，所以，如果从美元维度来看，那段时间联合利华印尼的营业收入波动较大。自 2017 年起，印尼卢比和美元之间的汇率趋于稳定。

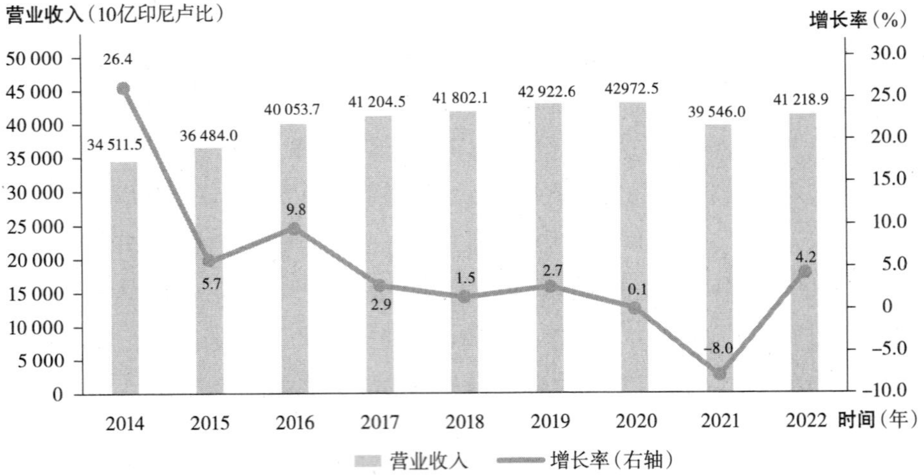

图 12-2 联合利华印尼营业收入及增长情况（2014—2022）

资料来源：联合利华印尼年报，内容由弘章投资研究整理。

在过去 20 年间，联合利华印尼始终保持着很高的利润率，其中，毛利率大多都在 50% 以上，净利率也大多都在 16% 以上。2021 年和 2022 年，受通胀和美元升值的影响，联合利华印尼的成本承压。

2022 年，毛利率和净利率分别下滑至 46.3% 和 13.4%（见图 12-3）。随着通胀压力的缓解，近期，利润率应该会有所增长。

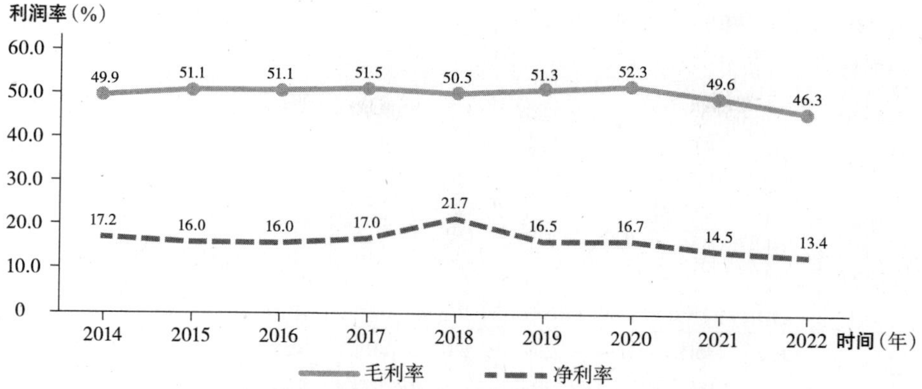

图 12-3　联合利华印尼利润率情况（2014—2022）

资料来源：联合利华印尼年报，内容由弘章投资研究整理。

联合利华印尼的两大业务分别为日化个护和食品饮料。在历年的销售中，日化个护均贡献了约 2/3 的营业收入（见图 12-4），但由于日化个护的毛利率较高，所以在毛利润中，占比也相对更高。2022 年，日化个护的营业收入占总收入的 66.1%，而其毛利润占总毛利润的 68.7%（见图 12-5）。从市场的角度看，日化个护产品对供应链的研发和营销要求都更高，进入的门槛也更高，联合利华印尼多年形成的护城河使其在市场竞争中形成了较高的壁垒。

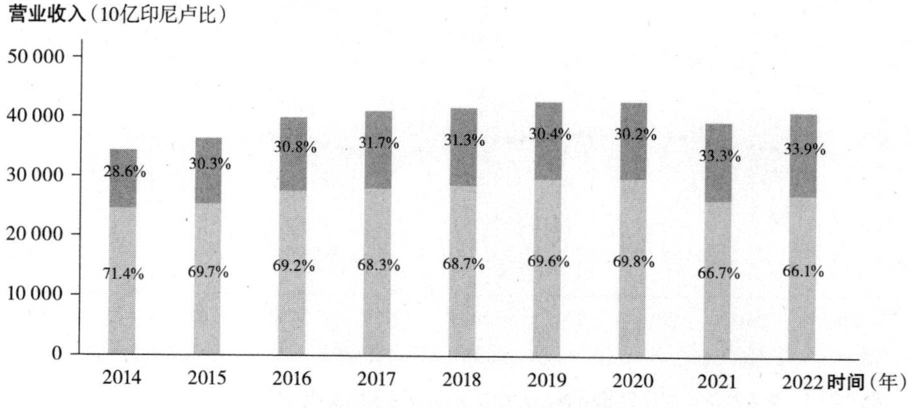

图 12-4　联合利华印尼两大业务营业收入的占比情况（2014—2022）

资料来源：联合利华印尼年报，内容由弘章投资研究整理。

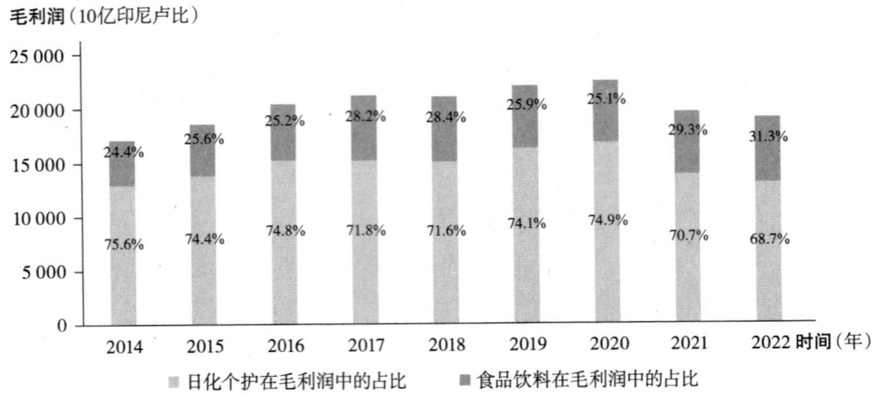

图 12-5 联合利华印尼两大业务毛利润占比情况（2014—2022）

资料来源：联合利华印尼年报，内容由弘章投资研究整理。

如图 12-6 所示，联合利华印尼的广告和研发费用基本保持在营业收入的 5% ～ 9%。2020 年和 2021 年，由于疫情原因，联合利华印尼将这一方面的支出占比分别下调至 5.6% 和 5.5%，以此来控制企业在市场低迷期的成本。但在疫情即将结束的 2022 年，联合利华印尼加大了这一方面的投入，以抢占更多的市场。

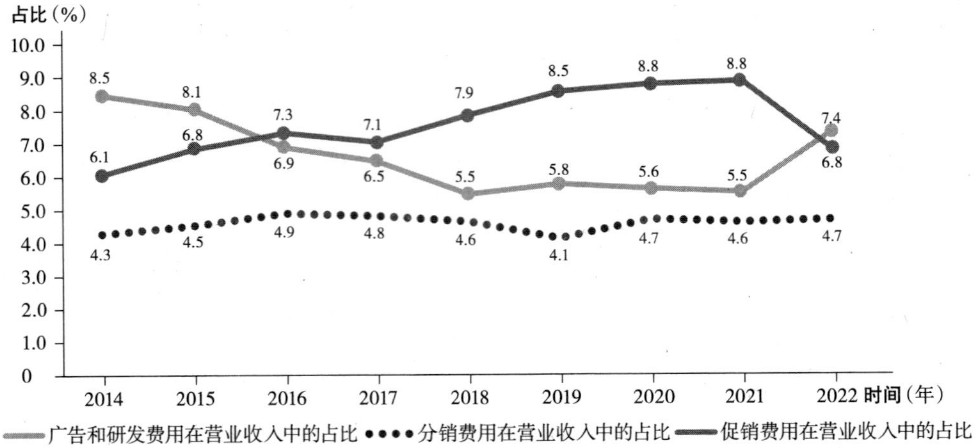

图 12-6 联合利华印尼广告和研发、分销、促销费用在营业收入中的占比（2014—2022）

资料来源：联合利华印尼年报，内容由弘章投资研究整理。

联合利华印尼的分销成本相对稳定，通常情况下，都保持在营业收入的 4.6% 左右。由于联合利华印尼已经完成了印尼全境的布局，并搭建起了比较完善的分销体系，所以这一部分费用在已经形成了规模效应的情况下最终稳定了下来。

2014—2021 年，促销成本基本上呈现出逐年增加的态势。2021 年，营业收入的下滑推高了促销费用占比。但由于企业的体量较大，在绝对预算金额方面，联合利华印尼比市场上的本土竞争对手有更明显的优势。

竞争对手分析

在基本完成了对印尼市场的产品线布局和下沉市场覆盖后，联合利华印尼奠定了自己比较稳定的市场龙头地位。

在日化领域，联合利华印尼的主要竞争对手为花王、宝洁和本土品牌 Wings。根据印尼市场研究机构 Jakpat 在 2020 年进行的问卷调查，在洗衣粉品类中，联合利华印尼的 Rinso 的市场占有率为 45%；排名第二的为花王的洁霸（Attack），市场占有率为 23%；排名第三的是本土品牌 Wings 旗下的 Daia，市场占有率为 15%。在柔顺剂品类中，宝洁旗下的当妮（Downy）市场占有率最高，为 42%；联合利华印尼旗下的 Molto 排名第二，市场占有率为 41%。

过去 10 年，随着印尼经济的快速发展，大众的可支配收入逐渐增加，洗衣液的市场占比也逐渐增加。在一些比较发达的城市，较高端的销售渠道已经出现了洗衣液的市场占比超过洗衣粉的情况。在洗衣液市场的竞争中，现在的主要玩家还是联合利华印尼、花王、宝洁和本土品牌 Wings。企业推出新产品时，在抢夺消费者的过程中，各家也都在围绕着自己的优势纷纷出招。

股价和估值

关于联合利华印尼的股价表现，我们可以简单将其分为两个阶段：2018 年之前，其股价一路高歌猛进，从 2004 年初的每股 416 印尼卢比一路飙升至 2018 年初的每股 9 170 印尼卢比，股价是原来的 22 倍，并站上了历史高位。但从 2018 年起，股价开始下滑，到 2023 年初，股价已跌去了一半，下滑至 4 500 印尼卢比（见图 12–7）。导致股价回落的一个很重要的原因是，联合利华印尼的营业收入增长放缓。2011—2014 年，联合利华印尼的营业收入增长率接近 20%，2015—2016 年，营业收入增长率已经降至个位数。2017—2019 年，营业收入增长率进一步放缓至 3% 左右。新冠疫情期间，由于印尼消费者的可支配收入下降，所以，2021 年，联合利华印尼的营业收入出现了负增长，直到 2022 年，销售情况才有所好转。

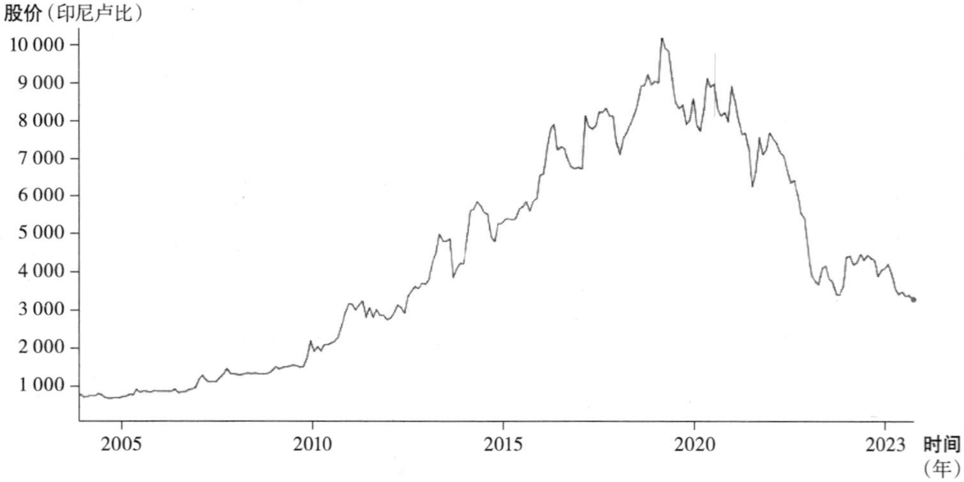

图 12–7 联合利华印尼股价走势（2005—2023）

资料来源：雅虎金融。

在估值方面，如图 12–8 所示，自 2017 年来，联合利华印尼的 PE 估值和 PS 估值整体呈下降趋势，PE 估值从 2017 年最高的 60.90 倍下降到 2023 年的 31.56 倍，PS 估值从 2017 年的 10.20 倍下降到 2023 年的 4.13 倍。近 10 年里，不如意的财务表现也反映在了股价上。

其实，在 2010 年以后，随着智能手机的普及，流量端悄悄出现了一些变化。以前，只有财力雄厚的大企业才能付得起全国性电视广告和报纸广告，移动互联网的兴起，让广告和营销开始慢慢地向移动端转移。越来越多的玩家开始在移动端上营销自己。近年来，随着社交媒体的兴起，移动端变得越来越开放，这也加剧了竞争的程度。

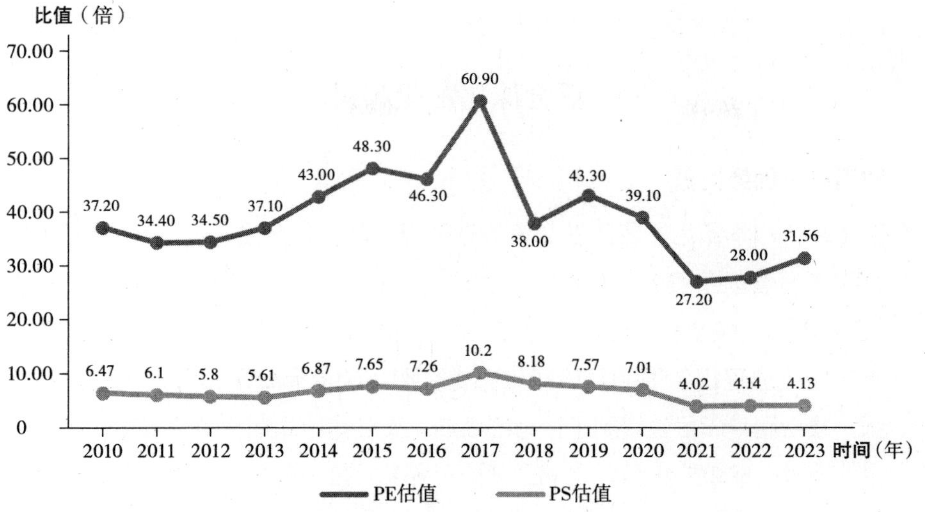

图 12-8　联合利华印尼的 PE 估值和 PS 估值情况（2010—2023）

资料来源：雅虎金融、CompaniesMarketCap。

除此之外，在物流和渠道上，随着印尼基础设施建设的逐步推进，虽然还未形成完善的印尼全境通路，但是一些区域的分销体系已经成熟。联合利华印尼领先于其他玩家的分销优势正逐渐缩小。

在新营销方式上，联合利华印尼也开始了紧锣密鼓的布局，包括货架电商和社交电商在内，该企业都在积极尝试合作。

联合利华印尼的体量也为它在日益激烈的竞争中带来了不少优势。比如，在 2022 年，产品的广告和研发费用占了营业收入的 7.4%，约为 2 亿美元，对于这一数值，印尼本土玩家很难拨出这么高的预算用在其新产品的研发和推广上，而这为联合利华印尼积蓄到了很强的势能。另外，由于联合利华印尼拥有强劲的现金流，这使它能够对印尼本土的优质企业进行并购和整合。其每年的经营性现金流长期稳定在 7 万亿～ 8 万亿印尼卢比，2022 年，联合利华印尼的经营性现金流约为 8 万亿印尼卢比。该企业的核心日化个护品牌主要由自己研发孵化，但在食品饮料赛道上，则会更多地采用一些并购战略。强大的现金流确保了企业能够整合有价值的本土标的企业，然后，借助自己的营销和分销体系为其赋能。

新全球化企业洞察

利用已有优势资源

联合利华印尼的背后是强大的欧洲母公司。在产品研发、品牌效应、供应链经营以及资金和管理等方面母公司都给予了很多支持。在过去的90多年间，联合利华印尼在母公司的支持下，一直高举高打，在印尼本土市场上展现出了很明显的降维打击优势。随着母公司业务的全球化扩张，联合利华印尼也得到了很好的赋能。母公司所掌握的资源是很多出海企业所拥有的重要优势，出海企业一定要多方位、多角度地去挖掘和利用好此类优质资源。

筑高本地化发展护城河

凭借着母公司的品牌和资源，联合利华印尼走出了一条有特色的本地化发展路线。在品牌建设上，它积极地收购、整合印尼当地的知名品牌，比如袋装茶品牌 SariWangi，酱油品牌 Bango，果汁品牌 Buavita 和 Gogo 等。然后，它利用自己的分销体系、供应链优势和营销策略为收购的品牌赋能。同时，它也会将本土品牌已有的渠道、客户资源等完善到自己的资源中，从而带动其他品牌的发展，实现双向赋能。在供应链建设上，它一边自建供应链，一边收购本土成熟、高效的供应链，从而提高了自己的本土履约和合规能力，筑高了自己的印尼本地化发展护城河。

跟上时代的节奏

在新兴市场中，新流量时代的到来，在丰富了消费者的购物渠道、刺激了消费者的购物欲望之余，也带来了更加激烈的竞争。从电视广告到互联网，再到移动互联，在消费者的触达方面，整体的发展趋势是更加扁平化，这加强了时效性。在这个新流量时代，联合利华印尼紧跟时代发展步伐，积极在 Instagram、Facebook 和 TikTok 等新兴社交媒体上进行推广。变化和革新必定会撼动原来的格局，过程中很有可能会创造出新的、更大的机会，唯有跟上或者引领时代的企业方能奠定新的市场格局。

THE FUTURE
OF GOING GLOBAL

第 13 章

Indofood，印尼快消品的领头羊

Indofood 是印尼和东南亚最大、最著名的食品公司之一。它成立于 1990 年，总部位于印尼雅加达，由印尼最大的企业集团之一的萨利姆集团（Salim Group）创建。业务主要包含消费食品、面粉加工、种植加工、分销物流四个业务板块。目前，公司业务已覆盖东南亚大部分区域。

发展路径

Indofood 成立于 1990 年，以零食业务起家。它通过不断地收购饮料企业和在非洲、中东、东欧等地收购快熟产品加工厂来完善品牌分类和开拓海外市场。

- 1994 年，在印尼证券交易所主板上市，之后，通过收购的形式进入面粉加工、棕榈油树种植和船运等领域。

- 1995 年，整合收购保加沙里（Bogasari）面粉厂。
- 1997 年，收购种植园、农产品和分销渠道等的一系列企业。
- 2005 年，收购船运公司 PT Pelayaran Tahta Bahtera。
- 2007 年，收购种植园 PT PP London Sumatra Indonesia Tbk。
- 2007 年，旗下农产品公司 IndoAgri 在新加坡上市。
- 2008 年，收购糖厂 PT Laju perdana Indah。
- 2008 年，收购乳制品企业 PT Indolakto 。
- 2010 年，旗下快消品公司 Indofood CBP 在印尼证券交易所上市。
- 2011 年，IndoAgri 旗下子公司 PT Salim Ivomas Pratama Tbk 在印尼证券交易所上市。
- 2013 年，通过股权投资的方式将糖类业务拓展到了巴西和菲律宾。
- 2014 年，收购瓶装水 Club 等品牌，拓宽了瓶装饮料业务。
- 2018 年，收购饮料和酱料等品牌，同时，拓展出了尿不湿产品线。
- 2020 年，收购 Pinehill Company Limited，将快熟面推向非洲、中东和东欧市场。
- 2021 年，收购旗下零食子公司 PT Indofood Fritobay Makmur 的全部股权。

整体而言，Indofood 通过垂直收购的方式开拓出面粉、棕榈油加工业务，并完善了分销网络；通过水平整合的方式拓展了产品类别、拓宽了海外市场，从而扩张了商业版图，实现了高速发展。

Indofood 业务板块及品牌

Indofood 主要由消费食品、面粉加工、种植加工、分销物流 4 个业务板块组成（见图 13–1）。

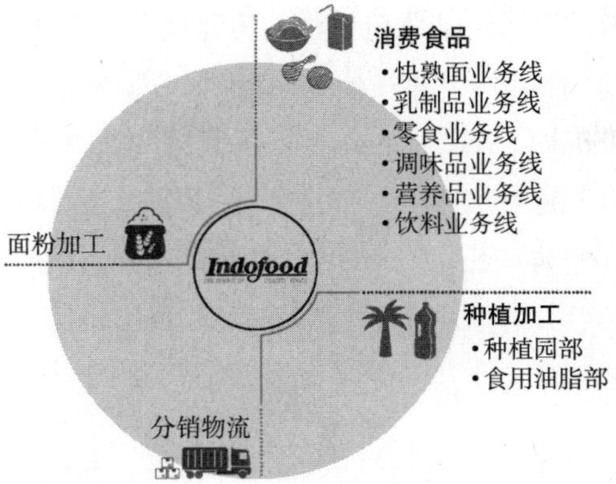

图 13-1　Indofood 四大业务板块

资料来源：Indofood 官网。

消费食品

Indofood 的消费食品板块隶属于集团旗下的消费品子公司，它包含快熟面、乳制品、零食、调味品、营养品、饮料等六大业务线。

快熟面

快熟面是 Indofood 旗下最大的业务线，它在印尼国内占据了 70% 的快熟面市场。集团旗下旗舰品牌营多捞面（Indomie）被民调机构 YouGov 评选为印尼第一快消品品牌。在印尼快熟面市场中，PopMie 是印尼第一杯面品牌，Sarimi Gelas 是第二杯面品牌。除这二者之外，Indofood 快熟面业务线的主要品牌还包括 Supermi，Sakura 等。

Indofood 在印尼、马来西亚以及非洲、中东和东欧的一些国家及地区中设有 31 个快熟面加工厂，快熟面的年产量高达 340 亿包。它的国际业务遍及全球 100 多个国家，在印尼、沙特、埃及、尼日利亚和土耳其占有市场领导地位，且年销售额增长高达 28%。

乳制品

Indofood 旗下的乳制品品牌包括 Indomilk、Enaak 等。旗舰品牌 Indomilk 下有

高温奶、瓶装消毒奶、淡奶、巴斯消毒奶、杂谷豆乳、冰激凌和黄油等不同产品。发展至今，Indomilk 已在印尼市场开拓了 50 余年，它被当地媒体评为本土冠军品牌。乳制品业务由 Indolakto 管理，Indofood 持有其 69% 的资产份额，它在爪哇岛有 7 家工厂，一年的产能为 90 万吨。2021 年，在经济逐渐恢复的情况下，乳制品业务实现了 10% 的年销售增长。

零食

在这条业务线上，Indofood 主要经营的是以土豆、木薯、玉米、豆类为原料的西式零食。Indofood 旗下有两大旗舰零食品牌 Chitato 和 Qtela，以及 Jetz、Maxicorn、Chiki Balls 等零食品牌。Chitato 是印尼本地拥有 30 年历史的第一薯片品牌，Qtela 的历史也超过了 10 年。零食分类工作由分公司 PT Indofood Fortuna Makmur 管理。

该业务线在爪哇岛上有 3 个加工厂，年产能达 5 万吨。2021 年，因疫情导致居家时间增多，间接刺激了零食消费。当年，零食业务线的年销售增长了 16%。

调味品

在调味品业务线中，Indofood 主要经营调料包、酱油、辣椒酱、番茄酱、汤料包、糖浆等调味用品。这类用品主要在 Indofood 和 Indofood Racik 两大品牌下分销。而在生产上，相关业务在爪哇岛上有 3 个加工厂，年产量为 15 万吨。Indofood 积极通过电视、网络媒体营销等方式加强品牌影响。

营养品

在营养品业务线，其经营范围从婴儿零食到婴儿谷类食品尽皆有之。针对婴儿和 6 ～ 24 个月的儿童，Indofood 推出了米糊、饼干、布丁、面汤和意大利面等婴儿零食。对于 6 ～ 12 岁的稍大些的孩子，Indofood 也推出了很多谷类零食。主要品牌包括 Promina、Sun、Govit 等。关于营养品的生产，Indofood 在爪哇岛也有一座加工厂，年产能为 2.5 万吨。由于印尼有 2.7 亿人口，每 1 000 人的生育率高达 17.4，所以这里拥有巨大的人口红利，婴幼儿食品的市场潜力巨大。2021 年，营养品业务线的年销售额增长了 5%。

饮料

在饮料业务线方面，Indofood 旗下拥有三大品牌 Ichi Ocha、Club 和 Fruitamin。饮料产品中包括即饮茶、瓶装水、果汁饮料等。在产品生产上，Indofood 在印尼全境开设了 18 个工厂，年产能高达 30 亿升。疫情早期，Indofood 的营业收入受挫，但 2022 年逐渐放开之后，饮料业务线开始复苏，年销售额最终实现了 7% 的增长。

面粉加工

Indofood 在雅加达、泗水、丹吉尔港（Tangier）等地经营着 4 家面粉厂，年总产能约为 440 万吨。其面粉产品种类齐全，品牌众多，包括 Cakra Kembar、Segitiga Biru、Kunci Biru 和 Lencana Merah 等知名品牌。每年，它都会源源不断地将产品销售给工业和零售客户。与此同时，Indofood 还生产意大利面，La Fonte 是主要品牌，其产品不仅在印尼国内销售，也出口到国外。Indofood 拥有自己的海运船队，包括 8 艘后巴拿马型、5 艘灵便型和 2 艘超灵便型船只，运输的货物主要是从澳大利亚、加拿大和美国进口的小麦。Indofood 还生产可降解聚丙烯袋，以满足包装需求。

种植加工

负责运营种植加工板块的是 Indofood 旗下子公司 IndoAgri，它是印尼最大的多元化垂直整合农业综合企业之一。其业务贯穿整个供应链，从研究与开发、种子培育、油棕种植与碾磨，到生产与销售食用油、人造奶油和起酥油。其中，除了种植油棕外，Indofood 也会种植甘蔗、橡胶和其他作物。IndoAgri 已在新交所上市，旗下拥有在印尼等地上市的多家子公司。在种植加工板块之下，又分设了种植园部和食用油脂部两个部门。

种植园部

种植园部在印尼管理着 30 多万公顷的种植园，经营着 26 家棕榈油厂、4 家食用油脂厂、3 家橡胶板加工厂、2 家糖厂或精炼厂、1 家可可厂和 1 家茶厂。该部门主要种植油棕、橡胶、甘蔗、工业木材、可可和茶叶。

其海外业务主要分布在巴西和菲律宾。在巴西，蔗糖和乙醇业务由与巴西领先的橘子生产商 JF 家族合资的企业 CMAA 和 Canápolis 持有和管理。

食用油脂部

食用油脂部在印尼经营着 5 家炼油厂，毛棕榈油的年加工能力合计达 170 万吨，氯化石蜡的年加工能力也达到了 170 万吨。食用油脂部生产和销售的下游产品，包括品牌食用油和工业包装食用油、人造黄油、起酥油以及其他源自毛棕榈油的副产品，主要销往印尼国内。消费类产品主要以 Bimoli、Bimoli Spesial、Delima、Happy、Palmia、Royal Palmia 和 Amanda 等领先品牌为主，在印尼国内销售，而工业产品则销售给 Indofood 和其他食品制造商，包括面包店和糖果店。

分销物流

分销物流是 Indofood 垂直一体化运营的业务模式中的重要组成部分。其庞大的分销网络和遍布全印尼的分销能力确保了 Indofood 和第三方的产品在整个印尼的供应。

Indofood 拥有 1 300 多个分布在人口稠密地区的分销点和仓储点，可直达传统和现代贸易网点。每个仓储点的服务半径可达 10 千米，在为客户提供及时服务的同时，还能及时获得有关市场发展和消费者需求的本地化信息反馈。

财务分析

2015—2022 财年，Indofood 的营业收入呈现出持续增长态势，尤其是 2021 年，疫情发生后，消费者的囤货行为使营业收入的增长率高达 21.6%（见图 13-2）。

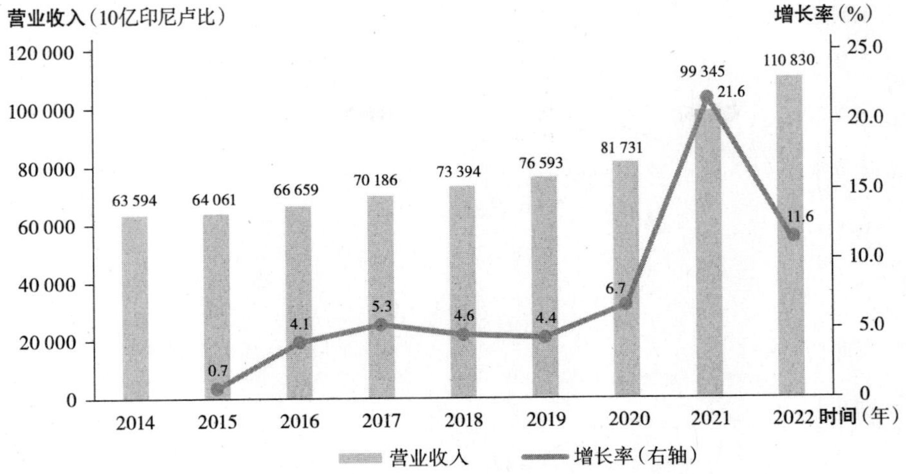

图 13-2 Indofood 的营业收入情况（2014—2022）

资料来源：Indofood 年报。

盈利情况上，Indofood 自上市以来，毛利率始终维持在 26% ~ 33% 的水平，而净利率则保持在 7% ~ 12% 水平上（见表 13-1、图 13-3）。上市至今，Indofood 的净利率始终为正，从未经历过亏损。

表 13-1 Indofood 财务指标概况（2014—2022）

财务指标	2014 年	2015 年	2016 年	2017 年	2018 年	2019 年	2020 年	2021 年	2022 年
营业收入（10亿印尼卢比）	63 594	64 061	66 659	70 186	73 394	76 593	81 731	99 345	110 830
毛利润（10亿印尼卢比）	17 128	17 258	19 337	19 770	20 212	22 716	26 752	32 747	33 971
毛利率（%）	26.9	26.9	29.0	28.2	27.5	29.7	32.7	33.0	30.7
净利润（10亿印尼卢比）	4 866	4 867	4 984	4 991	6 350	6 588	9 241	11 965	10 853
净利率（%）	7.7	7.6	7.5	7.1	8.7	8.6	11.3	12.0	9.8
总资产（10亿印尼卢比）	86 077	91 831	82 174	88 400	96 537	96 198	163 011	179 271	180 433
股东权益（10亿印尼卢比）	40 274	43 121	43 941	47 102	49 916	54 202	79 654	86 986	93 623
杠杆率 D/A	0.53	0.53	0.47	0.47	0.48	0.44	0.51	0.51	0.48
净资产收益率（%）	12.1	11.3	11.3	10.6	12.7	12.2	11.6	13.8	11.6
资产回报率（%）	5.7	5.3	6.1	5.6	6.6	6.8	5.7	6.7	6.0

资料来源：Indofood 年报。

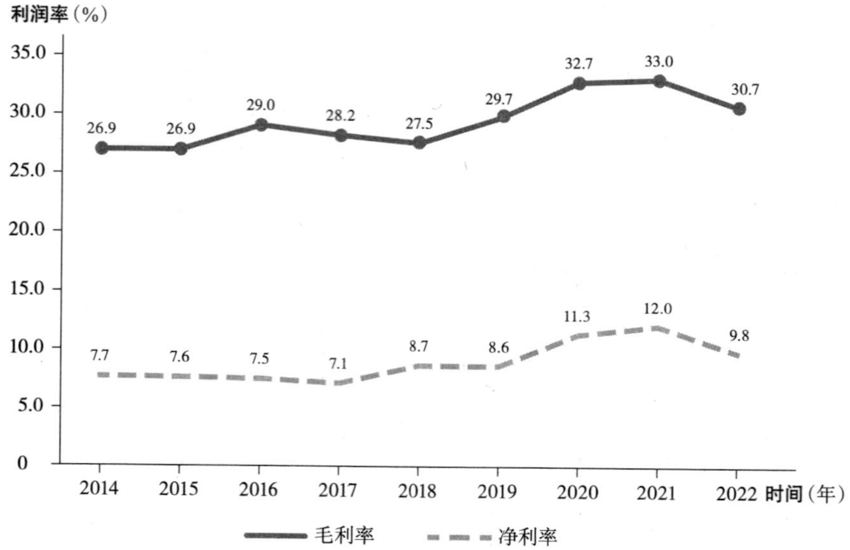

图 13-3 Indofood 的利润率情况（2014—2022）

资料来源：Indofood 年报。

股价和估值

自上市后，Indofood 的股价表现呈持续增长态势，在 2016 年后，股价呈现出稳定状态（见图 13-4）。

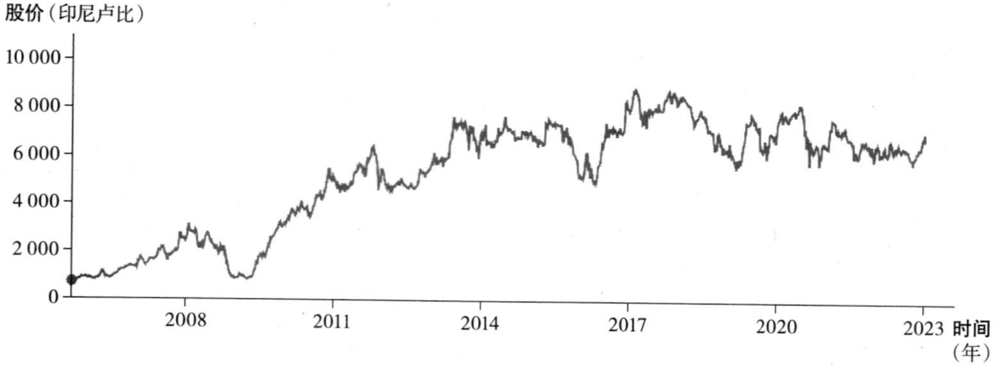

图 13-4 Indofood 的股价走势（2008—2023）

资料来源：Companies Marketcap。

如图 13-5 所示，2016—2021 年，Indofood 的 PE 估值整体呈下降趋势。2024 年截至目前，Indofood 的 PE 估值为 5.48 倍，其低廉的价格使该企业的估值倍数相当诱人。

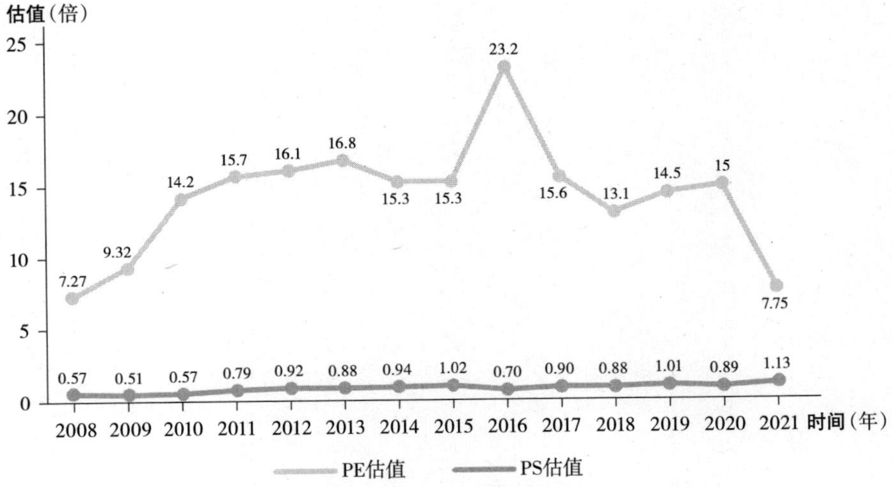

图 13-5 Indofood 的 PE 估值与 PS 估值情况（2008—2021）

资料来源：Companies Marketcap。

THE FUTURE OF GOING GLOBAL

新全球化企业洞察

Indofood 从最初简单的快熟面生产商，已逐步转型为一家全面的食品解决方案提供商，从原材料的生产和加工，到零售商货架上的消费品，其业务涵盖食品生产的各个阶段。作为行业中的佼佼者，广泛的分销系统使 Indofood 的产品在印尼各地家喻户晓。

Indofood 最大的竞争优势在于其强大的品牌矩阵及其品牌力，其中的许多品牌已经成为印尼家喻户晓的国民品牌。例如各种快熟面品牌（Indomie、Supermi 和 Sarimi）、小麦粉品牌（Segitiga Biru、Kunci Biru 和 Cakra Kembar）、食用油品牌（Bimoli）和人造黄油品牌（Simas Palmia），它的产品质量和性价比使它在各细分赛道中都处于龙头地位。

在 Indofood 走向全球的进程中，主要优势在于其产品几乎涵盖了所有食品类细分赛道。除此之外，它还拥有自己的分销物流渠道，分销范围广泛，价格也很合理，口味多种多样。它的不足在于旗下食品非常传统，含味精及防腐剂，这可能会让它在未来需要面对来自竞争对手的健康食品创新的威胁。

THE FUTURE
OF GOING GLOBAL

第 14 章

阿尔法超市，印尼零售的超级变革者

1989 年，郭桂和（Djoko Susanto）创办了阿尔法超市。最初，这家企业只是从事贸易和批发生意，直到 1999 年，它才开启迷你超市的业务。今天，阿尔法超市在印尼全境拥有约 2 万家零售业态，它在印尼的现代零售通路中发挥着举足轻重的作用。表 14–1 展示了阿尔法超市的整体财务概况。

表 14–1　阿尔法超市的财务指标概况（2014—2022）

财务指标	2014 年	2015 年	2016 年	2017 年	2018 年	2019 年	2020 年	2021 年	2022 年
营业收入（10亿印尼卢比）	41 495.7	48 265.5	56 107.1	61 464.9	66 817.3	72 945.0	75 826.9	84 904.3	96 924.7
毛利润（10亿印尼卢比）	7 734.5	9 209.0	10 872.5	12 001.3	13 222.5	15 541.6	15 412.4	17 574.6	20 022.4
毛利率（%）	18.6	19.1	19.4	19.5	19.8	21.3	20.3	20.7	20.7
净利润（10亿印尼卢比）	579.3	464.2	553.8	257.7	668.4	1 138.9	1 088.5	1 963.1	2 907.5
净利率（%）	1.4	1.0	1.0	0.4	1.0	1.6	1.4	2.3	3.0

续表

财务指标	2014 年	2015 年	2016 年	2017 年	2018 年	2019 年	2020 年	2021 年	2022 年
总资产（10亿印尼卢比）	13 989.0	15 195.9	19 474.4	21 901.7	22 166.0	23 992.3	25 970.7	27 370.2	30 746.3
股东权益（10亿印尼卢比）	2 998.6	4 850.2	5 294.8	5 250.2	6 017.6	17 108.0	18 334.4	9 427.8	11 470.7
杠杆率 D/A	0.79	0.68	0.73	0.76	0.73	0.29	0.29	0.66	0.63
净资产收益率（%）	19.3	9.6	10.5	4.9	11.1	6.7	5.9	20.8	25.3
资产回报率（%）	4.1	3.1	2.8	1.2	3.0	4.7	4.2	7.2	9.5

资料来源：阿尔法超市年报，雅虎金融。

发展路径

阿尔法超市自 1999 年正式进入零售业以来，不断开创出一个个发展道路上的里程碑。2002 年，阿尔法超市收购了 141 家迷你超市 Alfaminimart 后，并正式将企业名更名为 Alfamart。与此同时，该企业也正式把主营业务从之前的批发贸易转移到了迷你超市的零售运营和特许加盟上来。

在收购了几百家迷你超市之后，阿尔法超市迎来了一个历史性时刻：2009 年，阿尔法超市正式在印尼证券交易所挂牌上市，股票代码为“AMRT”。2012 年，阿尔法超市的业务拓展到了苏门答腊岛北部的棉兰市场，运营的总店面数也达到了 7 000 家。2013 年，阿尔法超市继续收购零售公司 Midi Utama 的股份，并且将业务拓展至苏门答腊岛的占碑和北干巴鲁，以及加里曼丹岛的马辰。运营的店面总数达到 8 900 家。2014 年，旗下子公司 Alfamart Retail 在菲律宾设立了合资公司，实现了企业发展史上的首次出海。与此同时，阿尔法超市在爪哇岛更多的区域以及苏门答腊岛南部区域也设置了仓储网点，零售店面则扩展到了苏拉威西省的万鸦老和加里曼丹省的坤甸，运营的店面总数达到 9 500 家。此后，零售店面数保持住了这种稳定增长的态势：2015 年，运营的店面数达到了 11 000 家；2016 年，运营的店面数达到了 12 000 家；2017 年，运营的店面数达到了 13 500 家。

2022 年，阿尔法超市在印尼开设的迷你超市店面数已达 17 813 家。分公司中，中型超市有 2 130 家；在菲律宾开设的店面数约为 1 400 家。自此，阿尔法超市完成了对印尼 28 个省份、303 个城市的全覆盖，初步形成了“印尼 +”的模式。

在自有品牌的培育上，阿尔法超市也在零食、日用品、副食和饮料等品类上不断推进自有品牌的占比。

印尼的零售通路

印尼的零售市场是一个以传统通路为主的国家，其中，约 70% 的零售市场的销售来自传统通路，约 30% 的销售来自现代通路。现代通路主要由迷你超市、大中型超市和大卖场组成。截至 2022 年底，大中型超市和大卖场只占整体零售的 5.3%，迷你超市占了整体零售销售的 24%（见图 14-1）。在布局上，大中型超市和大卖场主要集中在城市，对印尼广泛的下沉市场覆盖不够。目前，在下沉市场中，唯一的现代通路渠道几乎被迷你超市占据。2022 年，印尼的人均 GDP 约为 4 800 美元。有限的可支配收入使大众消费还停留在以食品和基本的日用品为主上，迷你超市的产品种类已经足够满足大众消费者的日常需求，也正因此，迷你超市才成了印尼大众市场上的主力零售形式。

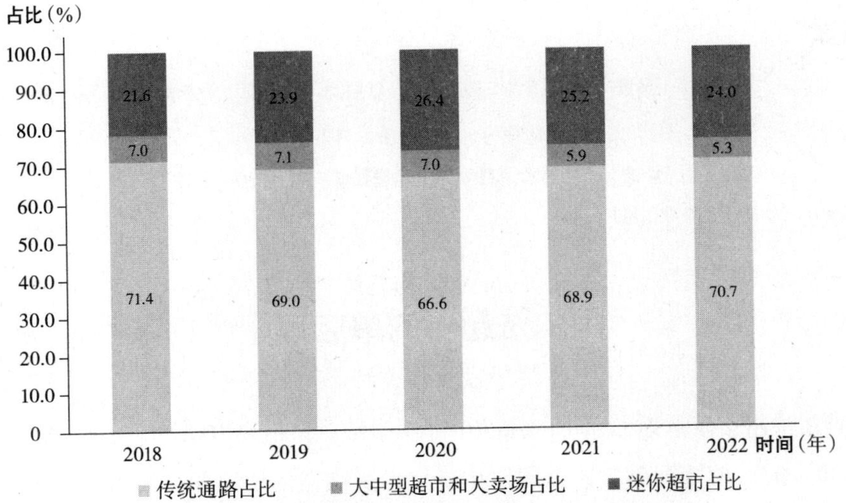

图 14-1　印尼零售通路的占比情况（2018—2022）

资料来源：阿尔法超市季度信息披露。

在印尼的 17 000 多个岛屿上，最主要的零售渠道是传统的夫妻店。据不完全统计，印尼全境约有 480 万家夫妻店，整体来看，连锁化程度很低。分散的格局令很多区域批发商得以出现。特殊的地理环境、不够发达的基础建设，以及分散的传统零售终端，造就了印尼今天中间段销售通路薄弱的现状。

印尼大众消费的欲望偏强烈，从 2022 年的数据中我们可以看到，家居、个护用品、饮料类、轻奢类都实现了双位数的增长（见图 14–2）。阿尔法超市也与时俱进，和一些新锐的个护美妆品牌在较发达地区联名推出特别展柜以增加收入。

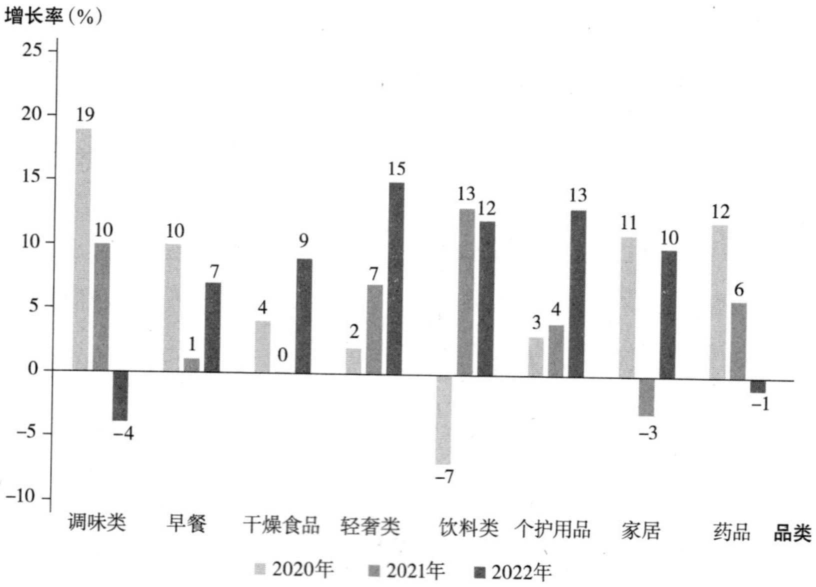

图 14–2 印尼零售消费细分品类增长情况（2020—2022）

资料来源：阿尔法超市季度信息披露。

阿尔法超市的单店模型

阿尔法超市旗下迷你超市的标准单店模型是：面积为 100 ～ 150 平方米，货架上约 30% 的区域陈列副食，以印尼市场比较受欢迎的快熟面、饼干、油、零食等为主。洗涤日化产品的占比为 10% ～ 15%，其中，下沉市场以洗衣粉为主，而在中高端区域，洗衣液的占比有所增加。饮料、饮用水应占很大的比例，饮料以甜饮为主。每个店面的外面都提供大号瓶装饮用水和煤气罐服务，店面内部设有提款机（见图 14–3）。比较有趣的一点是，迷你超市里是不售卖生鲜的，下沉市场中的印尼消费者一般会去菜市场购买蔬菜，而在大城市里，则有售卖生鲜的中大型超市。除此之外，店面外边会留有一定的摩托车停车位，因为大多数印尼人使用摩托车通勤。在很多县城的下沉市场，迷你超市都是唯一的现代通路。一般而言，一个县城会有 3 ～ 5 家迷你超市服务当地社区的日常生活需求。

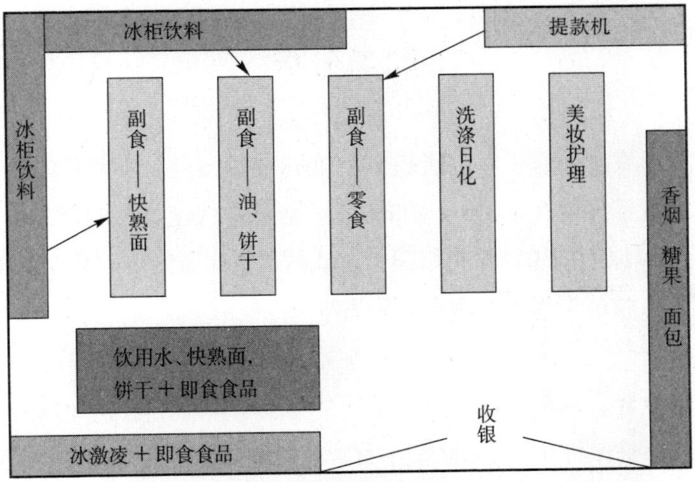

图 14–3　阿尔法超市旗下迷你超市的标准化布局

资料来源：内容由弘章投资研究实地调研整理。

有机成长和加盟并进

由于印尼的人均收入水平不高，大众的存款率也偏低，加盟发展一直以来都不是印尼零售企业扩展的主要方式。阿尔法超市在 2012 年明确了整体定位后，基本保持住了每年新增 1 000 家店面的开店速度。在加盟端，阿尔法超市积极通过参展、路演、网上营销和免除部分加盟费的方式积极招揽加盟商。2022 年，阿尔法超市的近 18 000 家店面中，约有 75% 为直营店、25% 为加盟店。

渠道布局

在过去 20 年间，阿尔法超市稳步地在印尼全境内建立起了自己的零售渠道。截至 2022 年 12 月 31 日，阿尔法超市旗下有 17 813 家迷你超市和 2 985 家并非由阿尔法超市运营的其他形式的零售点，其中包括 2 130 家中型超市。在供应链方面，阿尔法超市有 32 个分公司、17 个子公司、14 个分拨仓、14 个货物储藏仓，它们遍布印尼全境。

财务分析

从本地货币维度来看，阿尔法超市在 2014—2016 年处在快速发展的阶段，每年的新增店面数量保持在 1 000 ～ 1 300 家。店面数快速增长的背后，是营业收入同步实现了 16% 以上的较高年化增速，这让阿尔法超市的店面数在 2016 年底达到了 12 000 多家，快速实现了万店布局的战略。

2017—2019 年，阿尔法超市进入了一个稳步增长期，除了 2018 年，其他年份的新开店面数还是保持在了 1 000 家左右，虽然绝对值并没有减少，但是由于基数变大了，增长率降至 9% 左右。

2020 年，疫情的发生以及诸多不确定因素，让阿尔法超市采取了保守、谨慎的态度，营业收入增长率下滑至 4%。

2021 年和 2022 年，随着疫情的逐渐消退，消费行业开始强势反弹，阿尔法超市的营业收入又回到了双位数增长阶段（见图 14–4）。后疫情时代，由于印尼的国民经济增长强劲，消费者的可支配收入持续增长，所以我们可以预见，阿尔法超市的营业收入一定会有比较明显的增长。

过去 10 年，阿尔法超市通过培育更多的自有品牌，取得了经济增长的规模效应，毛利率基本上呈现出了稳步上升的态势。2022 年，阿尔法超市的毛利率已经提升至 20.7%，净利率也显著提升至 3%（见图 14–5）。由于印尼地域辽阔，基础设备还不够健全，在比较高的物流成本下还能实现 3% 的净利率实属不易。

图 14-4 阿尔法超市的营业收入情况（2014—2022）

资料来源：阿尔法超市年报，内容由弘章投资研究整理。

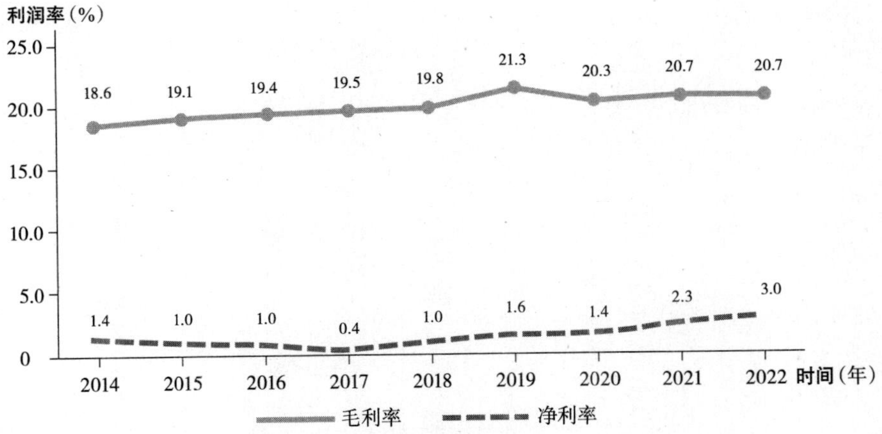

图 14-5 阿尔法超市的利润率情况（2014—2022）

资料来源：阿尔法超市年报，内容由弘章投资研究整理。

食品业务一直都是阿尔法超市的主要收入来源。根据 2022 年的财报，69.5% 的营业收入来自食品类（见图 14–6），这体现出了迷你超市的主要定位是满足印尼大众对副食和饮料的基本需求。必需品消费的属性让阿尔法超市已经成为印尼人日常生活的首选。

图 14-6 阿尔法超市两大主营业务的营业收入贡献情况（2014—2022）

资料来源：阿尔法超市年报，内容由弘章投资研究整理。

相比而言，2022 年非食品的毛利润会更高一些，它贡献了 30.5% 的营业收入，却实现了 35.3% 的毛利润（见图 14-7）。随着印尼人民的可支配收入逐渐增加，客单价也会增长，必需品消费的增长空间有限，但美妆、个护类消费品的增长天花板一定会有所提高。

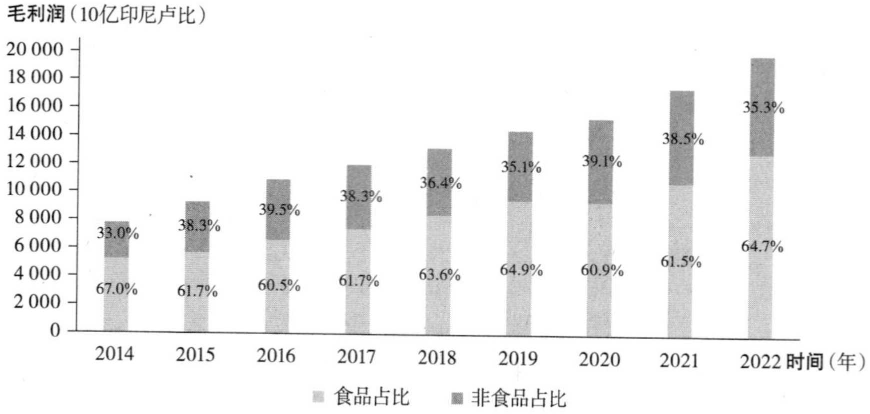

图 14-7 阿尔法超市两大主营业务的毛利润贡献情况（2014—2022）

资料来源：阿尔法超市年报，内容由弘章投资研究整理。

在货物成本之外，阿尔法超市的主要成本为分销费用和行政管理费用。行政管理费用相对稳定，一直不超过 2%。分销费用的上涨主要因阿尔法超市在不断优化自己的供应链能力。阿尔法超市在长年发展中一直选择在下沉市场自建仓储，以此提高送货配货的效率。在 2020 年以前，阿尔法超市每年都会有一定的仓储建设支出，加之该企业还在不断向比较偏远的地区开设新店面，这导致 2020 年的分销费用达到了 17.3%（见图 14–8）。之后几年，随着销售规模的上升和仓储利用率的提升，分销费用占比有所降低。从财报中可以看到，收入不断增长的情况下，分销费用被不断摊薄，规模效应初见成效。在零售店网络及其密度、供应链的承载能力，以及阿尔法超市对上游供应商的议价能力的综合作用下，阿尔法超市彰显出了自己的核心竞争力。

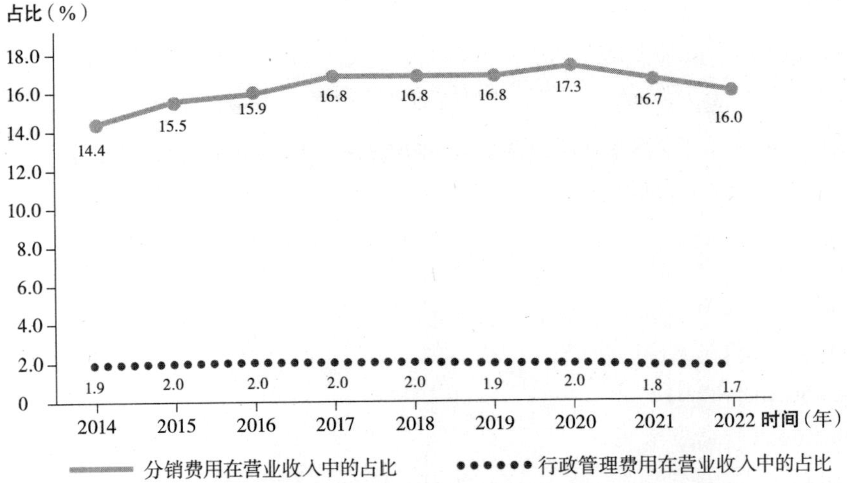

图 14–8　阿尔法超市分销费用和行政管理费用变化趋势（2014—2022）

资料来源：阿尔法超市年报，内容由弘章投资研究整理。

竞争对手分析

在印尼，迷你超市之间的竞争主要在两家企业中展开，一家是阿尔法超市，另外一家则是 Indomaret。两家超市的标准单店模型，从店面大小、选址原则、产品陈列、定位和定价等方面都非常相似。如图 14–9 所示，截至 2022 年底，Indomaret 有迷你超市 21 125 家。阿尔法超市旗下的迷你超市有 17 813 家，面积稍大的阿尔法中型超市有 2 130 家，可谓不相上下。排名第三的 OK 便利店（Circle K）只有 360 家，相对而言就逊色很多。迷你超市的二元竞争格局基本定型。如图 14–10 所示，从较高端的超市竞争层面来看，整体来说，分散度较高。

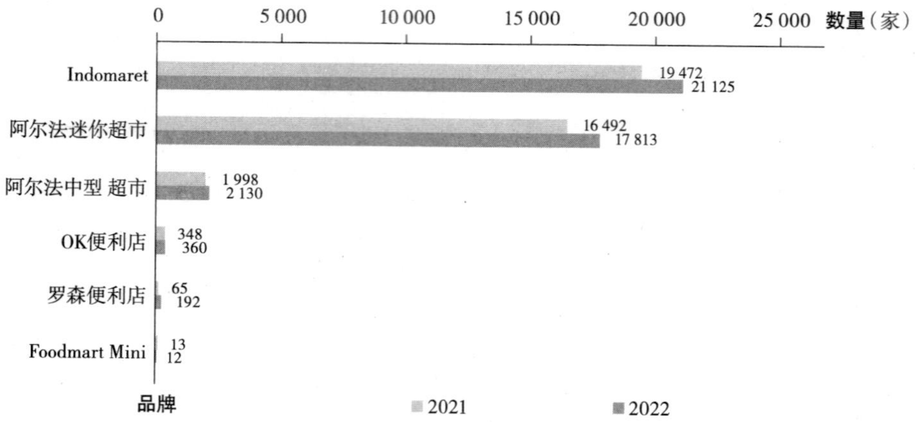

图 14-9 印尼迷你超市（含面积稍大的中型超市）竞争格局（2021—2022）

资料来源：阿尔法超市季度信息披露。

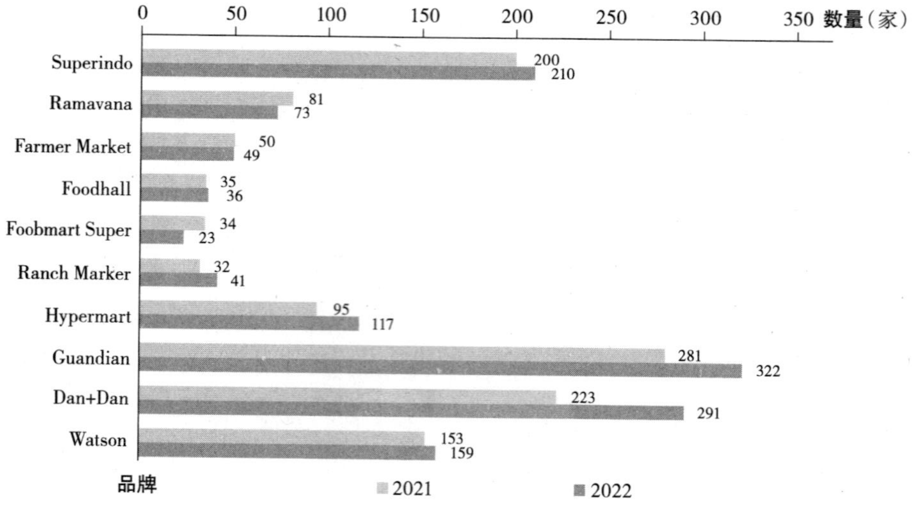

图 14-10 印尼大型超市、大卖场和个护零售竞争格局（2021—2022）

资料来源：阿尔法超市季度信息披露。

社区超市店面数量比较多的是 Superindo；中高端超市中，Farmer Market 和 Ranch Market 做得比较出色；大卖场中，Hypermart 为龙头；个护零售方面，Guardian，Dan+Dan 和 Watson 旗鼓相当。

股价和估值

根据股价走势，阿尔法超市的发展可以大致分为 5 个阶段。

从 2009 年上市到 2012 年，这是阿尔法超市在印尼高速发展的第一个阶段。阿尔法超市以每年 1 000 家新店的速度稳步拓展。在这一阶段，阿尔法超市的 PE 估值不算很高，一直保持在个位数，市场对阿尔法超市的定位还是一个比较小型的连锁零售店，所以也没有给出很高的估值倍数。

2013—2014 年是阿尔法超市高速发展的第二个阶段。期间，阿尔法超市在印尼国内的店面数量突破了 10 000 家。与此同时，阿尔法超市开始拓展第一个海外市场——菲律宾，所以，市场也开始给出不一样的增长期望值。

2014—2018 年是阿尔法超市高速发展的第三个阶段，阿尔法超市的 PE 估值已经从之前的个位数挺进 30 ～ 90 倍的区间，股价也基本保持在了每股 500 印尼卢比之上。

2018—2020 年是阿尔法超市高速发展的第四个阶段，这 3 年中 PE 估值有明显的回撤，从 2018 年的 87.2 倍降至 2020 年的 22.9 倍，虽然阿尔法超市的开店速度依然稳定在每年 1 000 家左右，但是市场的不确定性和阿尔法超市无法快速开设新店的限制让市场降低了对它的期待。

由于阿尔法超市报表中的利润情况整体还算稳定，所以阿尔法超市的股价也基本保持在每股 800 ～ 1 000 印尼卢比。

2021—2023 年是阿尔法超市高速发展的第五个阶段。这一期间，阿尔法超市的 PE 估值维持在 35 ～ 45 倍，这在印尼市场上属于比较高的 PE 估值。相应的，阿尔法超市的股价表现也非常耀眼，从 2020 年的 800 ～ 1 000 印尼卢比的区间，直接跃升至 2023 年的 2 500 ～ 3 000 印尼卢比的区间（见图 14–11、图 14–12）。但真正推动股价上涨的力量是近两年净利润的持续释放。

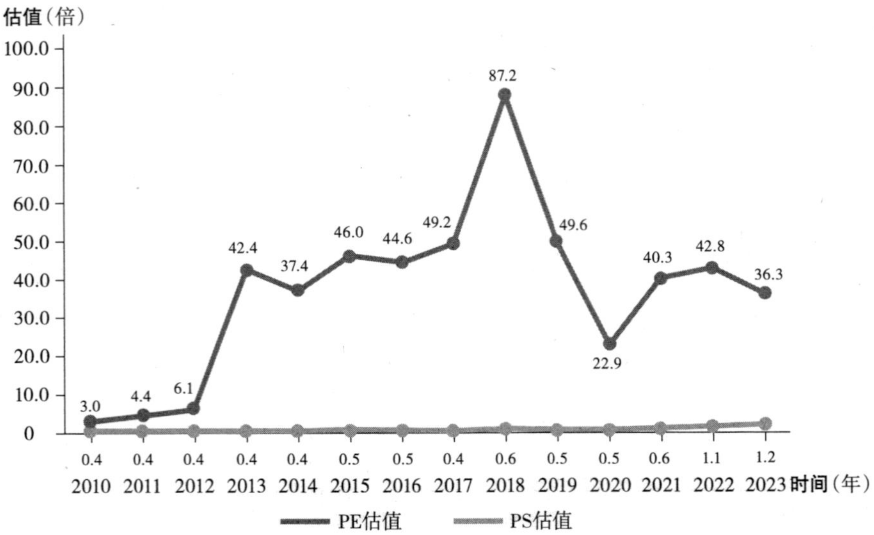

图 14-11　阿尔法超市的 PE 估值和 PS 估值情况（2010—2023）

资料来源：雅虎金融，Companies Market Cap。

图 14-12　阿尔法超市的股价走势（2009—2023）

资料来源：雅虎金融。

2022 年，阿尔法超市全年的净利润达到了 2.9 万亿印尼卢比，是 2020 年全年净利润的约 2.6 倍。一方面，疫情之后，印尼经济强势反弹，已经走出了阴霾，居民收入稳步增加，所以食品和必需品消费最先反弹；另一方面，阿尔法超市在 2020 年和 2021 年始终保持着每年新开 1 000 家店的发展速度，没有放缓布局脚步。在迷你超市领域，阿尔法超市已经和 Indomaret 形成了非常强势的市场二元格局，而迷你超市又占了印尼现代零售较大的份额。

除此之外，阿尔法超市在现有产品的基础上加入了新的付费体验和新的金融服务，同时也积极拥抱线上销售模式，包括组建自己的送货车队，这些不仅提高了自己的覆盖能力，还迎合了印尼线上化迭代的发展需求。

THE FUTURE OF GOING GLOBAL

新全球化企业洞察

传统市场中的现代化变革者

一直以来，人均收入不高的印尼贫富差距都很大。发达的现代零售业态几乎只出现在一二线大城市，而大众消费还是要依靠传统通路下的零售渠道。两家民营企业——阿尔法超市和 Indomaret 几乎是仅靠一己之力，以迷你超市的形式，给印尼的传统市场带来了现代零售。现在，如果我们走入印尼的县城街道，迷你超市几乎是唯一的现代销售渠道，是印尼千万家庭解决日常所需的重要消费场景。对于传统市场而言，它们在过去近 20 年的时间里，成为名副其实的现代化变革者。

稳定坚持的下沉市场布局者

过去 10 年，印尼的经济得到快速发展，但其中也有不少坎坷，包括 2008 年金融危机后的货币不稳定，2020 年新冠疫情带来的居民收入下滑。一直以来，阿尔法超市都保持着稳定的，甚至可以说是匀速的新店拓展速度。开店最多的一年是 2017 年，这一年共开了 1 500 家新店，但即便在疫情期间，2020 年，阿尔法超市依然开了 1 100 家新店。阿尔法超市很重视对下沉市场的布局，2021 年，它还在印尼最东边的巴布亚开了 22 家门店。2022 年，阿尔法超市又开始向印尼最西边的苏门答腊岛北部的亚齐区域拓展。持续向下沉市场布局，也给阿尔法超市筑起了很高的护城河，并使其真正成为印尼的国民零售品牌。

新流量变化的拥抱者

过去两年是新流量平台、新消费品牌和新零售在印尼开始萌芽的时期。阿尔法超市也在积极地调整自身的定位，在产品方面，与当地美妆品牌合作，在原有个护产品的基础上，让消费者可以在店里买到附加值更高的美妆产品。在模式上，组建了自有的摩托车派送车队，利用自己的网点来提高对线上消费的履约能力，并形成更全面的覆盖。虽然现在的变革在收入和利润端的贡献还很有限，但是管理层的灵活和拥抱变革的决心让市场对阿尔法超市的未来充满信心。

THE FUTURE
OF GOING GLOBAL

第 15 章

Vinamilk，越南乳制品的领军者

1976 年，越南政府推动国有化改革，将 3 家民营乳制品企业国有化后，更名为南方牛奶咖啡公司。后来，该企业几经易名，最终在 2003 年更名为越南乳制品股份公司（简称 Vinamilk）。发展至今，它已是越南乳制品企业的绝对龙头，业务涵盖了液态奶、酸奶、奶粉等品类。

发展路径

1976—1992 年：计划经济体制下的区域性国有企业。

- 1976 年，越南政府将统一乳业厂（前身是 1965 年成立的 Foremost Dairies）、长寿乳业厂（前身是 1972 年由华人创办的 Cosuvina）、Dielac 奶粉厂（前身是雀巢的奶粉厂）3 家乳制品厂国有化，合并后更名为南方牛奶咖啡公司，隶属越南南方食品工业总局。
- 1982 年，南方牛奶咖啡公司划归越南食品工业部，更名为第一奶啡糖

联合企业，并下辖糖果厂和碧芝营养粉厂两家工厂。

1992—2003 年：革新开放时期，品类专精化、区域全国化。

- 1992 年 3 月，第一奶啡糖联合企业更名为越南乳业公司，隶属于越南轻工业部，专门生产、加工牛奶和奶制品。
- 1994 年，越南乳业公司在河内建了一家乳品厂以开拓北方市场。至此，工厂总数达到 4 家。开发和满足北方市场需求的战略由此确立。
- 1996 年，越南乳业公司与归仁冷冻股份公司合资成立平定乳品联营企业。越南乳业公司由此成功打入中部市场。
- 2000 年，越南乳业公司在越南芹苴市成立芹苴乳品厂，以服务湄公河三角洲地区，并在胡志明市建了自营仓库。2001 年 5 月，又在芹苴市开设了第二家乳品厂。

2003 年至今：股份化时期，资本化、国际化加速，向上游养殖端延伸，打造乳制品全产业链。

- 2003 年 11 月，越南乳业公司更名为 Vinamilk，交易代码为“VNM”。同年，Vinamilk 在平定省和胡志明市开设乳品厂。
- 2004 年，收购西贡乳制品股份公司，注册资本增至 1.59 万亿越南盾。
- 2005 年，收购平定乳品联营企业的其余股份，并于 2005 年 6 月 30 日在越南义安省成立义安乳品厂。
- 2005 年 8 月，与 SABmiller Asia BV 合资成立 SABMiller 越南合资有限公司。其第一款产品于 2007 年年中推出。
- 2006 年 1 月 19 日，在胡志明市证券交易所上市，国家资本投资经营公司持有公司注册资本的 50.01%。
- 2006 年 6 月，在胡志明市开设越南第一家由电子信息系统管理的安康诊所，提供营养咨询、妇科检查、儿科咨询和身体检查等服务。
- 2006 年 8 月 20 日，更改了企业的品牌标志。
- 2006 年 11 月，推出奶牛场业务。当时收购了拥有约 1 400 头奶牛的宣光奶牛场。
- 2007 年 9 月，收购总部位于越南清化省的蓝山乳业 55% 的股份。从此开始使用“美好生活”作为公司口号。

- 2009 年，在义安省和宣光省开发了 135 000 个分销代理、9 家工厂和许多奶牛场。同时，将公司口号从“美好生活”改为“越南信念”。
- 2010 年，将公司口号从“越南信念”改为“触及越南”并沿用至今。
- 2011 年，投资了 3 000 万美元的岘港乳品厂投产。
- 2012 年，建立总投资 220 亿美元的平阳液体奶和奶粉工厂，以及越南饮料厂。同年，推出新品牌标志。
- 2013 年，在平阳第二美福工业园建立的 Mega 乳品厂投产，一期产能为每年 4 亿升。
- 2016 年，在柬埔寨开设了吴哥乳业工厂。
- 2017 年，开设越南第一个有机乳制品农场——大叻有机农场；成立纠支生鲜乳中心。
- 2018 年，Vinamilk 清化省高科技奶牛场综合体第一农场落成。老挝 - 加格罗有机奶牛场综合体开工。自此，成为越南第一家生产 A2 牛奶的企业。
- 2019 年，越南西宁奶牛场落成。

全品类矩阵

Vinamilk 主营业务为鲜奶、罐装奶、奶粉、营养牛奶、酸奶、炼乳、豆奶、饮料以及其他乳制品的加工、制造和贸易。从区域上看，越南本土是 Vinamilk 的核心市场，与此同时，也会有少量产品出口到柬埔寨、菲律宾、澳大利亚、中东等国家和地区。

在液态奶品类中，Vinamilk 形成了“鲜奶 + 营养牛奶 + 坚果牛奶”的产品梯队（见图 15–1），梯队中有众多细分产品，以满足儿童、女性等人群的差异化需求。其余品类则包括奶粉、儿童食品、酸奶等（见图 15–2）。Vinamilk 在产品设计上借鉴了海外成功案例，复刻经典产品系列，如“养乐多”和“味全”系列的乳酸菌饮品。

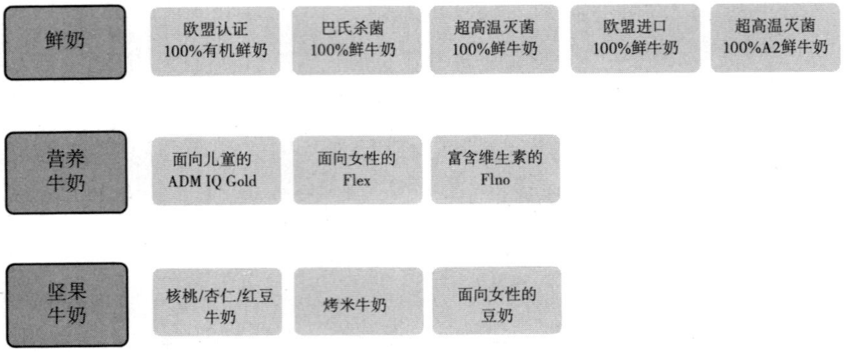

图 15-1 Vinamilk 旗下的液态奶产品矩阵

资料来源：Vinamilk 年报，内容由弘章投资研究整理。

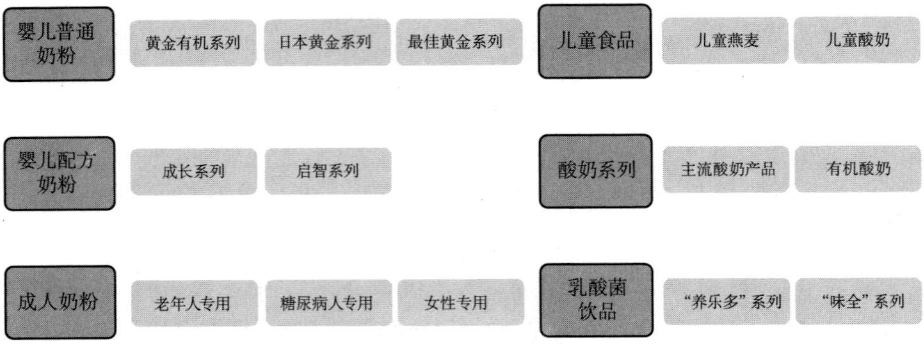

图 15-2 Vinamilk 旗下的奶粉、儿童食品与酸奶等产品矩阵

资料来源：Vinamilk 年报，内容由弘章投资研究整理。

强大的销售渠道：独家经销商 + 自营网点 + 校园

衡量乳制品企业发展的好坏，线下渠道能力是极为重要的衡量指标。Vinamilk 构建起了极强的本土渠道壁垒。在传统经销渠道上，Vinamilk 拥有 200 家独家经销商，经销网络覆盖越南全境，可触达 25 万个终端渠道网点。

在自营垂直类渠道建设上，全品类产品矩阵的货盘给予了 Vinamilk 自建渠道的能力。同时，它通过自建渠道，加强了品牌建设，旗下拥有乳制品零售品牌越南牛奶梦（Giac Mo Sua Viet），这些均强化了对终端渠道的把控。2019—2021 年，自营渠道的累计门店数量分别是 430 家、480 家、600 家。

在政府招标项目中，Vinamilk 为学龄前儿童及小学儿童提供了带有普惠性质的牛奶产品。2016 年，由其倡导的“学生好计划”获得了越南政府的下式批准，开始在越南全国推广，截至 2020 年 10 月，越南已有 23 个省市加入了“学生好计划”，覆盖的儿童人数高达 330 多万。

财务分析

2019—2021 年，Vinamilk 的营业收入逐年增长但增速持续放缓（见图 15-3）。与同规模乳企相比，Vinamilk 的毛利率、净利率及 EBITDA 利润率较高（见表 15-1、表 15-2、图 15-4），部分原因归功在越南地区拥有极高的市场占有率形成的规模经济效应。Vinamilk 的奶源自给率并不高，尽管 Vinamilk 一直在持续建设上游牧场以增加自给率，但大部分奶源仍依赖进口。好在以复原乳为重点产品的战略决策使 Vinamilk 可以从较低的国际乳制品中获益，这让它可以通过对标进口大包粉的价格，从而对本土生鲜乳价格拥有较强的议价能力。

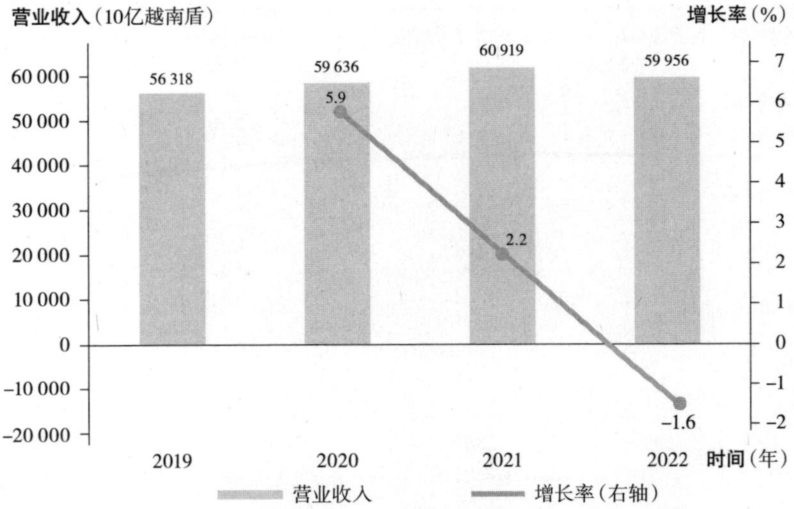

图 15-3 Vinamilk 的营业收入和增长率情况（2019—2022）

资料来源：Vinamilk 年报，内容由弘章投资研究整理。

表 15-1 Vinamilk 财务指标概况（2019—2022）

财务指标	2019 年	2020 年	2021 年	2022 年
营业收入（10 亿越南盾）	56 318	59 636	60 919	59 956
毛利润（10 亿越南盾）	26 572	27 669	26 278	23 897
毛利率（%）	47.2	46.4	43.1	39.9
净利润（10 亿越南盾）	10 581	11 099	10 532	8 516
净利率（%）	18.8	18.6	17.3	14.2
总资产（10 亿越南盾）	44 700	48 432	53 332	48 483
总权益（10 亿越南盾）	27 504	31 297	35 850	32 817
杠杆率 D/A	38.5	35.4	32.8	32.3
净资产收益率（%）	38.5	35.5	29.4	26
资产回报率（%）	23.7	22.9	19.7	17.6

资料来源：Vinamilk 年报，内容由弘章投资研究整理。

表 15-2 2020 年 Vinamilk 及其竞争对手的财务指标情况对比

公司名称	净资产收益率(%)	净利率（%）	总资产周转率（%）	权益乘数
伊利股份	22.0	8.0	1.1	2.5
光明乳业	10.0	2.0	1.3	3.2
新乳业	9.0	4.0	0.7	3.4
蒙牛乳业	11.0	5.0	1.0	2.6
Vinamilk	35.5	18.6	1.3	1.5

资料来源：Wind，Tradingview，内容由弘章投资研究整理。

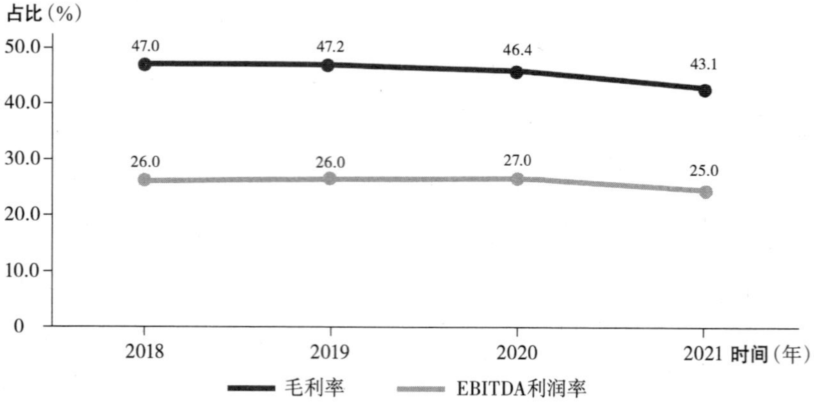

图 15-4 Vinamilk 的毛利率及 EBITDA 利润率情况（2018—2021）

资料来源：Vinamilk 年报，内容由弘章投资研究整理。

未来发展

近年来，随着疫情的肆虐以及美联储加息带动的美元升值，Vinamilk 的毛利率略有下滑，EBITDA 利润率相对稳定，海外业务的营业收入在 2021 年恢复了两位数增长（见图 15–5）。如何看待 Vinamilk 的发展？我们可以从以下两个方面切入：

从国际化进程方面来看：2020 年，越南乳制品市场规模约为 35 亿美元，整个乳制品行业的营业收入增速在 6% ～ 8%。从品类上看，饮用乳制品是市场上的主要产品。

细分品类中，长保牛奶销售占比在 50% 以上；奶粉品类由于受到越南政府出台的针对 2 岁以下婴儿奶粉的广告限制以及人们对母乳喂养的推崇，近 5 年来，销售额持续减少；酸奶品类占据了 12% 的乳制品市场份额，且增速在近 5 年中均高于行业平均值。除了酸奶以外，其他品类整体来看均进入了存量阶段，整个行业很难再实现较高的营业收入增速。后续，Vinamilk 需要进一步观察国际化的发展趋势。

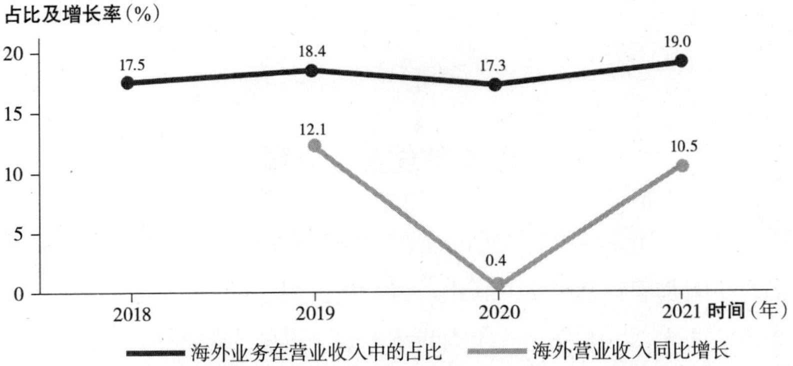

图 15–5　Vinamilk 的海外业务在营业收入中的占比及海外营业收入同比增长情况（2018—2021）

资料来源：Vinamilk 年报，内容由弘章投资研究整理。

如图 15–6 所示，公司目前市值约 132 万亿越南盾，约合人民币 378 亿元。目前市值对应公司 2023 年净利润约 15xPE。

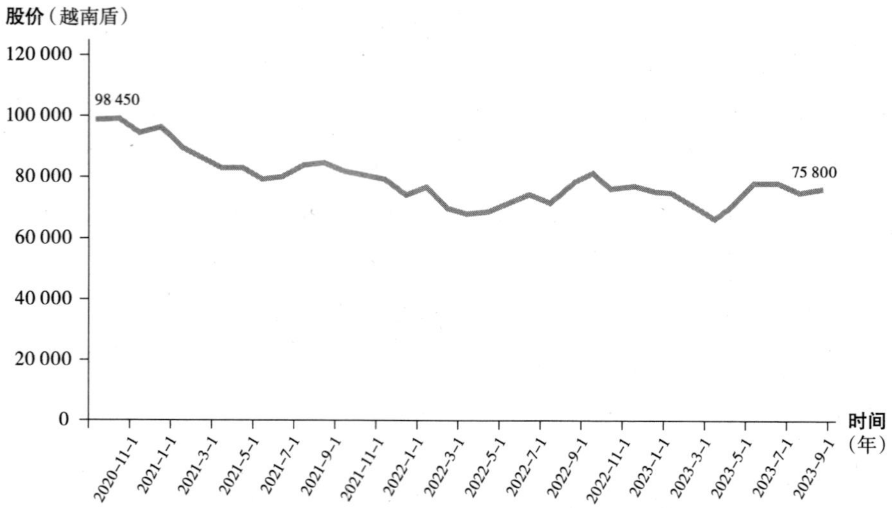

图 15-6 Vinamilk 股价走势（2020—2023）

从奶源自足率提升方面来看：目前，越南拥有的奶牛场及奶牛养殖户共 2.8 万家，奶牛数量接近 37.5 万头，鲜奶产能在 120 万吨以上，可以满足越南国内约 42% 以上的市场需求，其余 50% 多的牛奶需要从海外进口。如此来看，上游牧场端仍需持续投入资金。

THE FUTURE OF GOING GLOBAL

新全球化企业洞察

从全球范围来看，乳制品企业的增长路径均有迹可循：Vinamilk 的成长虽然带有越南计划经济的底色，但是从长期来看，其商业本质并没有发生太多的变化：乳制品企业所需的线下渠道建设及对上游奶源端的持续投入，是所有乳制品企业的长期课题。

THE FUTURE
OF GOING GLOBAL

第 16 章

西贡啤酒，越南啤酒的龙头企业

在我们关注的大消费子行业中，多数赛道的竞争格局都相对分散。但我们同时也发现，各个国家的啤酒行业格局都相对集中。在漫长的行业发展进程中，头部企业大多会经历份额提升和格局稳定后的高端化提效这两个比较明显的红利期。啤酒行业是否也是如此呢？我们对大新兴市场国家的啤酒行业进行了长期的观察。

我们之所以会关注越南市场，是因为我们看好越南的经济发展和人均可支配收入提升所带来的消费行业的发展机遇，除此之外，越南的啤酒消费量还是东盟国家之中最大的，即使放眼全亚洲，越南的啤酒消费量也仅次于中国和日本，不仅高于经济更发达的韩国，还高于很多人口或经济总量高于越南的其他发展中国家，如印度、印尼等国。这说明，越南的人均啤酒饮用量高于多数亚洲国家。根据公开数据，2022 年，越南全年消费啤酒量约占全球份额的 2.2%，排在全球第 9 位。

越南的啤酒行业竞争格局较为集中，喜力啤酒越南有限公司依靠旗下三大品牌 Tiger、Larue 和 Heineken 占据了越南市场超过 40% 的份额，排在第一位。而本章的主角越南国企——西贡啤酒类饮料公司（简称西贡啤酒）则以超过 30% 的份额排在第二位。

发展路径

西贡啤酒是越南当地成立最早的啤酒厂之一。1875 年，法国人在西贡建立了一个小型啤酒厂，1977 年，该啤酒厂正式更名为西贡啤酒厂。1985 年，西贡啤酒厂率先将啤酒的罐装生产线引入越南，并在随后的几年中陆续推出了 330 毫升罐装出口产品的 Saigon Premium 啤酒和 333 牌啤酒等产品。在 1996 年之前，本来用于出口的系列产品，在快速增长的需求推动之下，开始以 355 毫升的规格在越南国内销售。2003 年，该啤酒企业正式更名为 Saigon Beer Alcohol Beverage Corporation，在原有的啤酒产品系列之外加入了烈酒和饮料品类。2016 年，西贡啤酒正式登陆越南股票市场。发展至今，西贡啤酒已经成为出口全球 35 个国家的大型啤酒集团公司。

业务板块

西贡啤酒目前的业务结构可以分成三类。第一类是啤酒业务，包括 Bia Saigon、333 牌啤酒和 Bia LAC Viet 三大系列产品，其中 Bia Saigon 系列又包含 Bia Saigon Gold、Bia Saigon Chill、Bia Saigon Special、Bia Saigon Export 等产品。第二类是烈酒和红酒业务，包括米酒、红酒、伏特加等。第三类是非酒精饮料业务，包括碳酸饮料、即饮咖啡和瓶装饮用水等。

目前，啤酒产品的生产和销售仍是该企业的核心业务，烈酒和红酒以及非酒精饮料业务的营业收入占比不足 1%（见图 16-1）。根据年报，目前西贡啤酒的年产能已达到 24 亿升的规模，销售网点覆盖数超过 20 万个。

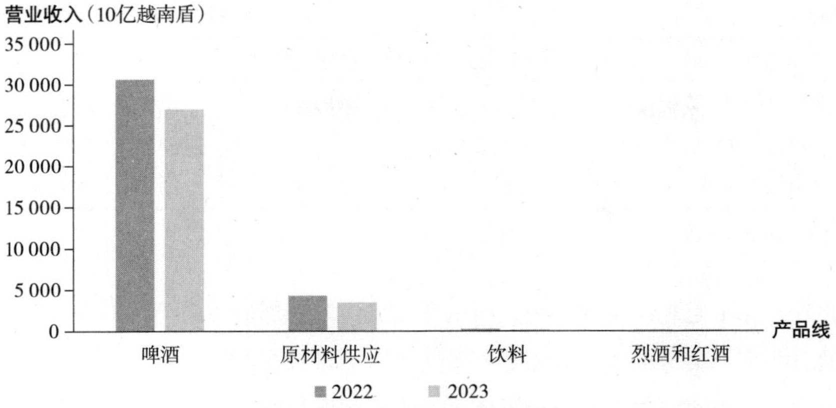

图 16-1　西贡啤酒各产品线在营业收入中的贡献情况（2022—2023）

资料来源：西贡啤酒年报。

财务分析

2020—2023 年，西贡啤酒的营业收入规模虽然受到了疫情的影响，但整体来看还算平稳。2023 年，由于高利率、高通胀和原材料成本的上涨以及供应链的扰动，越南的经济发展受到了一定的影响，尤其是中低收入人群。相应的，作为可选消费的啤酒行业也受到了一定的冲击。与此同时，麦芽等原材料成本出现了上涨的情况，啤酒企业纷纷上调了销售价格，将成本压力传导给了消费者，以此确保能有相对稳定的盈利水平。两者叠加在一起，导致西贡啤酒的销售量出现了下滑，营业收入相应地受到了影响（见表 16-1）。

表 16-1　西贡啤酒财务指标概况（2016—2023）

财务指标	2016 年	2017 年	2018 年	2019 年	2020 年	2021 年	2022 年	2023 年
营业收入（10 亿越南盾）	30 476	34 193	35 949	37 889	27 961	26 374	34 979	30 461
毛利润（10 亿越南盾）	8 167	8 866	8 084	9 551	8 501	7 609	10 771	9 091
毛利率（%）	26.8	25.9	22.5	25.2	30.4	28.9	30.8	29.8
净利润（10 亿越南盾）	4 517	4 949	4 403	5 370	4 937	3 929	5 500	4 255
净利率（%）	14.8	14.5	12.2	14.2	17.7	14.9	15.7	14.0
总资产（10 亿越南盾）	19 195	22 014	22 367	26 962	27 375	30 487	34 465	34 057
净资产（10 亿越南盾）	12 296	14 421	16 112	20 076	21 215	22 595	24 591	25 485

续表

财务指标	2016 年	2017 年	2018 年	2019 年	2020 年	2021 年	2022 年	2023 年
资产负债率	35.9	34.5	28.0	25.5	22.5	25.9	28.6	25.2
净资产收益率（%）	36.7	34.3	27.3	26.7	23.3	17.4	22.4	16.7
资产回报率（%）	23.5	22.5	19.7	19.9	18.0	12.9	16.0	12.5

资料来源：西贡啤酒年报。

此外，除了宏观经济的影响，越南在相关法令中加大了对酒驾的处罚力度，尤其是胡志明市，交警加大了对酒吧、餐厅等用酒量较大场所附近的消费人群的酒驾检查力度，这对啤酒的消费需求形成了一定程度的抑制。

不过，虽然公司在 2023 年的营业收入及利润规模有所下滑（见图 16–2），但是公司的市场份额得到进一步提升，整体表现好于行业大盘。

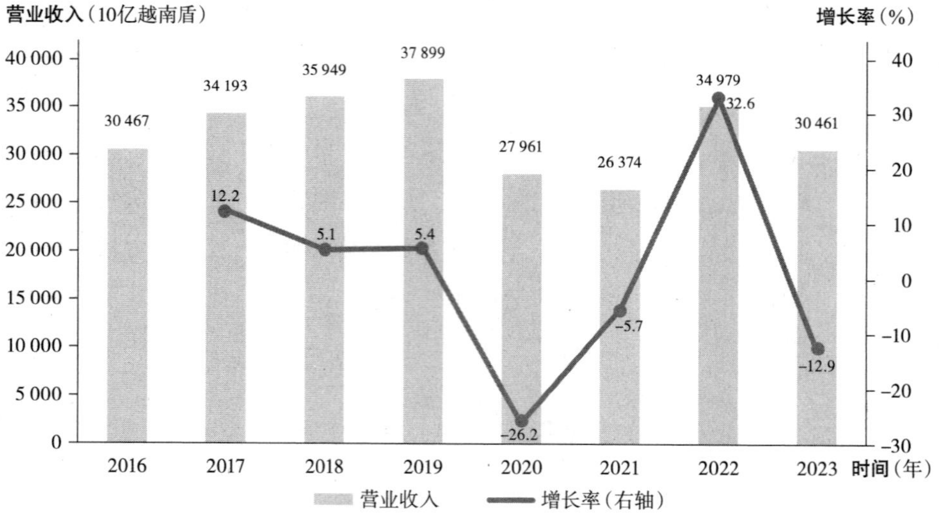

图 16–2 西贡啤酒营业收入及增长率情况（2016—2023 年）

资料来源：西贡啤酒年报。

2024 年，西贡啤酒相关负责人在公开交流中表示，预计 2024 年可实现营业收入 34.40 万亿越南盾，同比增长 12.9%。

2016—2023 年，西贡啤酒的毛利率水平整体呈现出稳中有升态势。2023 年毛利率的下滑主要由销量下降及原材料成本上涨所致。从净利率方面来看，公司在近年来的利润率表现上处于相对稳定状态。值得注意的是，西贡啤酒的净利率水平高于我们更加熟悉的国内啤酒巨头们（见图 16-3）。

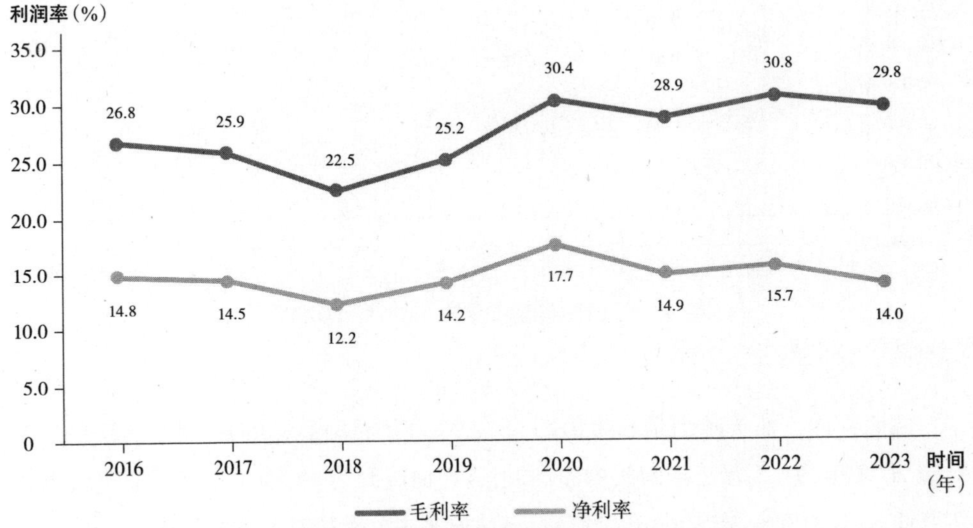

图 16-3　西贡啤酒毛利率及净利率（2016—2023）

资料来源：西贡啤酒年报。

从期间费用方面来看，公司在费用水平控制上做得比较出色，销售费率及管理费率均维持在平稳状态。

股价和估值

在 2016 年上市之后，西贡啤酒股价迎来了一波大幅上涨，但在 2020 年之后，由于疫情的冲击，西贡啤酒的营业收入、利润率均有所下滑，这使股价回落到了一个相对较低的位置。2023 年，由于行业受到了高利率、高通胀和消费者购买力下行的影响，西贡啤酒的营业收入和利润率均尚未恢复到疫情前的水平，因此，股价也未回到疫情前的高度（见图 16-4）。

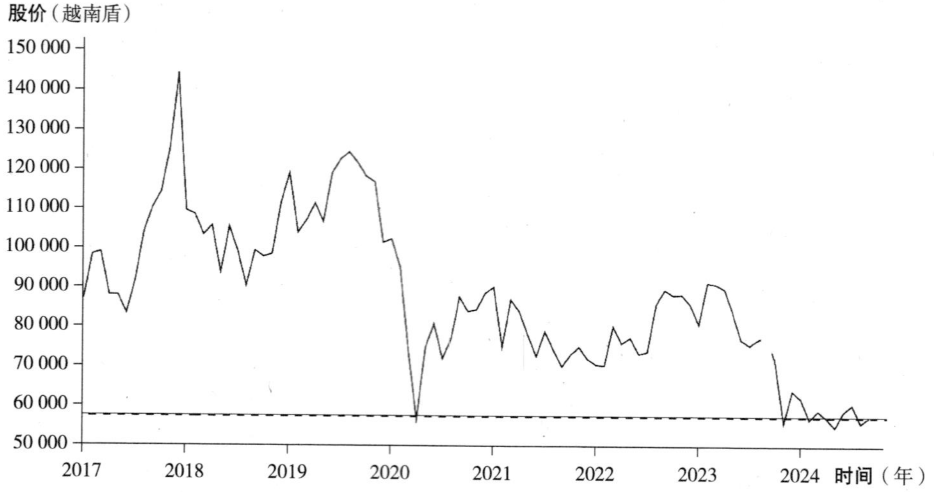

图 16-4　西贡啤酒股价走势（2017—2024）

资料来源：英为财情。

估值方面，西贡啤酒最新市值约为 72.98 万亿越南盾，约合人民币 210 亿元，对应 2023 年约 4.3 万亿越南盾的净利润，PE 估值约为 17 倍，对应西贡啤酒 2024 年营业收入 10% ～ 15% 的增速预期，该估值水平处于相对合理的位置。

THE FUTURE OF GOING GLOBAL

新全球化企业洞察

越南啤酒市场消费量巨大，每年的消费量在东盟国家中排在第一位，在全亚洲范围内看，也仅次于中国和日本，排在第三位，人均饮用量排在非常靠前的位置。越南的啤酒市场竞争格局相对清晰，龙头企业的份额领先优势明显，格局相对固化。西贡啤酒作为行业第二名，市场占有率超过 30%，份额仅次于坐拥 Tiger、Larue、Heineken 等几大品牌的喜力啤酒越南有限公司。

从宏观的角度看，我们看好越南消费市场的发展趋势，尤其是在购买力平价口径之下，越南在 2019 年跨过了人均 GDP1 万美元的大关，按照中国、泰国等国的经验来看，消费行业往往会在这个时候迎来持续时间很长的牛市，因此，我们也会持续关注越南消费市场以及越南啤酒行业的发展情况。

在宏观经济与消费行业整体向上发展的趋势同头部企业较高的市场份额相互叠加之下，我们认为，越南的啤酒行业及龙头企业有望受益于越南消费者消费力的提升。根据国内的经验来看，越南啤酒产品的高端化、利润率的提升值得期待。

THE FUTURE
OF GOING GLOBAL

第 17 章

Mobile World，越南零售的数字化先锋

在越南，Mobile World 可谓家喻户晓，它是越南最大的 3C 零售企业，近年来逐步将业务布局延展至家电、生鲜和医药赛道。截至 2022 年底，Mobile World 门店规模达 5 750 家，当年的营业收入约为 133 万亿越南盾（约合 54 亿美元）。作为一家零售企业，Mobile World 不仅业务体量庞大，它在当地劳动力市场上吸引力也是巨大的。2020 年，Mobile World 在“越南最佳工作场所 100 强”中排名第 12 位，并跻身“越南最具吸引力雇主品牌 50 强”。

截至 2022 年底，Mobile World 共有 6 种线下零售业态：

- **消费电子零售业态——移动世界（The gioi di dong）：** 它是越南当地手机线下销售的第一渠道，门店面积多在 100～200 平方米之间。截至 2022 年底，门店规模超 1 000 家。此外，Mobile World 还受到苹果官方授权，推出线下零售门店 TopZone，2022 年，

TopZone 的门店规模已达到 100 家。

- **家电零售业态——蓝家电（Dien may xanh）：**它孵化于 2010 年。2015 年重新定位后，主做家电零售业务，门店面积多在 500～1 000 平方米之间。2016 年，蓝家电的足迹已经遍布越南全境。为了更快扩张，Mobile World 还推出了门店面积在 350～400 平方米的迷你店和门店面积在 120～150 平方米的超级迷你店，SKU 约为大店型的 60%。截至 2022 年底，Mobile World 的蓝家电品牌共有门店约 2 300 家，其中超级迷你店超 1 000 家，是越南国内家电零售业态市场占有率第一的连锁渠道。2022 年，普通店、迷你店和超级迷你店的收入占比分别为 15%、40% 和 45%。
- **生鲜商超业态——绿百货（Bach hoa xanh）：**它孵化于 2015 年，主要销售果蔬生鲜、快消品。2022 年，收入规模超 10 亿美元，在越南国内的市场占有率成功跻身前 3 名。截至 2022 年底，门店规模超 1 700 家，主要分布在胡志明市及越南南部、中南部的 25 个省份。2022 年，在绿百货的营业收入中，生鲜及冷冻食品占比约为 38%，家庭清洁和个人护理产品占比约为 20%，其他产品占比约为 42%。
- **医药日化零售业态——安康药店（An Khang）：**Mobile World 于 2018 年收购了安康药店 49% 的股权，并于 2021 年实现全资控股。受疫情影响，越南居民对药品的需求大幅增长，安康药店也呈现出快速发展的态势。2018 年时，安康药店的门店规模为 178 家，但到了 2021 年 Mobile World 全资控股时，门店规模已经翻倍。截至 2022 年底，安康药店的门店规模已经超过 500 家。
- **母婴零售业态——Ava Kids：**它孵化于 2022 年 1 月，是 Mobile World 在母婴赛道的首次布局。门店主销母婴产品，包括尿布、奶粉、玩具等。截至 2022 年底，门店规模已经超过 60 家。
- **家电零售业态——EraBlue：**它孵化于 2022 年底，Mobile World 继进入柬埔寨市场后，再一次尝试走出越南。EraBlue 是 Mobile World 专门针对印尼市场打造的家电线下零售业态，Mobile World 希望 EraBlue 可以复制蓝家电在越南的成功经验。EraBlue 是 Mobile World 与拥有超过 1 200 家零售店的印尼第一科技产品零售商

Erajaya Group 的下属子公司 Erafone 合资成立的企业。Mobile World 希望通过与印尼当地零售巨头联手，共同开拓新市场。

在营业收入构成方面，2022 年，移动世界贡献了约 26%，蓝家电贡献了约 52%，绿百货贡献了约 20%，其余业务贡献了约 2%。3C 电子产品的营业收入贡献约为 40%，家电产品的营业收入贡献约为 32%，食品及快消品产品的营业收入贡献约为 20%，其余产品的营业收入贡献约为 8%。

发展路径

在 Mobile World 正式成立之前，创始人阮德才在法国读完 MBA 后回到了国内。他先是在一家外企任财务总监，8 年后决定辞职创业。最开始，他开了 3 家手机店，但因为缺乏经验，很快就失败了。随后，阮德才再次加入一家大企业的战略规划部，继续丰富经验并等待时机。2004 年，他再次辞职创业，成立了手机专卖店移动世界。

最早，移动世界主做电子商务，后来才将目光转移至线下，并开始了线下门店网络的建设。阮德才之所以两次创业都选择同样的手机专卖店赛道，这和当时移动手机渗透率快速提升的大背景密不可分，阮德才充分把握住了这个红利期。

- 2007 年，获得湄公资本 350 万美元的投资。
- 2010 年，推出第二个品牌蓝家电，并正式进军家电市场。到 2011 年底，整体门店规模已经突破 200 家，门店数量较 2009 年增长了 35 倍。2012 年，移动世界成为越南首家在越南所有省份及自治区均有布局的手机零售渠道商。
- 2014 年，成功在越南股票市场上市，股票代码为“MWG”。截至目前，它仍是越南市值最大的 3C 零售公司。
- 2015 年，上市后的 Mobile World 依然保持着迅猛的开店势头，每周平均新增 5 家门店，蓝家电也顺利成为越南规模最大的线下家电零售渠道。同年，Mobile World 推出了第三个品牌绿百货，正式进军生鲜、食品、快消品零售赛道。

- 2016 年，移动世界的门店规模已经达到约 900 家，而蓝家电门店规模也超 250 家，并且顺利成为首个在越南全国所有省份及自治区均有布局的家电零售渠道商。同年，绿百货的门店规模达到 40 家。在股票市场上，Mobile World 同样取得了不俗的成绩，至 2016 年底，Mobile World 市值超过 10 亿美元。
- 2017 年，Mobile World 的三大子品牌继续保持着高速扩张的态势。截至 2017 年底，移动世界、蓝家电、绿百货的门店规模分别达到约 1 000 家、640 家、300 家。同年，Mobile World 通过 Bigphone 进军了柬埔寨市场，这也是 Mobile World 首次走出越南，进行海外扩张。Bigphone 同样为手机专卖店，Mobile World 于 2019 年将其升级为 Bluetronics，定位及门店模型类似于越南国内的蓝家电。截至 2020 年，Bluetronics 在柬埔寨的门店规模达到 37 家，成为柬埔寨最大的 3C 零售商。
- 2018 年，移动世界和蓝家电分别占据越南本土手机、家电零售市场份额的 45% 和 35%。绿百货也成功在胡志明市各区以及周边区域实现布局，并在门店层面首次实现了 EBITDA 转正。同年，Mobile World 收购了安康药店 49% 的股权，正式进军药店零售连锁赛道。
- 2019 年，蓝家电门店规模超过 1 000 家。与此同时，绿百货凭借全年超过 600 家的超高开店速度，在 2019 年底也实现了超过 1 000 家的门店规模。同年，Mobile World 首次在柬埔寨布局家电零售连锁渠道。
- 2020 年，在推出超级迷你店后，蓝家电的开店速度变得更加迅猛：仅用了半年时间就新开了 300 多家门店。同年，Bluetronics 门店数达到 37 家，成为柬埔寨规模最大的手机专卖及家电零售渠道。绿百货的门店规模超 1 700 家，成为越南食品及快消品零售规模企业前 3 名。这一年，在消费者更加注重健康和食材安全的背景下，Mobile World 宣布所有产品将实现“四个不含”：不含杀虫剂、不含生长激素、不含转基因、不含防腐剂。
- 2021 年，Mobile World 的门店规模突破了 5 000 家，营业收入超 50 亿美元（按当时汇率计算）。其中，绿百货营业收入突破 10 亿美元，跻身越南市场行业前 3 名。同年，Mobile World 收购了安康药店剩余股权，对安康药店实现了全资控股，这为次年药店业务的盈亏平衡奠定了基础。
- 2022 年，Mobile World 门店规模超 5 700 家，营业收入超 55 亿美元（按当时汇率计算）。Mobile World 继续保持着在越南国内消费电子及家电零售市场排名第一的骄人战绩，以及在食品、快消品、药品零售领域均位列行业前 3 名的领先地位。在海外扩张方面，它通过合资的方式正式进军印尼市场。

- 2023 年，在连续多年的快速扩张之后，Mobile World 对存量业务进行了一定的调整，包括关闭了柬埔寨的门店，对内进行了一波裁员。截至 2023 年 9 月底，Mobile World 的 12 个月滚动收入同比下滑了约 15.5%，净利率也从 2022 年的 3.1% 下降至 0.6%。

财务分析

随着门店规模的增长，尤其是新品牌、新赛道的开拓，Mobile World 在 2009 年至 2018 年间保持了十分迅猛的增长势头，收入的年均复合增长率约为 46%。但随着市场的逐渐饱和以及移动互联网红利期的结束，Mobile World 整体增长水平回归到一个更加稳健的节奏。

值得注意的是，虽然新冠疫情对线下零售的冲击显著，但 Mobile World 在 2020—2022 年仍始终保持着正向的营业收入增长态势（见图 17-1、见表 17-1）。虽然随着市场变得逐渐饱和，Mobile World 的营业收入增长水平会逐步下降，但它在越南市场一家独大的地位并未出现任何改变，始终牢牢保持着龙头的领先地位。

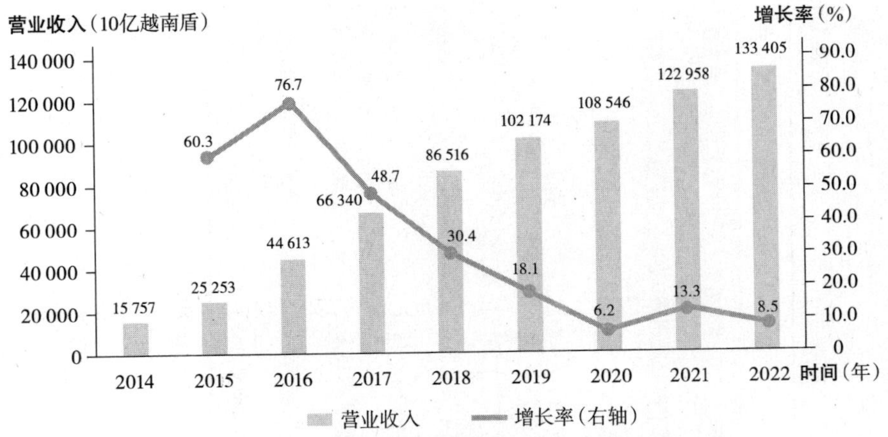

图 17-1　Mobile World 的营业收入及增长率情况（2014—2022）

资料来源：Mobile World 年报，内容由弘章投资研究整理。

表 17-1 Mobile World 的财务概况（2014—2022）

财务指标	2014 年	2015 年	2016 年	2017 年	2018 年	2019 年	2020 年	2021 年	2022 年
营业收入（10 亿越南盾）	15 757	25 253	44 613	66 340	86 516	102 174	108 546	122 958	133 405
毛利润（10 亿越南盾）	2 396	3 922	7 214	11 142	15 292	19 488	23 954	27 632	30 862
毛利率（%）	15.2	15.5	16.2	16.8	17.7	19.1	22.1	22.5	23.1
净利润（10 亿越南盾）	688	1 072	1 577	2 206	2 879	3 834	3 918	4 899	4 100
净利率（%）	4.2	4.2	3.5	3.3	3.3	3.8	3.6	4.0	3.1
总资产（10 亿越南盾）	3 407	7 266	14 854	22 823	28 123	41 708	46 031	62 971	55 834
股东权益（10 亿越南盾）	1 484	2 484	3 481	5 909	8 983	12 144	15 482	20 378	23 933
杠杆率 D/A	0.56	0.66	0.74	0.74	0.68	0.71	0.66	0.68	0.57
净资产收益率（%）	45.0	43.2	41.1	37.3	32.0	31.6	25.3	24.0	17.1
资产回报率（%）	19.6	14.8	10.6	9.7	10.2	9.2	8.5	7.8	7.3

资料来源：Mobile World 年报。

未来，随着 Mobile World 对存量业务的调整告一段落，以及母婴新业态和印尼新市场的进入，Mobile World 的营业收入增长水平有望重回双位数，继续展现出较好的成长性。

2022 年，因受越南国内及全球环境影响，如外需及出口、高利率给企业带来的财务压力，以及消费者习惯的改变，很多企业都采取了紧缩策略。根据 Mobile World 年报，2022 年是其自上市以来年营业收入、净利润首次未达标的年份。其中，年营业收入达到了目标值的 95%，净利润只达到了目标值的 65%，净利率为 3.1%（见图 17-2）。Mobile World 表示，在经历多年的高速发展后，2022 年的宏观环境让 Mobile World 重新评估了其原有的发展战略，未来，Mobibe World 会更加聚焦于核心业务。虽然面对众多不确定性，但 Mobile World 依然保持了相对稳健的利润率水平。

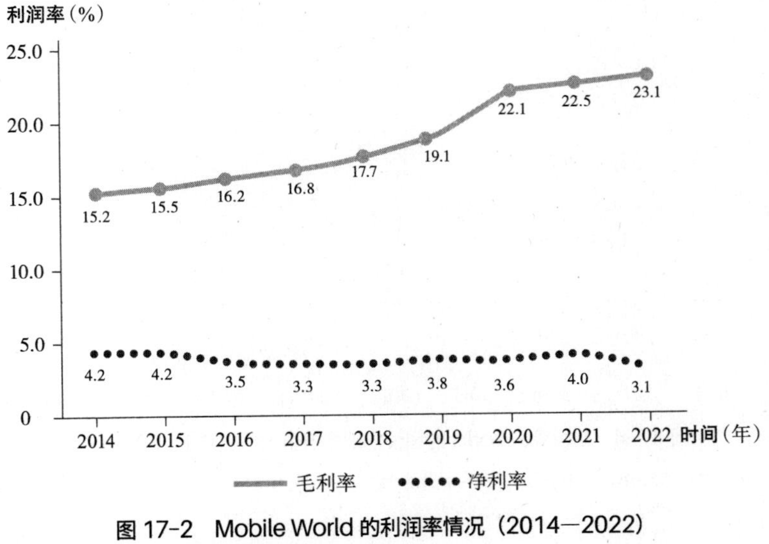

图 17-2　Mobile World 的利润率情况（2014—2022）

资料来源：Mobile World 年报，内容由弘章投资研究整理。

2022 年，Mobile World 的资产负债率为 57.1%，流动比率约为 1.69，财务状况相对健康（见图 17-3）。经营性现金流则波动较大，这主要是由存货的变动导致（见图 17-4）。

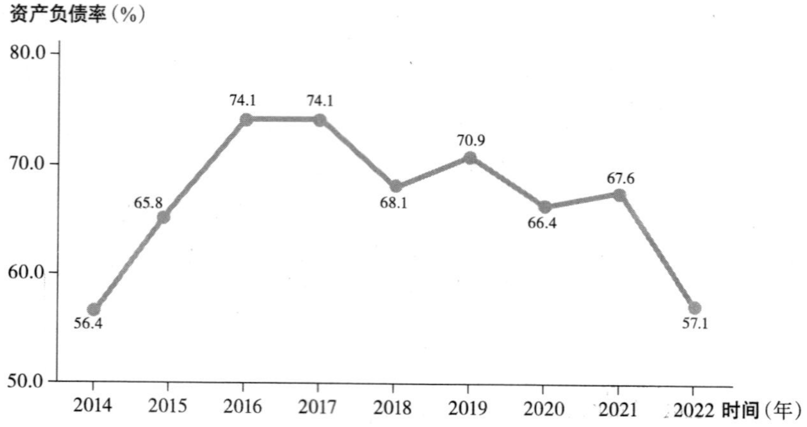

图 17-3 Mobile World 的资产负债率情况（2014—2022）

资料来源：Mobile World 年报，内容由弘章投资研究整理。

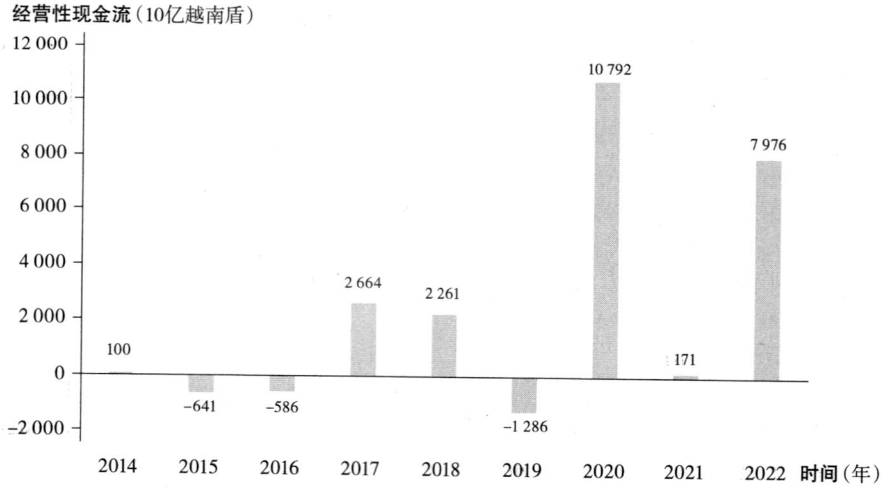

图 17-4 Mobile World 的经营性现金流情况（2014—2022）

资料来源：Mobile World 年报，内容由弘章投资研究整理。

股价和估值

Mobile World 的股价发展可以分为几个阶段。如图 17–5 所示，第一个阶段是 2018 年之前，Mobile World 连续多年保持了高速增长的态势，2009—2018 年，营业收入的年均复合增长率约为 46%，股价也相应地一路上涨。第二个阶段是 2018—

2020 年，由于增速水平的下滑，Mobile World 的股价整体表现也相对稳定，处于区间震荡状态。第三个阶段是 2020—2022 年，新冠疫情发生后，Mobile World 的股价在先经历了一段恐慌式的下跌后迅速上涨，这背后的原因是：疫情之下，消费者囤货需求大增，导致线下零售的业绩迎来爆发。相似的情况我们在国内也能观察到。第四个阶段是 2023 年以后，随着 Mobile World 存量业务的调整，股价出现了一波比较明显的回调。

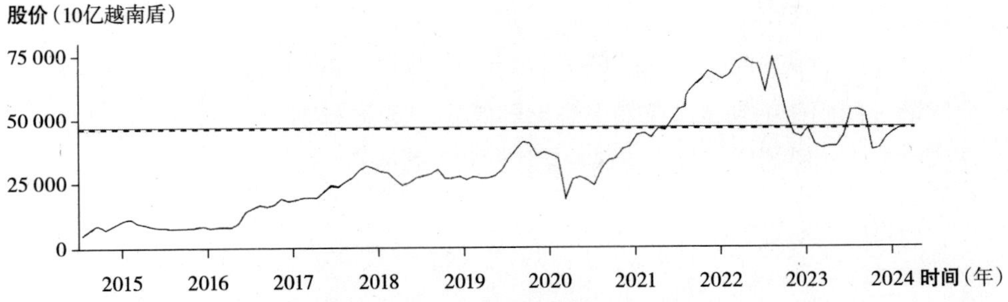

图 17-5 Mobile World 股价走势（2015—2024）

资料来源：英为财经。

目前，Mobile World 市值约为 68.15 万亿越南盾。对应 2022 年营业收入，PS 估值约为 0.51 倍，PE 估值约为 16.6 倍。对应截至 2023 年 9 月的 12 个月滚动收入，PS 估值约为 0.58 倍，PE 估值约为 97 倍。

THE FUTURE OF GOING GLOBAL

新全球化企业洞察

虽然 Mobile World 成立于 2004 年，至今刚满 20 年，但目前已经形成接近 6 000 家店的线下零售渠道规模。一方面，Mobile World 在成立早期把握住了移动互联网的红利，快速成为越南本地第一连锁专卖渠道；另一方面，Mobile World 通过复制相似渠道的打法，不断切入家电、生鲜卖场、母婴用品等新赛道，虽然受限于单一国度的市场规模，但通过布局新品类，Mobile World 不断突破天花板，2009—2018 年，Mobile

World 的营业收入实现了约 46% 的年均复合增长率，表现出了极强的成长性。成立至今，Mobile World 已成为营业收入体量突破 55 亿美元的零售业巨头。同时，Mobile World 也在积极布局海外市场，先后进入了柬埔寨及印尼市场。

与不断“卷”价格的竞争策略有所不同，Mobile World 的产品价格并不一定低于竞品，但在实际经营中，Mobile World 希望通过服务形成差异化。门店内的服务员很热情，但也不会过度服务，旨在为消费者带来更好的消费体验。

当然，零售业在长时间的高速增长后，需要一段时间进行调整，相似的情况我们在中国本土市场上也见过很多，但我认为，在 Mobile World 的调整告一段落后，整体增速有望重回双位数水平。

THE FUTURE
OF GOING GLOBAL

第 18 章

快乐蜂，菲律宾餐饮的文化使者

创立于 1978 年的快乐蜂以其特有的菲律宾烹饪风格和多元化的美食产品而著称。快乐蜂是菲律宾最大的快餐连锁品牌，在 30 多个国家经营着 6 700 多家门店。作为菲律宾餐饮行业的领军者，快乐蜂在菲律宾本土市场上的占有率超过了所有其他跨国快餐品牌的份额总和。截至 2022 年底，快乐蜂旗下拥有 19 224 名员工，在全球范围内拥有 17 个自主品牌或国际品牌在菲律宾的代理权，其中包括我们耳熟能详的永和大王、汉堡王、宏状元、添好运、吉野家等。

快乐蜂致力于追求最高的食品质量、服务水平和清洁标准，为顾客提供美味、高质量且价格合理的食品产品。在最受消费者欢迎的产品中，包括炸鸡、汉堡以及意大利面等美味产品。快乐蜂已经启动了一项积极的国际扩张计划，在中国香港、中国澳门，以及美国、加拿大、文莱、越南、新加坡、马来西亚、沙特、阿联酋、卡塔尔、阿曼、科威特、巴林、意大利、西班牙和英国等国家和地区拥有超过 270 家国际分店。

发展路径

快乐蜂的发展路径可以追溯到 1975 年。最初，它只是马尼拉街边的一家冰激凌店，由菲律宾华人企业家陈觉中和他的家族创建。创业 3 年后，创始家族开始挖掘餐饮行业的机会，并逐渐将菜单扩展至炸鸡等食品，后开创了快乐蜂这个品牌。

初期，快乐蜂侧重于在菲律宾本土市场的扩张。其独特的菲律宾烹饪风格和口味受到了当地消费者的喜爱，这使快乐蜂快速成长为菲律宾最大的快餐连锁品牌之一。

自 1986 年起，快乐蜂开始在海外开设分店，第一家海外分店开在了中国台湾。这是该品牌在国际市场上的首次扩张。在此之后，快乐蜂开始在不同国家和地区开设国际分店，迅速扩展其国际业务。随着海外分店的开设，快乐蜂在全球范围内逐步建立起了知名度，在不同文化中成功建立起了自己的品牌。1987 年，快乐蜂跻身菲律宾前 100 家企业榜单。1993 年，快乐蜂成功在菲律宾证券交易所完成上市。

上市后的快乐蜂开始启动品牌多元化发展战略，通过收购的方式逐渐引入了多个品牌，产品覆盖中式快餐、比萨、甜点等不同餐饮类型。现在，快乐蜂在不断进行产品创新，并会随时调整市场营销策略以适应快速变化的市场需求。随着科技的发展，快乐蜂在数字化建设方面也取得了一些进展，包括在线订餐、移动应用程序的开发等。

品牌矩阵

作为菲律宾头部的跨国餐饮品牌集团，快乐蜂的足迹遍布全球 30 多个国家，门店总数约为 6 700 家；“自有 + 并购 + 代理”品牌的混合成长路径帮助其实现了集团层面的多元化发展（见图 18-1），在有效降低单一品牌权重的同时，快乐蜂还能以较低成本探索其第二增长路径。

图 18-1 快乐蜂旗下品牌矩阵

资料来源：快乐蜂年报，内容由弘章投资研究整理。

- **快乐蜂：**这是该企业旗下核心自有炸鸡品牌。2022 年，其在菲律宾拥有的门店数为 1 204 家，其中，新开门店数为 35 家。海外门店数为 378 家，分地区看，北美有 86 家，其他区域有 292 家，其中，新开门店数为 40 家。2022 年，快乐蜂单品牌业绩收入同比增长了 42.8%，在新冠疫情后实现了快速复苏。核心菜品包括招牌脆皮多汁带骨炸鸡，随餐配备了蘸酱及米饭；招牌牛肉汉堡；招牌意大利面，搭配火腿片与热狗，以及品牌特调的甜式酱汁。
- **格林威治（Greenwich）：**2022 年，该品牌拥有门店 271 家，新开了 7 家；在菲律宾比萨餐饮品类上，它的市场占有率达到了 30%，超过第二名 10%。核心菜品包括夏威夷巨无霸比萨（其配料为菠萝、火腿、培根、马苏里拉奶酪和切达干酪）、巨无霸比萨（其配料为培根、牛肉、意大利辣香肠、火腿、奶酪和蔬菜）及由多层芝士牛肉制成的至尊比萨。
- **超群（Chowking）：**快乐蜂在菲律宾市场引入了家常中餐品牌超群，2022 年，拥有门店 560 家，其中新开门店数为 3 家，外卖收入占比为 20%。2022 年该品牌在菲律宾中餐市场上的占有率为 4.7%，较上年提升了 0.2%。核心菜品包括炒饭、中式炸鸡、慢烤港式小笼包。
- **红丝带（Red Ribbon）：**这是集团旗下的烘焙品牌，2022 年，拥有门店 527 家，新开了 26 家，收入同比增长了 8.9%。核心菜品包括黑森林巧克力蛋糕、巧克力臻享蛋糕、三层巧克力卷。

- Mang Inasal：这是集团旗下的烧烤企业，已成立 20 余年。2022 年，拥有门店 574 家，新开了 5 家，在所有门店中，约 97% 为加盟店。核心菜品包括烤鸡腿配米饭；当地冰饮类小吃，由水果、糖浆、椰浆混合而成；以及菲律宾当地凉拌面条小吃。

并购与整合

快乐蜂最早的并购与整合可以追溯到 1994 年。当时，快乐蜂的国际化发展路径已经运行了 8 年，并在 1993 年成功上市。快乐蜂决定将多元化品牌发展路径作为新的业务增长点。1994 年至今，快乐蜂通过收购品牌及争取国际餐饮品牌授权的方式扩大了自己的品牌矩阵，业务范围涵盖西式快餐、烘焙食品、中式快餐、咖啡饮品等不同品类，这迅速提高了其在菲律宾市场上的占有率和国际化餐饮公司的地位，最终成为菲律宾本土绝对的餐饮龙头。

1994 年，快乐蜂收购了格林威治，它是一家以比萨和意大利美食为主的品牌。此次收购使快乐蜂的西式快餐产品线变得更加多元化。通过引入新的西式美食，快乐蜂吸引到了更广泛的消费者群体。实际上，格林威治在菲律宾市场上本身也具有一定的知名度，快乐蜂收购了格林威治后，扩大了其在菲律宾市场上的份额，这进一步巩固了自己在快餐业的领导地位。如今，格林威治已发展为菲律宾市场上的龙头比萨品牌。

2000 年，快乐蜂收购了中式快餐品牌超群，开启了其在中式快餐领域发展的新纪元。彼时，超群在亚洲市场，尤其是在菲律宾市场具有较高的知名度，它提供的是类似面条、炒饭等亚洲传统美食。快乐蜂完成了对超群的收购后，它的餐饮品牌组合变得更加多元化了。

2004 年，快乐蜂收购了海外品牌永和大王，这是它在中国最大的一笔餐饮业务。本次收购不仅有助于快乐蜂扩大其在中国市场上的影响力，还让快乐蜂对中式快餐行业有了更多了解，这有助于快乐蜂提升自己在本土的中式餐饮市场上的竞争优势。2008 年，快乐蜂收购了粥品餐饮品牌宏状元，在进军中国快餐市场时取得了进一步发展。

2005 年，快乐蜂进军烘焙甜点领域，收购了一家以糕点、蛋糕和甜点为主的烘焙店——红丝带。本次收购再次丰富了快乐蜂的产品组合，增强了其品牌的多元性，使快乐蜂在烘焙和甜点领域取得了更强大的市场地位。

快乐蜂在 2010 年和 2016 年分两次收购了爱伊纳萨（Mang Inasal），这是一家菲律宾连锁餐厅，专门提供烤鸡和其他菲律宾烤肉菜品。此次收购再次扩大了快乐蜂在菲律宾本土市场餐饮行业里的占有率。

在此期间，快乐蜂还在 2011 年取得了汉堡王在菲律宾的连锁授权，并在 2015 年、2018 年和 2019 年分三次收购了美国汉堡品牌 Smashburger。自此，快乐蜂的西式快餐在菲律宾本土市场上取得了不可撼动的地位，也在国际市场上取得了一定知名度。

2012 年，快乐蜂首次进军咖啡行业。它收购了 Highlands Coffee，这是一家源于越南的咖啡连锁品牌，该品牌在东南亚的多个国家和地区都有分店。2019 年，快乐蜂又收购了 The Coffee Bean and Tea Leaf（简称 CBTL），这是快乐蜂当时最大的一次跨国收购交易。CBTL 是以咖啡和茶叶为主的国际知名品牌，其产品线和品牌特色与快乐蜂现有的餐饮业务形成了互补。通过收购 CBTL，快乐蜂能够在咖啡和茶叶领域实现产品多元化，也能够在美国以及其他国家和地区提高知名度。

2018 年和 2021 年，快乐蜂通过合资的方式分别与国际知名餐饮品牌熊猫快餐（Panda Express）和吉野家达成合作，将这两个品牌引入菲律宾市场，以便进一步挖掘菲律宾快餐市场的潜力。2021 年，快乐蜂彻底拿下了吉野家在菲律宾的授权经营权。

总的来说，快乐蜂通过收购和多元化发展的方式拓宽了业务，这些举措不仅奠定了其在菲律宾餐饮行业的龙头地位，也使其在国际餐饮行业占有了一席之地。

财务分析

2020 年之前，快乐蜂一直保持着较高且稳定的增长速度，营业收入的年增长率在 11% ～ 21% 之间（见图 18-2），这得益于快乐蜂成功的多元化和国际化发展战略，快乐蜂每次的收购、整合和业务扩充都为其业绩增长奠定了基础。2020 年，由于餐饮行业受到疫情的沉重打击，快乐蜂的营业收入首次出现下跌，但这种下降趋势没有持续多久。2021 年，快乐蜂的营业收入就基本恢复至 2018 年时的水平。到了 2022 年，疫情带来的影响基本消失，先前被疫情压制的消费欲望得到了充分释放，快乐蜂的营业收入获得了约 38% 的爆发式增长，远超疫情前的水平。

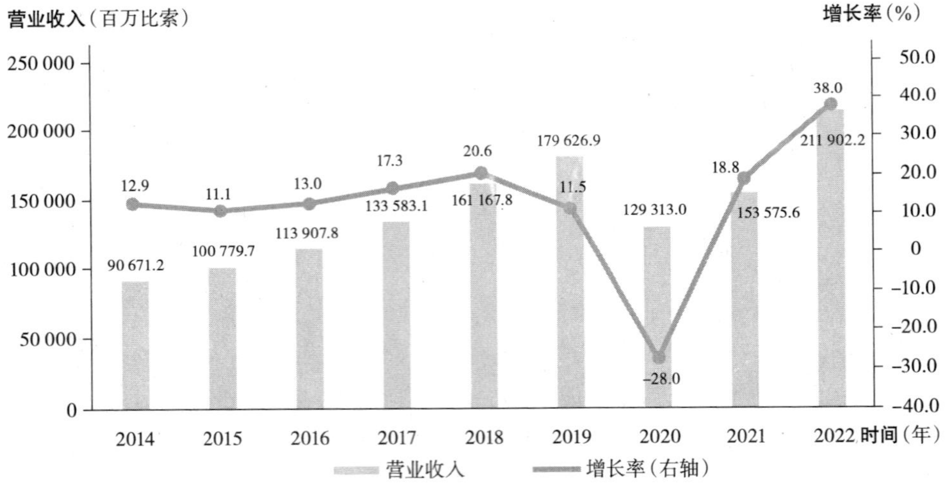

图 18-2 快乐蜂的营业收入及增长率情况（2014—2022）

资料来源：快乐蜂年报，内容由弘章投资研究整理。

在过去几年里，快乐蜂的利润率随着其扩张步伐和业务策略的变化产生了一些微小的波动，但总体来看，快乐蜂的利润率十分稳定，毛利率一直在 17% 左右，净利率也在 4% 左右。2020 年，快乐蜂受到疫情影响，营业收入较上一年减少了约 28%，虽然快乐蜂将毛利控制得非常好，毛利率甚至出现了反向增长的情况，但经营中的很多固定费用没办法及时调整，快乐蜂还是首次出现了亏损，净利率降至 -9.8%（见表 18-1、图 18-3）。2021—2022 年，随着疫情的影响逐渐退去，快乐蜂的运营压力得到缓解，毛利率和净利率基本恢复至疫情前的水平。在快乐蜂整合运作之下，各项业务的协同性得以增强，预计未来几年净利润会进一步提升。

表 18-1　快乐蜂财务指标概况（2014—2022）

财务指标	2014 年	2015 年	2016 年	2017 年	2018 年	2019 年	2020 年	2021 年	2022 年
营业收入（百万比索）	90 671.2	100 779.7	113 907.8	133 583.1	161 167.8	179 626.9	129 313.0	153 575.6	211 902.2
毛利润（百万比索）	16 943.4	17 888.0	21 092.3	23 918.4	25 019.2	28 747.2	29 368.3	26 078.9	36 956.3
毛利率（%）	18.7	17.7	18.5	17.9	15.5	16.1	22.7	17.0	17.4
净利润（百万比索）	5 488.9	5 046.3	6 053.5	6 493.0	7 641.6	6 422.9	−12 633.6	5 502.0	7 388.5
净利率（%）	6.1	5.0	5.3	4.9	4.7	3.6	−9.8	3.6	3.5
总资产（百万比索）	54 118.7	64 763.0	72 728.4	89 783.9	150 512.9	187 276.0	210 810.0	210 838.2	233 402.7
股东权益（百万比索）	28 078.0	31 756.6	34 281.4	42 582.0	48 966.1	52 281.9	68 031.8	74 184.2	80 915.0
杠杆率 D/A	0.48	0.51	0.53	0.53	0.67	0.72	0.68	0.65	0.65
净资产收益率（%）	19.5	15.9	17.7	15.2	15.6	12.3	−18.6	7.4	9.1
资产回报率（%）	10.1	7.8	8.3	7.2	5.1	3.4	−6.0	2.6	3.1

资料来源：快乐蜂年报，雅虎金融。

快乐蜂将自己的业务板块分为餐饮服务、特许经营和租赁。从营业收入层面来看，2014—2022 年，快乐蜂餐饮服务板块一直是营业收入的主要来源，但近年来略有下降，特许经营板块在营业收入中的占比有所上升。这是因为，近年来，快乐蜂与更多的国际餐饮龙头品牌进行了合作，以合资经营或特许经营的方式在菲律宾经营这些品牌。此举帮助该企业实现了稳定、快速的营业收入增长。除此之外，快乐蜂还在开展少量的租赁业务，将店面场地和仓储租赁给加盟商或其他客户，这为快乐蜂带来了一定的地产租赁收入，在营业收入中的占比一直维持在 0.2% 左右（见图 18–4）。

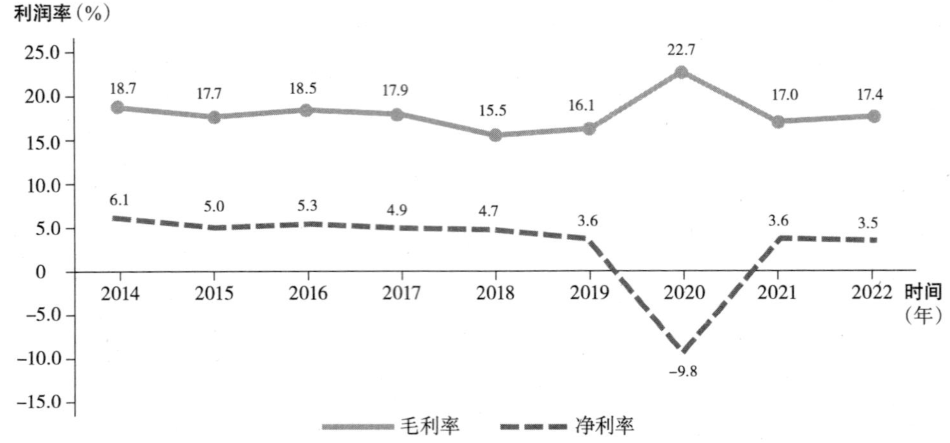

图 18–3 快乐蜂的利润率情况（2014—2022）

资料来源：快乐蜂年报，内容由弘章投资研究整理。

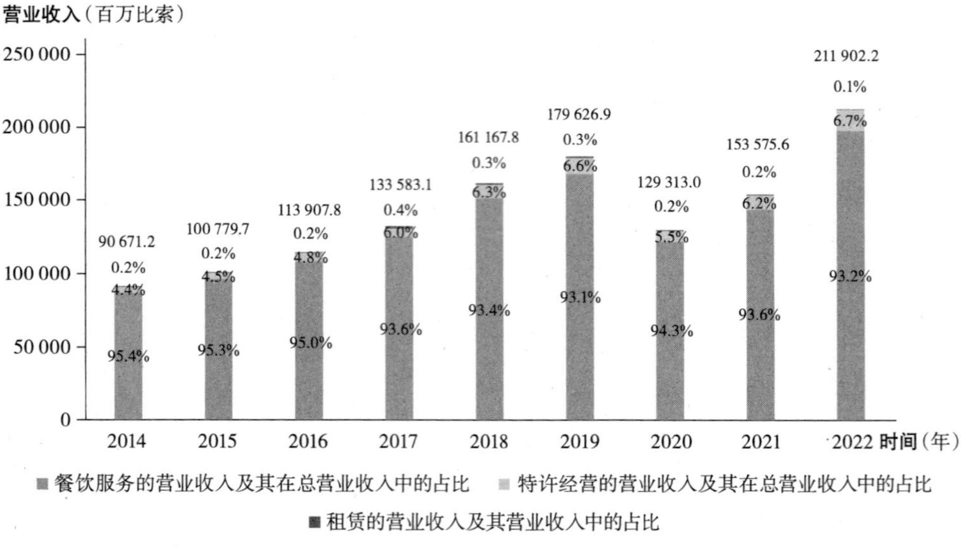

图 18–4 快乐蜂三大业务的营业收入及其在总营业收入中的占比情况（2014—2022）

资料来源：快乐蜂年报，内容由弘章投资研究整理。

管理费用是快乐蜂经营费用中占比较大的一部分，几乎常年保持在营业收入的 10% 左右。2020 年快乐蜂遭受疫情打击时，管理费用很难因为一时的环境因素做出很大变动，所以，2020 年的管理费用在营业收入中的占比几乎翻倍，这是导致快乐蜂首次出现亏损的重要因素。但 2021 年和 2022 年，快乐蜂的管理费用在营业收入中的占比很快恢复至正常水平（见图 18-5）。

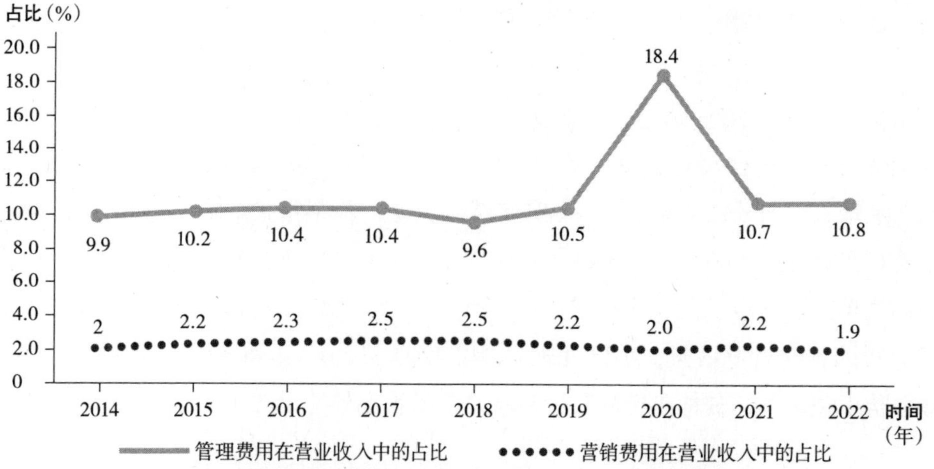

图 18-5 快乐蜂管理费用和营销费用在营业收入中的占比情况（2014—2022）

资料来源：快乐蜂年报，内容由弘章投资研究整理。

营销成本在营业收入中的占比稳定在 2.2% 左右，即使在疫情期间，快乐蜂也将营销费用控制得很好，因为营销费用可以根据外部变化及时修正。从这里我们可以明显看到，快乐蜂的营销策略与营业收入息息相关，所以会在营销预算方面把控得比较严格。在近几年引入了更多的国际著名餐饮品牌后，由于这部分品牌已经在当地具有很高的知名度，对营销的依赖并不大，所以疫情发生后，快乐蜂的营销费用在营业收入中的占比还有一定的下降趋势。

股价和估值

从快乐蜂的股价走势来看，快乐蜂上市后的股价主要可分为两个阶段。

第一阶段为1993—2008年。这段时间内，快乐蜂股价一直在低位波动，并没有出现很大的增长或下降趋势。这是因为，在2008年之前，菲律宾证券交易所的确经历了一段相对不活跃的时期。虽然该交易所成立于1927年，理论上说，应该发展得比较成熟了，但菲律宾在20世纪经历了一些不稳定时期，包括政治动荡、金融危机和自然灾害，这导致股票市场的交易处于相对不活跃的状态。除此之外，当时的快乐蜂虽然已经是一家具备相当体量的餐饮公司了，但其国际化程度还不够高，且在菲律宾国内的龙头地位尚未稳固。

第二阶段为2008年至今。在这一阶段，快乐蜂的股价经历了飞速增长。快乐蜂的股价长牛走势源自其清晰的"全球化+多品牌"发展战略，以及稳定、迅猛的业绩增长。快乐蜂娴熟的资本运作能力是其进一步丰富餐饮细分品类，实现海外市场扩张从0到1的突破的基础，并让它在国际上迅速建立起了知名度，成功地从菲律宾单一品牌成长为一家覆盖30多个国家、拥有17个品牌、由6 700家门店组成的跨国餐饮行业巨头。2018年后，快乐蜂除了2019年和2020年因疫情影响导致股价下跌以外，其他年份的股价基本处于增长态势（见图18-6）。

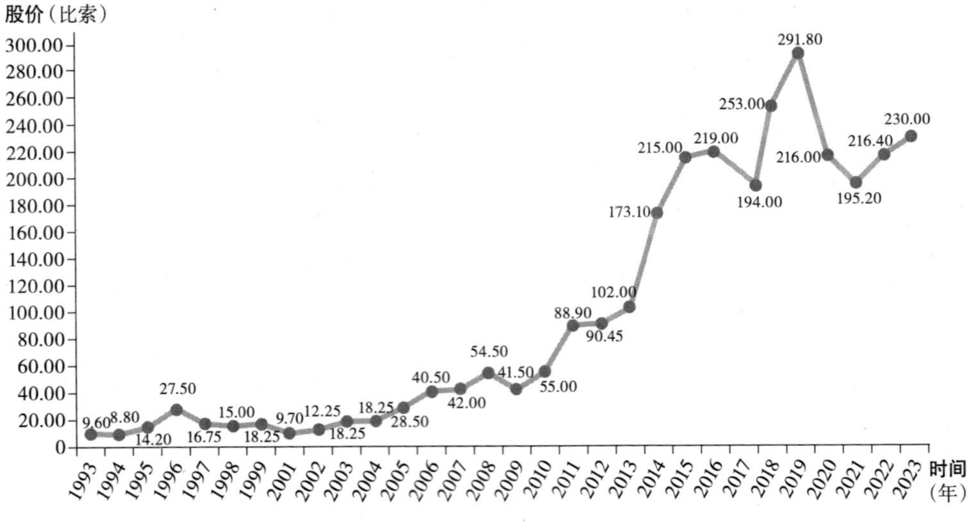

图18-6 快乐蜂股价走势（1993—2023）

资料来源：雅虎金融。

新全球化企业洞察

多元化路径造就了快乐蜂长期利润的增长

1975—1986 年，快乐蜂实现了单一品牌在菲律宾境内的扩张。遭遇增长天花板后，快乐蜂勇敢地走了出去，在中国台湾开设了首家海外门店，这让它迈出了国际化的第一步。快乐蜂上市后，瞅准了上市融资平台的优势，它通过资本化运作的方式实现了横向扩张，从单一炸鸡品类逐步向中式快餐、西式快餐、咖啡饮品等细分餐饮品类拓展。2014 年以后，特许经营成为快乐蜂增长的又一利器，通过不断引入成功的全球性品牌，进一步提升了自己在菲律宾本土市场上的占有率，消除了潜在的外部竞争风险。快乐蜂通过“国际化 + 并购 + 特许经营”的多维增长路径，实现了快乐蜂业绩的长期增长。它对资本市场工具的使用以及对品牌并购的娴熟程度，值得中国餐饮企业家参考。

稳健经营确保了快乐蜂具备较强的抗风险能力

虽然善用并购工具，但复盘快乐蜂的财务情况后我们可以发现，快乐蜂的杠杆率长期维持在 70% 以下的健康水平，并留有安全缓冲区。在疫情暴发期，管理层及时降低了杠杆率，审慎地看待疫情，没有做出盲目乐观的调整；近 3 年来，快乐蜂在确保业绩快速恢复至疫情前水平的同时，苦练内功，持续降低杠杆率。快乐蜂的管理层对于财务及扩张节奏的把控呈现出了稳健、老练的风格。

THE FUTURE
OF GOING GLOBAL

第 19 章

百宜公司，菲律宾快消品的全球布局者

2019 年 11 月，素有“菲律宾李嘉诚”之称的吴奕辉先生去世，享年 93 岁。在他去世的那一年，他以净资产 53 亿美元的身价排名 2019 年福布斯菲律宾富豪榜第三名。在他离世后，菲律宾总统发言人在声明中说道：“吴奕辉先生是菲律宾经济的梦想家和支柱。我们的人民认为他是一位白手起家的实业家、受人尊敬的商界领袖和慷慨的慈善家，他在商业、创业和慈善领域留下了不可磨灭的成就。”从 15 岁父亲去世的时候，他就开始了艰苦奋斗、纪律严明、富有创造力、坚忍不拔的旅程，在此过程中积累了大量的商业知识，并获得了企业家的智慧，直到他建立了一个庞大的商业帝国。

经过半个多世纪的发展，吴奕辉先生一手创办的 JG 顶峰控股集团业务遍布银行、食品零售、航空、电信、房地产、酒店餐饮等领域，而我们今天要介绍的正是他用自己女儿的名字命名的百宜公司（Universal Robina Corporation，URC）。目前，百宜公司是菲律宾最大的品牌食品公司，业务不仅包含零食、瓶装饮料、方便食品等快消品，该企业还在农业领域打通了产业链的上下游，建有制糖厂、面粉厂，其产品包括面粉、种子、农药、饲料、宠物食品等。近年来，百宜公司通过收购的方式还进入了酒水领域。

除品牌和产品外，百宜公司还在多个市场形成了充足的产能布局，它从上游原材料加工做起，不仅更好地把控住了食品安全，还能赚取更多产业链环节的利润。截至 2022 年底，百宜公司拥有 36 个品牌食品加工厂、16 个农产品加工厂，以及 12 个大宗商品工厂。

区域方面，除菲律宾本土市场外，百宜公司在中国、马来西亚、新加坡、越南、印尼、泰国、老挝、柬埔寨、缅甸等国家均有业务布局。它还向包括美国、加拿大等在内的全球 50 多个国家出口产品。尽管百宜公司形成了全球化扩张的态势，但其目前在欧洲的存在感较低。

百宜公司的业务分为 3 个部分：菲律宾国内品牌食品业务、海外品牌食品业务、工业化农产品和大宗原料食品业务。2022 年，上述 3 个业务的收入占比分别约为 50%、22% 和 28%，EBITDA 利润率分别为 11.4%、8.0% 和 16.9%。

百宜公司在菲律宾国内的快消品领域拥有极高的市场地位，截至 2023 年 9 月底，它在零食、饼干、糖果、巧克力、杯装方便面、瓶装茶饮及咖啡领域的市场占有率全部超过了 20%，其中，杯装方便面的市场占有率接近 60%，而瓶装茶饮的市场占有率更是接近 90%。在上述品类中，除了饼干与咖啡外，其余品类的市场占有率水平都较疫情前有一定的提升，百宜公司的龙头地位得到持续加强。

同时，百宜公司也在其他东南亚国家享有较高的市场地位。截至 2023 年 9 月底，百宜公司的饼干产品在泰国的饼干品类中位列第一位，市场占有率约为 15.4%。在越南的瓶装茶饮品类中，它的瓶装茶饮产品市场占有率约为 21.5%；在马来西亚的饼干品类中，它的饼干产品市场占有率约为 22.9%，在这两个市场中，其市场份额均排在第二位。

1994年，百宜公司在菲律宾证券交易所上市，股票代码为“URC”，2023年底，它的市值约为 2 570 亿比索。如表 19–1 所示，根据公告，2022 年，百宜公司的营业收入约为 1 499 亿比索，同比增长约为 28%；净利润约为 145 亿比索，同比减少约为 40%。截至 2023 年 9 月底，百宜公司的营业收入约为 1 176 亿比索，同比增长约为 9%；净利润约为 103 亿比索，同比增长约为 6%。

表 19-1 百宜公司财务指标概况（2014—2022）

财务指标	2014 年	2015 年	2016 年	2017 年	2018 年	2019 年	2020 年	2021 年	2022 年
营业收入（百万比索）	92 376.0	109 051.0	111 632.0	125 008.0	127 769.9	134 175.0	113 161.8	116 954.8	149 904.0
毛利润（百万比索）	28 371.0	35 250.0	36 541.0	39 314.0	37 437.4	40 313.0	34 588.3	33 465.1	39 217.0
毛利率（%）	30.7	32.3	32.7	31.4	29.3	30.0	30.6	28.6	26.2
净利润（百万比索）	11 655.0	12 505.0	15 356.0	11 153.0	9 462.8	10 114.7	11 624.6	24 245.9	14 471.0
净利率（%）	12.6	11.5	13.8	8.9	7.4	7.5	10.3	20.7	9.7
总资产（百万比索）	77 921.0	110 747.0	142 665.0	147 641.0	151 935.7	168 653.0	176 194.9	152 656.8	169 954.0
股东权益（百万比索）	56 027.0	65 360.0	78 849.0	81 686.0	83 993.5	95 184.5	97 784.2	109 767.7	115 970.0
杠杆率 D/A	0.28	0.41	0.45	0.45	0.45	0.44	0.45	0.28	0.32
净资产收益率（%）	20.8	19.1	19.5	13.7	11.3	10.6	11.9	22.1	12.5
资产回报率（%）	15.0	11.3	10.8	7.6	6.2	6.0	6.6	15.9	8.5

资料来源：百宜公司年报。

对于未来，百宜公司充满信心。在公告中该企业表示，未来，百宜公司仍将保持高个位数的营业收入增速以及双位数的利润增速。

发展路径

复盘百宜公司的发展历程，我们还需要从吴奕辉先生的成长经历及创业史说起。吴奕辉先生于 1926 年出生在厦门鼓浪屿，刚满周岁即随父母前往了菲律宾并安了家。客观地讲，吴奕辉先生的家庭背景是非常好的。在他出生时，父亲已在菲律宾宿务市拥有了一家连锁电影院，家里有一栋大房子。之后，他在菲律宾顶尖学校上学，每天都有专车接送。但在他 13 岁那年，父亲的猝然离世让吴家的产业突然坍塌。随后，他不仅搬出了大房子，也从学校退了学。在日军占领菲律宾后，为了生计，他开始在街上摆摊卖杂货。正是这段经历，铸就了吴奕辉先生艰苦奋斗的创业精神，也丰富了他的经商经验。

第二次世界大战日本投降后，他利用自己积累的资源，成立了一家贸易公司，主要经营进口水果、面粉、旧衣服等。随着生意的不断发展壮大，吴奕辉积累了一定的财力。之后，他不仅接回了之前被母亲送出国的亲戚，还在当地购买了一栋两层的商住两用楼房。

时间很快就来到了 20 世纪 50 年代。吴奕辉建立了一家玉米淀粉加工厂，由此正式进入淀粉制造业。20 世纪 60 年代，他又进军咖啡业，凭借着不怕竞争的精神，他和自己的企业演绎着小企业对抗世界巨头雀巢的故事。凭借精准的市场定位和强大的营销能力，吴奕辉旗下的咖啡品牌没过多久就成为当时最成功的案例。在积累了足够的资本后，他又开始将目光投向其他领域。

不久之后，他又用女儿的名字成立了百宜公司。随后，他将产品品类逐渐向饼干、零食、糖果等领域扩张。复盘过往我们发现，吴奕辉的食品业务布局多是通过并购来实现的。

由于菲律宾是一个群岛国家，岛屿之间的交通很不便利，于是，吴奕辉在 1996 年成立了宿务太平洋航空公司。他将其定位为廉价航空，希望以高性价比的航空服务来满足消费者的本土出行需求。今天，宿务太平洋航空公司已经成为菲律宾第二大航空公司。

2003 年，吴奕辉又切入电信业，成立了菲律宾 Digital 移动公司，以相对较低的成本模式向行业内的传统巨头发起挑战，并且不出意外地再次取得了成功。同年，他发现瓶装茶饮在中国市场非常畅销后，决定进行本地化改良，他推出的瓶装茶饮在菲律宾市场也取得了巨大的成功。此外，百宜公司在石化、能源、地产、银行等行业也都有布局，且都占据了较高的市场地位。

现在，让我们把视角切回百宜公司本身。百宜公司成立于 1954 年，在 20 世纪 50 年代进入玉米淀粉、糖浆领域后，分别在 1961 年和 1966 年切入咖啡和薯片赛道。20 世纪 70 年代，百宜公司在中国香港成立了第一家海外子公司。同时，百宜公司进一步丰富了咖啡品类，在农业领域开始向猪肉的上游生产方向延展。

20 世纪 80 年代末期，百宜公司进入制糖领域，并且在新加坡和马来西亚都做了业务布局。20 世纪 90 年代是百宜公司业务的快速发展期，它在不同领域进行了多元化布局。在 20 世纪 90 年代初期，百宜公司闯入糖果赛道，且顺利进入泰国市场。今天，泰国已成为百宜公司单体体量最大的一个海外市场。

1994 年，百宜公司上市。在 20 世纪 90 年代中后期，百宜公司将业务布局逐步延伸至巧克力、威化饼干和其他零食领域。一个庞大的零食快消企业版图正式形成。

进入 21 世纪后，百宜公司进入印尼和越南市场。同时，百宜公司也加大了在瓶装饮料赛道上的布局，并且取得了巨大的成功。在这个阶段，百宜公司加快了跨国收购的步伐，主要目标均分布在大宗原材料及产品加工领域。

2010 年后，百宜公司最令人瞩目的动作就是收购了新西兰最大的零食及饼干企业 Griffin's Food Limited。在饮料赛道，百宜公司加入了功能性饮品，和知名跨国食品饮料公司达能（Danone）成立了合资公司，从而进一步丰富了产品矩阵。百宜公司也在这个阶段进入缅甸和日本市场。2020 年以来，百宜公司的一个主要动作是通过收购进入了酒精饮料市场。

财务分析

近年来，疫情带来的影响以及原材料成本的上涨，虽然对百宜公司的正常经营产生了一定影响，但总体来看，百宜公司还是保持住了一个相对稳健的增长速度，2014—2022 年，百宜公司的营业收入年均复合增长率约为 5.5%。

2022 年，随着疫情管控措施的逐步放开，居民展现出了一定的报复性消费倾向，与此同时，宏观环境也在需求端为百宜公司业务的快速恢复奠定了基础，因此，在 2021 年相对低的基数下，百宜公司在 2022 年取得了 28.2% 的营业收入同比增速（见图 19–1）。

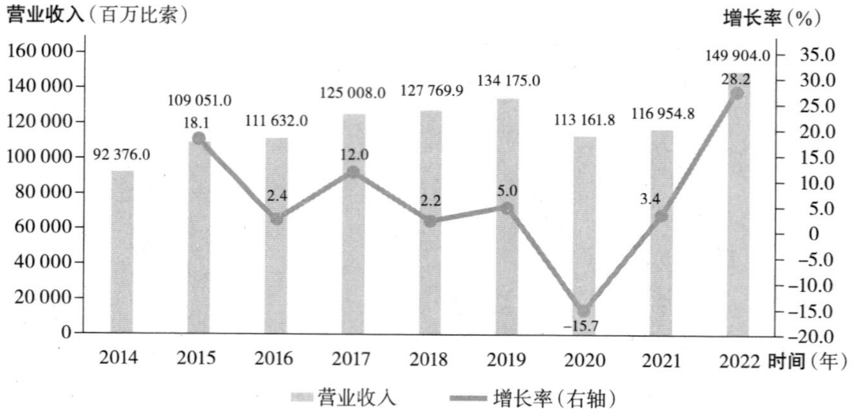

图 19–1　百宜公司营业收入情况（2014—2022）

资料来源：百宜公司年报，内容由弘章投资研究整理。

在较高的通胀的拉动下，价格因素对百宜公司的营业收入增长起到了正面的推动作用，但我们也注意到，百宜公司在进入 2023 年以后，营业收入增速水平低于通胀系数。

与营业收入保持相对稳健的增速水平有所差异，随着俄乌冲突等事件的爆发，全球通胀所造成的原材料成本、海运价格等的上涨对百宜公司的毛利率形成了比较明显的影响（见图 19–2）。进入 2023 年后，随着通胀水平的逐步回落，百宜公司毛利率压力最大的阶段已经过去，未来，预计毛利率将回到一个正常的水平，净利率也有望回到双位数水平。

2021 年，在出售了新西兰及澳大利亚的相关资产后，百宜公司的资产负债率显著好转，回到了一个更加稳健的位置。2022 年，百宜公司的资产负债率为 31.8%（见图 19–3），流动比率约为 1.62，财务状况相对健康。

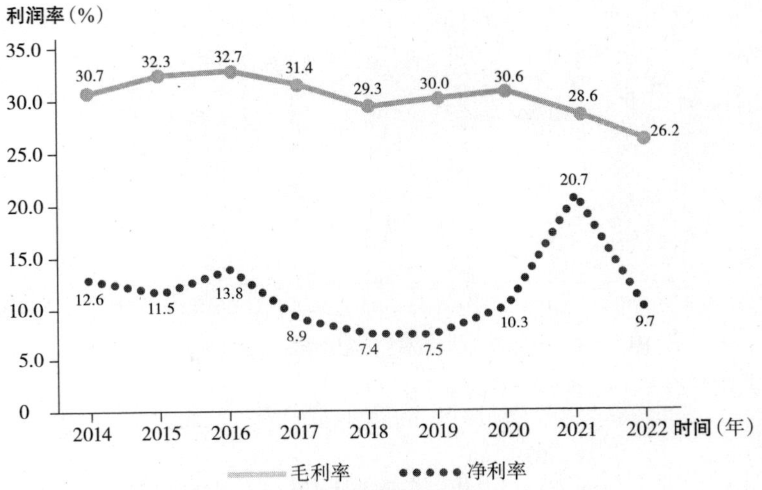

图 19–2　百宜公司的利润率情况（2014—2022）

资料来源：百宜公司年报，内容由弘章投资研究整理。

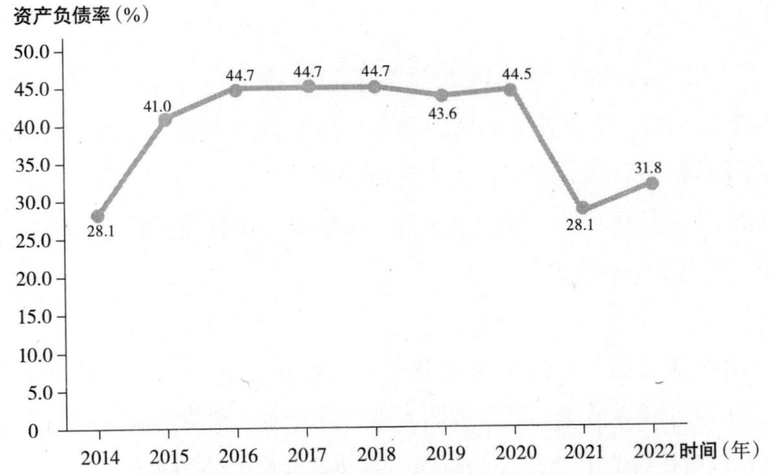

图 19–3　百宜公司的资产负债率情况（2014—2022）

资料来源：百宜公司年报，内容由弘章投资研究整理。

如图 19–4 所示，百宜公司拥有较好的经营性现金流水平，且现金流与利润的比值也相对稳定，这体现出了百宜公司经营的稳健性。

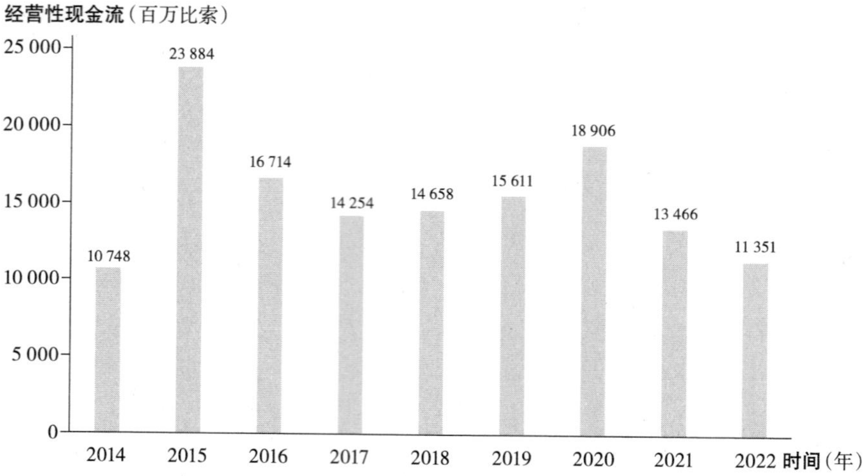

图 19-4 百宜公司的经营性现金流情况（2014—2022）

资料来源：百宜公司年报，内容由弘章投资研究整理。

股价和估值

如图 19-5 所示，百宜公司的股价发展可以分为两个阶段。

第一个阶段是在 2009 年至 2015 年之间。这一阶段，百宜公司的股价出现了一波比较明显的上涨，从业务发展角度和海外拓展方面来看，虽然没有特别大的亮点，但我们发现，百宜公司在 2009 年至 2015 年取得了营业收入年均复合增长率约为 14% 的成绩，表现出了一定的成长性。而股价，尤其是估值层面，也对市场基本面的预期给出了正面反馈。

但在 2015 年之后，百宜公司的营业收入增速显著回落，在疫情发生之前的 2015 年至 2019 年，百宜公司的营业收入年均复合增长率下降至 5.3%，营业收入增速的回落导致股价在之后比较长的时间内需要对前期的估值进行一定的消化。在疫情出现以后，百宜公司相对稳健的经营表现对股价形成了一定的支撑，但百宜公司股价始终没能回到 2015 年的最高点。

图 19-5　百宜公司股价走势（2005—2023）

资料来源：英为财经。

2023 年底，百宜公司的市值约为 2 570 亿比索，对应 2022 年的营业收入，PS 估值约为 1.71 倍，PE 估值约为 17.8 倍。对应截至 2023 年 9 月的滚动 12 个月的营业收入，PS 估值约为 1.61 倍，PE 估值约为 17.1 倍。整体来看，百宜公司的估值水平相对合理地反映了百宜公司当前的营业收入增速水平。

THE FUTURE OF GOING GLOBAL

新全球化企业洞察

百宜公司成立于 20 世纪 50 年代，作为业务布局遍布银行、食品零售、航空、电信、房地产、酒店餐饮等领域的 JG 顶峰控股集团旗下企业，百宜公司由吴奕辉先生一手创办，它是菲律宾当之无愧的快消品龙头。经过半个多世纪的发展，目前，百宜公司已经成为包含零食、饼干、糖果、瓶装饮料等多品类在内的快消品龙头企业，在菲律宾国内的多个品类中都占据了超过 20% 的市场份额。

除菲律宾本土市场外，百宜公司在中国、马来西亚、新加坡、越南、印尼、泰国、老挝、柬埔寨、缅甸均有业务布局。向包括美国、加拿大在内的 50 多个国家出口产品。百宜公司在泰国、越南、马来西亚的部分品类中享有绝对的头部市场地位。

在 2015 年之前，百宜公司长时间保持了双位数的营业收入年均复合增长率，表现出了较强的成长性。而在 2015 年之后，百宜公司的营业收入增速下了一个台阶，但展望未来，百宜公司依然可以保持个位数的营业收入年均复合增长率。虽然百宜公司已经进入成熟期，但随着百宜公司不断地通过并购的方式进入一个个新品类，我们认为，未来百宜公司依然可以展现出一定的成长性。

第 20 章

中央零售，泰国零售的业态之王

中央零售是泰国最大的零售集团之一，也是东南亚地区的领先零售商之一。该企业创立于 1947 年，当时，创始人郑心平在曼谷成立了第一家小型百货公司。这个小小的开始为日后的中央零售在泰国乃至国际市场上的卓越地位奠定了基础。今天，中央零售的主营业务涵盖了时尚产品、食品和家装电器三大业务领域，并已拓展至越南、意大利等国际市场。

发展路径

自 1947 年成立以来，中央零售一步步发展为如今的大型百货商店品牌运营商。过程中，中央零售经历了几个重要的里程碑事件。1947 年，中央零售的前身是一家小型百货公司，由泰国的华人家族郑氏家族创立。他们最初在曼谷开设的这家小型百货公司后来成为中央零售蓬勃发展的起点。1956 年，中央零售正式成立。该企业开始推出各种商品，包括时装、鞋、家居用品等。1971 年，中央零售在曼谷开设了首家购物中心——Central Chidlom，这标志着泰国购物中心的兴起。

自 20 世纪 80 年代起，中央零售开始不断扩展其业务，包括开设超市、购物中心和百货商城。1992 年，第一家位于曼谷以外的中央百货商店在泰国清迈府开业，这标志着中央零售开始向泰国乡下等下沉市场扩张。1997 年，中央零售开始布局新的零售业态，Power Buy 和 Supersports 等新型专卖店的设立，标志着中央零售开始进入新的零售领域。

2010 年以后，中央零售进行了一系列战略性合并与收购，并尝试了一些新的经营模式，以加快其发展步伐，强化其在泰国和国际市场上的地位，这时的中央零售已成为东南亚地区最大的零售企业之一。2011 年，中央零售对意大利文艺复兴百货商场（La Rinascente）的收购标志着该企业正式进军欧洲市场。2012 年，中央零售开始在泰国以合资经营的模式运营全家便利店。2015 年，中央零售又在越南以合资经营的模式运营电子电器专卖店 Nguyen Kim 和 Lanchi 超市。2016 年，中央零售成功收购了越南的 Big C 超市。

2020 年，中央零售在对业务结构进行了 4 年的整改后，成功在曼谷证券交易所上市，成为泰国最大的零售业上市公司之一。

2022 年，中央零售实现了约 2 199 亿泰铢的营业收入和约 72 亿泰铢的净利润，毛利率达到 27.4%，净利率达到 3.3%（见表 20–1）。中央零售拥有门店 1 864 家，其中，92% 的店面在泰国，7% 在越南。

表 20–1　中央零售财务指标概况（2016—2022）

财务指标	2016 年	2017 年	2018 年	2019 年	2020 年	2021 年	2022 年
营业收入（百万泰铢）	163 376.9	175 744.4	188 441.9	204 009.1	179 947.5	181 791.2	219 898.0
毛利润（百万泰铢）	49 752.2	52 635.2	56 574.4	59 473.0	44 999.3	45 944.3	60 251.1
毛利率（%）	30.5	29.9	30.0	29.2	25.0	25.3	27.4
净利润（百万泰铢）	4 460.9	3 727.8	8 624.1	10 633.3	46.3	59.4	7 175.0

续表

财务指标	2016 年	2017 年	2018 年	2019 年	2020 年	2021 年	2022 年
净利率（%）	2.7	2.1	4.6	5.2	0	0	3.3
总资产（百万泰铢）	228 248.6	260 988.6	177 357.2	187 021.9	239 179.9	263 227.8	275 984.4
股东权益（百万泰铢）	59 009.2	66 638.4	67 326.8	40 959.3	55 715.0	59 081.2	64 885.1
杠杆率 D/A	0.74	0.74	0.62	0.78	0.77	0.78	0.76
净资产收益率（%）	7.6	5.6	12.8	26.0	0.1	0.1	11.1
资产回报率（%）	2.0	1.4	4.9	5.7	0	0	2.6

资料来源：中央零售年报。

业务板块

如今，中央零售的业务涉及食品、时尚产品、家装电器、地产和健康保健五大板块，但主营业务集中在食品、时尚产品、家装电器三个板块。根据官网和公司年报信息，2022 年的主营业务板块如图 20-1 所示：

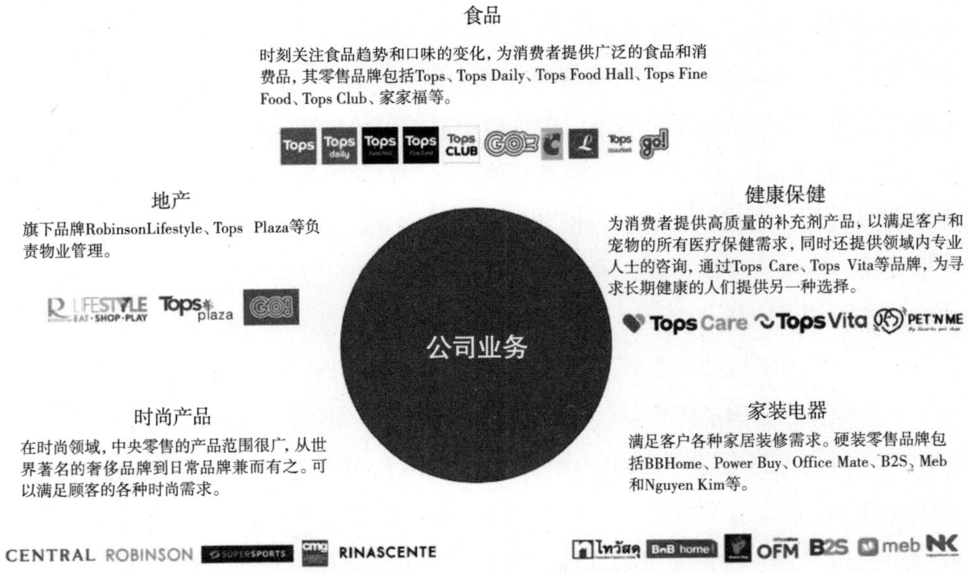

图 20-1　2022 年中央零售的品牌矩阵

资料来源：中央零售年报、官网，内容由弘章投资研究整理。

食品

食品板块是中央零售品牌矩阵中最大的一类，2022 年，该板块营业收入占总营业收入的 39%。该板块中的食品类商品主要通过超市、便利店和大卖场等渠道进行销售，但目前来看，2022 年，食品类商品在销售时主攻大卖场模式。在过去几年中，中央零售在泰国的全家便利店门店数量减半，从 2020 年的 901 家降至 2022 年的 442 家，其数量只有竞争对手 7-ELEVEn 的 3%。2022 年，中央零售的大卖场品牌 Tops 超市（日用品及食品零售超市）在泰国拥有 298 家门店，而 GO 大卖场（高端大型超市）和 Lanchi 超市（下沉市场里的大中型超市）在越南拥有 72 家门店。

家装电器

中央零售的第二大业务板块为家装电器，2022 年，该板块的营业收入约占总营业收入的 33.4%。家装电器是中央零售重点投入的一个板块，2018 年，家装电器板块的营业收入占比仅为 21.1%，但到了 2022 年已经增长到约 33.4%，这一品类表现出了极强的收入增长韧性，所以，专卖店店面数量在逐年增加。家装电器板块可以细分为家具零售、电子电器零售和办公文具零售。中央零售旗下的泰国家装家具集合店 Thai Watsadu 是建筑装修材料和工具的一站式卖场，而 BNB 是各式家居装饰的卖场。家装家具集合店不仅销售各个品类下的自有品牌（如 Giant Kingkong、Giant Tech 和 Sandi）的产品，也销售其他产品，它是国内和国际上知名品牌的授权分销商。此外，中央零售还在泰国和越南通过专卖店售卖各种高质量的电子设备，包括电器、电脑、手机、配件等产品。与此同时，中央零售还提供交付、安装、维护和维修等相关服务。中央零售在泰国的电子电器零售品牌 Power Buy 拥有 132 家专卖店，在越南的电子电器零售品牌 Nguyen Kim 拥有 51 家专卖店。在办公用品方面，中央零售在泰国的零售品牌 Office Mate 创立于 1995 年，现有 80 家门店，而泰国图书文具店 B2S 创立于 2001 年，目前在泰国 53 个省份共有 143 家门店，它是泰国排名第一的文具专卖店。中央零售同时还在开展电子书业务，旗下电子书分销商 Meb 是电子书市场的领导者，强大的在线平台让它拥有超过 1 400 万用户。Meb 已于 2023 年 2 月 14 日进行了首次公开募股，在另类投资市场（AIM）上完成上市，筹集的资金将用于支持其不断增长的业务。

时尚产品

中央零售的第三大业务板块为时尚产品。2022年，该板块的营业收入占总营业收入的27.6%。中央零售的时尚产品定位在中高档，2022年，中央零售拥有百货店84家、专卖店100家、品牌店382家。中央零售的时尚产品业务重点关注服装、鞋类、配饰、化妆品以及家居用品，主要通过百货商店和专卖店的形式销售。中央零售还可以通过出租百货商店和综合体商铺的方式产生租金收入，而综合体内通常以百货商店和超市为主体，并配有中央零售旗下的零售店、餐厅以及第三方零售店。中央零售时尚领域的商品组合包括大量自有品牌，如Defry 01、Expressions和F.O.F等，这些品牌都是中央零售内部培育的。未来，作为利润边际提高计划的一部分，中央零售会在商品组合中逐渐提高自有品牌和进口商品的比例。但近期时尚产品板块的业绩受疫情影响较大，收入在过去几年中持续下滑，2022年也没有恢复至疫情前的水平。

中央零售在泰国的百货商店包括尚泰百货商店（Central）和罗宾逊百货商店，声誉卓著的尚泰百货商店主打高端品牌，是泰国领先的购物体验提供商。相比之下，罗宾逊百货商店的性价比更高。2020年以来，中央零售试图通过合并尚泰百货商店和罗实逊百货商店的举措来改变其在泰国百货商店领域里的组织结构。

在专卖店方面，中央零售大力发展运动专卖品牌Supersports，该品牌覆盖泰国、越南两个市场，2022年，其门店数量为245家。Supersports还是卡骆驰（Crocs）、斯凯奇（Skechers）、新百伦（New Balance）等知名品牌的独家分销商和零售合作伙伴。此外，中央零售还在化妆品、美容用品、服装和服饰方面扩展了其专卖店业务，这些业务由中央营销集团（CMG）管理，售卖包括盖尔斯、卡西欧手表、拉夫·劳伦、CK牛仔等36个领先的国际品牌。中央零售负责深耕意大利市场的是文艺复兴百货商场，这是一家高端零售百货商场，也是欧洲最负盛名的时尚奢侈品牌。文艺复兴百货商场的第一家旗舰店开在了米兰，现在的它已经是欧洲最受欢迎的购物场所之一。2022年，中央零售在意大利一共经营了9家文艺复兴百货商场。

并购与合资经营

一直以来，中央零售都在以合资经营的方式试水新兴市场，与此同时，也会通过并购的方式拓宽市场业务。中央零售的并购与合资经营主要集中在两个方面：一是不断地进入新的市场，提高其国际地位；二是不断地扩展新的零售业态。

中央零售在越南的发展始于2015年。当时，中央零售入股了Nguyen Kim和Lanchi超市，希望通过合资运营的方式进入越南零售市场。[①] 2016年，中央零售收购了在越南本土经营不善的Big C超市，并花了两年时间重新塑造这一品牌。一方面，它选择在当地采购大部分食品产品；另一方面，它清理了Big C超市先前存在的大部分食品自有品牌。这些举措之下，顾客对其产品和服务质量的信心逐渐恢复，而超市方面也为顾客提供了更多性价比更高的产品。此外，中央零售还升级了运营系统，并加强了内控，为向顾客提供迅捷的购物体验，中央零售还聘请了一支经验丰富的团队来独立经营每家门店。很快，中央零售就成功扭转了Big C超市在越南持续走低的颓势，年营业收入实现了正向增长。中央零售也成功在2018年11月开设了第一家Big C超市分店，由于其业绩出色，全国各地的地方政府都前来与中央零售接洽，探讨在各省开设Big C超市的可行性。这无疑有助于加速中央零售未来的土地采购流程。

2011年，中央零售成功收购了文艺复兴百货商场后，根据意大利客户的需求调整了产品供应，既增加了意大利国内销售额，也迎合了意大利旅游中心的游客需求。中央零售成功地将其在泰国市场上应对中国游客购物需求的宝贵经验应用到了意大利市场。例如，中央零售将文艺复兴百货商场的品牌焕新，将其定位从以“自有品牌”为主转变为提供“可负担得起的奢侈品”，路易威登等奢侈品品牌开始在该百货商店中出现。在某些地区，中央零售还打起了“旗舰店”概念，为客户提供差异化体验的同时，也吸引奢侈品品牌入驻。此外，中央零售还根据市场情况调整了应对不同客户群体的策略。例如2022年，中国旅游业尚未恢复，因此中央零售调整了产品组合，以便更好地满足国内游客、欧洲各国游客、美国游客和阿拉伯国

① 2019年6月，中央零售收购了Nguyen Kim的其余股份。

家游客的需求。

中央零售还通过收购罗宾逊百货商店和 Tops 超市之类的方式丰富了其零售品牌矩阵，并巩固了其在国内外零售市场上的地位。2020 年 5 月，中央零售收购了全家便利店另外 49% 的股权，将其持股比例从 51% 提高到 100%。此外，中央零售对 COL Public Company Limited 发起了要约收购，并在 2021 年 2 月完成了收购，将办公用品、生活用品、书籍等涵盖进业务范畴，以扩大中央零售在家装电器领域全渠道零售平台上的领先地位，并将客户基础从 C 端扩展到 B 端，各业务部门之间也形成了协同效应，增加了价值。

2021 年 12 月，中央零售收购了 Porto Worldwide 67% 的股权，而 Porto Worldwide 持有 Grab 公司 40% 的股权，这是一家线上线下服务平台的领先企业，业务包括食品配送、出行服务、物流服务、酒店预订服务和金融服务。中央零售的此次收购，是为了加强其生态系统和全渠道运营平台建设。

财务分析

在 2020 年疫情到来之前，中央零售一直保持着每年 8% 左右的营业收入增长速度。营业收入能够实现稳健增长主要得益于三个原因：一是中央零售一直致力于业务发展多元化模式，从最初的百货商店逐渐拓展出后来的超市、便利店、餐饮店和时尚百货商店等不同业态，这种多元化使其能够从不同的市场部门中获得稳定的营业收入。二是中央零售同时通过并购和合资经营的方式将业务扩展至泰国以外的越南和意大利市场。三是中央零售近年来也在积极采用技术创新和数字化解决方案来提高客户体验、提升效率并扩大在线销售，这有助于满足现代消费者的需求，开辟出新的营业收入渠道。疫情期间，中央零售线下门店的客流量受到了严重影响，与此同时，海内外市场民众的可支配收入下降。在这些因素共同影响之下，2020 年，中央零售营业收入下滑 11.8%，直到 2022 年泰国的疫情管控逐步放开之后，中央零售的业绩才有了起色（见图 20–2）。

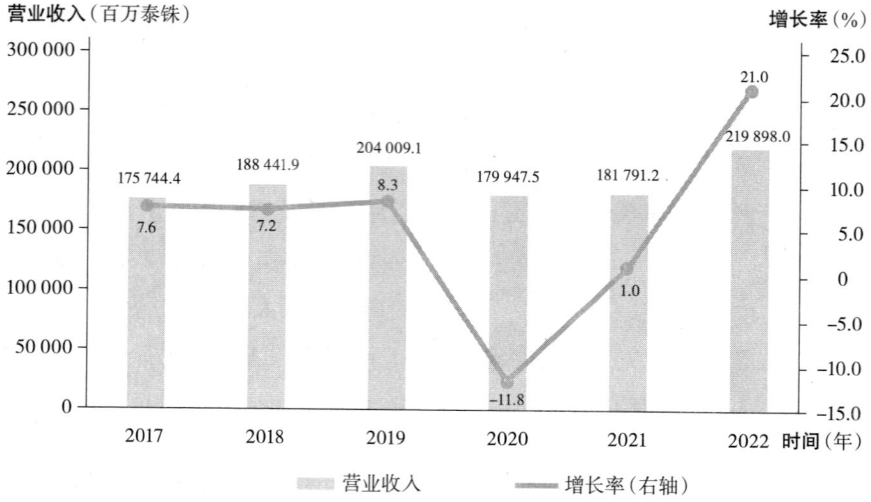

图 20-2 中央零售的营业收入情况（2017—2022）

资料来源：中央零售年报，内容由弘章投资研究整理。

2020 年前，中央零售利润率相对稳定，毛利率一直维持在 30% 上下，净利率也在 2% 以上，2019 年，中央零售净利率甚至一度超过 5%（见图 20-3）。

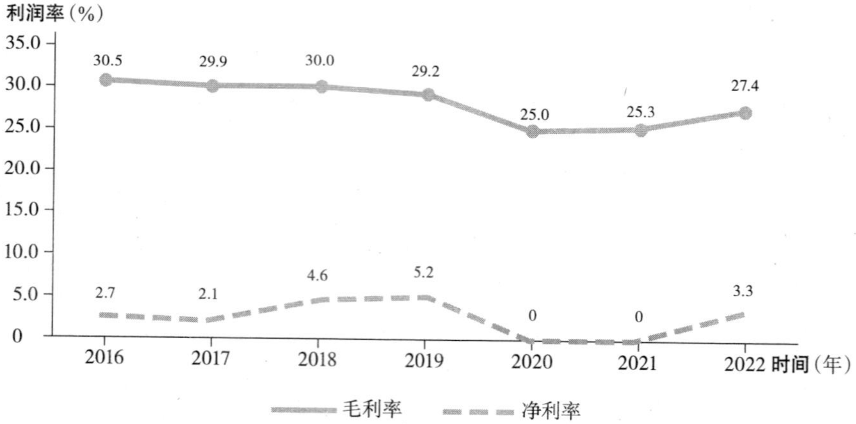

图 20-3 中央零售的利润率情况（2016—2022）

资料来源：中央零售年报，内容由弘章投资研究整理。

2020 年和 2021 年，疫情对线下业态形成了较大冲击，中央零售的毛利率降幅一度超过 4%。但好在中央零售整体的经营费用控制得较好，和疫情前相比几乎没有任何上浮，这让中央零售在 2020 年和 2021 年的净利率降为零，最终总算平稳地度过了疫情难关。2022 年，毛利率和净利率均有所增长，但还是没有完全恢复至疫情前的水平，这是因为，中央零售高毛利业务时尚产品的销售受旅游业影响，还未完全恢复到疫情前水平。

公司三大主营业务为食品、家装电器和时尚产品。在历史销售中，食品是最大的业务板块，贡献了近 40% 的营业收入。2022 年，食品板块的营业收入同比增长了 20.1%，这得归功于越南业务，因为那里的店铺已率先恢复了正常运营。整体来说，食品板块的营业收入增长始终比较稳健。而家装电器板块则在近几年迎来了蓬勃发展期，营业收入占比从 2018 年的 21.1% 快速增长到 2022 年的 33.4%（见图 20-4），究其原因，一方面，消费者对住宅维修和装饰的需求持续增加；另一方面，中央零售不断投入，新门店数量持续增加。时尚产品业务板块受疫情影响较大，过去几年，该板块在中央零售营业收入中的占比不断缩水。2022 年，随着疫情的阴霾逐渐散去，泰国和意大利的时尚产品销售都在复苏。在第二季度国际旅行限制解除后，旅游业也在第四季度得以恢复，这种情况与前一年形成了鲜明对比。所以，时尚产品板块的回弹比食品和家装电器两个板块都更强劲。

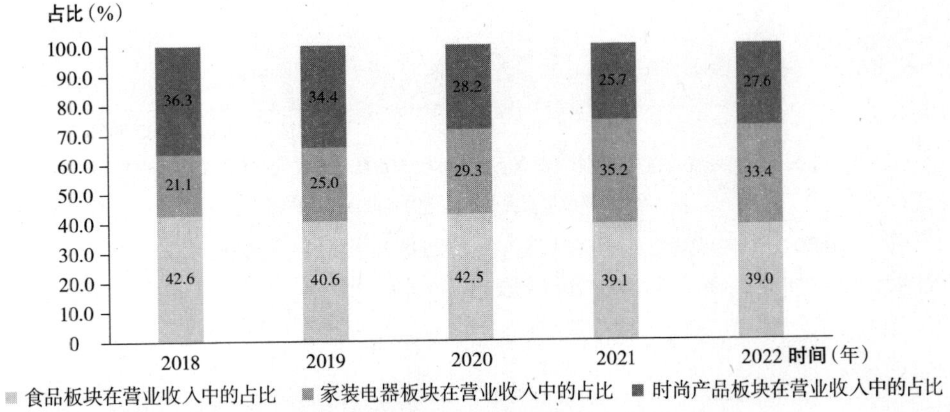

图 20-4　三大板块在营业收入中的占比（2018—2022）

资料来源：中央零售年报，内容由弘章投资研究整理。

近年来，中央零售在泰国的营业收入一直保持着稳健增长态势。这是因为，中央零售在不断推出新门店的同时也对现有分店进行了翻新，在增加现代元素的同时，还引入了世界一流品牌。这进一步巩固了中央零售在泰国的零售龙头地位。此外，中央零售还加大了全渠道建设力度，通过移动应用程序来改进服务，以满足消费者需求。2022 年，全渠道销售较前一年增长了 12%，占泰国市场总销售的 23%。中央零售在越南的业务发展也很迅猛，越南的营业收入在总营业收入中的占比从 2018 年的 14.2% 快速增长到 2022 年的 24.3%（见图 20-5）。作为东南亚经济增长最为强劲的国家之一，越南一直是中央零售的核心增量市场。意大利市场主要与中央零售时尚产品板块相关，随着当地市场的重新开放，中央零售在意大利的业务正持续恢复。2022 年第四季度，中央零售在意大利市场的销售表现优于上一季度以及 2021 年同期，较上一季度增长较快，这要归功于旗舰百货商店的持续翻新计划。同时，中央零售大力发展的全渠道销售较 2021 年增长了 48%，占意大利市场总销售的 5%。

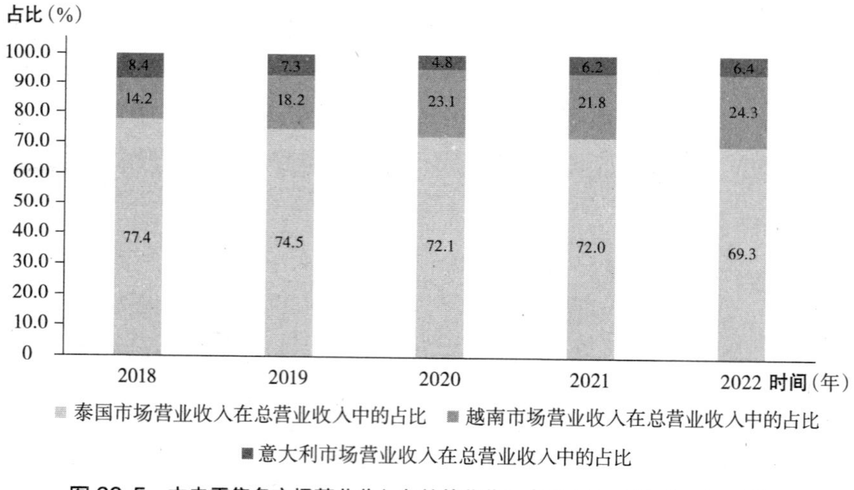

图 20-5　中央零售各市场营业收入在总营业收入中的占比（2018—2022）

资料来源：中央零售年报，内容由弘章投资研究整理。

新全球化企业洞察

多元化业务模式和整合业务部门

中央零售在不同领域均拥有多元化的业务，包括百货商店、超市、专卖店等，它们涉及的零售领域包含食品、家装电器、时尚产品、健康保健以及地产等。这种多元化布局使中央零售能够在不同的市场和部门中分散风险；不同业务之间还能产生协同性，为客户提供广泛选择和一站式服务。此外，中央零售通过战略性的合并和收购整合了不同的业务部门，优化了运营效率，扩大了业务规模。

积极扩张国际市场

中央零售积极扩张国际市场，使其能够充分利用不同市场的增长机会，降低对特定地区的依赖程度。中央零售在不同国家开设零售集合店和专卖店，吸引到了更广泛、更多元的客户群体，这进一步促进了业务的增长，尤其是在越南，其业务增长势头十分迅猛。

采用创新技术和数字化解决方案

近年来，中央零售采用创新技术和数字化解决方案，提高了客户体验与运营效率，拓展了在线销售渠道和独立站平台。全渠道零售平台将线上和线下销售融合在了一起。这使得顾客可以在线上购物与线下购物之间任意选择。借助移动应用程序等数字工具，中央零售更好地满足了现代消费者的需求。目前，中央零售已成为泰国市场和越南市场数字化转型的先驱者，这种数字化转型有助于中央零售将全渠道销售作为很多传统业务的主要增量来源。

第21章

CP All，泰国零售的便利店霸主

CP All 成立于 1988 年，是正大集团为了运营 7-ELEVEn 而在泰国设立的业务主体。1989 年，CP All 旗下的第一家 7-ELEVEn 在曼谷帕蓬路开业。截至 2022 年底，CP All 的 7-ELEVEn 门店数量超过了 13 000 家。除 7-ELEVEn 外，CP All 的业务还包括会员制现金自提批发及零售业务、超市业务、购物中心场地租赁、会员制账单支付服务及便利食品制造和销售等。

发展路径

CP All 的发展与其代理 7-ELEVEn 密不可分。

- 1988 年，获得了美国 7-ELEVEn 公司在泰国的经营许可。
- 1989 年，泰国第一家 7-ELEVEn 在曼谷正式开业。
- 1996 年，成立了正大零售有限公司（CP Retail Development Company Limited，简称正大零售），负责经营即食食品及烘焙产品的制造及分销业务。

- 1998 年，在泰国共开设了 1 000 家 7-ELEVEn。
- 2002 年，7-ELEVEn 门店数量突破 2 000 家。同年，与泰国最大的国有跨国能源公司 PTT Public Company limted（简称 PTT）达成合作，在 PTT 加油站独家开设 7-ELEVEn。
- 2003 年，在泰国证券交易所挂牌上市。
- 2005 年，7-ELEVEn 门店数量突破 3 000 家。
- 2006 年，推出了“Smart Purse”卡，成为泰国第一家使用储值卡进行支付的连锁便利店。
- 2009 年，7-ELEVEn 门店数量突破 5 000 家。同年，开拓便利食品业务。
- 2013 年，7-ELEVEn 门店数量突破 7 000 家。同年收购了泰国万客隆公司（Siam Makro Public Company Limited，简称万客隆），进军会员制现金自提批发及零售业务。
- 2014 年，7-ELEVEn 门店数量突破 8 000 家，并成立了 24 Shopping Compang limited.，负责企业线上零售业务。
- 2016 年，7-ELEVEn 门店数量突破 9 000 家，并首次公开发行次级永续债。
- 2017 年，7-ELEVEn 门店数量突破 10 000 家。
- 2019 年，7-ELEVEn 门店数量突破 11 000 家。同年，获得了在柬埔寨及老挝经营 7-ELEVEn 的授权。
- 2020 年，7-ELEVEn 门店数量突破 12 000 家。
- 2021 年，7-ELEVEn 门店数量突破 13 000 家。同年，子公司万客隆接受正大零售全部业务的转让，两者业务完成合并。

业务板块

CP All 的业务可以分为三个板块：一是经营 7-ELEVEn；二是百货批发及零售；三是其他。截至 2022 年，CP All 的最大收入来源为百货批发及零售业务，占总营业收入的 51.6%；7-ELEVEn 紧随其后，占总营业收入的 42.1%。

但在经营利润贡献上，7-ELEVEn 是该企业的主要利润来源，贡献了 48% 的经营利润，百货批发及零售的经营利润则仅占 38%（见图 21–1）。

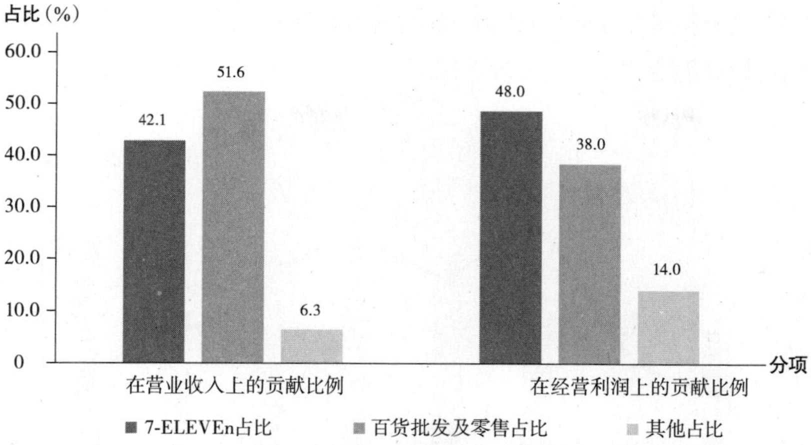

图 21-1　2022 年 CP All 各业务板块在营业收入及经营利润上的贡献比例

资料来源：CP All 年报。

经营 7-ELEVEn

自 1988 年获得在泰国的特许经营权后，7-ELEVEn 便成了 CP All 的一项基本业务。自 2013 年起，CP All 便以每年 700 家的速度在泰国全境开设 7-ELEVEn 门店，截至 2022 年底，CP All 在泰国共开设 13 838 家 7-ELEVEn 门店。

CP All 可以开设三类 7-ELEVEn 门店，即直营店、商业伙伴门店以及区域协议门店。商业伙伴门店是指 CP All 与个人签订特许授权协议，授权个人开设的 7-ELEVEn。商业伙伴多为个体户、获批准的员工或退休职工。而区域协议门店则是指 CP All 与第三方公司签订区域授权协议，授权第三方公司在指定地区开设的 7-ELEVEn。

7-ELEVEn 共在泰国四个区域签订了区域协议，分别是普吉府、也拉府、清迈府以及乌汶府。如图 21-2 所示，截至 2022 年，CP All 共有直营店 6 839 家，商业伙伴门店 6 144 家，区域协议门店 855 家。7-ELEVEn 在美国及日本已经积累起了足够的品牌势能，因此对泰国当地希望通过加盟方式开设便利店的加盟商有足够的吸引力。另外，如获批员工或退休职工希望通过商业伙伴模式开设 7-ELEVEn 门店，CP All 允许其通过分期付款的形式支付初始费用。因此，CP All 能通过商业伙伴模式快速铺设门店，抢占高势能点位。

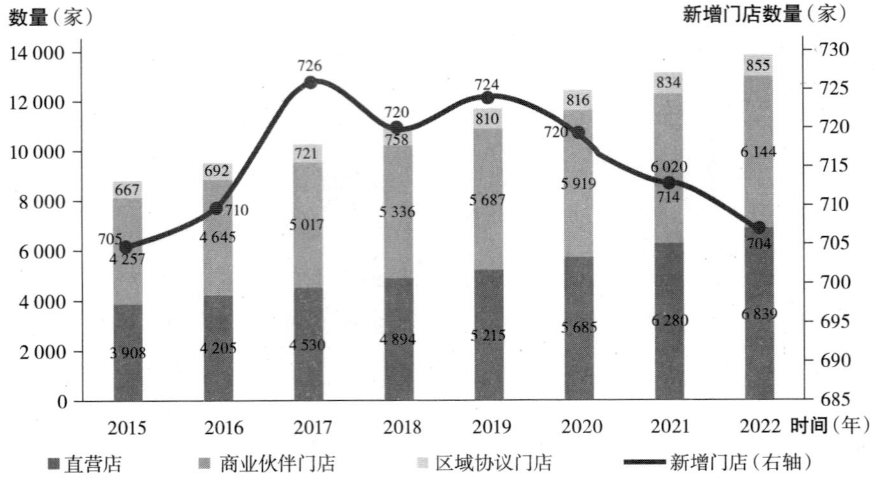

图 21-2 CP All 各类门店数量及新增门店数量情况（2015—2022）

资料来源：CP All 年报。

除商业伙伴模式外，CP All 门店快速增长的另外一个途径是与 PTT 合作的加油站店。2002 年，CP All 与 PTT 签订了合作协议。根据协议，CP All 可以在 PTT 旗下加油站独家开设便利店。

凭借 PTT 的加油站网络以及点位优势，CP All 不但提升了开店速度，门店盈利能力也得到了保证。2018 年，按照 CP All 加油站店 1 574 家，而 PTT 加油站共 1 799 个计算，CP All 的便利店已覆盖了约 87% 的 PTT 加油站。截至 2022 年底，CP All 的加油站店已达 2 000 家（见图 21–3）。

得益于 7-ELEVEn 的品牌势能、商业伙伴模式以及与 PTT 的合作协议，CP All 的门店遍布泰国全境，这让它成了泰国排名第一的连锁便利店企业。CP All 也因此成为将泰国打造成 7-ELEVEn 的全球第三大市场的最大推手。2015—2022 年，按门店数量计算，CP All 在泰国市场上的份额均在 60% 以上（见图 21–4），处于绝对领先地位。

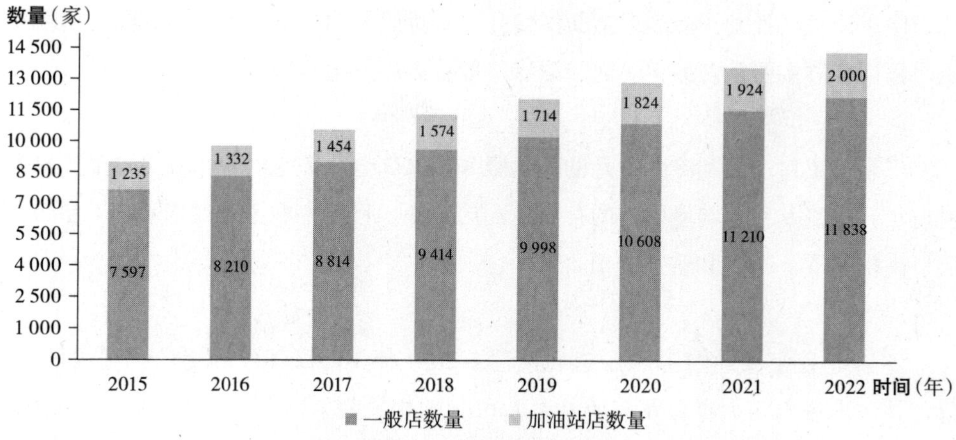

图 21-3 CP All 按门店类型划分的门店数量变化情况（2015—2022）

资料来源：CP All 年报。

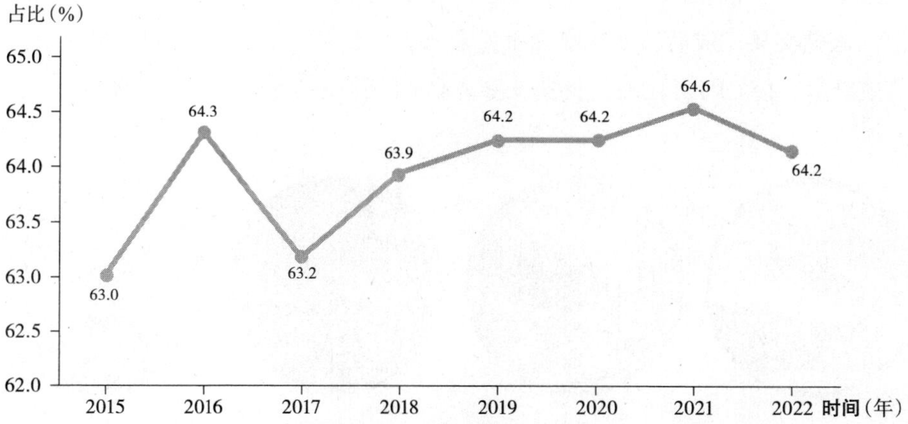

图 21-4 CP All 按门店数量计算的市场份额（2015—2022）

资料来源：CP All 年报。

百货批发及零售业务

CP All 的百货批发及零售业务主要包括两个方面：

一是“万客隆”的会员制现金自提批发及零售业务。截至 2021 年 12 月 31 日，万客隆在泰国共运营了 142 家现金自提分销中心，在亚洲其余国家共有 7 家。该品牌专注于消费品批发，商品包括新鲜食品、干货以及第三方品牌和自有品牌的消费品。目标客群主要是食品零售商、酒店、餐饮店以及运营服务商。

二是进出口产品和冷冻食品的配送服务。该部分业务主要是指高级食品产品的进口、分销以及在泰国境内外的存储、配送服务。目标客群主要是四星和五星级酒店、高档餐厅、医院和航空公司。

零售业务主要通过 Lotus's 进行管理。2021 年 10 月，CP All 旗下子公司万客隆的相关业务与正大零售及其子公司 Lotus's 的相关业务进行了合并，涵盖大卖场、食品超市、冷冻食品中心以及高级食品进口与分销中心（见图 21–5）。截至 2021 年 12 月 31 日，Lotus's 在泰国共拥有 2 618 家门店，包括 222 家大卖场、199 家超市以及 2 197 家迷你超市；在马来西亚共有 62 家门店，包括 46 家大卖场和 16 家超市。该笔交易完成后，万客隆在批发业务上的优势与 Lotus's 在分销渠道上的效能有效结合，使 CP All 的百货批发及零售业务的营业收入获得了明显提升。

大卖场　食品超市　冷冻食品中心　高级食品进口与分销中心

图 21-5　CP All 的门店类型

资料来源：CP All 官网。

财务分析

2015—2022 年，CP All 的营业收入增长率约为 111.5%，年均复合增长率为 11.3%。受疫情影响，2020 年，CP All 的营业收入呈负增长，而在 2021 年，营业收入水平基本恢复至疫情前水平。2022 年更是取得了 46.3% 的显著增长（见表 21–1、图 21–6）。

表 21-1　CP All 财务指标概况（2015—2022）

财务指标	2015 年	2016 年	2017 年	2018 年	2019 年	2020 年	2021 年	2022 年
营业收入（百万泰铢）	392 022	435 019	471 069	508 252	551 004	526 110	566 785	829 099
毛利润（百万泰铢）	85 503	95 311	105 067	113 620	124 941	115 230	122 014	177 999
毛利率（%）	21.8	21.9	22.3	22.4	22.7	21.9	21.5	21.5
净利润（百万泰铢）	13 682	16 677	19 908	20 930	22 343	16 102	12 985	13 272
净利率（%）	3.5	3.8	4.2	4.1	4.1	3.1	2.3	1.6
总资产（百万泰铢）	329 083	352 268	360 299	373 742	375 617	523 354	931 893	924 061
股东权益（百万泰铢）	41 676	59 603	80 229	99 819	108 368	111 595	292 807	290 301
杠杆率 D/A	87.3	83.1	77.7	73.3	71.1	78.7	68.6	68.6
净资产收益率（%）	32.8	28.0	24.8	21.0	20.6	14.4	4.4	4.6
资产回报率（%）	4.2	4.7	5.5	5.6	5.9	3.1	1.4	1.4

资料来源：CP All 年报、Bloomberg。

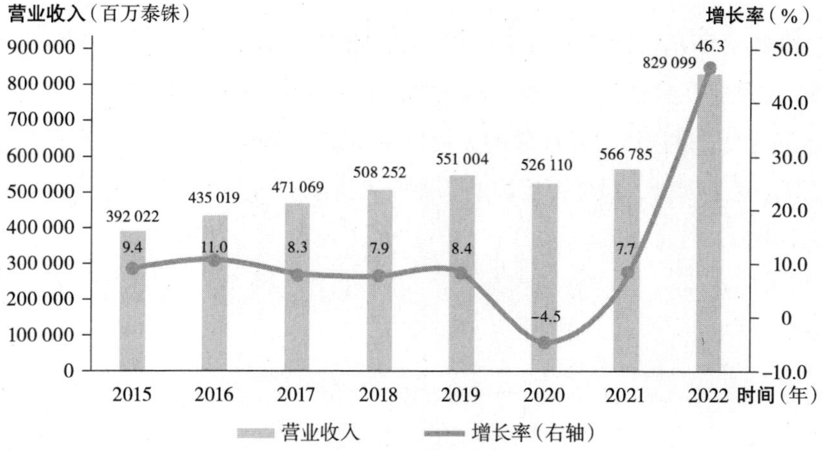

图 21-6　CP All 营业收入及增长率情况（2015—2022）

资料来源：CP All 年报。

在收入结构上，如图 21–7 所示，2021 年以前，7-ELEVEn 的营业收入一直占 CP All 总营业收入的 50% 以上，是其核心业务。而在 2021 年，疫情尚未结束，线下业务因受影响尚未恢复至此前水平，再加上 2021 年 10 月与正大零售进行了合并，其相关业务也被并表计入百货批发及零售部分，因此在 2021 年，CP All 的百货批发及零售业务营业收入占比明显提升。2022 年，这一部分已占 CP All 营业收入总额的 51.6%，反超 7-ELEVEn，成了 CP All 的核心业务。

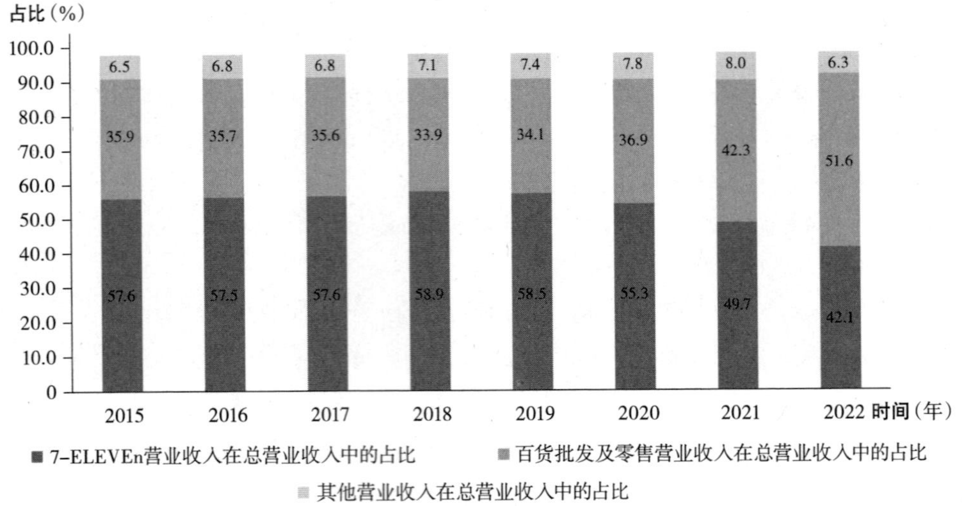

图 21-7 CP All 各业务板块在总营业收入中的占比（2015—2022）

资料来源：CP All 年报。

如图 21-8 所示，2015—2022 财年，CP All 的毛利率始终维持在 22% 附近的稳定状态，即便是在疫情期间，也未出现明显下滑迹象。稳定的毛利率水平主要归功于 CP All 强大的供应链以及高效的分销体系。2021 年及 2022 年，CP All 的毛利率略有下滑，这是因为，虽然万客隆的营业收入贡献有所提升，但其业务本身的毛利率水平比 7-ELEVEn 更低。

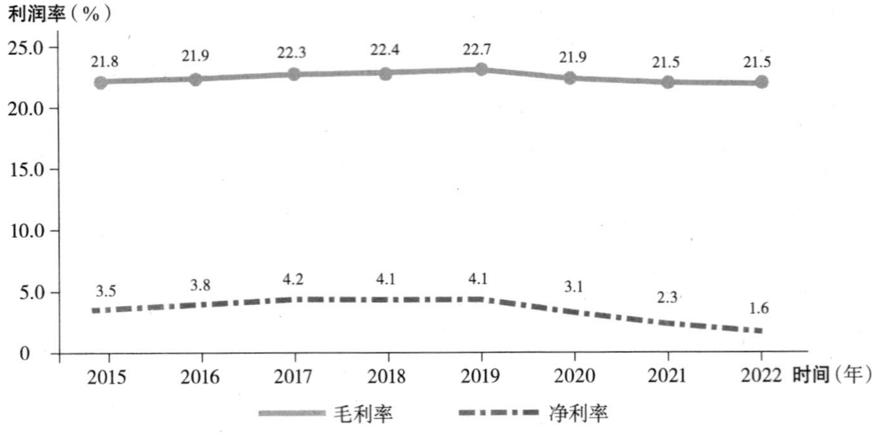

图 21-8 CP All 利润率情况（2015—2022）

资料来源：CP All 年报。

但在净利率上，CP All 在 2020—2022 年出现了明显下滑的迹象。2020 年，受疫情影响净利率下降，而 CP All 应用的新会计准则又导致财务费用上升。2021 年，净利率水平进一步下滑，主要是因为 CP All 的相关业务在完成和正大零售的整体交易前，录得了以权益法计算的投资损失，以及因该项交易增加的财务成本。

另外，由于该项交易有部分税收抵免，因此 2021 年的真实净利率较账面低。2021 年，CP All 的实际税率仅为 4.2%，远低于 2020 财年的 14.3% 以及 2022 财年的 19.2%。

从期间费用来看，如图 21-9 所示，CP All 在费用水平控制上做得比较出色，营销费用及管理费用在营业收入中的占比均维持在平稳状态。除因 2022 年正大零售业务并表导致两项费用金额大幅上升外，其余期间费用的增长均维持在合理水平上。

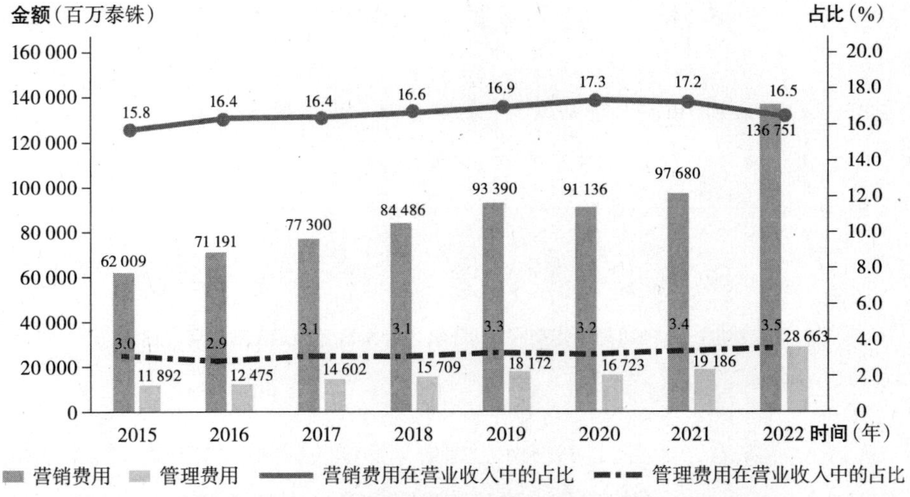

图 21-9　CP All 营销费用、管理费用金额及在营业收入中的占比（2015—2022）

资料来源：CP All 年报。

股价和估值

如图 21–10 所示，2012—2015 年，CP All 股价维持在 35 ～ 70 泰铢，并未有明显变化。主要是因为，这段时间，CP All 尚处于业务拓展期，无论是门店扩张，还是对万客隆的收购交易，又或者是线上零售业务的尝试，均会对 CP All 的利润水平产生负面影响。而从 2016 年起，CP All 进入利润释放期，净利润从 2015 年的约 136.8 亿泰铢大幅增长至 2019 年的约 223.4 亿泰铢，在净利润增长的刺激之下，股价开始上扬。虽然在疫情期间，受到封控措施的影响，线下门店业务受损导致营业收入、净利润双双下滑，但投资者明显对 CP All 的恢复能力充满了信心。

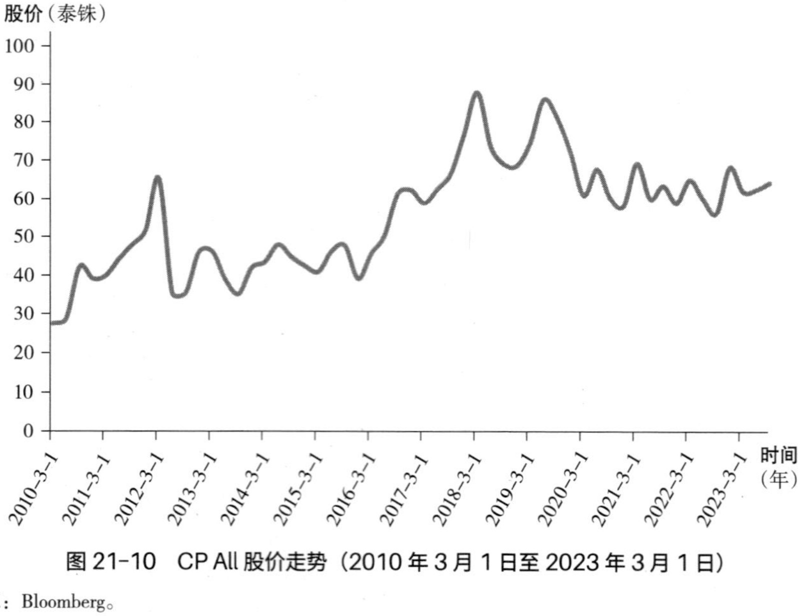

图 21–10　CP All 股价走势（2010 年 3 月 1 日至 2023 年 3 月 1 日）

资料来源：Bloomberg。

从 PE 估值来看，如图 21–11 所示，即便是短期的利润水平出现了下滑的情况，投资者仍未出现大批撤退的迹象。这反映出投资者认识到了 CP All 目前在泰国便利店连锁行业拥有垄断优势，他们相信，CP All 的相关业务在和正大零售完成合并后，整合后的业务能为企业带来合理回报。

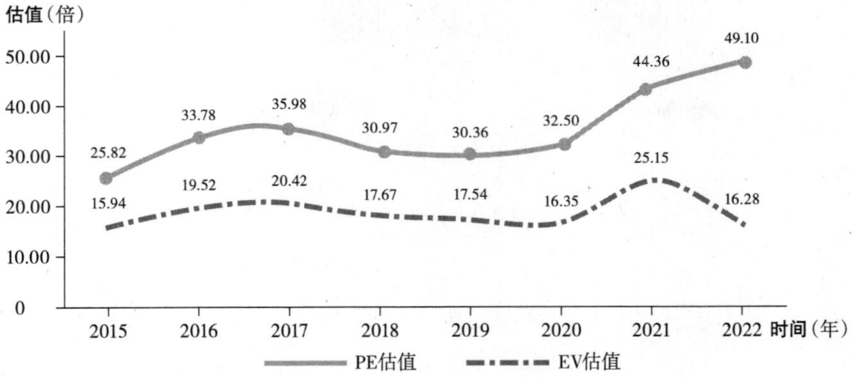

图 21-11　CP All PE 估值及 EV 估值（2015—2022）

资料来源：Bloomberg。

THE FUTURE OF GOING GLOBAL

新全球化企业洞察

CP All 的成功是综合了天时、地利、人和后的难以复制的案例。“天时”在于其取得了 7-ELEVEn 在泰国的特许经营权时，泰国的经济正处于高速发展阶段：1988 年，泰国 GDP 的增长率为 13.3%，这一增速一直维持到了 1995 年。“地利”在于泰国的国土面积仅有约 51 312 万平方千米，较小的经营区域让企业更容易“做深打透”，有利于先行者巩固好自己的龙头地位，通过占据优势点位挤掉竞争对手。“人和”在于 CP All 背后的依靠是泰国巨无霸企业正大集团，这让它即便是在 1997 年金融危机期间，仍能凭借母公司的支持持续扩张。

聚焦经营细节，我们不难看出：搭建完备的供应链，快速抢占优势点位，实施区域“做深打透”战略，以及适时推进新技术在运营层面的应用（储值卡、网络零售等），这些始终是线下零售连锁业态能够获得成功的万变不离其宗的要素。

第 22 章

Home Product，泰国家居家装的领航者

Home Product Center Public Limited Company（简称 Home Product）是泰国最有代表性的家居家装零售商。它以大卖场的模式出售家居家装相关的产品和服务，是泰国专营零售的代表之一。1995 年，它以合资的方式成立。1996 年 9 月，它以注册商标“Home Pro”为名开了第一家零售店。截至 2022 年，Home Product 旗下已经拥有两大零售品牌 Mega Home 和 Home Pro，业务覆盖的区域除了泰国，还包括马来西亚和越南部分地区。

发展路径

Home Product 在 1996 年开设了第一家门店后，业务迎来了快速发展。2001 年，Home Product 在泰国证券交易所上市，市值约为 1.5 亿泰铢。

上市之后，Home Product 利用融资拓展了业务，2004 年，Home Product 在泰

国大城府建造了第一个分销中心，有效地提高了自己的物流效率。之后，Home Product 不断加大对大城府分销中心的投入力度，这对 Home Product 的零售店形成了有力支持。2006 年，Home Product 的股票被选入泰国 SET100 指数，这进一步提高了其股票的流动性。2010 年，Home Product 在正式运营 15 年后，旗下拥有了 40 家零售大卖场，其中，曼谷有 19 家，其他区域有 21 家。同年，Home Product 的股票也被列入泰国 SET50 指数。

2013 年，Home Product 开始打造 Mega Home 这一新零售品牌卖场，同时也将业务拓展到了建筑材料和相关家居产品上，业务也面向小型承包商和项目方。Mega Home 的第一家门店开在了兰实。2014 年，Home Product 走出泰国，把 Home Pro 这一品牌推向了马来西亚，在吉隆坡开了首家门店。2016 年，Home Product 在售卖产品之外，还推出了家庭装修服务。服务的品类包括预算控制、品质保证等。

两大零售模式

Home Product 旗下主要有两大零售模式：一是 Home Pro C 端模式，针对的是零售客户的家装家居需求，Home Product 以大卖场业态带给了顾客沉浸式的消费体验。Home Pro C 端模式也是 Home Product 用来拓展市场的主要模式，马来西亚的 7 家分店皆为这一模式。二是为装修商、承包商和项目方提供建材解决方案的 B 端模式 Mega Home，主要售卖建筑材料和一系列家装产品，目前已有 18 家门店。

在这两大主要模式之外，Home Product 还把运营租约的主体和分销主体独立了出来，成立了 Market Village 和 DC service。2022 年，Market Village 负责管理 Home Product 旗下 5 个项目的租金和物业。DC service 是 2013 年成立的，主要负责 Home Product 的仓储、物流和配送服务。在线上化的进程中，Home Product 在 2022 年 3 月收购了泰国专业的线上建材销售平台 One Stock Home 30% 的股份。

如图 22–1 所示，该结构图概括了 Home Product 的主体结构：

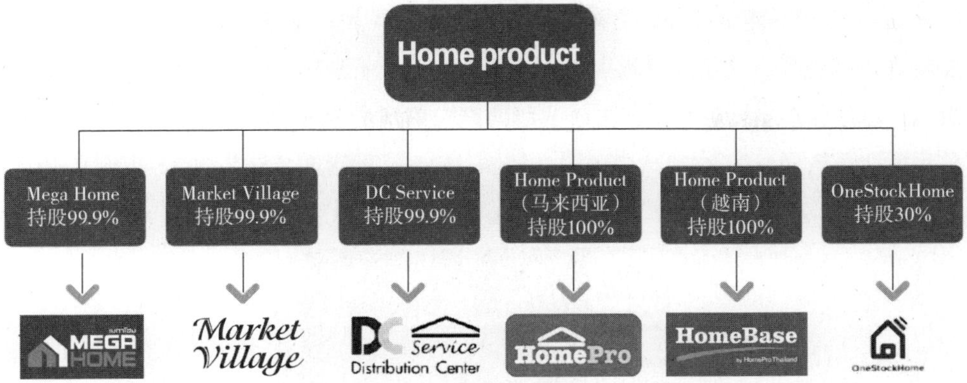

图 22-1　Home Product 业务主体结构

资料来源：Home Product 季度信息披露。

产品品牌战略

产品品类上，以家庭生活所需的各式产品为主，包括电器、家居装潢、厨房、卫浴、地板墙面、门窗、户外用品、灯具、宠物食品用品、五金工具、运动器材和各式生活健康相关产品。Home Product 旗下品牌主要分为代理的国际品牌和自主培育的自有品牌。

在自有品牌方面，Home Product 已经培育出 40 多个自有品牌，覆盖了 15 000 多个产品。Home Product 在自有品牌的培育上始终保持着一定的投入，Home Product 仅在 2022 年就投入了 5 200 万泰铢。

渠道布局

Home Product 在泰国起家，2014 年拓展到了马来西亚，2021 年又拓展到了越南。可以看出，管理层主要是从地理位置和收入水平两方面来思考拓展的问题。马来西亚的人均 GDP 略高于泰国，但是本土品牌除了提供五金工具的 MR.DIY 外，还没有特别强势的家居家装本土品牌，Home Pro 去那里自然会有比较理想的发展空间。于是，Home Product 成功地在马来西亚复制出了 7 家零售卖场。2020 年，Home

Product 在疫情下谨慎操作，启动了向越南市场的扩展。但在 2022 年，向越南的拓展就略显谨慎了，这是因为越南的人均收入水平低于泰国，零售发展的模式要迟于泰国，过度拓展会导致亏损。另外，越南离中国这个全球产品的生产基地更近，竞争程度会更激烈。截至 2023 年 8 月，Home Product 的店面布局如图 22-2 所示。

图 22-2 Home Product 在东南亚的店面分布情况

资料来源：Home Product 季度信息披露。

财务分析

如表 22-1、图 22-3 所示，2014—2019 年，Home Product 的营业收入稳步上升。它通过开设新店和拓宽产品类别的方式来增加营业收入，零售大卖场的数量也从 40 多家拓展到了 87 家，并加大了对大中型超市模式的探索。虽然营业收入增速明显放缓，但是毛利率却从 24.9% 跃升至 30.5%，净利润率更是从 6.5% 逐步提升至 9%（见图 22-4）。

表 22-1 Home Product 财务指标概况（2014—2022）

财务指标	2014 年	2015 年	2016 年	2017 年	2018 年	2019 年	2020 年	2021 年	2022 年
营业收入（10 亿泰铢）	51.2	56.2	61.1	64.2	66.0	67.4	61.7	63.9	69.4
毛利润（10 亿泰铢）	12.7	17.2	18.7	20.2	21.4	20.5	18.2	19.0	21.3
毛利率（%）	24.9	30.7	30.6	31.4	32.4	30.5	29.4	29.7	30.7
净利润（10 亿泰铢）	3.3	3.4	4.1	4.8	5.6	6.1	5.2	5.5	6.2
净利率（%）	6.5	6.1	6.8	7.5	8.5	9.0	8.4	8.7	9.0

续表

财务指标	2014 年	2015 年	2016 年	2017 年	2018 年	2019 年	2020 年	2021 年	2022 年
总资产（10 亿泰铢）	44.3	47.0	51.7	50.9	54.8	52.0	56.1	58.6	65.2
股东权益（10 亿泰铢）	15.7	16.9	17.5	18.6	19.9	21.1	21.6	22.9	24.2
杠杆率 D/A	0.65	0.64	0.66	0.63	0.64	0.59	0.62	0.61	0.63
净资产收益率（%）	21.1	20.2	23.7	25.9	28.2	28.8	23.9	24.2	25.7
资产回报率（%）	7.5	7.3	8.0	9.5	10.3	11.7	9.2	9.4	9.5

资料来源：Home Product 年报。

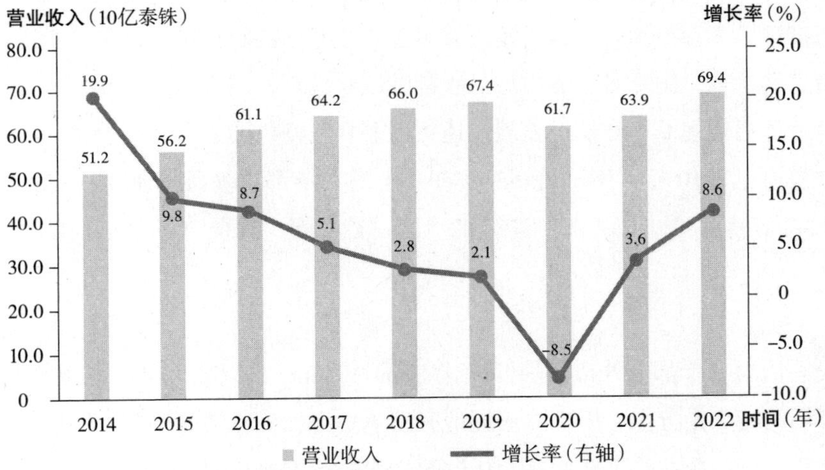

图 22-3　Home Product 的营业收入情况（2014—2022）

资料来源：Home Product 年报，内容由弘章投资研究整理。

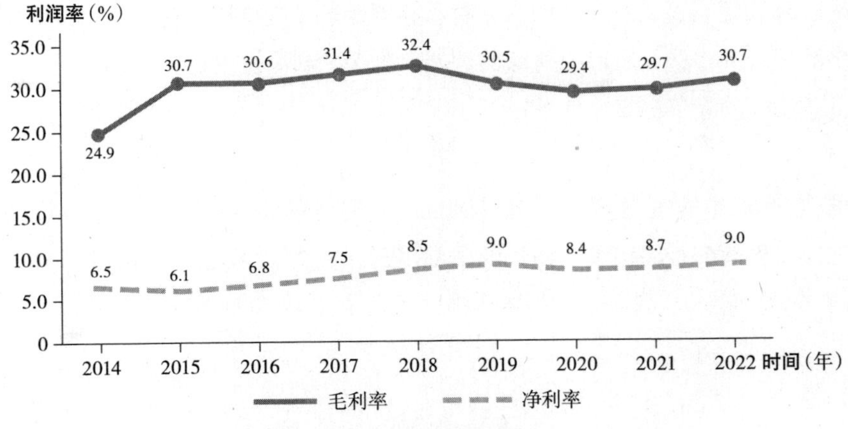

图 22-4　Home Product 的利润率情况（2014—2022）

资料来源：Home Product 年报，内容由弘章投资研究整理。

Home Product 的出色表现主要得益于 3 个因素：一是规模效应逐渐显现。仓库系统的共享提高了效率，订货量的提升带来了更大的议价空间。二是 Home Product 不断培育更多的自有品牌。截至 2022 年底，Home Product 已经有 40 多个自有品牌和 15 000 多个产品，自有品牌策略往往是区分零售商好坏的真正分水岭。好的自有品牌策略不仅可以提高毛利润，还可以增强客户黏性，顾客会因为品牌产品特别的味道、超高的性价比、好用的功能而多次复购。德国的平价社区超市奥乐齐的自有品牌战略就是很好的例子。三是 Home Product 对首都圈以外市场的开发。首都圈经济具有一定的优势，这里的消费者可支配收入更高，人口密度也更大，对于零售业态来说效率会更高，所以它是所有零售企业眼中的香饽饽。但是首都圈也是竞争最激烈的区域，国际品牌和出海品牌都钟情于首都，因为这里可以发挥领头羊效应，有助于招代理商；在这里发展，还可以兼顾电商机会，因为一般企业都会在这里设立总仓。2010 年，Home Product 有一半的卖场都在曼谷首都圈一带，但是到了 2022 年，Home Product 只有 30% 的店面在首都圈，其余 70% 的店面都在首都圈以外。

我们认为，首都以外市场的开发让 Home Product 得以朝着纵深方向不断拓展。外区市场的特点是分散、下沉，不同地区的消费力处于不同的阶段。所以，想要深耕好外区市场，企业需要在产品、运营等方面进行本地化调整，但这样管理成本就会加大。当然，外区市场的优势也很明显，外来的国际品牌和出海品牌想经营好外区市场，难度很大，所以，这里的竞争相对来说没有那么激烈。另外，由于存在物流成本、时效等问题，外区市场的电商业务仍处于发展早期，在那里，线下卖场模式仍是消费者的首选。所以，这里的护城河更深，利润也更好，同时，还可以给首都圈日益激烈的竞争提供支持。

虽然 2020 年的疫情打乱了 Home Product 发展的步伐，但是，随着疫情的退去，这 3 点仍然会是决定收入增长的主要因素。从 2022 年的数据可以看出，Home Product 的营业收入、利润率及其增速都已回到了 2019 年疫情前的水平。

如图 22–5 所示，Home Product 的营业收入主要来自商品和服务的零售，租金及其他业务的营业收入一直都保持在 6% 上下。我们从中可以看出，Home Product

短期内不会追求多元化，而是会专注发展自己的主营业务。从地域收入结构来看，泰国市场的营业收入占了总营业收入的98%，马来西亚市场的营业收入和利润贡献均比较有限，Home Product 在泰国的资源和实力还是更胜一筹。2018 年后，导致 Home Product 分销费用下降的主要原因是适用的会计准则发生了调整，并非 Home Product 在策略上做了调整。整体来看，管理费用和营销费用还是比较稳定的（见图 22-6）。

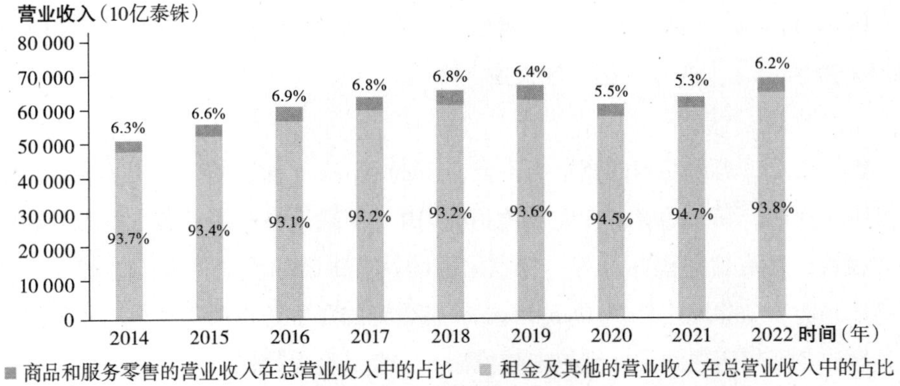

图 22-5 Home Product 两大业务的营业收入在营业收入中的占比（2014—2022）

资料来源：Home Product 年报，内容由弘章投资研究整理。

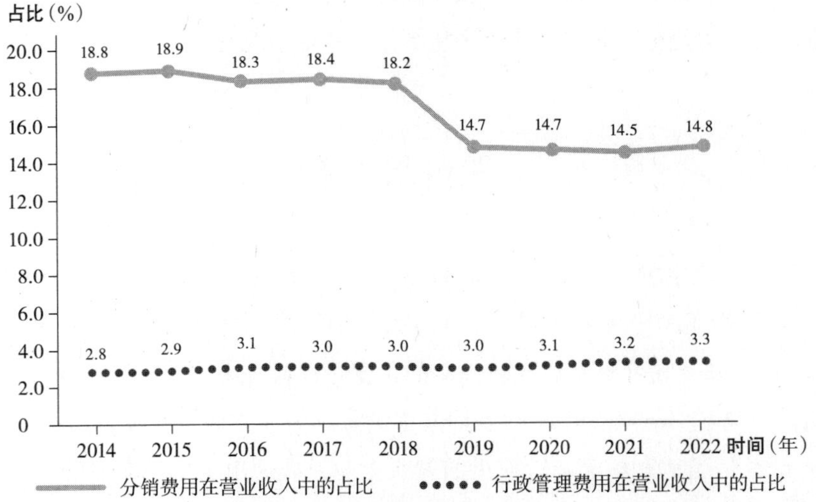

图 22-6 Home Product 分销费用和行政管理费用在营业收入中的占比情况（2014—2022）

资料来源：Home Product 年报，内容由弘章投资研究整理。

竞争对手分析

Home Product 在泰国专营零售领域的竞争主要来自 4 个类别。一是陶瓷卫浴，主要的竞争对手是 Boonthavorn 和 Grand Home Mart；二是家具家居，主要的竞争对手为 Index Living Mall 和宜家家居；三是建筑材料专营零售，代表的企业是 Cement Thai Home Mart; 四是五金配件工具的零售连锁，主要代表为 MR.DIY。

Home Product 在线上业务中的竞争主要来自东南亚的货架电商，比如 Lazada、Shopee 和 NocNoc。此外，还有各大独立网站。

整体来看，当地品牌的竞争力不强，Home Product 面临的竞争主要来自区域品牌扩张，比如，马来西亚的专业零售品牌 MR.DIY 最近在东南亚各大城市开店的速度就很快。还有就是国际品牌，像宜家家居就有很强的产品开发能力和完善的供应链运转能力。除此之外，Home Product 感受到的竞争还包括各竞争对手的扩品策略，这让各家门店之间的区别越来越模糊，主要品类也趋同。

随着竞争的不断加剧，我们认为，主力产品和独特定位创造的客户黏性就成了复购的关键。短期来看，伴随着区域经济的稳定、快速发展，需求端的增长不会放缓，泰国及周边地区的家居家装市场整体来看还是乐观的。

股价和估值

在 2020 年之前的 10 年间，Home Product 的股价一路高歌猛进，从 2010 年的 1.5 泰铢一直上涨到 2019 年年中最高时的 18 泰铢（见图 22–7）。一方面，在这 10 年间，Home Product 每年都会以比较稳定的速度开设新卖场，营业收入增速不快但十分稳定，市场对 Home Product 的表现基本满意。另一方面，在泰国市场上，Home Product 已经是当地家居家装行业里的龙头企业，展现出了比较明显的市场主导地位。因此，市场对 Home Product 的信心也是比较充足的。

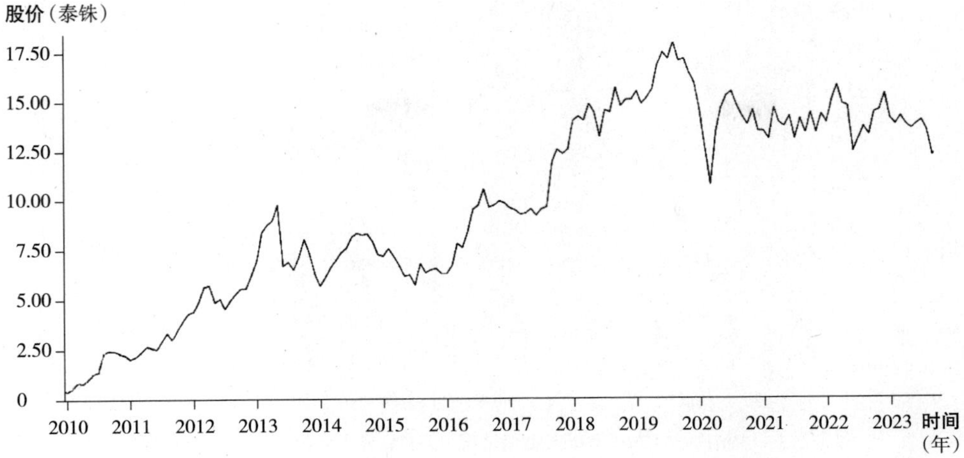

图 22-7　Home Product 股价走势（2010—2023）

资料来源：雅虎金融。

疫情初期，零售业受到的打击普遍较大，这让 2020 年 Home Product 的股价出现了显著下滑，但 2020 年 7 月，也就是泰国度过了第一波疫情之后，Home Product 股价回升至 15.6 泰铢，和 2019 年初的水平大致相当。市场对泰国的宏观经济比较看好，并且，在 Home Product 的品类中，很大一部分都属于消费必需品，这让它不会受到太多周期性影响。

如图 22-8 所示，在新冠疫情之前，Home Product 的 PE 估值基本稳定在 35 倍左右；2021 年下半年之后，PE 估值在 26 ～ 30 倍之间震荡。从可比企业的角度来看，美国家得宝（Home Depot）的 PE 估值稳定在 18 ～ 20 倍之间，马来西亚的 MR.DIY、菲律宾的 Wilcon Depot、泰国的 Siam Global 的 PE 估值也都在 24 ～ 28 倍之间。

在市场看来，东南亚区域拥有更高的增长可能性。比起成熟市场，东南亚的专业零售运营者还有更多的进步空间，未来，他们会有更多的自有品牌，会开拓出更大的下沉市场，同时也会有更多的本地人进入中产阶层，这些都给了市场更多的想象空间和信心。

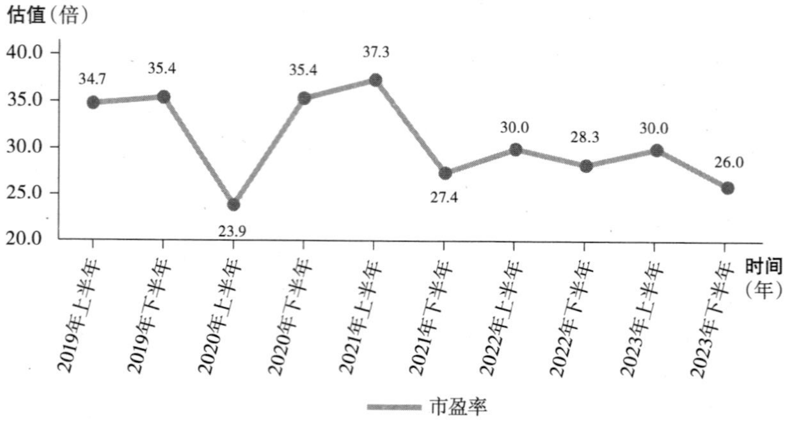

图 22-8 Home Product 的 PE 估值情况（2019 年上半年至 2023 年下半年）

资料来源：雅虎金融，GuruFocus。

THE FUTURE OF GOING GLOBAL

新全球化企业洞察

专营零售和精细化的分类是零售企业发展到中后期一定会出现的形态，在发达市场上，我们看到了不同专营零售的模型。但是在东南亚市场上，我们发现了两个有趣之处：

一是不同的经济发展水平令东南亚专业零售市场处于不同的发展阶段。在东南亚各国中，泰国是除了新加坡以外的第二发达市场。由于新加坡是城市国家，且高度发达，所以很难孕育出本土体量很大的专业零售品牌。泰国是最有机会孕育出本土专业零售品牌的东南亚市场。当庞大的印尼还以传统渠道和满足下沉市场需求的大卖场为主时，泰国已经出现了像 Home Product 这样规模庞大的大型专营零售企业，而它还在孵化不同的专营零售店。我们预计，其他市场也会陆续出现不同体量的专业零售业态。时机的把握将是战略布局和投资的关键点。

二是家装家居和运动品类是专业零售的头站。东南亚市场最新出现的专业零售是家装家居和运动品类。除了泰国的 Home Product，菲律宾也出现了 Wilcon Depot，很多大型零售企业内部都出现了运动专卖业务，还有不少成了具有一定规模的运动连锁店。在东南亚地区，这两个赛道最先起跑。对于 Home Product 以及其他专业零售企业而言，区域拓展是很值得关注的一点。未来，泰国市场还会出现其他的专业门店，并将形成连锁化趋势，而这正为东南亚其他市场的发展提供了方向。

THE FUTURE
OF GOING GLOBAL

第 23 章

Osotspa，泰国功能饮料的市场领跑者

Osotspa 创立于 1891 年，最初，它是一家药房，致力于为泰国人民的健康提供产品。2018 年 10 月 17 日，Osotspa 在泰国证券交易所上市，注册资本为 300 亿泰铢。Osotspa 旗下最有名的产品为 M-150 品牌的能量饮品。

发展路径

1891 年，Osotspa 由华人移民在曼谷的唐人街创立，最初的名字是“德兴裕”。因为他们的一种产品帮助泰国军队治愈了暴发的痢疾，所以泰国国王授予了创始家族荣誉姓氏奥萨沙努格拉（Osathanugrah），这一姓氏在泰语中意为“药物供应商”。

1932 年，德兴裕搬到了曼谷的石龙军路，改名为“德兴裕药行”。1949 年，德兴裕药行在曼谷扩大了生产线。1959 年，在曼谷的传统批发市场三聘巷市场开设

了门店，其业务实现了快速发展。1974 年，进一步扩展了朗苏安的工厂。1978 年，泰国食品行业相关法规做了调整，将药品重新分类为食品和饮料，这为产品的研发创造了新的机会。1980 年，咖啡因含量高于力保健（Lipovitan-D）的 Magnum 推出了。该企业的市场份额随着销量的增加而不断增长。到了 1989 年，它的年销量已经达到了 1 亿瓶。1985 年，正式推出了能量饮料 M-150，今天，它已成了泰国最受欢迎的能量饮料。1990 年，该企业又推出了电解质饮料 M-Sport。1995 年，该企业正式更名为 Osotspa。1998 年，它又推出了 Magnum 357。

2000 年，SHARK Cool Bite 以 SHARK Energy 的名义在全球范围内同步推出。2003 年，Osotspa 又面向宿醉者推出了 Hang 产品。同年，能量饮料 M-150 又推出了粉末版，每月销量达到 1 000 万袋。2004 年，Osotspa 推出了仅在泰国销售的 M-Max，次年又推出了 SHARK Up 和 SHARK Lite。2007 年，能量饮料 M-150 开始进军欧洲和南美洲市场。到了 2008 年，这种饮料的年销量达到了 7 亿多件。这使 Osotspa 成为泰国乃至全球领先的能量饮料生产商。2024 年，Osotspa 迎来了自己 133 岁的生日。

重要策略

积极布局供应链

早在 50 年前，Osotspa 就开始布局上游供应链。1977 年，Osotspa 投资了一家玻璃瓶生产工厂，为自己的玻璃瓶装饮料提供自有包装。在后续的发展中，Osotspa 在持续投资玻璃包装厂的同时，也在供应链布局上不断发力，这种做法在当时供应链建设还未引起高度重视的新兴市场中是比较少见的。

截至 2023 年底，Osotspa 已经布局了 4 个饮料混合与灌装厂、2 个个人护理厂、3 个玻璃瓶生产厂、1 个碎玻璃处理厂、1 个标签印刷厂、1 个回收中心和 1 个保健品生产厂等产业（见图 23–1）。

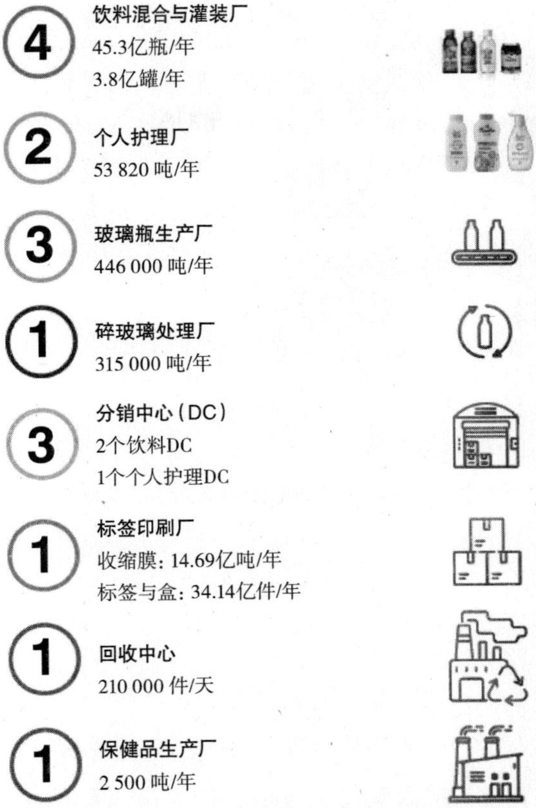

图 23-1　Osotspa 的主要工厂和设施概况

适应大趋势的营销定位

Osotspa 在有了自己的玻璃瓶生产厂后，1985 年，推出了自己的拳头产品能量饮料 M-150。20 世纪 80 年代初期，在泰国市场上，占有率排名第一的能量饮料为红牛。但是到了 20 世纪 90 年代，随着泰国制造业爆发式的崛起，蓝领工人的数量迅速增加。M-150 的营销策略是：针对男性工人，宣扬奉献、勇气、牺牲精神。

成功的营销策略让 M-150 很快就取代了红牛，成为泰国市场排名第一的能量饮料品牌。直到 2023 年，M-150 依然是泰国市场上占有率排名第一的能量饮料品牌，市场占有率为 57%（见图 23-2）。

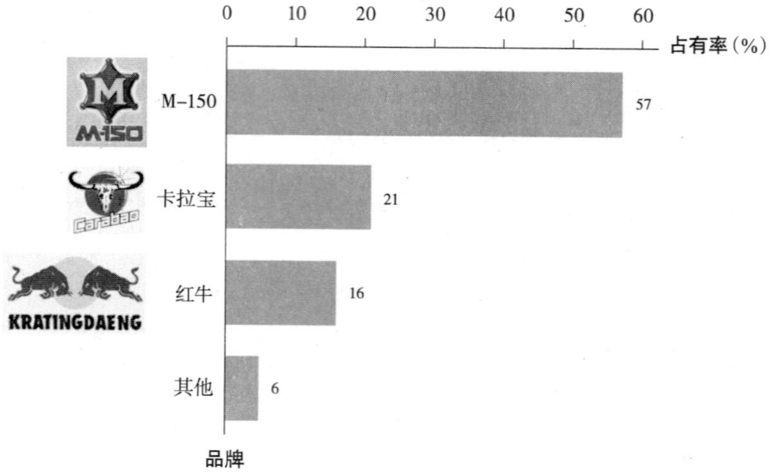

图 23-2　2023 年泰国能量饮料的市场占有率情况

资料来源：Statista。

拓展产品线

Osotspa 也在不断地拓展着自己的产品线。在饮料产品方面，Osotspa 在 2007 年把功能性饮料加入了自己的产品矩阵，比如用全新的品牌 Peptein 主打补充蛋白质的概念。这是因为，随着泰国人均 GDP 的提高，人们对蛋白质的需求也日益提高，Osotspa 希望抓住这个趋势。2012 年，Osotspa 与日本好侍公司（House Wellness Foods）成立了合资公司，共同推进主打补充维生素概念的功能性饮料，全新的品牌 C-Vitt 应运而生。Osotspa 还充分利用了自己的包装工厂优势，分别推出了玻璃瓶装的高端产品和纸质包装的大众化产品。2013 年，Osotspa 和日企可尔必思（Calpis）成立了合资公司，并推出了健康定位的低糖酸奶饮料 Calpis。这一系列动作让 Osotspa 巩固了自己在泰国饮料市场上的地位。

在饮料产品之外，Osotspa 也在积极拓展个护产品。实际上，早在 1991 年的时候，Osotspa 就开始打造自有品牌下的婴儿护理产品 Babi Mild。1992 年，又推出了女性美容个护品牌 Twelve Plus，随后还推出了男性除味剂 Exit、女性护肤品牌 PROhaha 和 Otg，力求找到第二增长曲线。

竞争格局分析

Osotspa 的业务主要分为 3 个板块：饮料、个护和其他。其中，饮料是 Osotspa 最主要的业务，贡献了 81% 的营业收入；个护收入在营业收入中的占比为 10%；其他收入在营业收入中的占比为 9%。泰国是 Osotspa 的主要市场，该市场上的营业收入占企业总营业收入的 81%。

在饮料市场中，Osotspa 的策略是通过新品牌和不同定位的产品来完善自己的市场布局。在传统的能量饮料中，除了我们前面提到的创始品牌力保健和拳头品牌 M-150，Osotspa 还陆续推出了将韩国人参、维生素 B6 和蜂蜜按一定配比制成的 Som in Sum 和风味独特的 White Shark。在功能饮料中，通过和日本企业的合作，Osotspa 推出了前面提到的众多品牌。此外，Osotsps 还在自有的运动品牌之下推出了电解质饮料 M-Electrolyte。

泰国饮料市场虽然很大，但是竞争也很激烈，近两年，Osotspa 的市场占有率也受到了一定挑战。2023 年，Osotspa 在能量饮料方面的市场占有率为 46.6%（见图 23-3）。

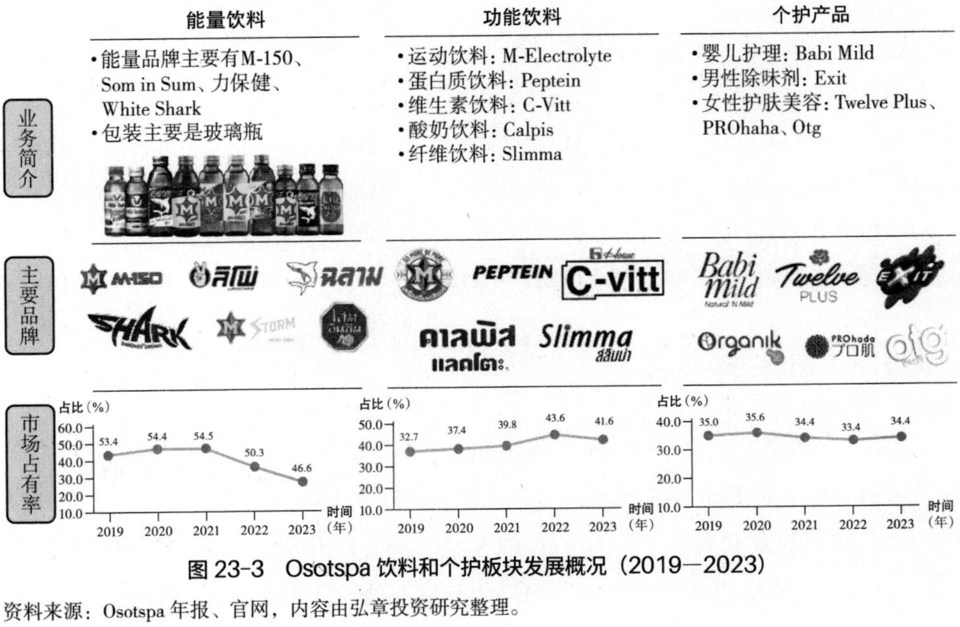

图 23-3　Osotspa 饮料和个护板块发展概况（2019—2023）

资料来源：Osotspa 年报、官网，内容由弘章投资研究整理。

在个护市场中，Osotspa 表现不俗，主打的女性护肤美容产品和婴儿护理产品的市场占有率长期保持在 33% ～ 36%。其中，婴儿护理产品的市场占有率更是长期稳定在 35% 上下。

财务分析

2018 年，Osotspa 在泰国上市，对外披露的财务数据最早可以追溯到 2017 年。如表 23-1、图 23-4 所示，从营业收入角度看，Osotspa 在过去 7 年里，营业收入始终保持在 250 亿至 275 亿泰铢之间，整体来看比较稳定，营业收入的年均复合增长率为 0.8%。其中，2019 年，营业收入增速为 4.8%；2021 年，因享受到了疫情之后反弹的红利，营业收入增速为 4.6%。虽然 2022 年和 2023 年营业收入还有一点波动，但已经可以初步判断：Osotspa 的营业收入增速已经进入相对稳定期。

表 23-1　Osotspa 财务指标概况（2017—2023）

财务指标	2017 年	2018 年	2019 年	2020 年	2021 年	2022 年	2023 年
营业收入（10 亿泰铢）	25.3	25.0	26.2	26.1	27.3	27.5	26.6
毛利润（10 亿泰铢）	8.6	8.6	9.5	9.6	9.7	8.6	9.6
毛利率（%）	33.8	34.3	36.4	36.6	35.4	31.2	36.0
净利润（10 亿泰铢）	2.9	3.1	3.3	3.4	3.2	1.9	2.4
净利率（%）	11.6	12.3	12.5	13.2	11.7	7.0	9.1
总资产（10 亿泰铢）	15.2	23.5	24.3	25.9	27.1	26.2	24.4
股东权益（10 亿泰铢）	3.4	18.3	18.0	19.3	19.9	18.5	16.5
杠杆率 D/A	0.77	0.22	0.26	0.25	0.27	0.29	0.32
净资产收益率（%）	85.5	16.7	18.1	17.8	16.0	10.4	14.7
资产回报率（%）	19.3	13.1	13.4	13.3	11.7	7.4	9.9

资料来源：Osotspa 年报，雅虎金融。

如图 23-5 所示，Osotspa 的毛利率常年保持在 31% ～ 37%，2022 年，受全球通胀的影响，原料成本上涨了约 4%，导致利润率下滑 4%。2023 年，在全球供应链处于相对稳定状态之下，Osotspa 的毛利率随之回升至 36%，净利率也达到了 9.1%。Osotspa 在供应链方面的深度布局也让它享受到了一定的毛利保障，但随着泰国市场的逐渐成熟和市场上各种产品的相对饱和，Osotspa 的长期净利率从疫情前的 12.5% 下降至 2023 年的 9.1%。

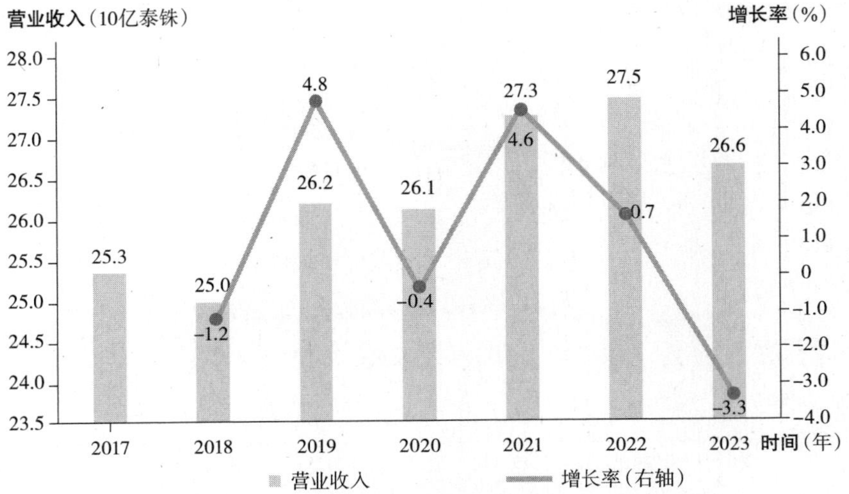

图 23-4　Osotspa 的营业收入及增长率情况（2017—2023）

资料来源：Osotspa 年报，内容由弘章投资研究整理。

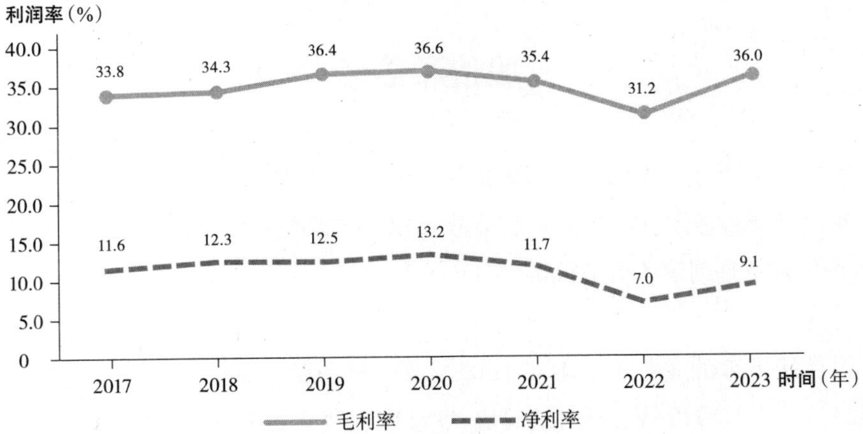

图 23-5　Osotspa 的利润率情况（2017—2023）

资料来源：Osotspa 年报，内容由弘章投资研究整理。

近年来，Osotspa 在逐步完善自己的销售策略，不仅在产品上不断丰富饮料品类，还在积极拓展泰国以外的海外市场。所以我们看到，分销费用在营业收入中的占比从 7 年前的 13.4% 增长至 2023 年的 17.4%（见图 23-6）。Osotspa 也在通过增加分销费用的方式，来实现营业收入的快速增长。

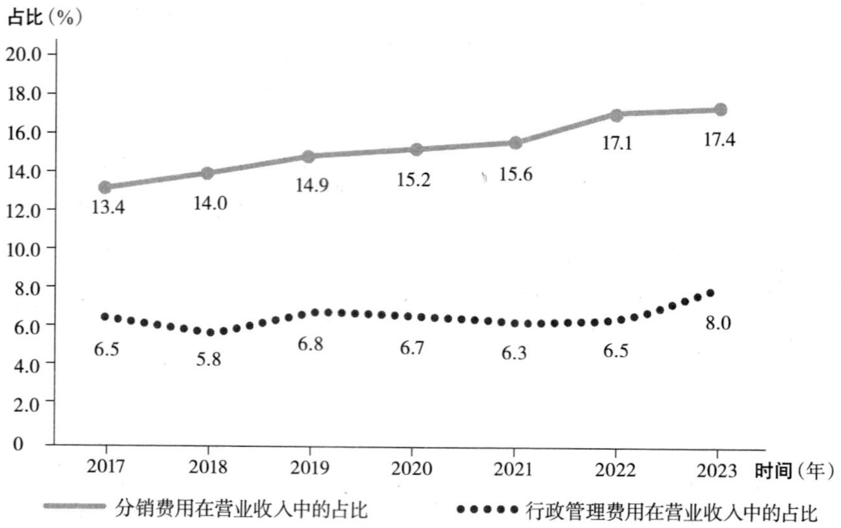

图 23-6 Osotspa 分销费用和行政管理费用在营业收入中的占比情况（2017—2023）

资料来源：Osotspa 年报，内容由弘章投资研究整理。

股价和估值

如图 23-7 所示，Osotspa 的股价在 2020 年上半年迎来了历史高点，这是因为，2019 年年报显示，Osotspa 的营业收入和利润实现了双增长，尤其是营业收入，4.8% 的增长更是创下了历史新高。

但在接下来的 4 年中，Osotspa 的表现一直不佳，在市场竞争和成本压力的双重挤压下，其股价从最高时的每股 45 泰铢下滑至 2024 年初的每股约 20 泰铢。在 2023 年年报中，Osotspa 的营业收入虽然没有增长，但成本端的控制取得了一定成效，这让毛利率增幅超过了 4%，净利率增幅超过了 2%。Osotspa 在营销上持续加大投入，这让市场重拾信心，所以在 2024 年 2 月的时候，股价开始触底反弹。

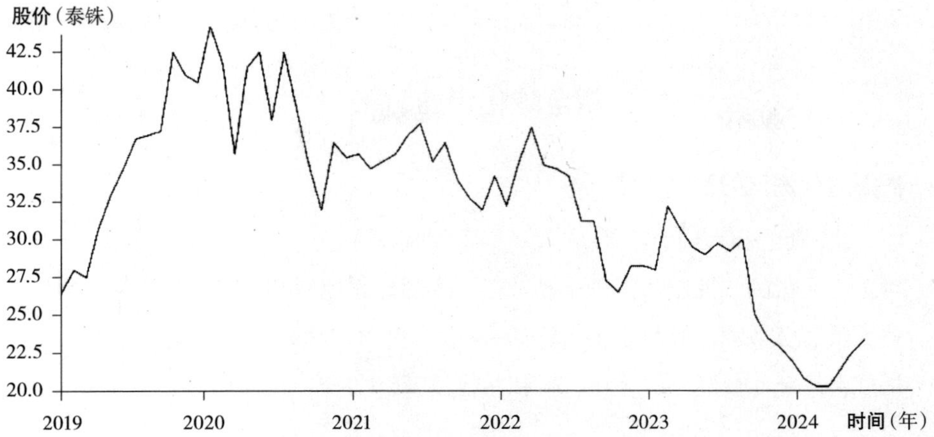

图 23-7　Osotspa 股价走势（2019—2024）

资料来源：雅虎金融。

因为 Osotspa 既有自有品牌，又在泰国市场上拥有合资品牌，还有极为健全的供应链体系，所以市场给它的 PE 估值一直都不算太低（见图 23-8）。然而我们认为，合理的 PE 估值应该在 25 ～ 32 倍之间。2021—2023 年，Osotspa 的 PE 估值过高主要是由其股价持续走低所致。

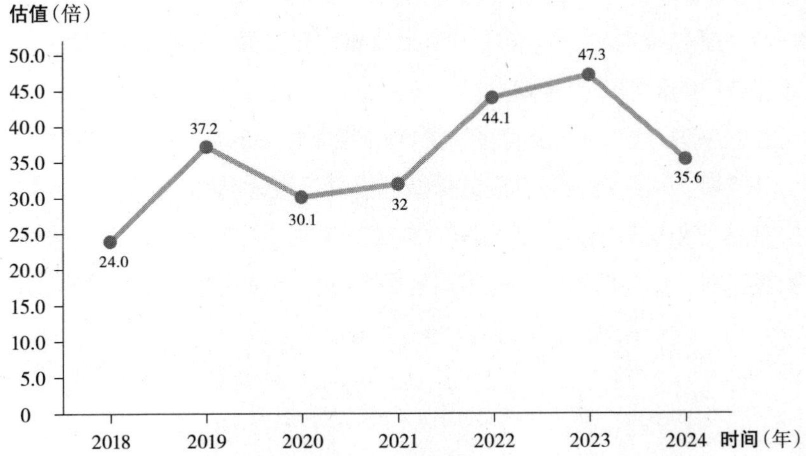

图 23-8　Osotspa 的 PE 估值（2018—2024）

资料来源：雅虎金融，CompaniesMarketCap。

新全球化企业洞察

把握时代潮流的营销定位

20 世纪 80 年代至 90 年代，泰国的制造业迎来飞速发展。当时，蓝领工人人数的快速增长无形中创造了一个对能量饮料有所需求的市场。针对男性工人群体，Osotspa 倡导的奉献、勇气、牺牲精神的营销策略一举成名，让 Osotspa 可以快速将时代红利转化为市场占有率。

供应链的深度布局

从最初的玻璃瓶生产厂到个人护理厂，从饮料工厂到供应链建设，Osotspa 的一系列布局让自己有了成本优势，在快速完善了自有的供应链能力后，也给未来的发展筑起了护城河。

从供应链到饮料品类的多品牌策略：高筑墙、广积粮、缓称王

在有了供应链优势之后，Osotspa 不仅丰富了自有品牌矩阵（如培育了运动饮料品牌），还和日企一同成立了合资公司，这有效地引进了知名品牌，特别是在维生素功能饮料和健康风味饮料方面。这些举措双管齐下，丰富了自己的饮料产品矩阵。

总的来说，Osotspa 成为泰国饮料赛道龙头的成功策略包括以下三点：高筑墙，利用自己的供应链护城河提高了竞争门槛；广积粮，通过孵化自有品牌和引入海外知名品牌的方式来丰富自己的品牌矩阵；缓称王，将能量饮料、运动饮料、功能饮料等多个饮料产品打造成细分赛道冠军。

THE FUTURE
OF GOING GLOBAL

第 24 章

泰国酿酒，东南亚酒精饮料的酿造大师

泰国酿酒是泰国最大的烈酒和啤酒生产商，同时也是东南亚最大的酿酒商之一。其酿酒厂分布于泰国、苏格兰、爱尔兰、中国与法国等地，品牌覆盖新加坡、马来西亚、泰国、缅甸、越南五国市场。它成立于 2003 年，2006 年在新交所上市，2013 年被纳入新加坡海峡时报指数。泰国酿酒现持有新加坡星狮集团大约 28% 的股份，持有越南第一啤酒品牌西贡啤酒 53.59% 的股份。在泰国酿酒的主营业务中，烈酒和啤酒的营业收入占总营业收入的 87%。旗下拥有众多历史悠久的知名品牌，如诞生于 1977 年的朗姆酒品牌 SangSom，以及诞生于 1994 年的象牌啤酒（Chang）等。

发展路径

泰国酿酒最初是一家啤酒制造商。自 2003 年成立以来，它通过并购和整合的方式不断扩大了其业务范围，最终成为泰国最大的饮料和食品制造商之一。

- 2006 年，开始进军烈酒市场，推出了泰国知名的烈酒品牌朗姆酒 SangSom 和湄公酒。
- 2011 年，收购泰国的 Oishi 集团，进一步扩大了自己在饮料市场上的业务范围。
- 2013 年，以 55 亿新元的价格收购了新加坡横跨食品饮料、房地产开发、出版领域的综合企业星狮集团 87.5% 的股权，巩固了其在东南亚地区的市场地位。
- 2015 年，成为泰国股票市场上的龙头企业之一。
- 2017 年，推出绿点（Green Spot）牌的饮料产品；子公司越南酿酒（Vietnam Beverage）以每股 32 万越南盾（约合 91.8 元人民币）的价格，斥资 109.7 万亿越南盾（约合 314 亿元人民币）收购了越南饮料生产商西贡啤酒 53.59% 的股权。
- 2018 年，收购了苏格兰独立酿酒厂罗曼湖。
- 2020 年以来，业绩因新冠疫情受到一定影响，但仍通过收购和整合战略不断扩大了其业务范围，2021 年收入达 85 亿美元。

品牌矩阵的建立

泰国酿酒的业务主要包括 4 部分：烈酒、啤酒、非酒精饮料和食品，其中，啤酒业务又分为泰国市场上的啤酒业务和越南市场的啤酒业务（见图 24-1）。

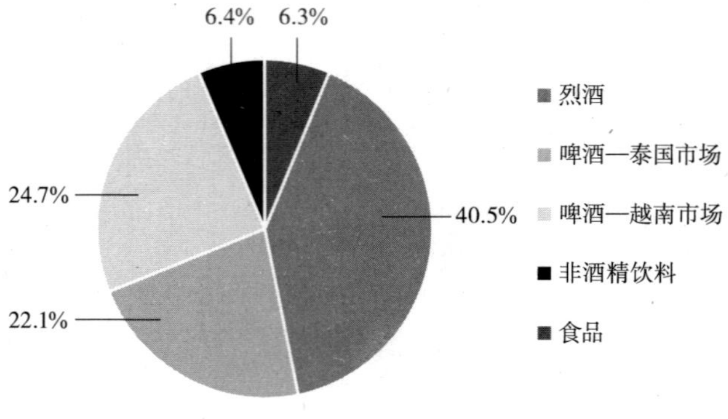

图 24-1 泰国酿酒各项业务占比

资料来源：泰国酿酒年报、官网，内容由弘章投资研究整理。

品牌矩阵主要包括象牌啤酒、Archa、SangSom、湄公酒、Oishi、绿点和星狮等。其中，象牌啤酒、SangSom、Oishi 和星狮是泰国酿酒的主要品牌，分别在啤酒、烈酒、饮料和食品领域拥有领先地位。根据官网和公司年报的信息，泰国酿酒旗下主要品牌如图 24-2、图 24-3 所示。

图 24-2　泰国酿酒的主要酒精品牌矩阵

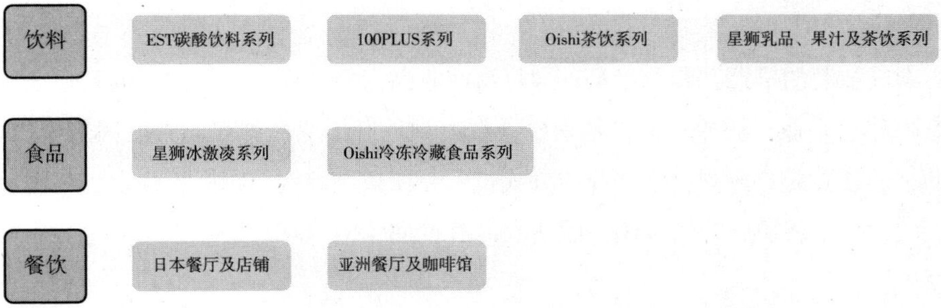

图 24-3　泰国酿酒的主要饮料、食品及餐饮品牌矩阵

资料来源：泰国酿酒年报、官网，内容由弘章投资研究整理。

泰国酿酒最知名的烈酒品牌包括 Ruang Khao、SangSom、湄公酒、Hong Thong 和 Blend 285，以及缅甸酿酒集团（Grand Royal Group）的标志性产品 Grand Royal 威士忌。泰国酿酒的招牌产品象牌啤酒深受泰国啤酒消费者的欢迎，而西贡啤酒的 Bia Saigon 牌啤酒和 333 牌啤酒则是越南最畅销的啤酒品牌。象牌啤酒在泰国市场上的占有率为 46%，处于领先地位。除泰国市场外，象牌啤酒在柬埔寨、老挝、越南等国家也拥有一定的市场份额。旗下的另一款啤酒品牌 Archa 在泰国市场属于二线品牌，占据了 5% 左右的市场份额，这款啤酒主要通过价格策略吸引消费。在烈酒产品线中，一线品牌 SangSom 在泰国占据了 70% 左右的市场份额；二线品牌湄公酒占据了 20% 的市场份额。

在非酒精饮料领域，泰国酿酒的主要产品包括 Oishi 绿茶、EST 可乐和 Crystal 饮用水，以及星狮的气泡饮料和 100PLUS 等饮料。此外，在餐饮板块，泰国酿酒还通过子公司 Oishi 集团经营着日本餐厅以及即煮即食食品业务，在控股这些历史悠久的日本餐厅和食品零售企业之余，泰国酿酒也通过其子公司亚洲食品（Food of Asia）经营着其在泰国的最受欢迎的肯德基授权的特许经营店，以此加快食品业务板块的扩张。Oishi 集团横跨食品、饮料、餐饮板块，其饮料板块在泰国占了 30% 左右的市场份额。通过推出新产品线，该品牌还在不断扩大其市场份额。二线品牌绿点占据了 5% 的市场份额。星狮是泰国酿酒旗下的食品饮料综合性品牌，占据了东南亚 25% 的市场份额，销售业绩在稳步增长。

并购与整合

泰国酿酒的早期并购思路是：通过横向收购与整合泰国、越南以及其他东南亚国家的酿酒企业，快速扩大市场份额，在亚洲地区形成品牌效应并巩固规模效益。后期，通过并购与成立合资企业的方式扩张餐饮板块，从而积极扩张自己在国际市场上的业务，将象牌啤酒和湄公酒两大品牌推向欧洲国家。

- 2006 年，泰国酿酒收购了白虎酒制造商 Sin Surang Karn Sura 公司的蒸馏厂资产，收购了苏格兰英弗霍斯（Inver House Distillers）的所有者 Pacific Spirits UK (PSUK)，收购了 Best Spirits 公司。
- 2007 年，泰国酿酒收购了 United Products 和白熊（White Bear）烈酒的制造商 SPM 食品饮料公司。
- 2008 年，泰国酿酒收购了 Wrangyer Beverage 公司的能量饮料和即饮咖啡业务板块，收购了 Oishi 集团，并出售了 Thai Alcohol Public Company Limited 全部股权。
- 2009 年，泰国酿酒收购了中国白酒酿造厂云南玉林泉酒业有限公司。
- 2011 年，泰国酿酒收购了泰国领先的饮料生产商和分销商 Serm

Suk 公司 64.66% 的股份。

- 2013 年，泰国酿酒收购了星狮集团，一举拓展了海外业务，并进一步巩固了其作为该地区领先饮料生产商和分销商的地位。
- 2016 年，泰国酿酒旗下子公司亚洲食品与美心国际有限公司成立了合资公司；同时，成立了 Max Asia 有限公司，在泰国从事烘焙业务。
- 2017 年，泰国酿酒收购了缅甸威士忌市场最大企业缅甸酿酒集团 75% 的股份，收购了缅甸供应链与营销服务有限公司，还在越南收购了当地领先的啤酒生产商西贡啤酒 53.59% 的股份。西贡啤酒旗下拥有“胡志明市牌啤酒”和“333 牌啤酒”两个品牌以及多条产品线。这次收购使泰国酿酒成为东南亚销量最大的啤酒企业，进一步拓宽了该企业的业务。在餐饮板块，泰国酿酒收购了经营多家火锅店和泰国菜餐厅的亚洲香料有限公司（Spice of Asia）76% 的股份；并于年底从百胜餐饮国际（泰国）有限公司手中接手了肯德基在泰国的 252 家直营分店。
- 2018 年，泰国酿酒收购了苏格兰独立酿酒厂罗曼湖，以拓展国际市场上的业务范围。

泰国酿酒一边在提升各条产品线的市场竞争力和盈利能力，一边在用整合和优化的方式来推动各企业实现协同效应，从而提高整个集团的经济效益。在收购了各子品牌后，泰国酿酒充分保证了被收购企业的独立性及其原有的品牌特色。与此同时，还推出了符合目标市场的新产品系列。

创新口感工艺，推进分销模式

截至 2020 年，泰国酿酒旗下拥有 218 家子公司和联营公司，包括 19 家用于烈酒生产的蒸馏厂、3 家啤酒厂和 21 家非酒精饮料生产设施。除此之外，泰国酿酒还在泰国拥有覆盖了 40 万个销售点的庞大的分销网络。在缅甸，泰国酿酒拥有两家生产厂，生产在该国最畅销的威士忌；在中国，泰国酿酒拥有一家蒸馏厂，用于生产著名的玉林泉中国酒。目前，泰国酿酒的主要市场为东南亚的泰国、越南、缅甸、新加坡和马来西亚五国，客户涵盖商超、便利店、餐厅和酒吧等。

此外，自上市以来，泰国酿酒一直在实施海外扩张战略，目前已在全球90多个国家开展了业务，该战略由全资子公司国际饮料控股有限公司（IBHL）负责。2008年，IBHL在6个国家设立了办事处，并积极向美国、英国、澳大利亚等国家推广象牌啤酒和湄公酒两种产品。此外，IBHL的子公司英弗霍斯在苏格兰酿造的威士忌和其他优质烈酒也被纳入针对欧美市场销售的产品。集团在苏格兰拥有5家生产厂，以生产单一麦芽苏格兰威士忌而闻名，如Balblair、Old Pulteney和Speyburn。

泰国酿酒拥有数量众多的生产基地和庞大的分销网络，可以控制其产品完整的生产和销售。工厂及基础设施分布于各子公司中，这样可以在提升烈酒及啤酒产能的同时最大化降低供应链成本。例如，象牌啤酒由3家均符合国际标准的酿酒厂生产，这3家酿酒厂致力于不断改进生产技术和产品口味，以不断地满足消费者需求。而3家子公司在出口生产、匹配目标市场标准以及本地化方面都具备长足的经验。SangSom牌朗姆酒的两个工厂分别位于那空巴吞府及尖竹汶府，其研发部门负责开发新品类，并控制各品类从原材料的选择到口感和香气测量的整个生产过程，专家利用专业仪器进行严格产品质量控制。Sura Bangyikhan是由泰国工业部收购的位于巴吞他尼府的酿酒厂改建而成，是当时最现代化的烈酒酿造厂，它采用了低能耗技术，使用的是欧洲最新的控制系统，拥有5条数控瓶装生产线装瓶系统。Sura Krating Daeng公司的前身是德国的一个蒸馏塔，它利用糖蜜生产的朗姆酒，被命名为红牛。如今，其酿酒厂及其机械设备不断发展，该公司拥有的5家一级烈酒酿造厂及一座超级Ailopas蒸馏塔，被用于蒸馏96%的优质酒精，生产的产品包括原始配方朗姆酒、麦芽威士忌、谷物威士忌和清酒。

泰国酿酒酿制工艺的不断推陈出新，让其生产的产品不仅能在生产流程上达到当地政策标准，在口味迭代上也能满足消费市场的升级需求。2004年，泰国酿酒推出了适应新一代消费需求的低酒精含量啤酒Archa。他们在供应链上进行了革新，将由泰国酒精有限公司生产的乙醇用于生产汽油醇，并将其作为辛烷值为91号的汽油替代品，以符合政府政策标准。泰国酿酒旗下的Federbrau品牌是泰国唯一采用德国纯度法生产工艺酿造的啤酒，生产中，严格遵守德国纯度法标准，采用优质天然原料，严格把关生产工艺和发酵方法。该产品有纯正的德国啤酒的清淡口味，酒精含量仅为 4.7%，目标消费群体为较年轻的二三十岁消费者。象牌啤酒的旗舰产品历经数次革新，使得每种产品都有明确的定位，如相继推出的草药烈酒和咖啡啤酒，它们试图以新鲜的酒品定义来吸引拥有不同生活方式的消费者。

2010 年，泰国酿酒旗下 Oishi 品牌冷无菌灌装生产线投产后，被用来生产更多种类的非酒精饮料，以此节约成本，提高效率。后续扩建的萨拉布里府大石工厂采用的也是冷无菌灌装生产线和装瓶线，其吹瓶及无菌灌装技术可将瓶子塑造成各种形状和尺寸；同时，泰国酿酒还利用机器人技术提高了生产的速度和流程的标准化，降低了成本。Oishi 推出的气泡绿茶 Chakulza 成为绿茶进入碳酸饮料这一新领域的首次尝试。同年，Balblair 蒸馏厂也投产使用，它通过提高效率和推动流程自动化的方式增加了麦芽威士忌的产量，以应对麦芽威士忌需求的持续增长。2011 年，泰国酿酒建成的 Bituminus 项目使生产链从使用重油转向使用生物质，这有助于企业节能环保，是泰国酿酒在环境合规方面做出的新尝试。

2015 年，泰国酿酒推出了象牌矿泉水，水源来自大城府的天然含水层，中间要经过三级过滤系统净化。而设在素叻他尼府的 Nateechai 工厂安装了一条新的水晶饮用水生产线，以满足南部消费者的需求。2019 年，象牌啤酒推出了 100% 麦芽啤酒，它是用创新的零度以下过滤法生产而来的，充分地展现出了麦芽的口感和香气。与此同时，在产品口感及包装设计上，泰国酿酒同样充分地考虑到了市场本地化特点及品牌的民族形象。比如，西贡啤酒推出的 Bia Lac Viet 就是一款由越南人为越南人开发和酿造的啤酒，其包装设计以象征越南价值观和传统的漆鸟为特色。

泰国酿酒还充分地运用了其并购版图带来的国际化优势，实现了生产与分销的品牌联动。2010 年，泰国酿酒在呵叻府建立的第一个分销中心开始运营，同年，又分别在春武里府和素叻他尼府建立了两个分销中心。在素叻他尼府的分销中心，泰国酿酒引进了泰国首个饮料铁路货运系统，为节省物流成本铺平了道路。同时，扩大了在泰国南部、东北部和北部地区的分销范围。此外，Oishi 集团通过收购的星狮集团将绿茶饮料产品分销到了马来西亚的 7-ELEVEn 便利店中，扩大了市场的覆盖范围。Oishi 集团还在春武里府建设了中央厨房，作为品牌生产和配送中心，该设施是泰国最大的中央厨房，其配备的世界一流的现代化技术，增强了泰国酿酒在餐饮板块的竞争优势。2015 年，星狮集团与雀巢公司续签了许可协议，未来，星狮集团仍可继续在东盟生产和分销 Milkmaid 等产品，直至 2037 年。泰国酿酒还推出了线上平台 Shopteenee，作为方便、快捷、安全地订购和运送饮料、食品和消费品的电子市场，它促进了销售模式的更新迭代。在营销方面，象牌啤酒分别与西班牙巴塞罗那足球俱乐部和皇家马德里足球俱乐部签订了赞助协议，后来，又与巴塞罗那足球俱乐部续签了赞助合同，成为巴塞罗那足球俱乐部在东南亚地区的官方合作伙伴。

市场及政策趋势分析

据市场研究机构的数据显示，2019 年，泰国烈酒市场的销售额达到了 33.5 亿美元，预计 2024 年将达到 38.9 亿美元。消费者的品牌认知和对饮酒文化的态度是泰国烈酒市场上各品牌能否获得一席之地的重要影响因素。对于泰国人而言，他们偏好的是白兰地和威士忌等高端烈酒；在节日庆祝和家庭聚会等场合，他们也会选择烈酒作为饮品。烈酒市场的消费者主要是中产阶级和高端消费者，他们对品质和口感有较高的要求，支付高价购买高端烈酒的意愿较高，在购买烈酒时，也注重品牌和包装。

烈酒市场上，主要商家为泰国酿酒、Diageo、Bacardi 等；泰国酿酒作为烈酒市场的领军企业，它在泰国市场的份额超过了 50%。2025 年，亚太地区烈酒市场的规模预计将达到 3 330.13 亿美元，2020—2025 年，预期中的年均复合增长率将在 5% 以上。在过去的十多年里，亚洲烈酒行业的崛起主要是由于亚洲消费者对民族高端、超高端和风味烈酒（包括手工烈酒）的需求不断增长。此外，由于收入水平的不断提高，在家庭酒吧和酒馆消费酒精饮料的支出增加，烈酒行业的产值和销量均经历了几轮快速扩张。

泰国的啤酒市场已经形成了垄断格局。2019 年，啤酒市场总销售额达到了 45.2 亿美元，预计 2024 年将达到 49.8 亿美元。泰国本地人对啤酒的偏好十分明显，特别是年轻一代消费群体，他们偏好淡啤酒，在炎热的天气中，他们更愿意选择啤酒作为饮品。大众消费者对品质和口感有一定的要求，但价格是选择啤酒时的主要考虑因素。在泰国当地，广为人知的是胜狮牌（SINGHA）啤酒或象牌啤酒，这两个品牌的母公司几乎垄断了泰国 90% 以上的啤酒市场。为吸引新客户，这两个品牌一直在不断创新迭代，推出了多元化的高端啤酒及超高端啤酒品类，也正因此，市场规模在不断扩大。

目前，泰国超高端啤酒的市场份额不到 1%，但随着新一代消费者尝试新事物的消费意愿不断增强，超高端啤酒的市场份额预计将迅速上升。亚太地区消费者对低酒精饮料的需求逐渐增加，无酒精和低酒精啤酒的销售量也随之增加，注重健康的消费者对啤酒的兴趣日益浓厚，也正因此，出现了众多口味独特的新产品，以供消费者选择。值得一提的是，低醇啤酒的酒精含量为 2.8% 甚至更低，其价格低于高醇啤酒。相比之下，精酿啤酒和其他价格更低的酒精饮料的需求量将会增加。中国、新加坡、澳大利亚和印度等发展中国家的情况尤其如此。

在泰国酿酒的另一个主要市场——人口约 1 亿的越南，尽管中低收入群体仍挣扎在温饱线上，但据统计，越南竟然是东南亚地区啤酒消费最多的国家，15 岁以上人口中有近 40% 的人喝酒，尽管法定饮酒年龄为 18 岁，但在 14 ～ 17 岁的青少年中，超过 30% 的人已经饮酒。在啤酒消费群体中，18 ～ 21 岁的年轻人占比超过了 50%。

2020 年以来，在疫情影响下，泰国酒类市场销量大幅下滑。相比于中小型经营者，资金实力较弱的大型酒企，尤其是主攻小众消费如精酿啤酒市场的大型酒企，其对市场规模的预期终将落空。如果对酒精饮料市场进行细分，泰国国内销售占 90%，进口占 10%。后者的市场规模为 600 亿～ 700 亿泰铢，受损最为严重，损失超过一半。面对如此形势，主要精酿啤酒经营者纷纷减少了库存，以缓解销售下滑带来的压力。这种情况在长假期间尤为明显。曾经售价超过 100 泰铢的外来精酿啤酒，疫情期间的售价仅为 40 ～ 60 泰铢。不过疫情之后，随着消费行业的恢复和入境旅游的复苏，泰国酒精饮料市场或将得以重振。

2022 年，泰国开始实施新的酒业法规。按照规定，泰国国货税厅将会对 2017 版消费税法案第 153 条有关酒类许可证申请的流程和条款进行修改，从而降低小企业的准入门槛。根据原来的规定，要想获得酿酒许可证，啤酒厂的最低资本金必须达到 1 000 万泰铢（合 28.6 万美元），啤酒年产量必须在 10 万～ 100 万升之间，而新规定取消了这两项要求，意在促进市场多元化发展，打破泰国酒业垄断格局。但泰国酒业新规的开放程度仍然不高，其中仍保留了不少限制性规定，例如精酿啤酒不能进入零售市场。业内人士认为，泰国酿酒等市场巨头的利益并不会因此受到损害。

财务分析

如表 24–1、图 24–4 所示，2020 年受疫情影响，泰国酿酒的营业收入降幅明显，2022 年销量复苏，营业收入大幅上升。但毛利润和净利润在 2018—2022 年维持了较平稳的增长趋势，尤其是净利润，增长幅度较大（见图 24–5）。整体来看，泰国酿酒的财务指标保持了稳健发展的趋势，净资产收益率和资产回报率也呈现出上升趋势。

表 24–1　泰国酿酒财务指标概况（2018—2022）

财务指标	2018 年	2019 年	2020 年	2021 年	2022 年
营业收入（百万泰铢）	229 695.0	267 357.0	253 481.0	240 543.0	272 359.0
毛利润（百万泰铢）	66 841.2	32 507.0	34 559.0	33 782.0	38 583.0
毛利率（%）	29.1	33.4	29.7	29.9	29.7
净利润（百万泰铢）	18 530.0	23 272.0	22 752.0	24 645.0	30 106.0
净利率（%）	8.1	8.7	9.0	10.2	11.1
总资产（百万泰铢）	297 824.0	412 580.0	420 550.0	453 052.0	490 190.0
股东权益（百万泰铢）	124 963.0	118 405.0	129 198.0	156 780.0	188 356.0
杠杆率 D/A	0.58	0.71	0.69	0.65	0.62
净资产收益率（%）	14.8	19.7	17.6	15.7	16.0
资产回报率（%）	6.22	5.64	5.41	5.44	6.14

资料来源：泰国酿酒年报，雅虎金融。

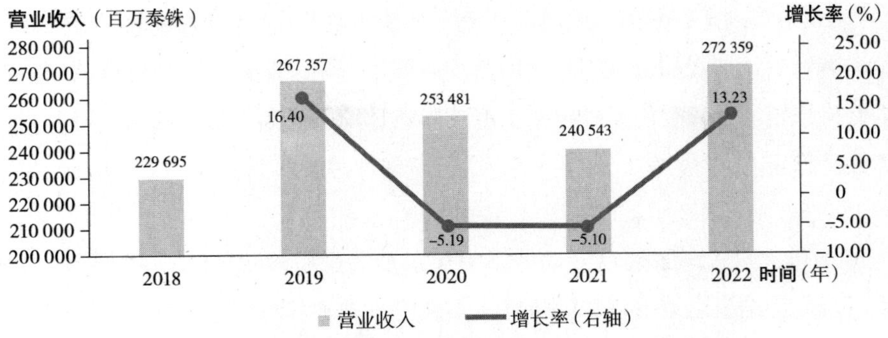

图 24-4　泰国酿酒营业收入及增长率情况（2018—2022）

资料来源：泰国酿酒年报，内容由弘章投资研究整理。

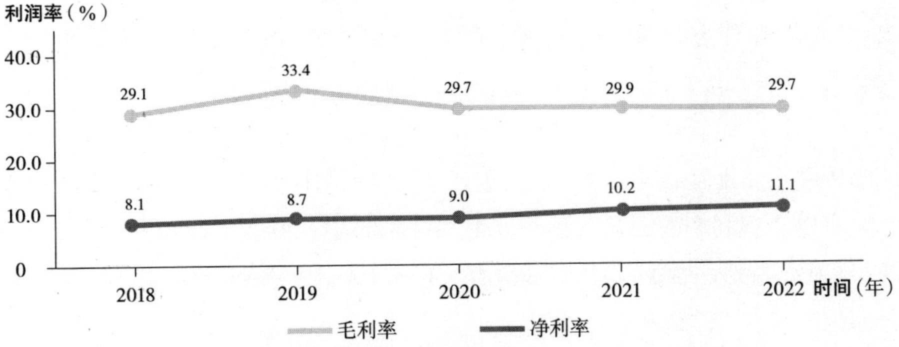

图 24-5　泰国酿酒利润率情况（2018—2022）

资料来源：泰国酿酒年报，内容由弘章投资研究整理。

2018—2022 年，泰国酿酒的管理费用占比始终维持在 30% 左右，2020—2022 年，受疫情及疫情后销售复苏的影响，销售费用占比略有增加（见图 24-6）。

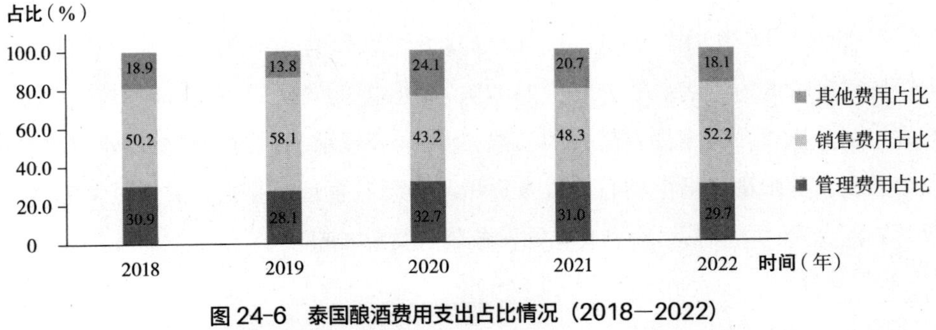

图 24-6　泰国酿酒费用支出占比情况（2018—2022）

资料来源：泰国酿酒年报，内容由弘章投资研究整理。

自 2021 年以来，泰国国内的通胀上升和缺乏政府支持的情况抑制了烈酒销量。泰国酿酒针对消费者居家饮酒行为的改变调整了行销策略，这才使总体的销售业绩得以保持稳定。尽管受原材料价格上涨的影响，商品成本出现了波动，但毛利率仍基本保持稳定。

2022 年之后，随着经济活动的正常化以及大量境外游客的到来，泰国酿酒抓住了新冠疫情结束后消费复苏的机会，实现了收入和利润的增长。

2022 年，泰国酿酒营业收入增长了 13.23%，达到 2 723.59 亿泰铢。净利润同比增长了约 22.2%，达到 301.06 亿泰铢。2022 年的末期股息为每股 0.45 泰铢。2022 年的总股息为每股 0.60 泰铢，高于上一财年。啤酒和食品细分市场表现优异。

随着酒吧和夜总会等交易渠道的重新开放，平均售价较高的棕色烈酒的销量增加，这有助于利润率的提升，受益于此，烈酒部门在 2022 年第四季度的营业收入增长了 9.0%。2020—2021 年，泰国酿酒的 EBITDA 的利润率较 2019 财年有所提高，部分原因是减少了广告和促销费用。

在疫情期间，泰国酿酒加强自身零售网络建设和提高分销渠道覆盖率的长期努力取得了显著成效。泰国酿酒的分销网络遍布在全国各地，作为其主要销售渠道的传统零售商（尤其是在农村地区）在支持酒类非现场销售场景的恢复方面发挥了重要作用。

尽管 2021 年的 EBITDA 较低，但得益于其强大的本地化运营能力，EBITDA 仍保持在疫情前的健康水平（见图 24–7），这得益于产品价格的上涨、泰国酿酒内部成本的分摊以及效率提升带来的收益。图 24–8 展示了烈酒、啤酒、非酒精饮料和食品在泰国酿酒市场上的营业收入贡献。烈酒一直是营业收入贡献最多的品类，啤酒紧随其后，非酒精饮料和食品的营业收入贡献相对较少。

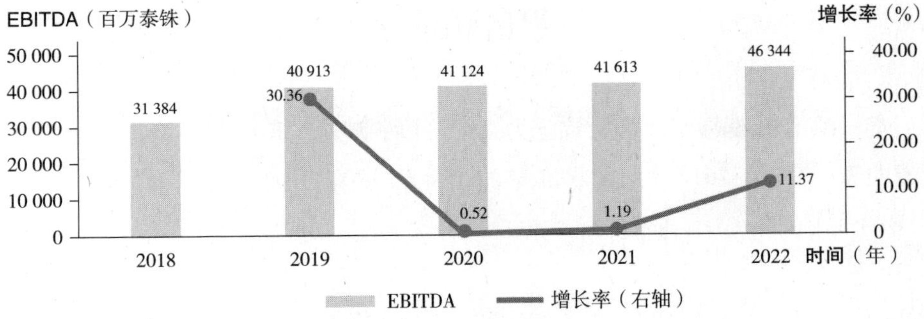

图 24-7　泰国酿酒的 EBITDA 情况（2018—2022）

资料来源：泰国酿酒年报，内容由弘章投资研究整理。

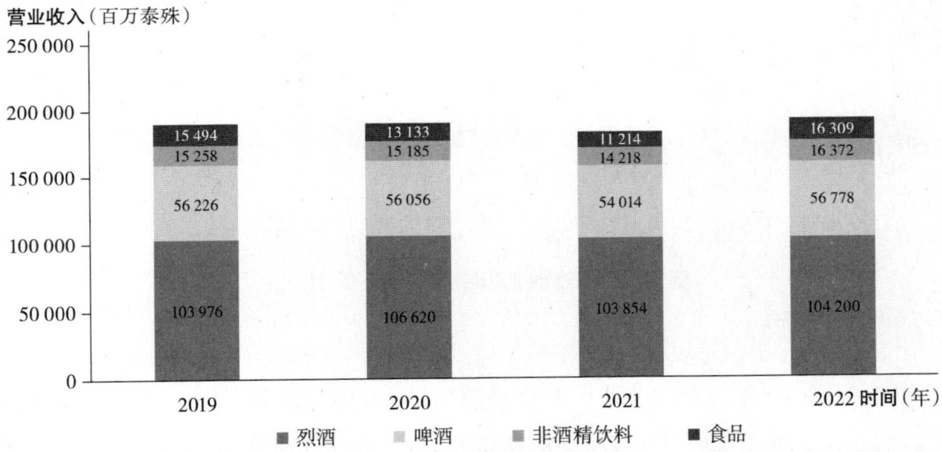

图 24-8　泰国酿酒市场上的各板块在营业收入中的贡献情况（2019—2022，不包括越南市场）

资料来源：泰国酿酒年报，内容由弘章投资研究整理。

2022 年上半年实施的平均售价上调策略和糖蜜成本的降低抵消了上升的运营成本，国际烈酒收入同比增长了 7%，其中，缅甸创纪录的收入约占泰国酿酒烈酒总收入的 8%，利润率上保持了稳定。管理层认为，泰国酿酒针对白酒产品的调价策略，以及棕色和白色烈酒之间的产品组合策略或将发挥作用。

2023 年以来，酿酒作物产量预计同比增长了 15% ～ 20%，而糖蜜作物价格较低，这会令价格和原材料成本保持稳定。在分销成本方面，泰国酿酒可能会继续加大投入，集团品牌建设营销活动预计会持续增加，从而刺激消费，占领更多市场份额。

股价和估值

泰国酿酒的股价变动可大致分为 3 个阶段。2014—2017 年，泰国酿酒的股价增幅明显。其中，2014 年底的股价为 0.65 新元，2017 年底为 0.92 新元，涨幅约为 32.3%（见图 24-9）。

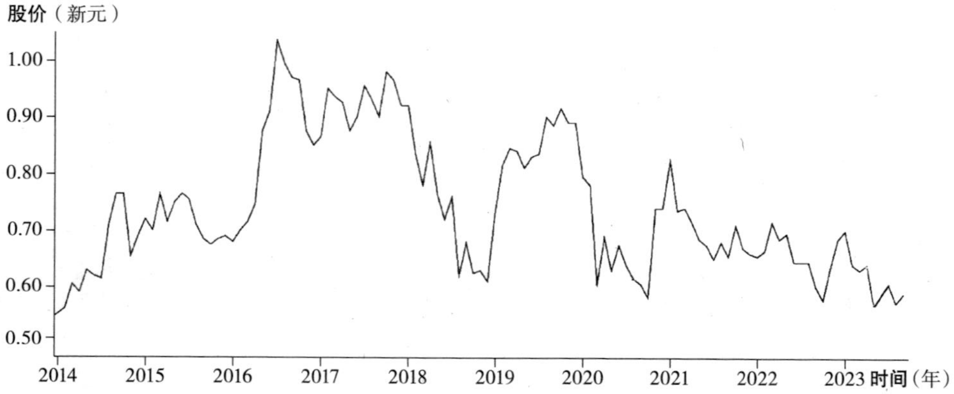

图 24-9 泰国酿酒股价走势（2014—2023）

资料来源：雅虎金融。

2018—2019 年，泰国酿酒的股价呈现出较大的波动。导致这一期间股价出现下跌的原因，除了市场对贸易战的担忧以及全球经济增长放缓等因素外，最根本的原因是泰国酿酒业务基本面的暂时恶化：兼并活动导致债务剧增、现金流变少；现有业务的恶化导致净利润减少，这些都让投资者在情绪上受到挫折而抛售股票。而 2019 年的股价回弹，是因为投资者相信泰国酿酒 2018 年的兼并动作是成功的，并且他们看到了市场消费在恢复，这会带来业务上更迅速、更健康的改良和扩张。与此同时，各大机构的推荐买入也持续地推高了泰国酿酒的股价。

2020—2023 年，泰国酿酒的股价呈现出较为平稳的走势，且波动较小。这段时间内，泰国酿酒受到疫情的影响，营业收入和净利润均有所下降，但泰国酿酒通过收购西贡啤酒等企业扩大了业务规模。

近年来，泰国酿酒的 PE 估值呈现出较大的波动，尤其是 2019 年以来，呈现出了不断下降的趋势。其中，2019 年的 PE 估值最高，为 20.4 倍；2022 年底，PE 估值下降至 14.8 倍，这与市场情绪波动有较大关系。而 PS 估值则较为稳定，始终保持在 1.7 倍左右（见图 24-10）。

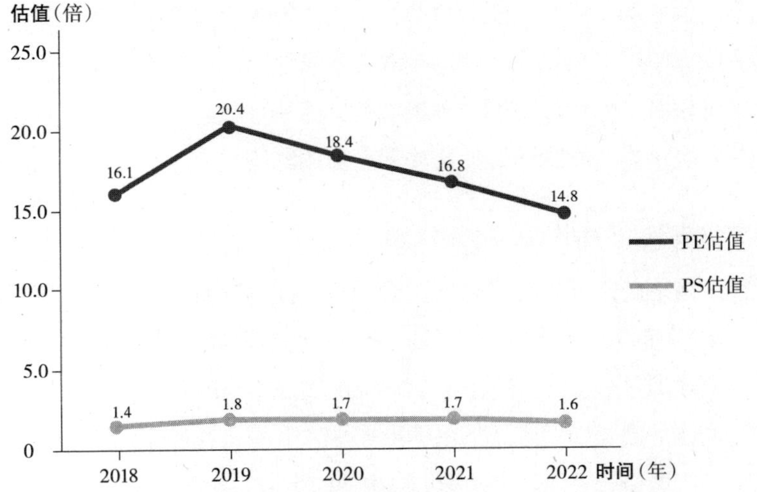

图 24-10　泰国酿酒的 PE 估值和 PS 估值（2018—2022）

资料来源：雅虎金融，Companies Market Cap。

THE FUTURE OF GOING GLOBAL

新全球化企业洞察

多元化的品牌及业务版图

早在 1988 年，拥有一家酿酒厂的苏旭明（泰国酿酒创始人）就敏锐地意识到，酒饮市场的偏好会从低价转型到高端，所以，他通过并购当时已具有相当规模的红牛酿酒厂完善了酒类品种，打通了市场供应链，朝着高端市场迈进。1993 年，他与泰国农民银行及丹麦嘉士伯啤酒合作，在泰国生产嘉士伯啤酒，该产品很快就占据了泰国啤酒市场 30% 以上的份额，这对此前一直占据市场主导地位的泰国本土品牌胜狮和 Amarit Lion 构成了挑战。此后，泰国酿酒持续通过收并购的方式来扩张业务版图，2015 年，收购的越南西贡啤酒使它在酒饮板块迅速占领了越南市场。

泰国酿酒通过多元化产品线来满足消费市场需求的更新迭代，每一系列新产品组合的定位都很明确，如创新推出的草药烈酒、咖啤，都迎合了酒类饮用群体的口感更新需求；维生素 C 系列饮料及低糖茶饮则主要是满足重视健康饮食的消费者的需求。多样化的产品组合不仅使泰国酿酒能够在不同的市场中获得更多的机会，同时也最大化地降低了市场波动对泰国酿酒的影响。疫情期间，啤酒板块由于餐饮场所现场饮用场景的大幅缩减而销量锐减，好在旗下的烈酒板块及健康茶饮板块起到了对冲作用，缓冲了单品类销量对泰国酿酒经营性现金流的影响。

完善的供应链、分销体系及营销方式

在注重生产工艺的酿酒领域，泰国酿酒拥有数量众多、设备完善的酿酒厂。他们在不断更新酿制工艺，诸多产品均获得了国际酒类奖项。同时，他们也重视在生产链源头，如汽油醇的生产等方面控制品质及成本，这不仅使旗下酒类口感纯正的品牌形象深入人心，也使泰国酿酒完整地掌控了生产价值链的各个环节，紧跟市场需求。

在分销上，泰国酿酒不仅关注地域分布是否合理，也会兼顾线上线下销售渠道与消费场景的运用及开发。比如，泰国酿酒在泰国有多个分销中心，他们建立了自己的饮料铁路货运系统以及作为配送中心的中央厨房，力求不断扩大泰国南部、东北部和北部地区的分销覆盖范围。在马来西亚，泰国酿酒准许便利店的加盟。在东盟，泰国酿酒与雀巢公司续签了生产和分销协议。除此之外，泰国酿酒还借助网上平台 Shopteenee 打通了电商渠道。完备的物流基础设施以及多样化的分销手段促使泰国酿酒能在成本端打出优势并在销售端维持稳定增长的趋势。今天，面对全球经营环境动荡以及商品、能源和运营成本上升等方面的挑战，泰国酿酒不断加强分销网络建设，尤其重视强化泰国当地的小型零售分销网络，继续与这些零售商合作，并将数字化应用嵌入了分销和客户管理流程，完善了客户数据管理，加强了洞察消费者行为、提高生产资源分配效率的能力。

同时，泰国酿酒还通过积极的品牌营销、举办联名活动以及执行本地化战略来提高品牌知名度。泰国酿酒在泰国市场举办了 Chang Music Connection 活动，以吸引年轻消费者；在缅甸市场推出了本地化风味白酒 Grand Royal；在越南市场推出了极具民族传统特色的漆鸟品牌包装。与知名足球俱乐部建立合作伙伴关系的营销形式不仅对品牌形象与知名度起到了正向作用，也扩大了产品应用场景的广度。

出口市场或成解决本国产能及扩张海外市场的可行路径

2020 年疫情暴发以来，泰国酒精饮料市场的规模每年缩小接近 20%，两年间，市场规模蒸发了逾千亿泰铢。疫情风险解除后，政府方面放开了部分饮酒限制，这为酒精饮料市场的复苏释放了积极的信号。但是，并不排除禁酒令重启的可能性；另外，泰国本身就是世界上人均酒精消费量最高的国家之一，酒饮市场已渐趋饱和。目前，泰国酒精饮料出口的主要目的地为缅甸、阿联酋、柬埔寨、英国和以色列，缅甸是酒精饮料出口规模增长最快的市场。酒业出口在其他国家及地区仍有较大的增长潜力。以日本米酒市场为例，其品牌数量成百上千。其中，90% 的品牌都出口到了国外，帮助国家创收的外汇不断增加。而泰国作为农业大国，在酒精饮料供应链方面具有天然优势，酒业出口不仅能改善粮食产能过剩问题，对于垄断泰国本土市场的酒业巨头如泰国酿酒而言，也能寻找到市场扩张的解决方案。

第25章

SPAR南非，跨国零售的南非典范

1932年，国际零售巨头SPAR国际成立于荷兰。经过多年的发展，2022年，SPAR国际全球营业收入为435亿欧元，同比增长了5.6%。2018—2022年，SPAR国际营业收入的年均复合增长率约为5.2%。截至2022年，SPAR国际的业务广泛分布在全球48个国家及地区中，门店数量约为14 000家，全球员工数超过46万人，营业面积达760万平方米，共有258座配送中心。

本章重点介绍的是在南非约翰内斯堡证券交易所（JSE）上市的SPAR南非。SPAR南非主要在南非、博茨瓦纳、莫桑比克、纳米比亚、斯里兰卡、爱尔兰、英格兰、波兰以及瑞士等地经营零售批发业务，门店数量超过4 500家。经营的业务涉及烘焙、家居、杂货、肉类、包装食品、酒水等品类，此外还提供货币兑换，电费及公交费缴纳等服务，旗下经营着SPAR、KWIKSPAR、SUPERSPAR、SPAR Express、EUROSPAR等多个连锁品牌，店面类型涵盖杂货铺、社区及乡村超市、药店和酒水零售门店等。

发展路径

1932年，SPAR国际成立于荷兰。创始人亚德里安·范·威尔（Adriaan Van Well）是一位富有远见卓识的荷兰批发商。他认为，无论是个体批发商，还是零售商，联合起来肯定要比单打独斗来得更好，这条简单有力的经营哲学鼓舞了他。20世纪30年代早期，正值国外大品牌连锁超市在欧洲大肆扩张之际。作为反击，1932年，SPAR国际以DESPAR的名字面世。在随后的30年里，SPAR国际在荷兰得到了发展。20世纪40年代末，它正式更名为SPAR国际。

20世纪40年代至60年代，SPAR国际陆续进入比利时、德国、丹麦、奥地利、法国、英国、西班牙等欧洲国家。进入70年代以后，SPAR国际除了继续深耕希腊、爱尔兰等欧洲市场外，也开始进军南非、津巴布韦等新兴市场，1977年进入日本市场。进入21世纪以后，SPAR国际加快了在新市场拓展的步伐。

就在SPAR国际在欧洲快速发展时，20世纪60年代，连锁杂货业态在南非市场迎来了快速发展。1963年，一个由8家批发商组成的集团获得了SPAR国际的独家授权，可以以该品牌为名在南非市场深耕，它就是本章的主角SPAR南非。随后，SPAR南非迎来了高速发展。如今，SPAR南非已经拥有8个配送中心（其中一个主做建材供应链，一个主做药品供应链），可以支持南非地区超2 500家门店的日常运营。

至今，绝大多数的SPAR门店都是由独立的零售商拥有并运营的，类似加盟模式，加盟者开展经营活动时需要遵守SPAR国际的品牌标准，并使用SPAR国际的采购及物流运输体系。

南非是SPAR的第一个欧洲以外的市场

1963年，SPAR南非成立于开普敦，由8家批发商组成，服务于500个小型零售商。

1975 年，新品牌 Save Mor 成立，主攻更在意性价比的乡村地区。1985 年，SPAR 南非推出新品牌 Build it，主攻建材市场。同年，SPAR 南非的零售业务收入首次达到 20 亿南非兰特。1998 年，SPAR 南非推出新品牌 SUPERSPAR 这一大型超市业态，进一步丰富了其线下业务布局。2000 年，SPAR 南非收入首次突破 100 亿南非兰特，并于同年推出了 TOPS at SPAR 酒水业态。

2004 年，SPAR 南非正式上市。2011 年，SPAR 南非继续推出了 SPAR 药店和 SPAR Express 品牌，前者切入了药店专卖市场，后者瞄准的是便利店模式。

2014 年，SPAR 南非开始加速外延式并购布局，先后于 2014 年、2016 年、2017 年和 2020 年并购了部分英格兰、瑞士、斯里兰卡和波兰市场上的业务。

SPAR 南非的门店网络布局

截至 2023 年 9 月，SPAR 南非共有门店 4 579 家，较 2022 年 9 月增加了 79 家，门店数增速约为 1.8%。SPAR 南非在非洲南部四国（南非、博茨瓦纳、莫桑比克、纳米比亚）共有门店 2 523 家，同比净增加了 14 家，增速约为 0.6%。在爱尔兰及西南英格兰地区共有门店 1 485 家，同比净增加了 46 家，增速约为 3.2%。在瑞士有门店 363 家，同比减少了 9 家。在波兰有门店 208 家，同比净增加了 28 家。

业务介绍

非洲南部四国是 SPAR 南非的核心市场，2023 年，SPAR 在非洲南部四国的营业收入占总营业收入的 60% 以上。如果按照子品牌拆分，2023 年 SUPERSPAR、SPAR、KWIKSPAR 三大子品牌的门店数合计为 926 家，2020—2022 年，上述品牌的总门店数分别为 918 家、908 家、921 家，整体规模相对稳定。

- SUPERSPAR 品牌的门店经营面积多在 1 300 平方米以上，主要服务城市中心和城镇社区居民，门店经营的日常消费品种类丰富，可以充分满足消费者的日常需求。其中，生鲜占比较高。除此之外，门店里也为消费者提供各种烘焙产品、咖啡产品及场景服务。

- SPAR 品牌的门店经营面积多在 700 平方米以上，它的定位是社区及乡村超市，主打性价比，品类布局较为广泛。
- KWIKSPAR 品牌的门店经营面积多在 300 ～ 700 平方米，它的定位也是社区及乡村超市，只是规模更小。

2023 年，SPAR Express 品牌门店数为 82 家，2020—2022 年，SPAR Express 的门店数分别为 57 家、71 家、75 家，规模不大，但始终保持增长态势。它类似 24 小时便利店模式，主要位于客流量较大的交通枢纽处，如加油站、机场、公交车站、火车站等，营业面积通常在 100 ～ 300 平方米。

2023 年，TOPS at SPAR 品牌的门店数为 896 家，2020—2022 年，TOPS at SPAR 的门店数分别为 842 家、852 家、879 家。平均门店经营面积约为 175 平方米，它是专门经营酒类的零售门店，经营全品类酒水，多在 SPAR 其他子品牌周边选址。

2023 年，Save Mor 品牌的门店数为 94 家，2020—2022 年，Save Mor 的门店数分别为 73 家、88 家、85 家。门店经营面积多在 400 ～ 1 000 平方米，定位是社区及乡村市场，注重性价比及折扣。

2023 年，Build it 品牌的门店数为 400 家，2020—2022 年，Build it 门店数分别为 392 家、384 家、404 家。它是一家专门经营建材的连锁门店，面向的消费者以中低收入群体为主。

2023 年，SPAR 药房品牌的门店数为 125 家，2020—2022 年，SPAR 药房的门店数分别为 132 家、137 家、145 家。它是一家专门经营药房的连锁店，多在 SPAR 南非其他子品牌周边选址。值得注意的是，除了药房连锁品牌以外，其他子品牌只在南非一国布局，而药房连锁则主要集中在博茨瓦纳、莫桑比克、纳米比亚三国。

从财务角度来看，2023 年，SPAR 南非在非洲南部四国的营业收入约为 926 亿南非兰特，经营利润率约为 1.3%，税前利润约为 9.42 亿南非兰特。

财务分析

如表 25-1、图 25-1 所示，2014 年之后，SPAR 南非加快了外延式并购的发展步伐，因此在个别年份出现了营业收入快速增长的情况。整体来看，随着 SPAR 南非在非洲南部市场的门店密度不断提高，SPAR 南非进入了一个相对成熟的发展阶段，这一时期，门店规模虽保持了正增长，但增速水平较低。

表 25-1 SPAR 南非的财务指标概况（2014—2023）

财务指标	2014 年	2015 年	2016 年	2017 年	2018 年	2019 年	2020 年	2021 年	2022 年	2023 年
营业收入（百万南非兰特）	54 483.0	73 258.8	90 688.5	95 373.1	101 018.0	109 477.1	124 277.4	127 940.5	135 609.1	149 324.3
毛利润（百万南非兰特）	4 497.9	6 366.6	8 407.0	10 209.8	10 793.0	11 659.9	14 779.9	15 359.0	16 299.0	17 945.7
毛利率（%）	8.3	8.7	9.3	10.7	10.7	10.7	11.9	12.0	12.0	12.0
净利润（百万南非兰特）	1 345.0	1 420.9	1 815.0	1 820.6	1 827.2	2 163.4	2 074.7	2 265.5	2 152.0	401.3
净利率（%）	2.5	1.9	2.0	1.9	1.8	2.0	1.7	1.8	1.6	0.3
总资产（百万南非兰特）	17 122.6	19 330.3	27 355.8	28 976.8	31 255.5	34 052.9	52 738.6	52 066.8	57 118.2	61 595.8
股东权益（百万南非兰特）	3 026.5	3 328.4	5 642.9	6 560.4	7 109.8	7 467.3	7 889.7	8 379.1	10 009.1	10 221.6
杠杆率 D/A	082	0.83	0.79	0.77	0.77	0.78	0.85	0.84	0.82	0.83
净资产收益率（%）	44.4	42.7	32.2	27.8	25.7	29.0	26.3	27.0	21.5	3.9
资产回报率（%）	7.9	7.4	6.6	6.3	5.8	6.4	3.9	4.4	3.8	0.7

资料来源：SPAR 南非年报。

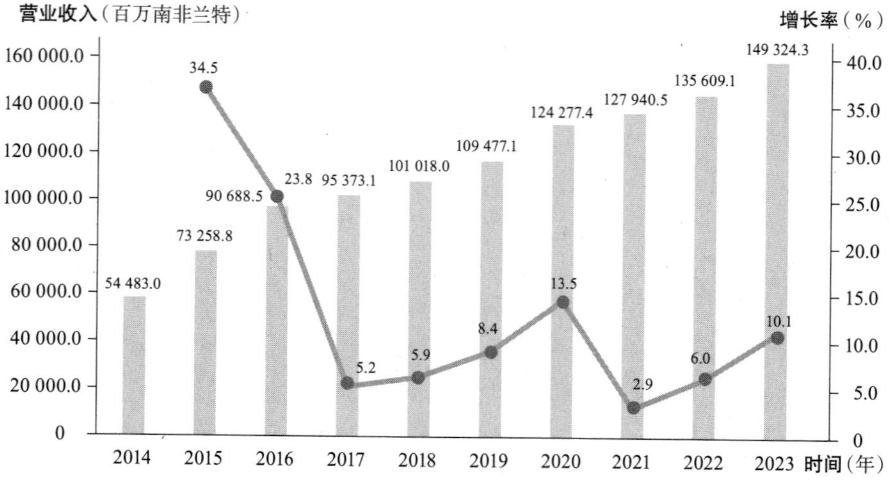

图 25-1 SPAR 南非营业收入情况（2014—2023）

资料来源：SPAR 南非年报，内容由弘章投资研究整理。

不过，我们依然欣喜地看到，过去几年，虽然存在疫情、原材料成本上涨、美联储大幅加息等事件的扰动，但 SPAR 南非在开拓门店数量、规模及营业收入上，依然保持了十分稳健的增长势头，这也从侧面反映出了 SPAR 南非的核心竞争力。

作为连锁零售企业，SPAR 南非的毛利率和净利率水平处于一个相对合理的位置。克制的利润率水平是 SPAR 南非能够为消费者提供高性价比产品的前提，门店规模网络和供应链能力是 SPAR 南非的核心竞争力。

如图 25–2 所示，2023 年，SPAR 南非净利率的下降是由一次性费用的影响导致，而 2023 年的毛利率与 2022 年基本一致。

如前文所述，2023 年，SPAR 南非在非洲南部四国的营业收入占比超过了 60%，为 62%，毛利润占比也高达 49.2%，这里是 SPAR 南非绝对的主要市场（见表 25–2）。与爱尔兰及瑞士等欧洲市场相比，SPAR 南非在非洲南部的毛利率水平较低，导致毛利润占比低于营业收入占比。唯一例外的是波兰市场，该市场的亏损拖累了 SPAR 南非整体的盈利能力。

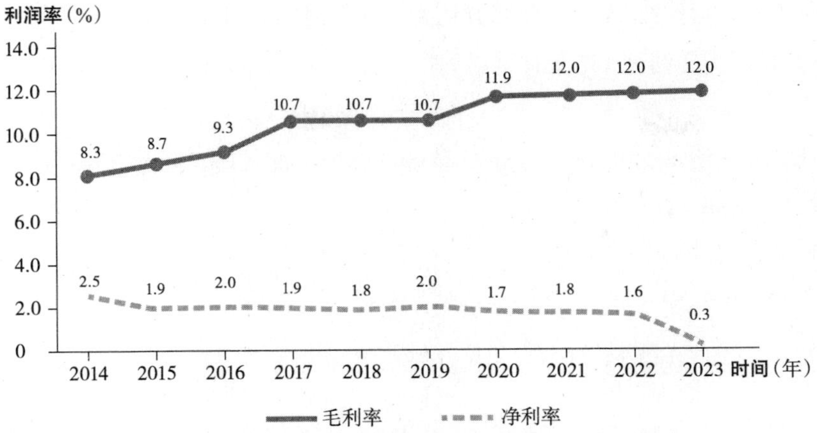

图 25-2　SPAR 南非利润率情况（2014—2023）

资料来源：SPAR 南非年报，内容由弘章投资研究整理。

表 25-2　2023 年 SPAR 南非各市场上的营业收入占比

市场	营业收入占比（%）	毛利润占比（%）
非洲南部	62.0	49.2
爱尔兰	25.5	32.1
瑞士	10.5	15.6
波兰	1.9	3.2

资料来源：SPAR 南非年报，内容由弘章投资研究整理。

如表 25-3 所示，SPAR 南非的各项费用占比情况相对稳定，稳健的盈利水平得益于对各项费用的严格把控。

表 25-3　SPAR 南非主要费用占比情况（2022—2023）

分项	2022 年占比（%）	2023 年占比（%）
仓储物流费用	3.8	3.9
市场营销费用	5.1	5.3
管理费用	2.4	3.3

资料来源：SPAR 南非年报，内容由弘章投资研究整理。

SPAR 南非的资产负债率常年处于 80% 左右（见图 25-3），可以说，处在了一个较高的位置，资产流动比率约为 0.94。以 2023 年为例，SPAR 南非的总资产约为 616 亿南非兰特，其中，应收账款约为 195 亿南非兰特，应付账款约为 178 亿南非兰特，长期租赁约为 133 亿南非兰特。

如图 25–4 所示，SPAR 南非的经营性现金流状况较好，除了 2019 年，经营性现金流与净利润之比持续高于 1。

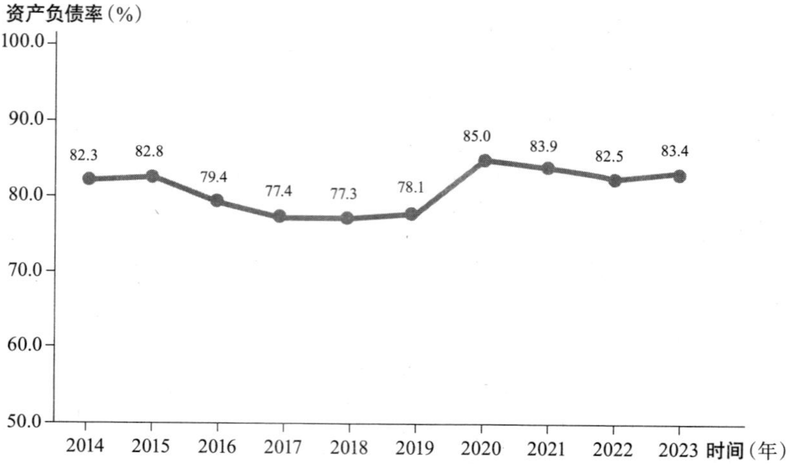

图 25–3 SPAR 南非的资产负债率情况（2014—2023）

资料来源：SPAR 南非年报，内容由弘章投资研究整理。

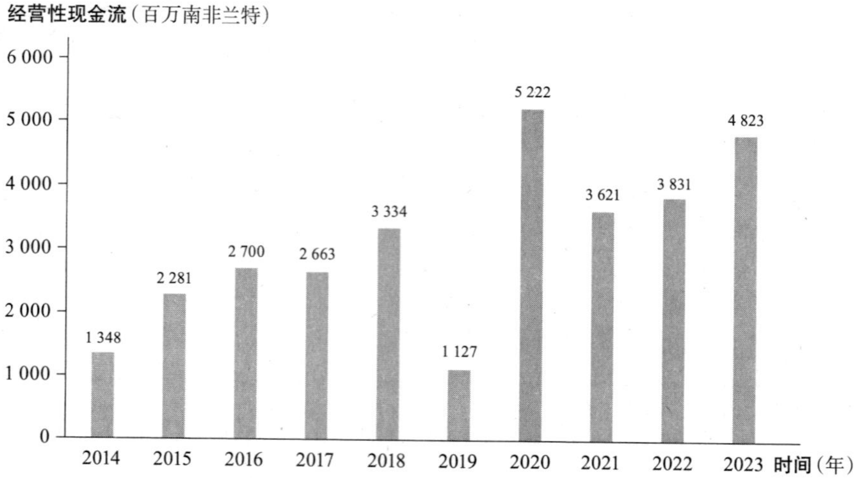

图 25–4 SPAR 南非的经营性现金流情况（2014—2023）

资料来源：SPAR 南非年报，内容由弘章投资研究整理。

股价和估值

SPAR 南非的股价发展可以分为几个阶段。自 2014 年起，SPAR 南非的外延式发展提速，它迅速挤进了瑞士、爱尔兰、波兰等市场，为 SPAR 南非的投资者打开了想象空间，股价随之出现快速上涨。

然而，客观来说，SPAR 南非的非洲南部大本营市场已经进入相对成熟的发展阶段，整体的拓店速度偏慢，SPAR 南非并没有体现出特别强的成长性，给人的感觉是该企业以稳健发展为主，因此，SPAR 南非的股价并未在 2016 年之后出现大幅上涨（见图 25-5）。进入 2022 年以后，随着俄乌冲突、原材料上涨以及美联储加息的影响，SPAR 南非的股价出现了一定的回调。

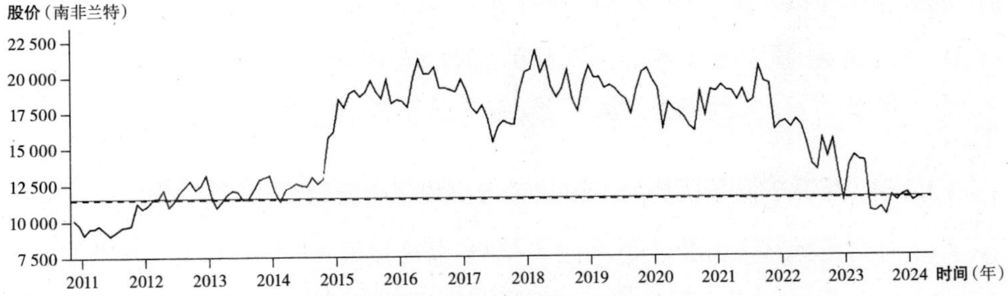

图 25-5 SPAR 南非股价走势（2011—2024）

资料来源：英为财经。

估值层面，根据公开资料，目前 SPAR 南非的市值约为 220 亿南非兰特，按照 2023 财年数据，对应的大约是 0.15 倍 PS 估值和 54.86 倍 PE 估值，根据前文所述，2023 财年，SPAR 南非的净利率低于正常水平，这是因为存在一次性费用的扰动。如果将一次性费用还原回去，SPAR 南非调整后的静态 PE 估值为 11 ～ 12 倍。

无论是从 PS 角度看，还是从 PE 角度看，SPAR 南非的估值都处于一个合理位置，与我国 A 股的零售企业估值水平基本相当。

新全球化企业洞察

非洲南部市场的绝对零售业巨头

相信绝大多数不了解非洲市场的人难以想象，在人均收入水平、基础设施建设等方面相对落后的非洲市场，仅南非一个国家，就有可以容纳批发零售企业开店 2 000 家以上的广阔空间，毫无疑问，这是一个有着巨大机会的新兴市场。

有意思的是，与中国市场各零售赛道的玩家相对独立、也更专业不同，我们看到，今天的非洲市场依然处于头部企业可以横跨超市、便利店、酒水零售店、药房等多赛道布局的阶段，行业的发展还处于一个偏早期的状态，企业依然有新品类、新业态的拓展机会。

更重要的是，我们相信，随着非洲其他国家的经济不断发展，在人口红利的推动下，遥远的非洲大陆上，应该还有很多相似的机会。

门店规模带来的竞争优势为 SPAR 南非提供了十分稳健的经营土壤

作为连锁零售企业，庞大的门店规模背后是极强的规模效应，再叠加上 SPAR 南非的供应链优势，这令 SPAR 南非在过去几年剧烈变动的宏观环境下依然可以保持稳健的经营节奏。以非洲南部四国为例，SPAR 南非的门店规模超过了 2 500 家，且拥有 8 个区域配送中心，超过 4 500 名员工，庞大的门店规模和服务网络是 SPAR 南非的核心竞争力之一，规模效应和供应链优势是 SPAR 南非可以为消费者提供高性价比产品、满足一站式购物需求的前提，也是 SPAR 南非在多变的竞争环境中可以维持稳健增长的关键因素。

此外，作为立足于非洲南部的零售巨头，SPAR 南非自 2014 年起就加快了外延式并购的速度，进入欧洲市场的同时也为 SPAR 南非打开了未来成长的天花板，SPAR 南非在新市场、新渠道、新品类等方面都存在显著的成长空间。但作为零售企业，我们认为，规模及供应链的优势复制需要一定时间的积累，这一过程中，精细化的管理也对跨国企业提出了一个更高的要求。

THE FUTURE
OF GOING GLOBAL

第 26 章

Shoprite，非洲零售的扩张巨擘

Shoprite 成立于 1979 年，总部位于南非，是一家立志以最低价格向顾客提供生活必需品为愿景的零售集团。发展至今，Shoprite 已成为非洲最大的百货零售商，在非洲 15 个国家拥有超过 2 400 家商店，旗下员工超过 14 万人。

发展历程

Shoprite 成立至今，其发展可以分为三个阶段。

阶段一：南非国内扩张

1979 年，Pepkor（当时的公司名为 PEP Stores）从 Rogut 家族收购了一家拥有 8 家门店的小型百货公司后，成立了 Shoprite。彼时，Shoprite 只是 Pepkor 旗下的一

小块业务，估值不到 100 万南非兰特。1986 年，Shoprite 在约翰内斯堡证券交易所上市，市值为 2 900 万南非兰特。彼时，Shoprite 旗下门店共计 33 家，业务覆盖了南非 3 省。

阶段二：进军非洲大陆

1990 年，Shoprite 在纳米比亚开设了首家门店，这意味着这家未来的非洲零售巨头正式走出南非，进军非洲大陆。1995—2000 年，Shoprite 相继进入赞比亚、博茨瓦纳、莫桑比克、津巴布韦及乌干达等市场。

2001 年，Shoprite 进军埃及及马拉维。但碍于埃及当地对零售业的持续限制，2006 年，Shoprite 退出了埃及市场。同年，Shoprite 对旗下品牌重新定位后，令 Shoprite 和 Checkers 各自独立运营，Checkers 聚焦的是中高端市场。

2002 年，Shoprite 通过并购的方式将业务拓展至马达加斯加及坦桑尼亚，同年进入的还有毛里求斯市场。2003 年，Shoprite 进军安哥拉及加纳。2004 年，Shoprite继续自己的扩张步伐，进军印度及斯威士兰。2010年，Shoprite从印度撤资，专注于寻找商品不丰富的西非国家的投资机会。

2005 年，Shoprite 在尼日利亚的首店开在拉各斯市。2005 年，Shoprite 在莱索托的首店开业。今天，我们在纳米比亚、赞比亚等非洲 17 个国家以及印度市场上均可见到 Shoprite 旗下品牌零售门店的身影。

阶段三：成为非洲大陆最大的超市零售商

2009 年，Shoprite 成为南非市值最高的零售连锁集团。2011 年，Shoprite 继续并购扩张，它收购了 Metcash Trading Africa 的特许经营部门。在当年的德勤全球零售实力调查中，Shoprite 的排名从之前的 130 位上升至 95 位。2015 年，Shoprite 创下了单日新增 10 家门店的开店纪录，并在德勤全球零售实力调查中继续保持非洲和中东最大零售商的地位，领先其最主要的竞争对手 41 位。

2016 年，调查显示，南非 76% 的成年人口（超过 2 900 万）都曾在 Shoprite 旗下的超市门店购物过。在当年，Shoprite 创下 10 亿笔交易（每秒服务 86 名顾客，总营业额超过 1 300 亿南非兰特）的纪录。2017 年至今，Shoprite 一直保持着非洲大陆最大超市零售商的地位，并通过多元化的业务及先进技术的应用来寻求营业额的增长。

发展路径

1980 年，Shoprite 定下了“专注于中低收入市场，通过收购有前景的超市或超市集团作为内生增长补充”的发展策略，这一策略一直沿用至今。复盘 Shoprite 的发展历程我们看到，它能从一个只有 8 家门店的小业务部门成长为雄踞一方的非洲大陆零售巨头，离不开其利用资本进行外延并购及业务扩张的能力。首先，在公开资本募集方面，Shoprite：

- 截至 2023 年 9 月，4 次挂牌上市。
- 1986 年，在南非的约翰内斯堡证券交易所上市，当时的市值为 2 900 万南非兰特。
- 2002 年，在纳米比亚证券交易所上市。
- 2003 年，在赞比亚的卢萨卡证券交易所上市。当时发行了 270 万股股票，每股 4 200 赞比亚克瓦查。
- 2023 年，在南非 A2X 交易所上市。

其次，在外延式并购与投资方面，Shoprite：

- 1990 年，完成公司历史上首笔重磅并购，收购了拥有将近 30 家门店的 Grand Bazaars 集团。截至目前，Grand Bazaars 共拥有 71 家门店，6 000 多名员工。
- 1991 年，以 5 500 万南非兰特的价格收购了拥有 169 家门店及 16 500 名员工的南非连锁超市 Checkers。随着收购的完成，营业门店数量增至 241 家，员工人数接近 22 600 名。

- 1995 年，收购了一家名为 Sentra 的集中式配送公司，该公司此前一直是 550 家自营超市的中央采购商。凭借该笔收购，其业务延伸至特许经营领域。
- 1997 年，从 SAB 手中收购了 OK Bazaars 集团。这次战略扩张为 Shoprite 增加了 157 家超大型超市和 146 家家具店。
- 2002 年，完成了两笔并购，分别是从法资超市集团 Champion 手中收购了位于马达加斯加的 5 家超市和 1 个配送中心，以及从 Score Supermarkets 手中收购了位于坦桑尼亚的 3 个超市和位于达累斯萨拉姆和阿鲁沙的配送中心。这两笔并购成为 Shoprite 进入马达加斯加市场及坦桑尼亚市场的敲门砖。
- 2005 年，从 A&P 集团的破产拍卖中收购了主要提供清真食品的零售连锁店 Foodworld，这为 Shoprite 增加了 13 家零售门店及 4 家小型批发奥莱店。同年，Shoprite 收购了 Computicket 和 Computicket Travel，为其业务增添了票务服务板块。
- 2011 年，收购了 Metcash Trading Africa 的特许经营部门，该部门旗下涵盖 Friendly Grocer、7-ELEVEn 和 Price Club Discount Supermarket 等连锁品牌，Shoprite 将这些品牌下的 150 家加盟店整合至 Shoprite 的“OK 特许经营部”。
- 2022 年，投资了非洲第一家隐私保护数据协作平台提供商 Omnisient。同年，Shoprite 与 RTT On Demand 的合资协议敲定，成立了为商家提供最后一千米即时配送业务的平台 Pingo Delivery。

业务板块

如果按业务类型划分，Shoprite 旗下共有 3 个主要业务板块：一是 To C 的零售业务及特许经营，二是品牌价值提升服务，三是 To B 的业务及物流业务。其中，To C 的零售业务及特许经营主要是指 Shoprite 旗下的各类连锁门店品牌，包括该企业核心超市连锁品牌 Shoprite，瞄准低收入群体的社区商店连锁品牌 Usave，为中高收入群体提供优质商品的 Checkers，在 Shoprite 及 Checkers 门店里或门店附近开设的酒类专卖店 Liquor Shop 以及专门负责特许经营业务的 OK Franchise。品牌价值提升服务则主要是指提供结算服务的 Money Market 以及提供票务服务的 Computicket。

To C 的零售业务及特许经营

Shoprite 超市是 Shoprite To C 的零售业务主品牌，截至 2022 年，共开设了 675 家门店，其中，500 多家在南非，其余分布在非洲大陆各国，主要以传统超市零售业务为主。2022 年，英国品牌评估机构品牌金融（Brand Finance）发布了“2022 非洲品牌价值 150 强”排行榜，Shoprite 位列榜单第 8 名。而拥有 457 家门店的 Usave 则是瞄准了服务中低收入群体的社区连锁商店。Usave 门店单品数仅有 950 个，通过精简单品数量，提高单品采购规模，可以为目标群体提供品类有限但价格低廉的商品。2022 年，这两个品牌合计为 Shoprite 贡献营业收入 779 亿南非兰特。

Checkers 是 Shoprite 于 1991 年并购获得的零售连锁品牌，2001 年，Checkers 开始独立运营，品牌的新定位是为中高收入群体提供优质商品的连锁超市。2022 年，除拥有 245 家门店的 Checkers 主品牌外，该系列还拥有定位为高端精品超市的 Checkers Hyper 以及专门贩售精品食材的 Checkers Foods，这两个品牌共有 36 家门店。2022 年，Checkers 业务线为 Shoprite 贡献的营业收入为 587 亿南非兰特。

酒水商店则是 Shoprite 在 2005 年进军酒类专卖时的尝试。最初，Shoprite 在 Shoprite 超市内开辟出了一个独立区域并冠以酒水商店的品牌名。随后，Shoprite 决定将酒水商店推广至 Checkers 系列门店。在 Shoprite 超市与 Checkers 超市中，酒水商店以不同颜色来作区分（在 Shoprite 超市中为红色，在 Checkers 超市中为靛青色）。截至 2022 年，共计 594 家酒水商店开设在了 Shoprite 及 Checkers 系列门店范围内，为 Shoprite 贡献了 106 亿南非兰特的营业收入。

值得一提的是，与其余零售连锁集团类似，Shoprite 也在通过旗下超市门店销售自有品牌商品。2022 年，Shoprite 共推出了 1 285 款各种类型的自有品牌产品，如人造油品牌 Ritebrand、烤蔬菜即食餐品牌 Sinple Truth、薯条品牌 Ubrand 等。自有品牌商品的销售收入持续增长，占比从 2017 年的 13.3% 上升至 2022 年的 18.8%。

Shoprite 的特许经营业务是由多笔并购整合而成的，包括 1995 年收购的 Sentra，1997 年收购的 OK Bazaars 以及 2011 年收购的 Metcash。该项业务包括多种类型的零售模式，如食品、杂货店、快递、社区店、酒类经销以及批发市场等。多种多样的业务模式使 Shoprite 的特许经营业务能覆盖不同国家、不同类型地区。截至 2022 年，Shoprite 的特许经营业务共有门店 510 家。其余类型的零售业务包括销售手机的 K'nect，销售药品的店中店 Medirite，销售宠物用品的 Pet shop，销售母婴用品的 Little me 以及电商平台 Checkers Sixty60（见图 26–1）。

图 26–1　2022 年 Shoprite 旗下品牌

资料来源：Shoprite 年报。

从上述信息可以看出，Shoprite 在零售业务的成功，除了策略性的外延式并购以外，还有对品牌的精准定位，例如，将针对不同消费群体的超市品牌进行区分并独立运营，让贩售专门类型商品的门店采取独立品牌策略等。除此之外，还有一个成功因素是，Shoprite 在稳固超市零售基本盘的同时，叠加了一些适合的细分业态，例如酒类贩售、药物配售、宠物用品配售等。

物流业务

2019 年，Shoprite 推出了一小时百货配送服务平台 Checkers Sixty60，这是首家开设一小时配送服务的南非连锁超市。截至 2021 年 8 月，该服务平台已有超过 150 万的下载量。2020 年，Checkers Sixty60 有超过 150 万笔订单配送时间少于 30 分钟，它是 Shoprite 在南非物流配送网络搭建完备的最好例证。2022 年，Shoprite 与 RTT 合资成立了 Pingo。后者除承接一般快递业务外，也是 Shoprite 旗下 Checkers Sixty60 业务的外包方。强大且密集的物流配送体系已成为 Shoprite 的核心竞争力之一。

由于超市零售业务一直是 Shoprite 营业收入及经营利润的主要来源，因此，Shoprite 在对外披露时，一般将其业务划分为：南非超市业务、南非以外超市业务、家具业务和其他。截至 2022 年年末，南非超市业务仍为 Shoprite 营业收入及经营利润主要来源，该项业务占 Shoprite 总营业收入的 80.1%，在经营利润上，占比更是高达 90.8%（见图 26–2），这反映出，目前南非以外其余区域尚未成为 Shoprite 营业收入增长的重要来源。

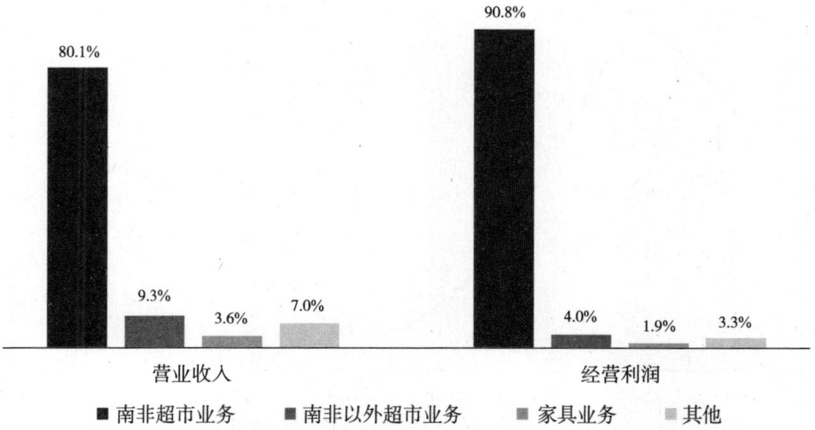

图 26–2 2022 财年 Shoprite 4 个业务板块在营业收入及经营利润中的占比

资料来源：Shoprite 年报。

财务分析

2015—2022年，Shoprite的营业收入约增长了62.1%，年均复合增长率为7.1%。虽然2017—2019财年增长有所放缓（见表26-1、图26-3），但2015—2022年Shoprite的营业收入始终处于正增长状态。

表26-1 Shoprite财务指标概况（2015—2022）

财务指标	2015年	2016年	2017年	2018年	2019年	2020年	2021年	2022年
营业收入（百万南非兰特）	113 694	130 028	141 000	145 104	147 478	155 409	168 030	183 868
毛利润（百万南非兰特）	23 514	27 236	33 826	34 689	34 450	37 264	41 213	45 022
毛利率（%）	20.7	20.9	24.0	23.9	23.4	24.0	24.5	24.5
净利润（百万南非兰特）	4 124	4 841	5 428	5 211	3 468	3 356	4 841	5 711
净利率（%）	3.6	3.7	3.8	3.6	2.4	2.2	2.9	3.1
总资产（百万南非兰特）	43 920	48 267	55 723	78 190	80 982	82 726	77 066	91 455
股东权益（百万南非兰特）	19 160	21 403	27 749	24 178	22 207	19 994	21 204	25 627
杠杆率D/A	56.4	55.7	50.2	69.1	72.6	75.8	72.5	72.0
净资产收益率（%）	21.5	22.6	19.6	21.6	15.6	16.8	22.8	22.3
资产回报率（%）	9.4	10.0	9.7	6.7	4.3	4.1	6.3	6.2

资料来源：Shoprite年报、Bloomberg。

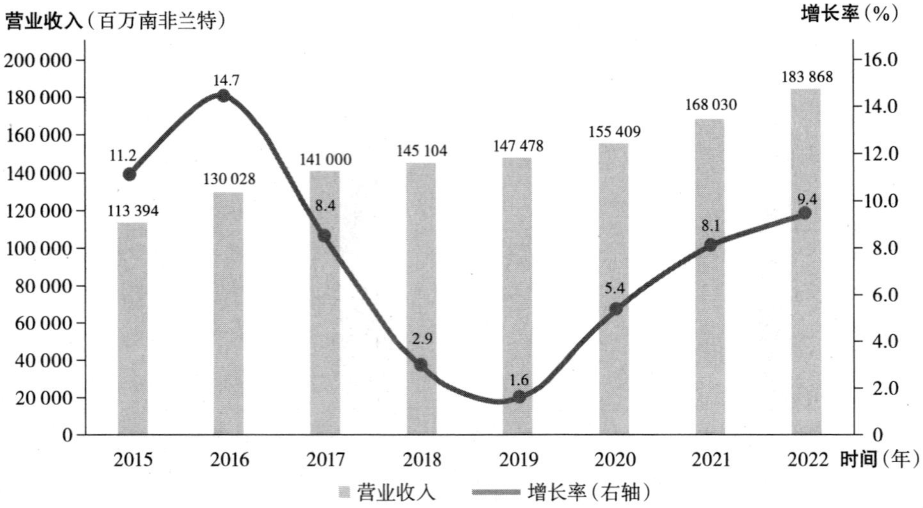

图26-3 Shoprite营业收入及增长率情况（2015—2022）

资料来源：Shoprite年报。

从营业收入构成上看，南非超市业务一直是 Shoprite 营业收入中最大的来源，且占比有上升趋势，从 2015 年的 74.7% 上升至 2022 年的 80.1%。第二大业务是南非以外超市业务，它在营业收入中的占比不断下滑：2015 年，南非以外超市业务尚占总营业收入的 14.8%，2022 年已降至 9.3%（见图 26-4），这是在营业收入金额未有较大波动的情况下。

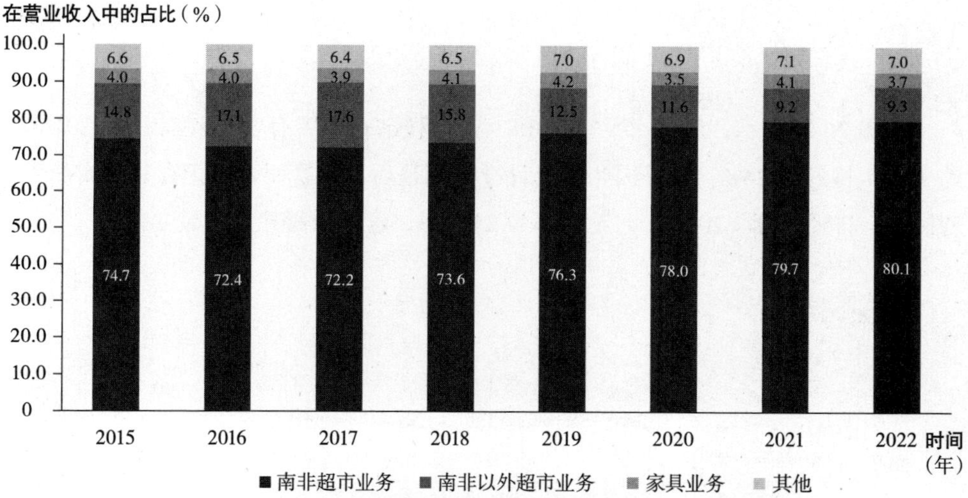

图 26-4　Shoprite 各业务板块在营业收入中的占比（2015—2022）

资料来源：Shoprite 年报。

Shoprite 的南非超市业务营业收入增长的原因，除了门店数量增加（从 2015 年的 1 457 家上升至 2022 年的 1 789 家）外，还有单店收入提升这一因素。2015 年，Shoprite 所有业务的平均单店年营业收入为 5 830 万南非兰特，到 2022 财年，这项数据已经提升至 8 237 万南非兰特，年均复合增长率为 5.1%。其中，酒水商店以及高端超市 Checkers 系列的增长尤为明显。2022 年，酒水商店的营业收入同比增长了 44.5%，Checkers 的营业收入同比增长为 9.1%。可见，Shoprite 按消费人群及销售产品进行品牌区分的独立运营策略已见成效。

反观南非以外超市业务，其发展就不那么一帆风顺了。2017 年，Shoprite 南非以外超市业务的营业收入为 248.4 亿南非兰特，达到顶峰后，其收入规模一路下滑。2021 年，南非以外超市业务的营业收入更是跌至 154.5 亿南非兰特，较顶峰时期下跌了 37.8%。这是因为，当年南非以外的经营区域，如安哥拉、尼日利亚、赞比亚等市场均出现了严重的通胀，这大大削弱了当地消费者的购买力。

2021 年，尽管 Shoprite 在南非以外市场仍能净开店 8 家，但该板块仍录得亏损。Shoprite 更是将尼日利亚超市业务整体出售给了 Ketron Investment Limited。直至 2022 年，由于赞比亚地区采矿业变得活跃，才令 Shoprite 南非以外超市业务有了起色。

如图 26–5 所示，2017 年，Shoprite 毛利率较 2016 年有明显提升，从 2016 年的 20.9% 提升至 24%，这是因当年会计准则调整后，结算回购减记存货成本所致。若按统一口径计算，2016 年，毛利率为 23.58%，这样来看并无明显变化。

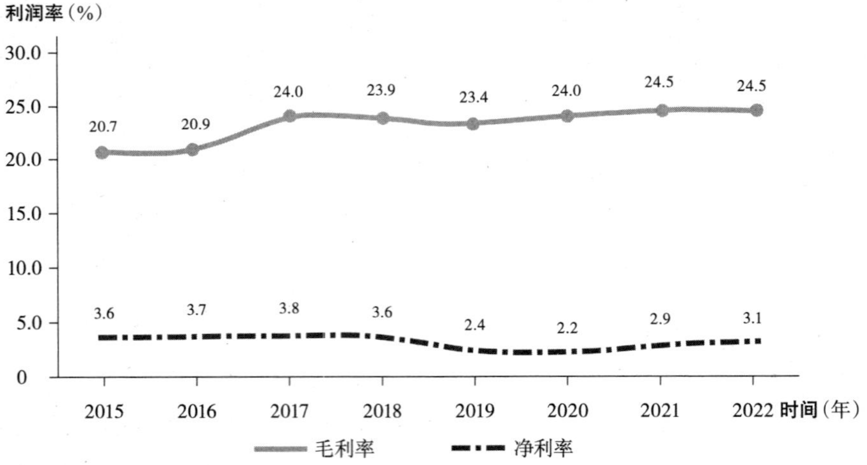

图 26-5 Shoprite 利润率情况（2015—2022）

资料来源：Shoprite 年报。

Shoprite 一直在通过提供恰当价格及扩大采购规模的方式来平衡毛利率水平以及消费者利益。而在净利率方面，2019 年，Shoprite 的净利率从 2018 年的 3.6% 下跌至 2.4%，这是因为：第一，Shoprite 在 IT 系统及物流设施上的持续投入，导致折旧摊销同比增长了 4.3%；第二，以美元签署租赁协议的门店租赁费用因货币贬值导致租赁费用上升；第三，2019 年 1 月，南非实施的有关异地工资的法规导致员工成本上升。而在 2022 年，Shoprite 通过规模化采购的方式提升了毛利率并控制了费用水平，净利率已重回 3% 以上水平。但 Shoprite 在营销费用上的投入除 2020 年外呈持续增长趋势（见图 26-6）。

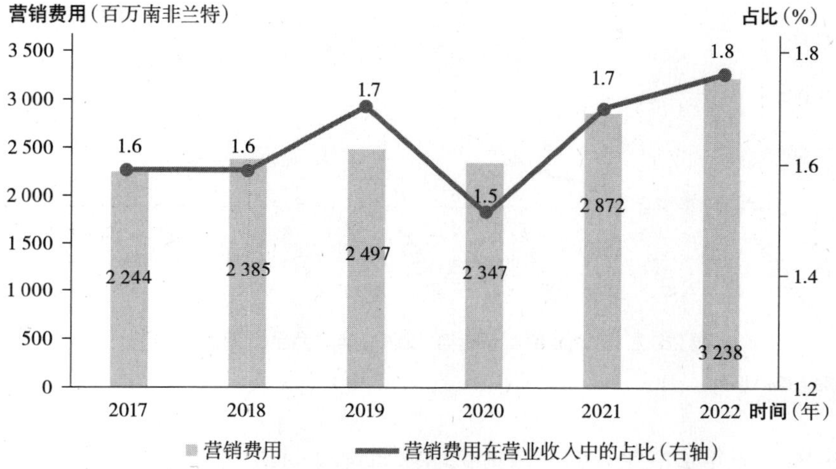

图 26-6 Shoprite 营销费用及其在收入中的占比（2017—2022）

资料来源：Shoprite 年报（2017 年以前，公司未披露过营销费用数据）。

股价和估值

随着南非本土业务的发展，以及通过并购或新设门店等方式在非洲大陆上进行的业务扩张，Shoprite 股价水涨船高。

如图 26-7 所示，2018 年 3 月，股价达到了 25 258 南非兰特的高点。但 2018 年，南非以外超市业务首次出现了下滑，Shoprite 股价也随之下滑。一方面，Shoprite 南非以外超市业务持续不见起色，投资者对非洲大陆其余经济体严重的通胀是否会对 Shoprite 业务造成重大打击存在疑虑。另一方面，传言 Shoprite 有可能会出售尼日利亚超市业务，该项业务减记的可能也反应在了股价上。因此，Shoprite 股价在 2020 年 3 月跌至近 10 年的最低点 10 665 南非兰特。

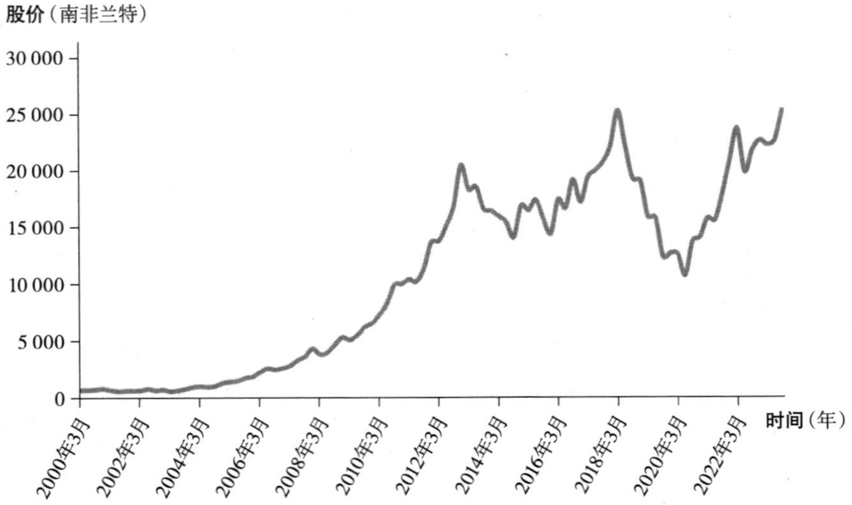

图 26-7 Shoprite 股价走势（2000 年 3 月至 2022 年 3 月）

资料来源：Bloomberg。

但随着南非超市业务的持续增长以及 Shoprite 前期在 IT、物流等基础设施上的投入成效显著，Shoprite 股价触底反弹后一路上扬。2022 年，南非超市业务的增长，南非以外超市业务的回温，以及其他业务的成绩更是助推股价接近历史高点。Shoprite 的 PE 估值和 EV 估值呈现出与股价类似的走势（见图 26-8）。

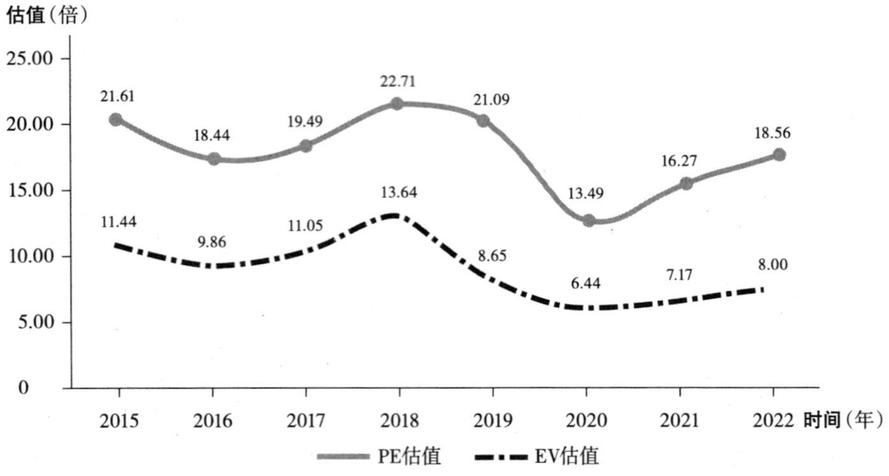

图 26-8 Shoprite 的 PE 和 EV 估值情况（2015—2022）

资料来源：Bloomberg。

新全球化企业洞察

曾是 Pepkor 旗下一小块业务的 Shoprite，发展至今，已在营业收入体量及市值上远远超过了 Pepkor，这的确是件值得令人玩味的事情。对比 Shoprite 与 Pepkor，两者的发展路径有其相似之处，均是通过不断地收购与整合进行业务扩张。但在这个过程中，略有不同的是，Pepkor 的收购与整合是为了开辟新业务，寻找新增长曲线，而 Shoprite 的收购更多是为了进入新市场的敲门砖。除此以外，Shoprite 较 Pepkor 更为优秀的一点在于其对旗下品牌的定位。相比于 Pepkor 4 个板块下品牌众多但定位模糊的情况，Shoprite 则能根据目标消费群体及业务类型对旗下品牌进行区分管理、独立运营，这减少了品牌之间的内耗。

第 27 章

Pepkor，非洲平价服饰的领航者

Pepkor 是一家以零售为主业的大型综合性集团，总部位于南非，业务主要由服装及一般商品零售，家具、电器和电子产品零售，建筑材料销售以及金融科技 4 个板块组成。Pepkor 主品牌 PEP 的历史可以追溯至 1965 年，截至 2022 年，其门店数达 2 579 家。目前，Pepkor 业务已覆盖非洲大部分区域及澳大利亚、波兰、英国等国家。

发展路径

Pepkor 前身为 PEP Stores。1956 年，开设了首家门店后，Pepkor 发展迅速。到 1981 年时，Pepkor 已成长为有近 500 家门店、10 家工厂、12 000 名员工、年营业收入近 3 亿南非兰特的大型零售连锁。

1982 年，该企业将名字改为 Pepkor，PEP stores 成为 Pepkor 的子公司。

1998 年，Pepkor 收购澳大利亚零售商 Best & Less，进军欧洲市场。

2011 年，由南非富商克利斯朵夫·维西（Christo Wiese）持有的私募基金以 41.8 亿南非兰特的对价收购了 Pepkor 24.6% 的股权，Pepkor 总体估值达到 170 亿南非兰特。

2012 年，Pepkor 收购了澳大利亚连锁百货 Harris Scarfe，继续扩大其在澳大利亚的业务。

2014 年，南非家具巨头 Steinhoff 以 57 亿美元价格将 Pepkor 收入囊中，并于 2017 年推动了 Pepkor 在约翰内斯堡证券交易所的上市。上市后，Pepkor 将业务扩展至廉价手机销售，每年出货量可达 1 200 万台。

2022 年，Pepkor 通过收购巴西零售集团 Avenida 的控股权进军拉丁美洲市场。

截至 2022 年，Pepkor 旗下各品牌已拥有 5 830 家门店，员工人数达 49 700 名，年营业收入约为 814 亿南非兰特。总体而言，Pepkor 的发展路径是依靠自身充沛的现金流进行外延式并购扩张，多元化布局业务（见图 27-1）。

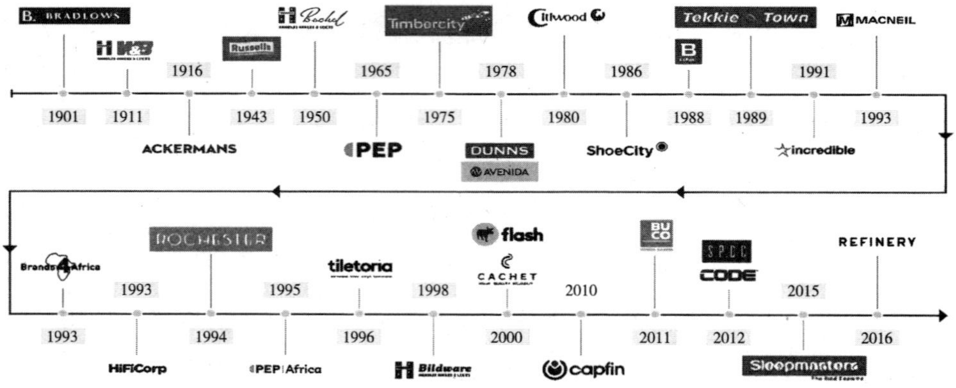

图 27-1 Pepkor 旗下品牌发展时间线

资料来源：Pepkor 官网。

业务板块

Pepkor 的业务板块主要由以下 4 部分构成：服装及一般商品零售，家具、电器和电子产品零售，建筑材料销售，以及金融科技。每个板块下均存在多个子品牌（见图 27–2）。服装及一般商品零售是目前 Pepkor 营业收入及利润中的重要贡献点。2022 财年，服装及一般商品零售在营业收入中的占比达 66%。家具、电器和电子产品零售在营业收入中的占比第二高，为 14%。建筑材料销售及金融科技板块各占 Pepkor 营业收入的 10%（见图 27–3）。

图 27–2　Pepkor 4 个业务板块下的主要品牌

资料来源：Pepkor 官网。

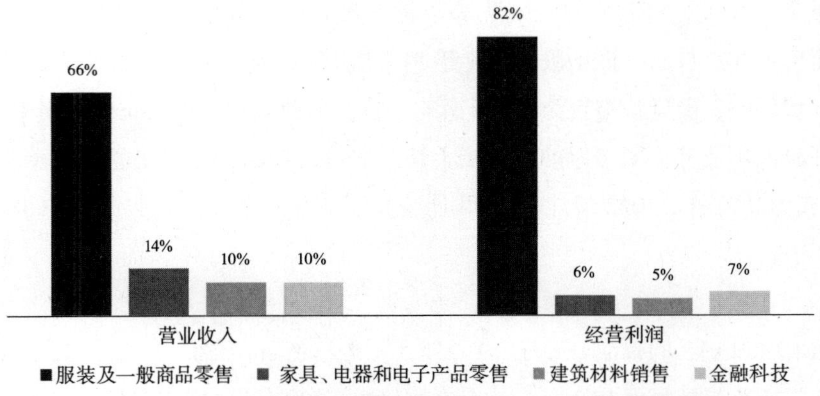

图 27–3　2022 财年 Pepkor 4 个业务板块在营业收入及经营利润中的占比

资料来源：Pepkor 年报。

服装及一般商品零售

服装及一般商品零售板块下的品牌包括PEP、ACKERMANS、AVENIDA以及专门售卖鞋类的品牌Shoe City及Tekkie Town。该板块目前是Pepkor营业收入及经营利润的主要来源，其中，综合零售品牌PEP及鞋服品牌ACKERMANS占了该板块营业收入总额的82%。

从最初的折扣服装销售发展至今，PEP的品牌定位已转变为满足当地中低收入群体生活所需的一站式折扣零售商，销售的商品品类也从最初的服装，逐渐拓展至鞋类、快消品、家居用品。同时，它还提供电信充值、账单支付、转账、物流配送等增值服务，是目前非洲最大的单一品牌零售商。在中低收入群体中，青少年校服的采购属于较为刚性的支出，PEP在该领域表现出了垄断性优势。截至2022年，PEP占据了南非校服总销售量的56%。通过对上游供应端的整合控制以及规模化生产，PEP出售的整套校服价格均低于100南非兰特。而从其余商品来看，2018—2022年，与竞争对手相比，PEP 95%以上的商品均有价格优势，是南非当之无愧的折扣零售之王。值得一提的是，该品牌下的PAXI还为消费者提供包裹配送服务。2015年，Pepkor刚刚开展该项业务时，仅是希望协助客户向大学提交学术论文。后来，随着客户提出的配送要求越来越多，Pepkor组建了一个专业团队，并自行开发了系统，建成了Pepkor的物流及其他快递基础设施，向顾客提供完整的快递服务。每天，PEP的物流团队都会将揽收到的包裹配送至旗下2 750多家门店，而后由客户自取。该项服务建立于PEP现有的运输网络上，几乎无额外成本，因此收费低廉，最低价格仅为59.95南非兰特。与此同时，Pepkor也会向中小企业客户开放该项业务。对于以前因市场上缺乏交付选项而无法发展的中小企业来说，PAXI成为其首选。2022年，PAXI共计分发了420万个包裹，服务的中小企业达24 000个。

ACKERMANS的首店开业于1916年，至今已有百余年历史。目前，它在6个国家的门店数量超过了950家，员工人数超过9 000名。ACKERMANS专注于为价格敏感度高的中低收入家庭群体提供物美价廉的服装产品，在童服上的销售表现尤为出色。2022年，ACKERMANS品牌共计销售了500万件婴儿连体衣，1 600万件儿童 T 恤。实际上，该品牌也同样希望能服务到家庭群体中的母亲，于是将女装作为第二增长点。2018 年，ACKERMANS 推出了子品牌 ACKERMANS Woman，主要销售女装产品。截至 2022 年，ACKERMANS 已销售 200 万件女装上衣。

家具、电器和电子产品零售

该板块是 Pepkor 旗下 JD Group 原有业务。JD Group 旗下零售品牌向消费者销售家具、家电和电子产品，并通过 Pepkor 旗下的金融和保险公司 Abacus 为消费者提供消费信贷解决方案和保险产品。JD Group 旗下原有 9 个零售子品牌，2015 年，Pepkor 对其进行了重组，将 9 个品牌合并为 4 个。虽然重组过程产生了一定的成本，导致该业务板块利润下降，但重组后，该板块的运营更为高效。目前，JD Group 分为专门销售家居、家电产品的 JD Home（拥有 4 个子品牌）以及销售消费电子产品的 JD Tech（拥有 2 个子品牌）。

建筑材料销售

Pepkor 的建筑材料销售业务主要涵盖旗下的 12 个品牌和位处南非、纳米比亚、斯威士兰及博茨瓦纳的 133 家门店，向顾客提供普通材料零售、建筑材料批发及特种建筑材料销售。其中，批发业务旗下品牌 Mac Neil 和 Cachet 有部分产品属于自有品牌产品，而建筑材料品牌 Brands 4 Africa 则会将产品出口至非洲其余 8 个国家。另外，特种建筑材料业务则为顾客提供了更广泛的、具有差异化的进口产品选择。Pepkor 通过搭建针对不同顾客需求的品牌矩阵，做到了对开发商、专业服务提供商、业主及家庭消费者的全覆盖。

金融科技

Pepkor 的金融科技业务主要由 Flash 的支付业务以及 Capfin 的小贷业务组成，业务均起始于 2020 年。Flash 通过软件搭建及硬件销售，建立起了非洲最大的非正式零售网络。中小商家及个体户只需要加入 Flash 网络并购买 Flash 的 POS 机，就可以向周边消费者销售包括手机通话时间、网络通信时间、水电能源等无形商品，不但为 Pepkor 提供了销售差价利润来源，还为当地中小企业及个体户带来了客流增长。

截至 2022 年，Flash 单日交易量已达 700 万单，拥有 20.2 万名 Flash 终端交易员。而 Capfin 在 2022 年同样完成了 60 万笔贷款的审批发放，同比增长 24%。

财务分析

2017—2022 年，Pepkor 的营业收入约增长了 40.7%，年均复合增长率为 7.1%。上市至今，Pepkor 的营业收入仅经历了一次负增长（见表 27-1、图 27-4），主要原因是当年 Pepkor 计划将建筑材料销售业务出售，因此，当年并未将该板块业务计入可持续经营业务范畴。2019 年，建筑材料业务的营业收入约为 81.8 亿南非兰特，如果将该项业务合并计算，2019 年，Pepkor 的营业收入同比增长了 9.0%。2021 年，Pepkor 决定放弃出售建筑材料销售业务，因此，其后的营业收入数据均无影响。

表 27-1 Pepkor 财务指标概况（2015—2022）

财务指标	2015 年	2016 年	2017 年	2018 年	2019 年	2020 年	2021 年	2022 年
营业收入（百万南非兰特）	43 578	51 234	57 850	63 912	61 454	70 827	77 329	81 396
毛利润（百万南非兰特）	15 502	17 133	20 438	22 097	22 399	24 199	26 534	28 813
毛利率（%）	35.6	33.4	35.3	34.6	36.4	34.2	34.3	35.4
净利润（百万南非兰特）	1 097	952	3 550	2 885	2 160	−2 858	4 875	6 114
净利率（%）	2.5	1.9	6.1	4.5	3.5	−4.0	6.3	7.5
总资产（百万南非兰特）	83 179	88 845	87 113	90 978	93 521	101 949	103 682	113 567
净资产（百万南非兰特）	57 430	52 695	52 917	55 711	56 598	53 388	58 188	62 945
资产负债率	31.0	40.7	39.3	38.8	39.5	47.6	43.9	44.6
净资产收益率（%）	1.9	1.8	6.7	5.2	3.8	−5.4	8.4	9.7
资产回报率（%）	1.3	1.1	4.1	3.2	2.3	−2.8	4.7	5.4

资料来源：Pepkor 年报、Bloomberg。

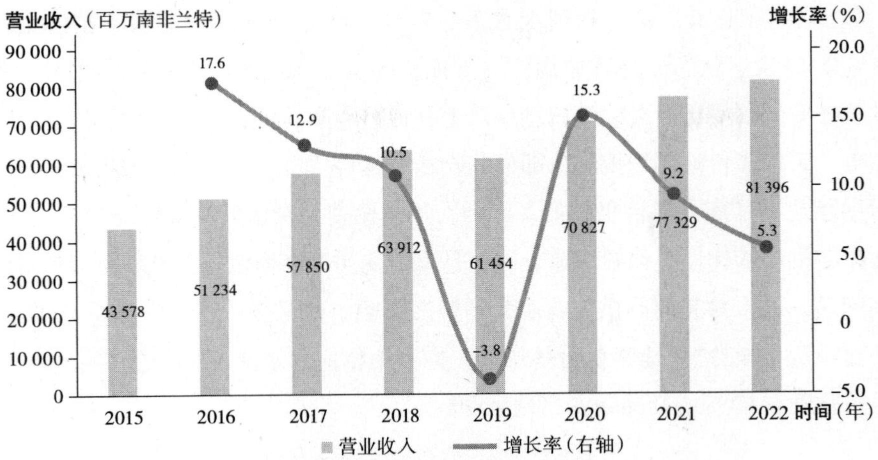

图 27-4　Pepkor 的营业收入及增长率情况（2015—2022）

资料来源：Pepkor 年报。

从收入构成上看，服装及一般商品零售仍为 Pepkor 最大的营业收入来源。2017—2022 年，该板块均贡献了超过 60% 的营业收入（见图 27-5）。Pepkor 的营业收入结构相对稳定，这说明：一方面，Pepkor 专注于主业的发展，另一方面，异业多元化发展难度较大。相比之下，金融科技板块表现较为亮眼，它在营业收入中的占比从 2017 年的 6% 提升至 2022 年的 10%。Pepkor 之所以能在营业收入占比上取得增长，是因为金融科技业务中无论是能低成本创业、引流的 Flash，还是针对消费者小额贷款的 Capfin，都切合中低收入群体这一 Pepkor 目标客群的基础需求。

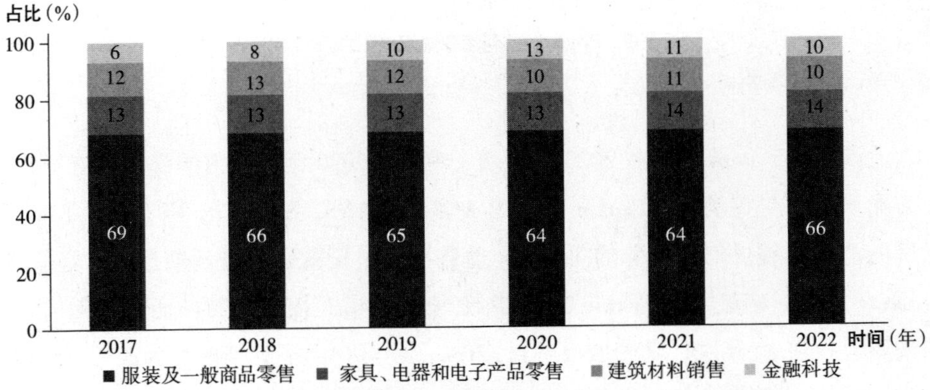

图 27-5　Pepkor 各业务板块在营业收入中的占比（2017—2022）

注：为准确对比，2019 年建筑材料销售在营业收入中的占比为该项收入 /（建筑材料收入 + 总收入）。

资料来源：Pepkor 年报。

如图 27-6 所示，从盈利情况来看，Pepkor 自上市以来，毛利率始终维持在 35% 左右的稳定状态。究其原因：一方面，Pepkor 在营业收入、利润方面贡献较多的折扣和低价零售业务因其属性导致毛利提升空间有限，另一方面，Pepkor 在该项业务上采取了价格领先策略，即便如物流海运等成本上升导致其被迫提价，与竞争对手相比，其商品售价仍较低，因此，不会驱使消费者转向其竞争对手。另外，Pepkor 在供应链建设上积累深厚，即便是疫情期间存在物流受限及城市封锁等诸多现实问题，均未对其商品供应有明显的负面影响。截至 2022 年，Pepkor 共拥有 58 个总面积达 745 527 平方米的分拣中心，向当地供应商采购了 1.4 亿件鞋服类商品，家具板块则有 93% 的商品是在当地采购的。

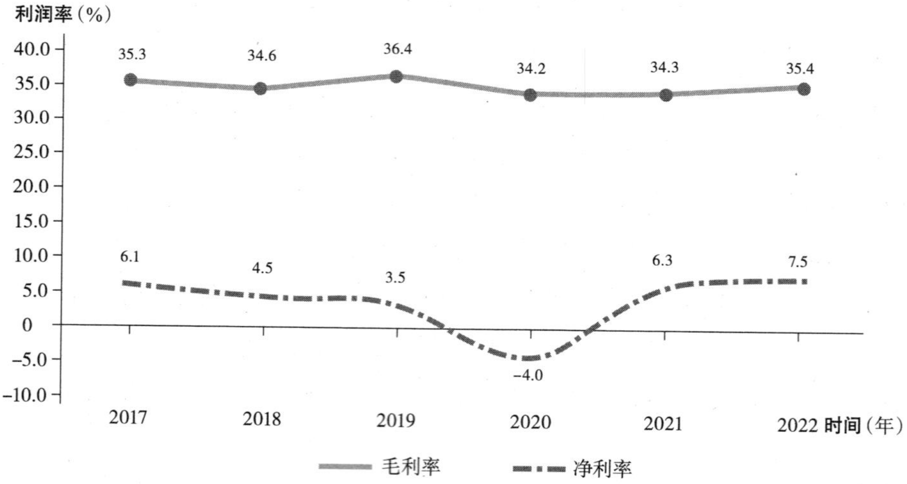

图 27-6 Pepkor 的利润率情况（2017—2022）

资料来源：Pepkor 年报。

上市至今，Pepkor 只在 2020 年遭遇了亏损。2020 年，疫情的暴发最终导致南非方面采取了封控措施，Pepkor 旗下为 ACKERMANS、Shoe City 和 Tekkie Town 等品牌的消费者提供信贷服务的 Tenacity 遭遇了大量贷款客户的延期还款。经统计，Tenacity 及受影响最大的 Tekkie Town 共计有价值 48 亿南非兰特的商誉及无形资产损失。但在 2020 年底，随着城市解封，Tenacity 客户的还款情况大为改善，Pepkor 在 2021 年的净利率也显著提升至 6.3%。

Pepkor 净利率的提升同样与其下降的固定费率有关。除折旧摊销外，Pepkor 的固定支出主要为人工成本，该项支出从 2017 年的 15.2% 下降至 2022 年的 12.8%，原因是 Pepkor 门店数量上升，营业收入规模的扩大摊薄了该部分成本。另外，从营销费用方面来看，Pepkor 的营销费用在营业收入中的占比始终处于 2% 以下水平（见图 27–7）。在当地强大的品牌影响力是其将该项支出维持低水平的有力保证。

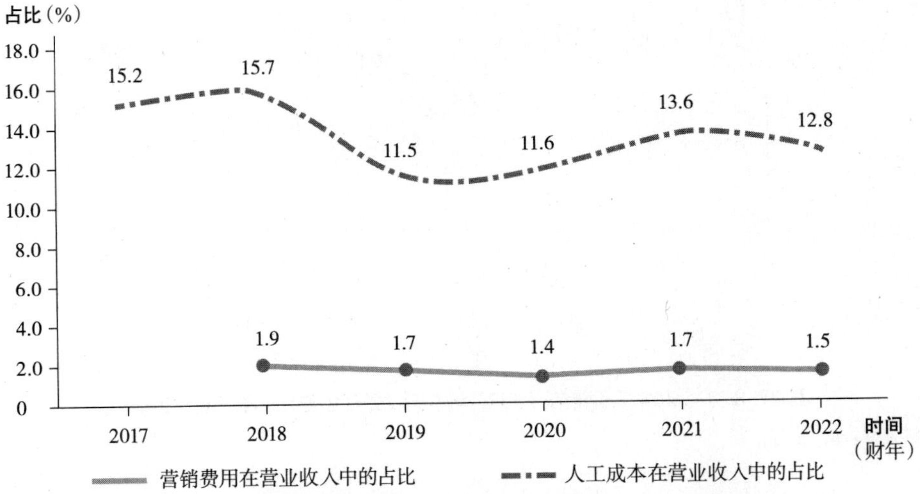

图 27–7　Pepkor 的营销费用及人工成本在营业收入中的占比情况（2017—2022）

资料来源：Pepkor 年报（2018 年以前，Pepkor 未披露过营销费用数据）。

股价和估值

如图 27–8 所示，自 2017 年上市后，Pepkor 股价表现并不尽如人意，颇有上市即巅峰的状态。2020 财年，更是跌至 1 000 南非兰特的历史最低点，与此前最高点相比，股份已跌去 60%。而公司的 PE 估值和 EV 估值与股价呈现出大致相当的走势（见图 27–9）。究其原因，一方面，2017—2018 年，Pepkor 受母公司 Steinhoff 财务造假风波影响，投资者对 Pepkor 产生了负面情绪。另一方面，新冠疫情下的城市封控对线下业务影响很大，Pepkor 也在 2020 年经历了唯一一次亏损。在情况不甚明朗的经济环境下，投资者均做出了保守的选择。但随着母公司财务造假风波的顺利渡过以及封控的解除，在管理层带领下，Pepkor 业绩反弹明显，营业收入及净利润较疫情前的 2019 年分别大幅提升了 25.8%、125.7%，Pepkor 股价在业绩鼓舞下一路走高，触及此前高点后，在 2022 年维持高位震荡态势。

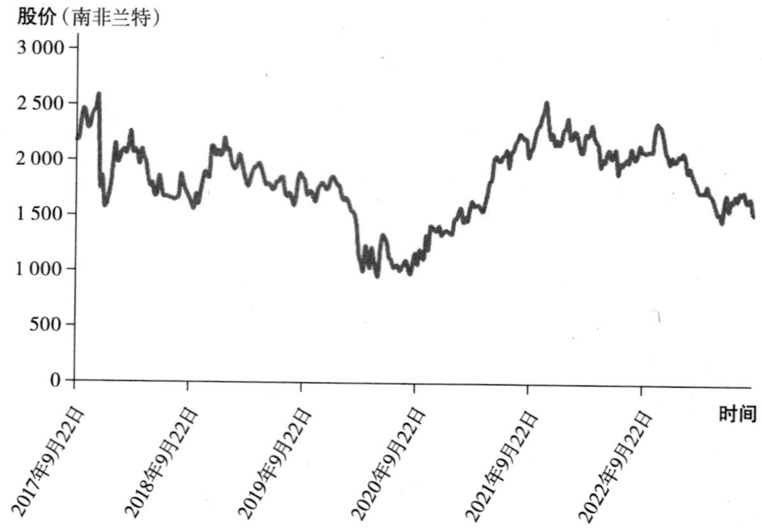

图 27-8 Pepkor 股价走势（2017 年 9 月 22 日至 2022 年 9 月 22 日）

资料来源：Bloomberg。

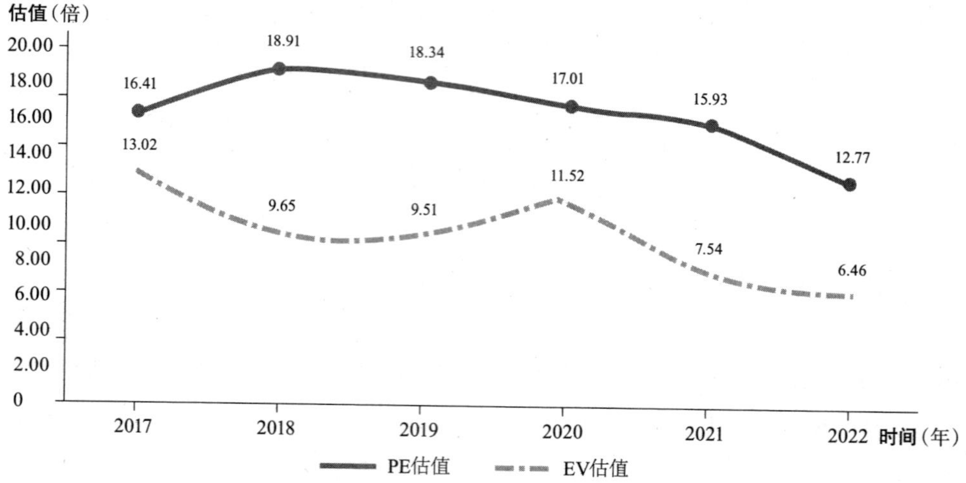

图 27-9 Pepkor 估值情况（2017—2022）

资料来源：Bloomberg。

但进入 2023 年后，Pepkor 股价再度下探，上半财年，利润更是同比下降了 11.7%，主要是因为南非大停电对 Pepkor 的经营业绩产生了影响。这种影响有两方面：一方面，停电期间 Pepkor 的线下门店需要寻找替代发电手段，以维持门店正常运营。根据 Pepkor 发言人披露，2023 年上半年，Pepkor 在为其接近 3/4 的门店提供的替代发电手段上共耗费约 7 200 万南非兰特。另一方面，大停电导致商场人流量减少，即便 Pepkor 部分门店能提供电力，但客流的减少还是影响到了 Pepkor 门店的销售情况，从而加剧了投资者对 Pepkor 账上存货金融会出现减值导致利润受损的担忧（见图 27-10）。

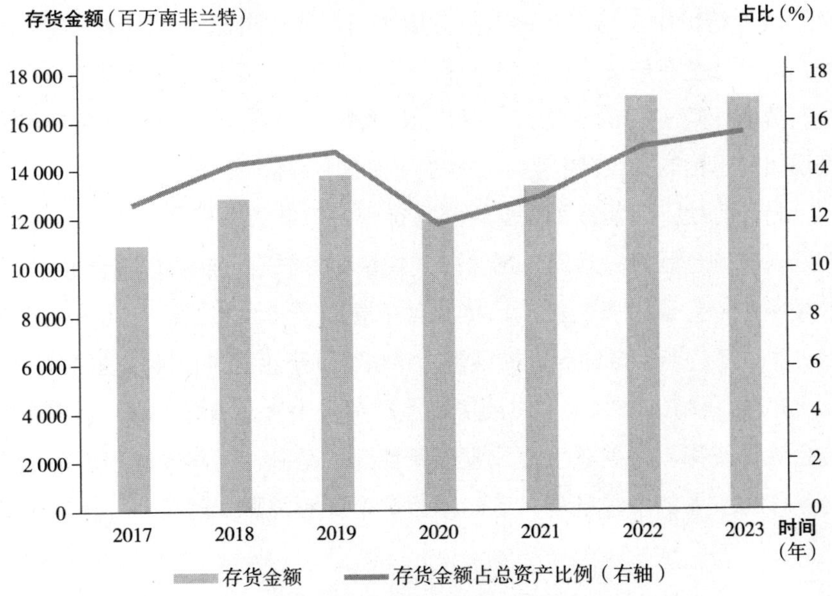

图 27-10　Pepkor 存货金额及占总资产比例（2017—2022）

资料来源：Bloomberg。

但总体来说，Pepkor 在南非当地积累深厚，目前的困境主要是由当地基础设施问题所致。相信在困难过后，Pepkor 股价会有所反弹。

新全球化企业洞察

即便是不同流派、不同打法，折扣与低价零售连锁企业强劲的生命力也已经被太多市场、太多案例验证。无论是德国的奥乐齐、利德尔（Lidl）还是美国的达乐集团（Dollar General）、美元树（Dollar Tree），在达到一定规模后均呈现出穿越经济周期的韧劲。在经济下行周期下，折扣与低价零售通过提供高性价比商品来满足消费者需求，积累了利润、资产后再对门店进行扩张。当经济进入复苏周期时，消费者已经对品牌产生了信赖，这就让企业形成了高客户黏性。因此，折扣与低价零售连锁同样存在着起势后不可逆转的属性。已经有 50 多年历史的 Pepkor，在疫情过后表现出的迅猛的业绩恢复能力也体现出这种韧性。

另外，线下零售连锁企业天然具备现金流健康、充足的属性，因此，外延式并购也是其寻求第二增长曲线或稳定其供应链的手段。在 Pepkor 的案例中，它通过多次并购，将业务拓展到了澳大利亚、巴西等新兴市场。而线下门店组成的庞大的零售网络也有利于企业进行关联性的异业多元化布局，例如，Pepkor 发展了物流业务、小贷业务等。庞大且健康的现金流是支撑其并购式扩张及发展新业务的基础，但其发展思路仍然是沿着零售主业的路径向前，这与盲目进行产业并购或开拓新业务有天渊之别。

THE FUTURE
OF GOING GLOBAL

第 28 章

虎牌，南非食品的百年传承

虎牌（Tiger Brands）创立于 1921 年，至今已有超过百年的历史。1925 年，当时品牌名字还是 Tiger Oats 的它推出了一款名为 Jungle Oats 的早餐燕麦，该品牌因草地上的标志性老虎 LOGO 而闻名。在随后的几十年里，虎牌通过收购和整合的方式，使自己在食品、家居和个人护理领域里的业务不断发展壮大，成为非洲最大的快消品运营商之一，同时它也是南非最大的食品制造商。现在，虎牌的主营业务是谷物主食、快消品、日化、泛非业务四大板块，覆盖了 21 个品类、154 个子品牌。

发展路径

从一家售卖燕麦的小型家族企业，成长为如今的南非头部快消品公司，虎牌在长达 100 余年的发展历程中经历了几次重要的历史事件。1925 年，雅各布 · 富兰克尔（Jacob Frankel）在约菲 · 马克斯（Joffe Marks）的帮助下创立了 Tiger Oats 品牌，第一款产品是名为 Jungle Oats 的早餐燕麦产品。直到今日，Jungle Oats 早餐燕麦仍然由该品牌生产。虎牌的第一家磨坊位于南非西开普省的穆里斯堡，很快，这家磨坊的产能就无法满足需求，于是，1930 年，第二家磨坊在开普敦的梅特兰开业。1982 年 3 月，Barlow 公司购买了 Tiger Oats 的大部分股份。

1944 年，虎牌和由弗雷德里克·约翰·柯里尔（Frederick John Collier）创立的 National Milling Company Limited 进行了合并，并在约翰内斯堡证券交易所上市。1940—1985 年，虎牌一直在整合并扩大其食品、家居和个人护理品牌下的产品组合。20 世纪 40 年代，虎牌孵化了罐装水果及蔬菜品牌 KOO。20 世纪 50 年代，虎牌推出了番茄酱品牌 All Gold。20 世纪 60 年代，虎牌推出了杀虫剂品牌 Doom 和大米品牌 Tastic Rice。20 世纪 70 年代，虎牌成立了 Albany Bakeries。20 世纪 80 年代，虎牌接管了意大利面品牌 Fattis & Monis 的控股权。40 多年的时间，虎牌迅速成为南非最大的快消品制造商之一。

1988 年，SPAR 南非成为虎牌的全资子公司。直到 2004 年，SPAR 南非被拆分并独立上市。在 20 世纪 90 年代末期，虎牌经历了快速扩张期，不断收购了很多大型企业和竞争对手，如 Imperial Cold Storage & Supply Company 和制药公司 Adcock Ingram。2000 年，该企业正式将名字从 Tiger Oats 改为 Tiger Brands。

2000 年以后，虎牌继续扩大其国内和国际市场上的业务，它收购了多个知名品牌，包括 Purity、KOO、Hartlief、Epol 以及其他食品和家居品牌。2008 年，虎牌启动了对非洲其他地区的积极扩张计划。在此过程中，该企业购得尼日利亚、肯尼亚、埃塞俄比亚和喀麦隆等国的食品加工企业的控股权。

进入 2010 年以后，虎牌在尼日利亚的业务扩张遇到了一些波折：2012 年 10 月，虎牌以 15 亿南非兰特的价格购得了尼日利亚第二大磨坊 Dangote Flour Mills 65.7% 的股权。然而，尼日利亚市场的产能过剩让该企业不得不在 2015 年的时候将该运营部门卖回给 Dangote，这笔交易整整亏损了 27 亿南非兰特。虎牌在肯尼亚运营中存在的管理问题也在这一时期对其产生了负面影响。这导致了时任 CEO 彼得·马特拉尔（Peter Matlare）在 2015 年 11 月的辞职，而后，虎牌对其南非以外的业务进行了重组整改。

如今，虎牌将重点放在了可持续发展和数字化领域，致力于提高其产品的质量和可持续性。2022 年，虎牌的营业收入达到了约 340 亿南非兰特，毛利润约为 103 亿南非兰特，净利润约为 29 亿南非兰特。

品牌矩阵的建立

虎牌的供应链主要布局在南非和喀麦隆，其商品出口至非洲 33 个国家。整个非洲板块，除了纳米比亚、博茨瓦纳、莱索托和斯威士兰，虎牌的产品基本都有覆盖，但虎牌 80% 的出口产品主要销往 5 个国家——莫桑比克、津巴布韦、赞比亚、尼日利亚和喀麦隆。虎牌的主要业务分为谷物主食、快消品、日化三大板块。

谷物主食板块

谷物主食是虎牌的重要业务，旗下包括多个著名品牌和多款产品，占虎牌总营业收入的 46%。谷物主食也是虎牌的第一项业务，它始于 1921 年虎牌推出的第一款燕麦产品。发展至今，其在南非市场的占有率已高达 27%。

2008 年，虎牌启动了进军大非洲市场的积极扩张计划，购得了尼日利亚、肯尼亚、埃塞俄比亚和喀麦隆等国的食品加工企业的控股权。如今，虎牌谷物主食业务板块可以细分为烘焙及磨粉业务和其他谷物业务。烘焙及磨粉业务拥有面粉品牌 Ace Maize Meal 和 Golden Cloud，以及烘焙品牌 Albany Bakeries，在南非有 4 家工厂。成立于 1970 年的 Albany Bakeries 如今在南非拥有 12 家面包房，每天需要用 1 200 多辆卡车向 4 万名客户提供产品。烘焙业务在南非市场的占有率为 33%，磨粉业务在南非市场的占有率为 24%。其他谷物业务包括大米和意大利面品牌，虎牌旗下有成立超过 50 年的南非最大的 3 个大米品牌 Tastic Rice、Aunt Caroline、Fattis & Monis。虎牌的大米和意大利面品类的市场占有率均高达 42%。

快消品板块

快消品业务是虎牌的另外一项重要业务，其中包括多个著名品牌和多款产品，占虎牌总营业收入的36%。快消品业务是虎牌凭借谷物主食业务起家后着手发展的第二项业务，产品涉及杂货（调味品、涂抹酱、果蔬罐头）、零食（巧克力、糖果）、饮料（运动饮料、浓缩饮料、即饮饮料）、婴儿食品（婴儿营养品）等。杂货业务中包含一些在南非最受欢迎的品牌，如KOO、All Gold、Crosse and Blackwell。大部分食品的加工工作都是在南非豪登省的博克斯堡进行的，而罐装水果的生产则在位于开普敦以东180千米处的两座工厂里进行。作为世界上最大的罐装水果生产和出口商之一，两个工厂每年要处理超过10万吨的水果。杂货业务在南非市场的占有率为40%。虎牌的饮料业务拥有南非知名品牌Oros、Game、Energade、Roses和Halls等，旗下的15个饮料品牌都在位于豪登省的工厂里生产，在南非市场的占有率达47%。在零食业务方面，虎牌拥有备受喜爱的标志性品牌Maynards、Fizzer等33个糖果糕点子品牌，它们在位于夸祖鲁·纳塔尔的两家工厂里生产，在南非市场的占有率达到了44%。婴儿食品方面，虎牌有核心品牌Purity，产品涵盖婴儿营养、母婴护理、婴儿护理和药品等方面。虎牌婴儿产品在南非市场的占有率高达62%。

日化板块

日化是虎牌的第三大业务，占总营业收入的6%。虎牌在日化业务中，拥有一系列多样化的领先品牌，这些品牌都极具南非特色。虎牌旗下的Ingram's、Doom、Peaceful Sleep、Status和Perfect Touch等品牌屡获殊荣。19个日化品牌下的产品，全部在位于豪登省的世界级工厂里生产。目前在南非市场，日化品牌的占有率为9%，而虎牌自20世纪60年代起就开始大力发展的杀虫剂品牌，其市场占有率高达60%。

并购与整合

虎牌最早的并购整合可以追溯到1944年。当时，Tiger Oats与National

Milling Company Limited 合并后，在约翰内斯堡证券交易所上市。之后，虎牌孵化出了众多品牌以丰富其业务。并购主要发生在 1982 年之后。虎牌通过多次并购、整合，扩大了其业务范围，丰富了其品牌组合，产品涵盖食品、饮料、制药、婴儿食品等多个领域，这迅速提高了其在南非市场的占有率，成为本土绝对的快消品巨头。

- 1982 年，拿到了意大利面品牌 Fattis & Monis 的控股权，并将其发展为南非前三的大米和意大利面品牌。
- 1998 年，收购食品包装公司 Imperial Cold Storage & Supply Company，扩大了其在食品领域的业务。
- 1999 年，以 34 亿南非兰特的价格收购了制药公司 Adcock Ingram 的股份。
- 2006 年，进军零食领域，收购了雀巢在尼日利亚的糖果业务。
- 2007 年，进一步扩展了品牌组合，通过收购 Bromor Foods，将主要品牌 Oros、Energade 和 Rose's 整合进来，开始进入果汁饮料领域。
- 2008 年为跨国扩张元年，它先后收购了肯尼亚 Haco Industries 与喀麦隆的 Chococam。
- 2009 年，收购了 Crosse & Blackwell 的蛋黄酱业务。
- 2012 年，购买了 Dangote Flour Mills 65.7% 的股权，以加快其进军非洲其他市场的步伐。但 2015 年，它又以每股 1 美元的价格将其卖了回去。
- 2015 年，对其南非以外的业务进行整顿，并着手解决水土不服的问题，以恢复业务的稳健性和增长性。整顿措施包括重新审视其运营策略，优化供应链，降低成本，提高效率，加强团队管理。此外，还格外关注南非以外市场的发展变化，并采取了措施以适应不同市场的需求。在南非以外市场的投资更加谨慎。
- 2019 年，虎牌投资了非洲头部海产品加工生产商 Oceana。

总体来说，在长期发展中，虎牌通过收购和多元化发展的方式扩展了业务，并建立了强大的品牌组合，成为非洲最重要的食品和快消品制造商之一，并在南非和其他国际市场上保持着坚实的品牌形象。

财务分析

如图 28-1 所示，虎牌的营业收入在 2017 年之前一直有较高的增长速度，除了在 2015 年卖掉其失败的尼日利亚磨坊时，虎牌营业收入出现了一次下跌。2017 年之后，南非市场现有业务趋于饱和，虎牌在肯尼亚和尼日利亚的扩张和运营也遇到了挑战，2018 年和 2019 年，虎牌的营业收入较 2017 年出现了下跌。2020—2022 年，虎牌通过收购扩张的方式开拓品类的策略初见成效，营业收入增速有所加快。疫情期间，虎牌的业务因为涉及很多刚需产品，所以营业收入并未受到很大影响。2022 年，疫情影响逐渐减弱，这让虎牌的营业收入迎来了爆发式增长，涨幅高达约 9.9%，远超疫情前水平。

表 28-1 虎牌财务指标概况（2014—2022）

财务指标	2014 年	2015 年	2016 年	2017 年	2018 年	2019 年	2020 年	2021 年	2022 年
营业收入（百万南非兰特）	30 072.0	28 660.0	30 588.2	31 297.9	28 364.7	28 578.9	29 796.1	30 953.9	34 028.9
毛利润（百万南非兰特）	9 531.8	9 679.5	9 718.6	10 441.5	9 257.9	9 104.2	8 958.7	8 810.2	10 315.8
毛利率（%）	31.7	33.8	31.8	33.4	32.6	31.9	30.1	28.5	30.3
净利润（百万南非兰特）	1 990.3	1 727.1	3 305.6	3 119.3	2 401.1	3 863.3	1 014.3	1 893.1	2 864.5
净利率（%）	6.6	6.0	10.8	10.0	8.5	13.5	3.4	6.1	8.4
总资产（百万南非兰特）	24 852.0	24 854.3	24.528.9	23 979.2	23 928.4	22 180.5	21 917.2	22 831.9	24 018.8
股东权益（百万南非兰特）	13 947.2	13 777.6	16 033.9	17 061.2	17 465.2	15 407.5	15 787.4	15 702.4	15 692.8
杠杆率 D/A	0.44	0.45	0.35	0.29	0.27	0.31	028	0.31	0.35
净资产收益率（%）	14.3	12.5	20.6	18.3	13.7	25.1	6.4	12.1	18.3
资产回报率（%）	8.0	6.9	13.5	13.0	10.0	17.4	4.6	8.3	11.9

资料来源：虎牌年报，雅虎金融。

过去 10 年，虎牌的利润率随着其扩张的步伐和业务策略的变化产生过一些波动，但总体来讲，虎牌的利润率基本稳定在了一定的水平上，毛利率一直在 30%

左右，净利率也在 3.4% ～ 13.5% 浮动。2020 年和 2021 年，虽然虎牌的营业收入受疫情影响不大，但利润率还是承受到了一定压力。我们看到，毛利率在 2021 年下滑至 28.5%，净利率在 2020 年下滑至 3.4%（见图 28-2）。2022 年，财务盈利能力有所改善。

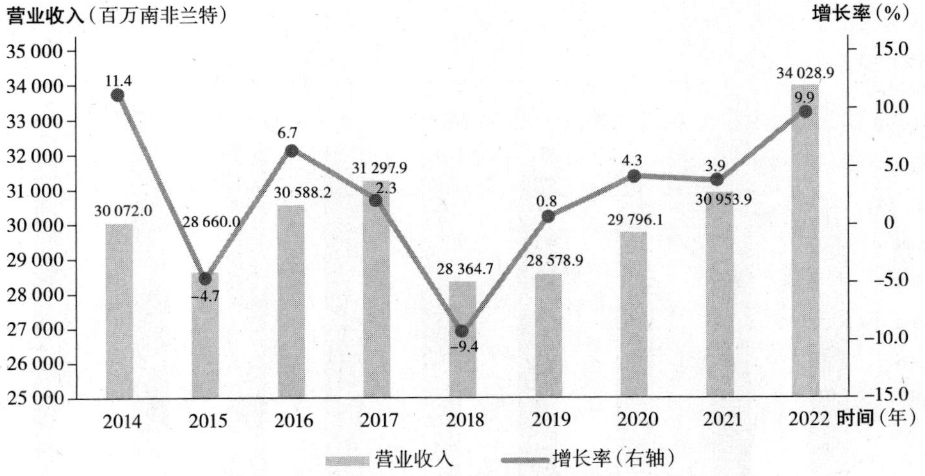

图 28-1 虎牌营业收入及增长率情况（2014—2022）

资料来源：虎牌年报，内容由弘章投资研究整理。

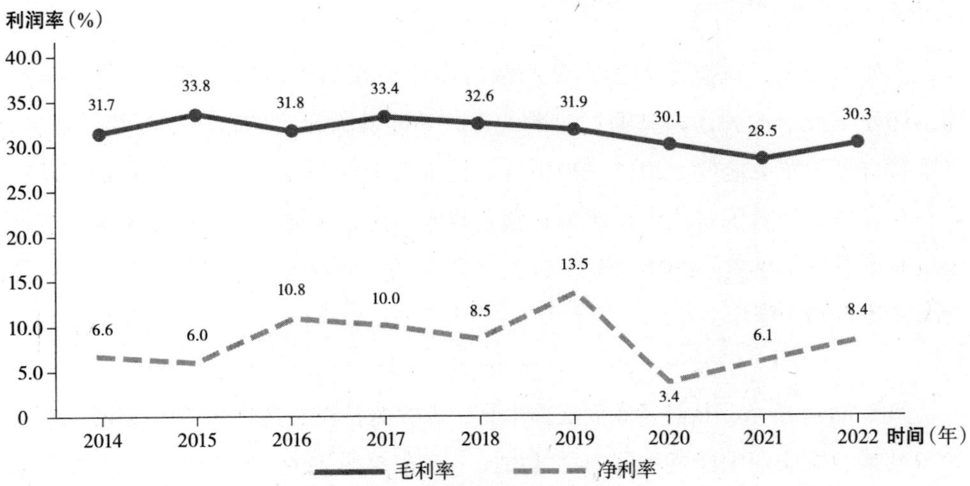

图 28-2 虎牌利润率情况（2014—2022）

资料来源：虎牌年报，内容由弘章投资研究整理。

虎牌的业务中，除了前面介绍的谷物主食、快消品、日化外，泛非业务也占了较大比重。

从营业收入层面来看，如图 28-3 所示，2014—2022 年，谷物主食和快消品收入占比增长明显，而泛非业务的收入占比却在下降。

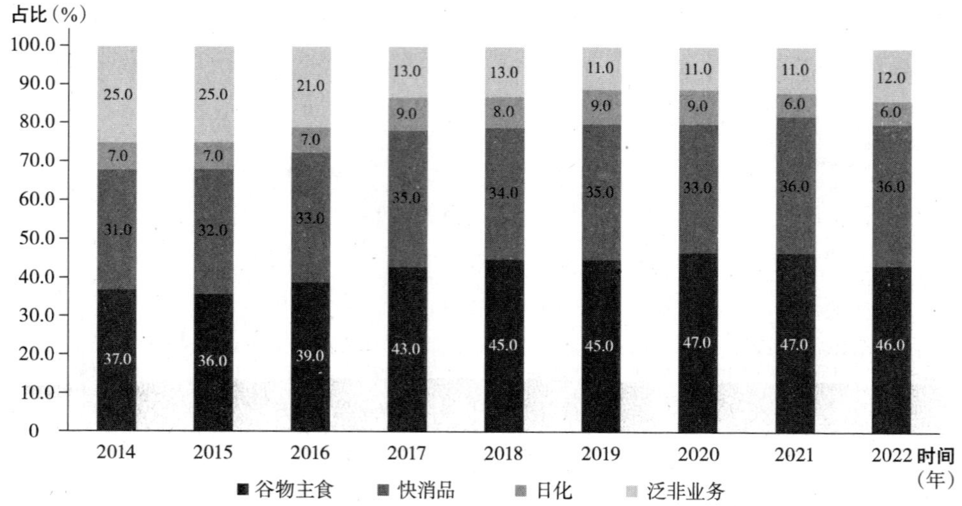

图 28-3 虎牌各类业务在营业收入中的占比（2014—2022）

资料来源：虎牌年报，内容由弘章投资研究整理。

主要原因是，虎牌的谷物主食和快消品业务在南非市场的地位本身就很稳固，即便如此，虎牌还是在通过收购的方式不断壮大自己的这两个板块的业务，以维持自己的龙头地位。2015—2016 年，泛非业务受到在尼日利亚失败的工厂收购和在肯尼亚经营困难的负面影响，营业收入占比近乎腰斩。随后，虎牌对整块出口业务进行了重整，2016 年以后，泛非业务的营业收入开始稳定增长，其营业收入占比也趋于稳定。

如图 28-4 所示，从经营利润层面来看，虎牌的谷物主食业务已具备规模效应，2020 年前，在企业的经营利润中，其占比一直在 50% 左右。但疫情期间，成本端支出上涨，导致谷物主食板块的经营利润受到较大影响。

而虎牌的快消品业务在日常经营中和收购品牌时都比较顺利，所以营业收入和经营利润都实现了大幅增长，导致这块业务的收入和利润占比不断扩大，即使在疫情期间也表现得很出色。

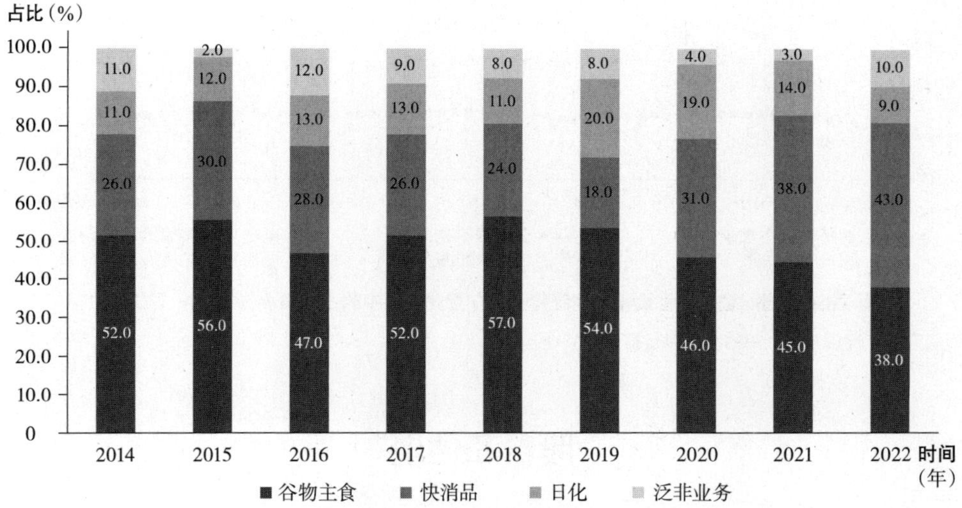

图 28-4　虎牌各类业务在经营利润中的占比（2014—2022）

资料来源：虎牌年报，内容由弘章投资研究整理。

如图 28-5 所示，销售费用是虎牌经营费用中占比最大的一部分，销售费用常年保持在营业收入的 12% 上下，2018 年和 2019 年虎牌的营业收入较 2017 年出现下跌和增长微乎其微时，销售费用在营业收入中的占比出现了小幅上涨，但整体来看，成本端控制得比较好。

营销费用保持在营业收入的 2.7% 左右。虎牌由于已经完成了南非全境的布局，也建立了比较完善的营销策略，所以即使在营业收入出现下降时，营销费用也控制得很稳。近年来，随着新收购的品牌逐渐增多，以及在南非以外非洲市场的重新布局，虎牌适度加大了营销投入来帮助新品牌和新市场实现发展。

虎牌的其他经营费用在营业收入中的占比一直稳定在 5% 左右。经历了长达一个世纪的发展后，虎牌各方面的经营管理均趋于稳定。由于虎牌的体量比较大，且已经形成了明显的规模优势，所以，预计未来其他经营费用还会维持在这一水平上。

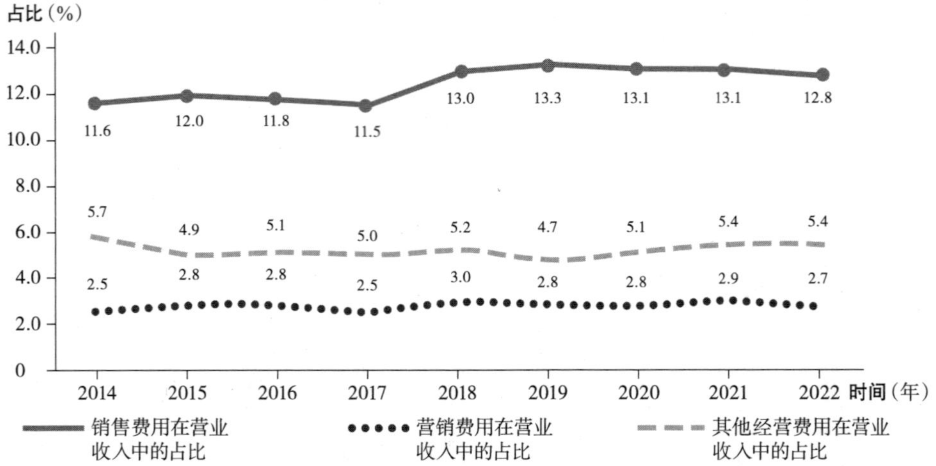

图 28-5 虎牌销售、营销和其他经营费用在营业收入中的占比情况（2014—2022）

资料来源：虎牌年报，内容由弘章投资研究整理。

股价和估值

虎牌的股价表现可以简单地分为三个阶段。

如图 28-6 所示，第一阶段是 2005 年以前的那段时间。虎牌的股价一直维持在 10 000 南非兰特以下，这是政治、经济方面的历史遗留因素所致。南非在 20 世纪中期实施的种族隔离政策，招致了国际社会的制裁和孤立，这限制了国际投资者和跨国公司与南非的经济交往。政治环境在种族隔离时期乃至过渡到民主国家后的一段时期都相对不稳定，而政治动荡和不确定性通常会抑制投资者的信心。虽然约翰内斯堡证券交易所 1887 年就已成立，但实际上，南非的金融市场监管体系在当时可能还不是很健全，缺乏透明度之余，监管力度也不够。直到 21 世纪初期，这种情况才逐步有所改善。

第二阶段从 2005 年开始，一直到 2020 年。随着二级市场环境转好，虎牌作为快消品行业龙头，基本面良好，增速也较为可观，所以股价一路快速增长。到 2017 年底，股价已上涨至 46 000 南非兰特。但是从 2018 年起股价开始下滑，一直下滑到 2020 年年中的 17 840 南非兰特。其中，很重要的一个原因是，2018 年，虎牌的营业收入和利润出现了明显下跌的情况，虎牌主营业务在南非市场的占有率趋于饱和，而在南非以外国家的发展还面临着一定的挑战，虎牌的增长性受到质疑。

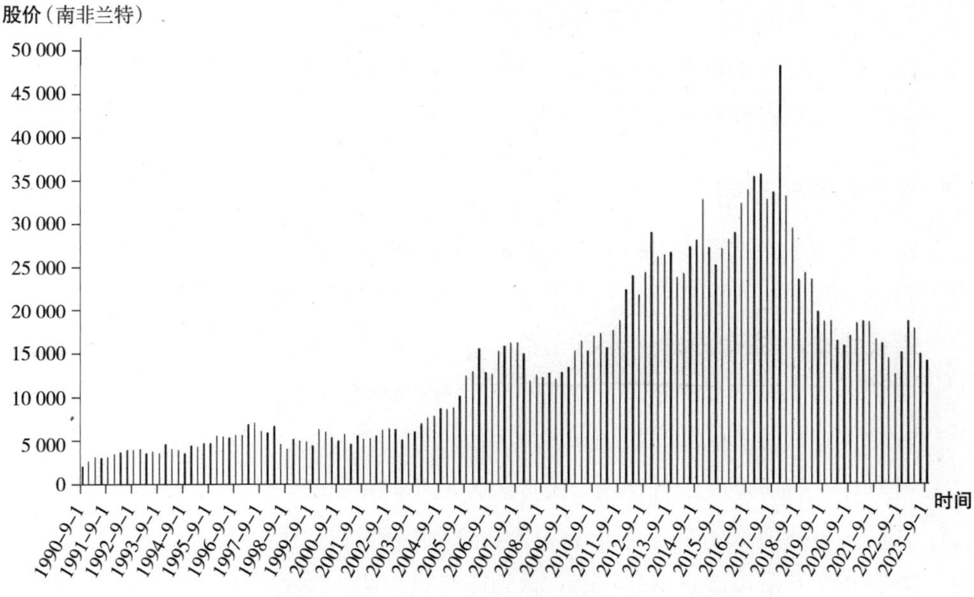

图 28-6 虎牌股价走势（1990 年 9 月 1 日至 2023 年 9 月 1 日）

资料来源：雅虎金融。

第三阶段是 2020 年年中至今的这段时间。由于虎牌业绩恢复到了先前的增长速度，所以股价有了一些回暖，开始在每股 20 000 南非兰特左右波动。但疫情期间，股价还是没有展现出很好的走势。在虎牌所处的消费行业里，许多企业的股价在疫情期间都出现了明显的下跌或波动，这也反映出了市场对经济前景的担忧。

THE FUTURE OF GOING GLOBAL

新全球化企业洞察

品牌认知度和消费者忠诚度

虎牌的产品在南非市场具有较高的品牌认知度和消费者忠诚度。这是因为虎牌本身已有超过百年的历史，旗下大多数品牌（包括其收购的品牌）都已存在了几十年，这无形中建立起了强大的品牌声誉和信任，有助于虎牌在市场上保持竞争优势，积累大量的忠实消费者。尽管虎牌主业是事关基本民生的快消品，但它在南非本土市场上并未面临激烈的竞争，一个世纪积淀而来的资源和能力让很多竞争对手望而却步。虎牌起家的主营业务的市场占有率高达 30%，而第二大业务快消品板块在多年的蓬勃发展后，市场占有率甚至高达 40%。

多元化的产品组合

虎牌在通过燕麦谷物成功起家并完成上市后，并没有止步于此，而是开始探索各个领域和品类。这些年，虎牌通过孵化和收购，拥有了广泛的产品组合，涵盖食品、饮料和消费品等多个领域。这种多元化布局使其能够满足不同消费者的需求，并在多个市场取得成功。虎牌的产品包括一些南非家喻户晓的品牌，如 Jungle Oats、KOO、All Gold 等。这些产品的多样性使虎牌能够降低市场风险，因为它不依赖于单一产品或市场。与此同时，虎牌注重创新，以适应市场和消费者需求的变化。虎牌一直在不断地开发新产品或改进现有产品，以追随市场趋势，保持竞争力。尽管虎牌在尼日利亚和肯尼亚的扩张受阻，但它果断做出调整，舍去了逐渐成为累赘的尼日利亚工厂，然后重整旗鼓。

本地化和社会责任

虎牌每年都会出具可持续发展报告，在南非积极履行社会责任，并通过各种项目支持社区和相关领域实现可持续发展。虎牌在南非的运营不仅提供了大量的就业机会，还鼓励和培训当地员工。虎牌积极采购南非本土的原材料，鼓励和支持当地的农民和供应商促进农业和制造业的发展。在教育、医疗保健、饮用水和食品援助等领域，虎牌也在积极开展相关工作。例如，虎牌通过其“食品流动性项目”向需要食品援助的社区提供支持。这种本地化的参与有助于企业建立与当地社群的紧密联系，提高了其在南非市场的声誉。

第 29 章

Clicks，南非健康与美丽的守护者

Clicks Group（后文简称 Clicks）是南非领先的美护健康、药品零售商，成立于 1968 年。早期，Clicks 经营的是连锁日化美妆门店。2003 年，南非政府允许企业拥有药店所有权后，Clicks 于 2004 年进入线下连锁药店赛道。截至 2023 年底，Clicks 不仅拥有 880 多家日化美妆门店，还在 710 多家旗下门店内开设了售药区域；同时，Clicks 还经营着品牌名为 UPD（United Pharmaceutical Distributors）的南非领先的药品批发供应链业务，该项业务可以为药品零售商、私立医院等提供供应链服务。

Clicks 在南非当地有着极强的市场竞争力。根据 Clicks 年报，2023 年，在南非市场，Clicks 的药品零售业务所占的市场份额约为 24%，母婴用品业务所占的市场份额约为 21%，皮肤护理业务所占的市场份额约为 43.6%，头发护理业务所占的市场份额约为 33%，个护业务所占的市场份额约为 21.1%。

深耕国内的同时，Clicks 也在积极开拓海外市场。截至 2023 年底，Clicks 在纳

米比亚和博茨瓦纳的门店数分别为 27 家和 19 家。

1979 年，Clicks 在南非的约翰内斯堡证券交易所上市，目前，市值约为 700 亿南非兰特。2023 年，Clicks 的营业收入为 416 亿南非兰特，同比增长约为 5.1%；净利润为 25.43 亿南非兰特，同比增长约为 0.8%。

Clicks 旗下品牌包括 Clicks、Clicks Baby、The Body Shop 以及 Sorbet Beauty Salons。截至 2023 年底，四大品牌门店数合计为 1 140 家。其中，Clicks 是核心品牌，该品牌的核心消费者是普通大众中的高阶级人群。近年来，Clicks 也在积极拓展下沉市场，从门店分布来看，目前有约 1/4 的门店布局在低收入区域。

Clicks 覆盖范围广泛，南非一半的人口都生活在 Clicks 药房周围 5 千米以内。另外，Clicks 的会员计划是南非最大的会员体系之一，拥有超 1 000 万活跃会员，它为 Clicks 贡献了超过 80% 的营业收入。在产品端，Clicks 的产品有着一定的差异化。目前，约 1/4 的产品是自有品牌或独家授权产品；未来，预计自有品牌及独家授权产品在营业收入中的占比会提升至 30%。

截至 2023 年底，Clicks 品牌下日化门店数为 881 家。其中，南非国内有 832 家，海外市场有 49 家。在门店内，Clicks 开设了 711 家药房和 203 家诊所（部分药房与诊所存在重叠情况）。根据 2023 年年报，未来，Clicks 每年开设的日化门店和店内药房数量均在 40 ～ 50 家。

The Body Shop 是全球中高端美护品牌，该品牌成立于 1976 年。Clicks 在 2001 年与 The Body Shop 签订了在南非及周边区域经营相关门店的特许经营协议。目前，The Body Shop 拥有门店 61 家，其中，南非国内有 57 家，纳米比亚、博茨瓦纳等海外市场有 4 家。Clicks 的美护产品除了在 The Body Shop 门店销售外，在 250 多家 Clicks 门店中也有销售。

Clicks Baby 是 Clicks 在 2021 年针对母婴市场单独推出的新品牌。此前，母婴产品在 Clicks 门店中销售，2021 年 Clicks 将母婴品类独立成品牌后，该类业务开始在线下扩张。截至 2023 年底，Clicks Baby 的门店数达到 4 家，全部在南非境内。

2023 年 6 月，Clicks 收购了 Sorbet Beauty Salons，该品牌旗下包含美容护理、男士护理和头发护理三部分业务。截至 2023 年底，该品牌旗下的门店数达到了 194 家，全部在南非境内。

发展路径

1968 年，Clicks 的第一家门店在开普敦开业。创始人的本意是想开设一家药房，但由于南非当地法律法规的限制，这一愿望直到 35 年之后的 2003 年才得以实现。

在成立之初，Clicks 就明确了少付多得（You Pay Less）的高性价比定位，并将这一传统延续至今。1971 年，Clicks 走出开普敦，开始向南非各地扩张。

1978 年，Clicks 注册了“You Pay Less”商标，并将其打造成了自有品牌。今天，Clicks 的自有品牌产品及独家授权产品占比已超过 1/4。目前，Clicks 的自有品牌包括 You Pay Less、Safeway、Kambrook、Made 4 Baby、Smartbite 等，独家授权品牌包括 Oh So Heavenly 和 Sorbet。

1979 年，Clicks 上市；2009 年，该企业正式更名为 Clicks，并将上市板块的定位改为食品及药品零售。

1995 年，Clicks 推出了非洲本土的第一个会员计划。1999 年，Clicks 在开普敦建立了第一个分拣中心。

2001 年，Clicks 与 The Body Shop 签订了特许经营协议并在南非开设了首店；同时，The Body Shop 的产品也在部分 Clicks 门店中进行销售。

2003 年，UPD 业务进入了 Clicks 体系之内。UPD 不仅为 Clicks 服务，也为其他医院及连锁药房提供供应链服务。目前，UPD 已经成为南非领先的全价格带药品批发商，也是唯一走出南非国门的药品批发商。

2003 年，在南非解除了“企业不得拥有药房所有权”的限制后，2004 年，Clicks 在旗下门店内开设了第一家药房“Clicks+Pharmacy”。

2008 年，Clicks 收购了一家药品配送商，这让它可以在南非全国范围内为消费者提供送货上门服务。目前，Clicks 已经开设了 30 家专门从事配送业务的 Clicks Direct Medicines 门店，主要为社区消费者提供服务。

2012 年，Sorbet 品牌下的彩妆个护产品首次进入 Clicks 门店进行销售；2013 年，Clicks 获得了 Sorbet 25% 的股权，并在 2023 年实现了全资控股。

2014 年和 2015 年，国际保健品品牌 GNC、国际女性配饰品牌克莱尔（claire's）分别与 Clicks 签订了独家协议。目前，GNC 和克莱尔旗下的产品均在部分 Clicks 门店中进行销售。

2016 年，Clicks 推出了线上平台业务，后又开发出独立 App，消费者在线上下单后可以选择门店自提或送货上门。

2017 年，Clicks 与 Netcare Group 签订了长期外包协议，Clicks 在 Netcare Group 的 40 多家医院中开设了药房门店，自此闯入医院渠道。

2021 年，Clicks 开设了首家 Clicks Baby 门店。

财务分析

如图 29-1 所示，2023 年，Clicks 的营业收入同比增长了约为 5.1%。根据年报，2019—2023 年，Clicks 的营业收入年均复合增长率约为 7.3%，在较大的收入体量之下，Clicks 整体保持在了一个相对稳健的扩张速度。

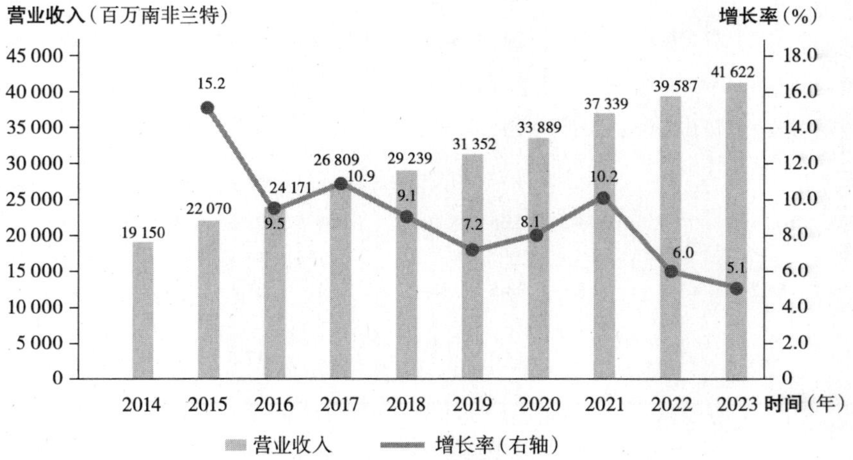

图 29-1　Clicks 营业收入及增长率情况（2014—2023）

资料来源：Clicks 年报，内容由弘章投资研究整理。

值得注意的是，在疫情放开后，Clicks 所处的药品零售业本应受到一定的冲击，但 Clicks 的营业收入始终保持了正增长，增速水平波动不大。而毛利率长期维持在 21% 上下，净利率则长期稳定在 5% 上下（见表 29-1、图 29-2），这从侧面显示出了 Clicks 的市场地位和竞争优势。

表 29-1　Clicks 财务指标概况（2014—2023）

财务指标	2014 年	2015 年	2016 年	2017 年	2018 年	2019 年	2020 年	2021 年	2022 年	2023 年
营业收入（百万南非兰特）	19 150.0	22 070.0	24 171.0	26 809.0	29 239.0	31 352.0	33 889.0	37 339.0	39 587.0	41 622.0
毛利润（百万南非兰特）	15 026.0	17 545.0	19 157.0	21 185.0	23 063.0	24 662.0	26 806.2	29 796.5	30 798.7	32 090.6
毛利率（%）	21.5	20.5	20.7	21.0	21.1	21.3	20.9	20.2	22.2	22.9
净利润（百万南非兰特）	865.0	955.0	1 099.0	1 269.0	1 469.0	1 682.0	1 925.0	1 961.0	2 523.0	2 543.0
净利率（%）	4.5	4.3	4.5	4.7	5.0	5.4	5.7	5.3	6.4	6.1

续表

财务指标	2014年	2015年	2016年	2017年	2018年	2019年	2020年	2021年	2022年	2023年
总资产（百万南非兰特）	6 192.0	7 556.0	8 377.0	9 746.0	13 350.0	15 070.0	15 274.0	17 173.0	17 864.0	19 035.0
股东权益（百万南非兰特）	1 567.0	2 013.0	2 452.0	3 296.0	4 322.0	4 788.0	5 194.0	4 805.0	5 699.0	5 965.0
杠杆率D/A	0.75	0.73	0.71	0.66	0.68	0.68	0.66	0.72	0.68	0.69
净资产收益率(%)	55.2	47.4	44.8	38.5	34.0	35.1	37.1	40.8	44.3	42.6
资产回报率（%）	14.0	12.6	13.1	13.0	11.0	11.2	12.6	11.4	14.1	13.4

资料来源：Clicks 年报。

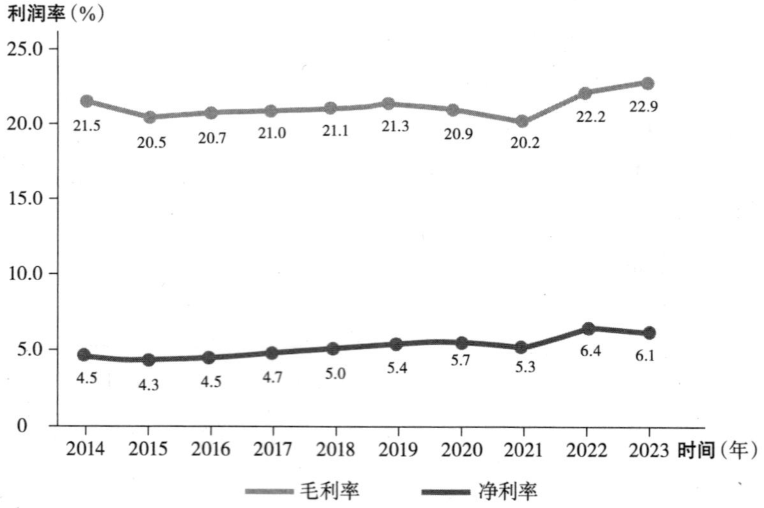

图 29-2　Clicks 利润率情况（2014-2023）

资料来源：Clicks 年报，内容由弘章投资研究整理。

2023 年，Clicks 的药房业务营业收入同比增长了 9.7%，这使 Clicks 在南非药品零售市场的份额小幅提升至 24.0%。日化业务的营业收入增速约为 5.3%，2022 年，在疫情之下，相关产品基数较高。美妆个护业务的营业收入增长了 18%，且全部品类的营业收入均实现了双位数增长，这也使得 Clicks 在各个相关领域的市场份额均得到了提升。

Clicks 作为比较典型的线下零售连锁企业，由于同店很难长时间保持高增速，因此，它的营业收入增长主要依靠开店拉动。2023 年，Clicks 净开店 45 家，开店增速约为 5.4%。过去 3 年，Clicks 累计开店 142 家，3 年的复合增长率约为 6.0%，这也是过去几年 Clicks 营业收入复合增速并非特别高的核心原因。2024 年，Clicks 预计将开设门店 40 ～ 50 家，对应截至 2023 年底的 881 家，开店增速约为 5%。因此我们预计，未来 Clicks 的营业收入增长大概会维持在中间个位数水平上。

开店数量方面，Clicks 在年报中指出，Clicks 门店的中期开店目标为 1 200 家，按照目前的开店速度，未来 5 ～ 7 年，尚无需担心 Clicks 在南非本土市场会触碰开店天花板。

较高的自有品牌产品和独家授权产品占比是 Clicks 在强调性价比的情况下，依然可以保持较好的利润率水平的基础。2023 年，Clicks 的自有品牌产品和独家授权产品的销售占比约为 25.2%。其中，自有品牌产品在日常门店销售中的占比为 30.3%，在药房销售中的占比为 11.3%。

2023 年，表现亮眼的自有品牌在 Clicks 的收入增长中贡献了 1/7 的份额，小幅拉升了公司整体的利润率。根据年报，Clicks 的毛利率、净利率水平在近两年均有所提升。未来，Clicks 计划进一步提高自有品牌产品的销售占比，中期目标是将其提升至 30%。

如图 29-3 所示，Clicks 的资产负债率相对稳定。2023 年，Clicks 的资产负债率为 68.7%，流动比率为 1.10，财务状况相对健康。

Clicks 拥有较好的经营性现金流（见图 29-4），且现金流与利润的比值也相对稳定，这体现出了 Clicks 经营的稳健性。

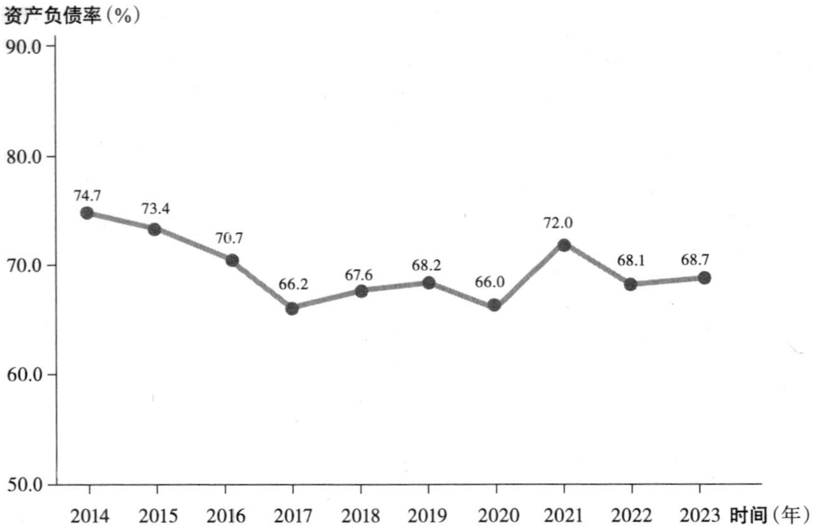

图 29-3　Clicks 的资产负债率情况（2014—2023）

资料来源：Clicks 年报，内容由弘章投资研究整理。

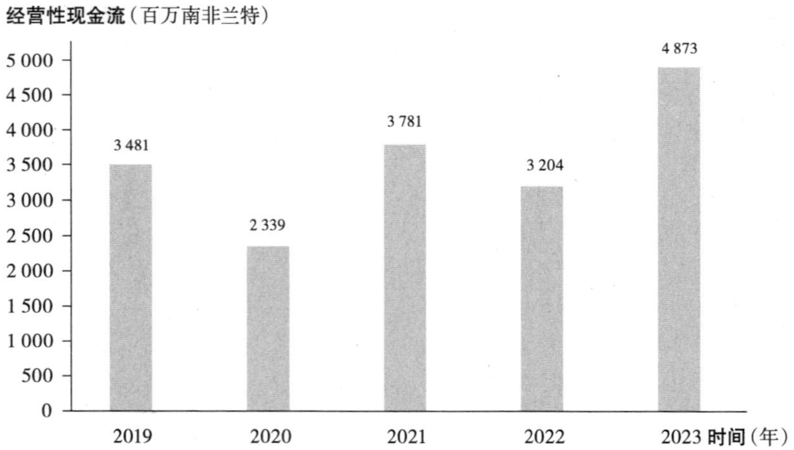

图 29-4　Clicks 的经营性现金流情况（2019—2023）

资料来源：Clicks 年报，内容由弘章投资研究整理。

作为线下零售企业，存货周转速度的快慢至关重要。整体来看，Clicks 近几年的存货周转天数保持在了 70 天左右（见图 29-5），只有 2020 年和 2021 年受疫情影响较低，这是一个比较出色的周转速度。作为比较对象，国内多数药房连锁上市公司的存货周转天数都在 100 天左右。

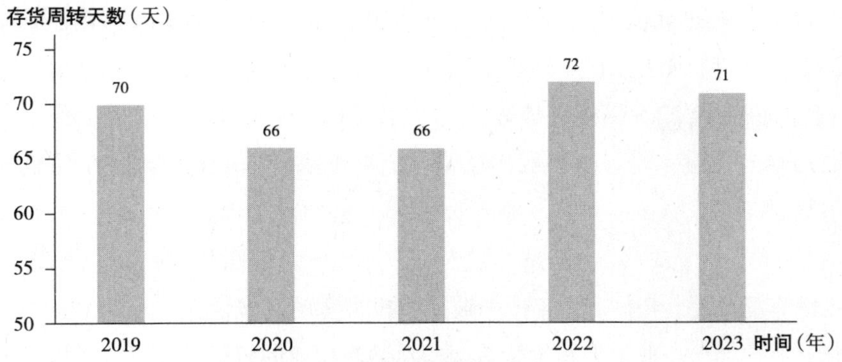

图 29-5　Clicks 的存货周转天数情况（2019—2023）

资料来源：Clicks 年报，内容由弘章投资研究整理。

股价和估值

受益于门店规模的持续扩张，Clicks 的股价在 2009 年之后持续上涨（那一年，该企业正式更名为 Clicks，并将上市板块的定位改为食品及药品零售），直到 2022 年（见图 29-6）。虽然在疫情之前，Clicks 的营业收入增速就已回落至高个位数，但疫情之下，消费者对部分品类的需求骤增，这在一定程度上支撑了 Clicks 的基本面及股价表现。整体来看，Clicks 目前的股价水平高于疫情之前，这是市场对 Clicks 在相对困难的宏观环境之下，依然可以保持稳健成长的一种肯定。

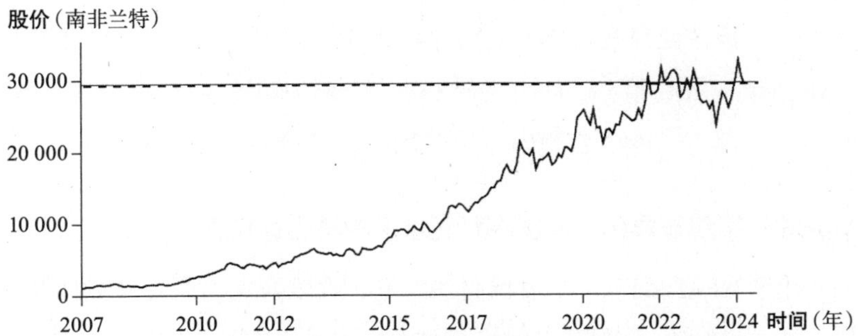

图 29-6　Clicks 股价走势（2007—2024）

资料来源：英为财经。

Clicks 的最新市值约为 700 亿南非兰特。2023 年，Clicks 的营业收入约为 416 亿南非兰特，对应的 PS 估值约为 1.68 倍；净利润为 25.43 亿南非兰特，对应的 PE 估值约为 27.5 倍。整体来看，考虑到 Clicks 未来大概率会维持一个中间个位数的收入增速水平，所以我们认为，资本市场给予了 Clicks 一个比较慷慨的估值倍数。

比较有趣的是，Clicks 在年报中披露了投资者的区域信息。虽然 Clicks 是一家在南非上市的本土企业，但是投资其南非及纳米比亚的投资人或投资机构只占了不到 1/3，超过 30% 的投资人或投资机构均来自美国和加拿大，约 15% 来自英国及爱尔兰，约 12% 来自欧洲其他区域，剩余约 10% 分散在世界各地。

THE FUTURE OF GOING GLOBAL

新全球化企业洞察

Clicks 是南非日化及药品零售的龙头企业

Clicks 成立于 20 世纪 60 年代，在 2003 年南非解除了“企业不得拥有药房所有权”限制后，Clicks 开始同时开展日化及药品零售业务。发展至今，Clicks 已经占据了南非当地药品零售市场 24% 的份额，皮肤护理品类 40% 以上的份额以及个护品类市场 20% 以上的份额。

目前，该企业自有品牌 Clicks 拥有门店 881 家，在所有品牌下，门店数量接近 1 200 家。Clicks 每年都在保持中间个位数水平的开店增速，未来 5 ～ 7 年，Clicks 在南非本土市场不会“撞到”开店天花板。

自有品牌是实现差异化以及提高利润水平的核心途径之一

对于零售企业而言，发展自有品牌是实现差异化、摆脱价格战的一种选择，也是企业供应链实力的一种体现。我们知道，Clicks 在成立之初就十分强调性价比，甚至将自有品牌命名为“You Pay Less”，Clicks 也会常年开展一些促销活动。而较高的自有品牌产品和独家授权产品占比是 Clicks 在强调性价比的情况下，依然可以确保较好利润率水平的基础。

对于 Clicks 而言，2023 年，Clicks 自有品牌产品和独家授权产品销售占比约为 25.2%，其中，自有品牌产品在日常门店销售中的占比为 30.3%，在药房销售中的占比为 11.3%。但由于药品品类相对标准，Clicks 想要实现更高的自有品牌占比难度较大。但对于日化个护产品而言，Clicks 超过 30% 的自有品牌产品占比和独家授权产品占比无疑展现出 Clicks 拥有极为明显的差异化。而强劲的自有品牌产品，为 Clicks 2023 年的营业收入增长贡献了约 1/7 的业绩，还小幅拉升了 Clicks 的整体利润率。未来，Clicks 计划进一步提高自有品牌产品的销售占比，中期目标为 30%。

在实际观察中我们认为，零售企业的自有品牌销售占比并不是越高越好，虽然不同业态、不同品类之间存在明显的差异，但我们发现，往往自有品牌产品销售占比在 20% ～ 30% 才是相对高效的。虽然跨越了国度，但我们在 Clicks 上同样看到了这一规律。

THE FUTURE
OF GOING GLOBAL
新全球化洞见

让中国企业家精神 在新兴市场落地生根

原则一，让中国的企业家精神在异乡落地生根

从“企业家精神”这个术语的内涵上来看，首先，它是一种精神品质。企业家精神是指企业家这个特殊群体所具有的共同特征，是他们所具有的独特的个人素质、价值取向及思维模式的抽象表达，是对企业家理性和非理性逻辑结构的一种超越和升华。企业家群体独有的显著精神特征可以将其和其他群体区别开来，人们也常把它看作成功的企业家内在的经营意识、经营理念、胆魄和魅力。忍受住煎熬、耐得住寂寞是今天的企业家精神中尤为重要的能力，当然，必然会有很多人忍受不了寒冬，最终倒下，但寒冬转至初春的过程才是最寒冷的时刻。过去的成功是大势下的运气使然，我们容易放大顺势中的能力，但成功往往是无数偶然因素的叠加。事实终将证明，“严寒冻土”更能彰显出草根企业家的韧性。2024 年是一个比谁能“熬”的年份，只有熬出头才有资格谈明天。

弘章投资坚定地看好那些坚韧的中国企业家，在全球都很难找到像中国企业家这般有能力又勤奋，具有超强的适应性与创新能力的群体。而我们的任务就是去发现那些在产业中深耕的企业家，那些隐藏在市场深水中的潜行者。我们愿意以最长期的陪伴全力支持这些具备坚韧品质的“逆行者”，探究他们身上这种迎难而上、坚韧不拔的草根精神。因为这种草根精神的背后，承载的是企业家对改变命运的渴求和家国情怀。

如今，很多企业家都开始把战略眼光投放到了更大的格局——新全球化上。所以，2024 年是中国企业家拓展世界市场新征程的元年。如果我们有一部时光机，那么我们就可以让优秀的中国创业者将中国故事在新兴市场进行复制，成就全球性“新巨人”企业。早期的中国创业者试图在海外寻找蓝海，而新一代的中国企业家则具有更宏大的雄心和抱负，他们计划在新兴市场中重新创建一个商业帝国。但不管怎样，有一点不变：从各行业需求出发，回归行业经营本质。管理者在国内远程遥控的阶段已经过去，他们需要从市场、人才和资源等多维度出发，寻找最优要素，在海外市场完成整合和布局。

从终局看，我们相信，中国的企业家精神定能在海外市场生发出新的创造力和竞争力。经历过中国过去 10 多年的高速发展和超强内卷，见识过大规模、体系化的高度竞争，今天的中国企业高层管理人员变得更加务实、高效和有创新力。企业家精神是最重要的生产要素之一，企业家承担了创新创业的巨大风险，相应地应该获得剩余价值。中国在不断推动资本、劳动、土地、数据、信息、技术等要素向前发展，是企业家将上述生产要素组合了起来，而后参与市场竞争。今天，中国涌现出了一批具有“企业家精神”的企业家，他们将成为出海时代的弄潮儿。

原则二，培养跨文化管理和沟通能力

语言是本地化经营的重要影响因素。对于全球化经营企业而言，一个很大的难点在于，如何在不同的组织结构中展开良好的沟通和协同。通常，海外中国企业的核心高层管理人员大部分还是会以中国人为主，中层管理人员则往往是当地华人居多，负责运营执行的大多是当地人。全球化进程的不断加快，使企业不可避免地要与来自不同文化背景的员工、合作伙伴和客户进行频繁互动。在这种多元文化的背景下，企业要想取得商业上的成功，就必须注重培养跨文化管理和沟通能力，以便更好地适应和理解各种文化环境，进而实现有效的合作和沟通。

想要做好跨文化管理，管理者需要对多元文化有深刻的认知，并能给予理解和尊重。管理层应积极倡导文化多样性的价值，鼓励员工了解并欣赏不同文化的特点，融合不同的文化背景。通过开展多元文化培训等方式，企业可以帮助员工增强对彼此文化的理解，包容各自不同的行为方式，减少因文化差异导致的误解和冲突。

同时，企业还需要提高员工的语言能力，特别是有效的会议沟通技能，让他们能够用目标市场的语言进行有效沟通。尊重并理解不同文化的价值观和习俗是企业进行跨文化管理和沟通的关键。企业应尊重员工的文化背景和信仰，避免在管理和决策过程中侵犯员工的文化权益。在与合作伙伴和客户的沟通中，企业也要尊重并理解他们的文化习俗和价值观，以便更好地建立信任和合作关系。

中国企业的很多高层管理人员都倾向于把国内的 KPI 方法复制到海外管理上，用中国的高效率和高竞争标准进行海外业务管理，这很不符合国外新兴市场员工的基本认知。所以，管理者需要通过实践，不断检验和提升跨文化管理和沟通能力。

原则三，实现全球化供应链的优化与协同

全球化的供应链体系已成为企业运营中不可或缺的一部分，它对企业的运营效率和成本控制具有至关重要的影响。实现供应链的协同与高效运作是企业优化供应链管理的重要目标。协同意味着供应链中的各个环节能够紧密配合、相互衔接，形成一个有机整体。高效运作则要求供应链在保障产品质量的同时，尽可能缩短交货周期、降低库存成本，从而提高整体运营效率。企业需要加强与供应商、物流服务商等合作伙伴之间的紧密合作。

在一个全新市场，缺少配套供应链往往是业务开展的难点。所以在新兴市场国家，一些企业会自己投资建设工业园区，把在中国配套的上下游供应链伙伴都纳入工业园区，与合作伙伴共同制定供应链管理策略，共同应对市场变化和风险挑战。

在与供应商的合作中，不一定是越大越好，还得看稳定性情况。确保原材料或零部件的质量和稳定供应很重要。合作中，要与供应商建立起一整套供应链的 IT 信息系统，实现订单、库存等信息的实时更新和共享，以便及时调整生产和采购计划。在与物流服务商的合作中，要共同优化物流路线和运输方式，降低运输成本，提高运输效率。构建信息技术，实现物流信息的实时监控和预测分析，可以更好地掌握物流动态和调整物流策略。

原则四，全球化就是本地化

其实，真正的全球化就是本地化，经营者要融入其他国家或其他族裔的商业范畴里、文化里、理念里，逐步懂得该如何去经营发展，从而获得成功。本地化恰恰是出海经营最本质的东西。在海外发展的企业想要变成一家本地化企业，就需要创始人和高管团队主动“融入”，甚至可以说，判断一个出海企业能否成功的标志之一，就是创始人和管理团队能否说当地语言，因为基层员工大部分都是当地人，能够用同样的语言进行沟通是基本要求之一。

我经常听到刚刚出海的企业家朋友说：“这里真落后，我们的产品和模式拿过来就是降维打击。”在国内，企业的成功可能与多个要素密切相关，比如完善的基础设施和物流体系、熟练的产业工人、发达的网络等。但在新兴市场，这些要素基本上都落后于中国，而且也缺少配套的供应链体系。所以，出海企业切不可拿国内做事的效率和方法来评价国外市场，这往往不具有可比性。在美国，装修一家餐厅的流程和要求极其复杂，按照标准做，往往需要 1 年以上的时间，但美国品牌餐饮的租约可以达到 10 年，甚至更长。这就可以看出，在不同市场，很多商业经营的理念是完全不同的。我们在出海拓展时，必须调整好目标和心态，不能简单地把中国速度挂在嘴边。

有些人对出海、对全球化有误解，他们误以为，把国内的产品拿过来就能直接用，可以照搬国内的模式在当地发展，这也是中国企业在出海时经常会遇到的问题。其背后，还是要具备接地气的本地化能力，包括团队组织、业务模式、当地风险管控等。

成为连接中国企业家和新世界的桥梁

弘章投资的全球化赋能

在新的全球化浪潮中，我们希望自己能成为一座链接中国企业家和新兴市场的桥梁。未来的 20 年是中国企业家开启全球化新征程的重要时期，这里面有大量的创新机遇，也一定会有很多坎坷。我们首先要做的是构建自己的本地化运营能力，只有这样，才能系统性地为中国企业家提供服务和支持。目前，经过几年的探索，我们已经可以为企业做好以下赋能。

一是研究赋能。大部分计划出海的企业家都需要对海外市场做一些前期市场研究和判断，明确自己熟悉的中国业务形态是否可以在海外进行复制。不同的市场发展阶段对应了不同的业务成长逻辑。所以，有效地帮助这些企业快速形成对海外市场的判断是非常重要的价值点。根据时光机理论，不同的国家处于不同的经济发展阶段，商业机会迥然不同。比如，当下可能是深耕非洲大陆基础制造业最好的机会，渠道主要是批发市场，那里还没发展到精细化的深度分销阶段，数字化建设也基本处于早期阶段。品牌商还比较少，电商运营所需要的基础设施还很缺乏，所以电商广告业务就很难在那里做起来。但在当地制造的母婴产品、基础美妆护肤品都非常受欢迎。

很多上市公司都希望通过一些深度的研究，快速形成对新兴市场国家的宏观经济和基本面的认知。我们已经形成了一套关于新兴市场国家的从宏观到微观的研究体系，这是向中国企业提供的服务中非常重要的一部分。具体来看，不同国家所处的发展阶段各不相同，其消费者画像也千差万别，而具有本地化属性的产品和服务往往又是最核心的制胜之道。我们有能力帮助中国企业做产品本地化和消费者行为的洞察。

对中国各细分消费领域进行的长期行业研究，让我们积累了大量的素材，并对各行业都形成了很深的认知。目前，我们正在反向输出，按照消费领域的不同细分行业，对新兴市场国家展开研究，最终，为中国企业家如何进行海外拓展提供一些帮助。

二是资本赋能。中国其实已经经历了几个完整的投融资和资本化周期，也形成了比较完整的上市资本化体系和规则。计划出海的往往都是大企业，特别是与大消费有关的企业，它们有足够的资金向外发展。很多企业家都会通过少数股东进行投资，并形成自己的生态圈，通过被投企业协同战略发展。此外，很多上市公司也都有相关计划，它们希望通过并购新兴市场的上下游企业进行扩张。我们有专业团队提供并购项目寻找和咨询服务。

三是对接落地资源。在各新兴市场上，我们有能力对接有当地资源的经销商和代理商，以及门店类的加盟商。在早期，我们可以协助新出海企业落地目标市场，如在注册登记、税务咨询、招募当地员工等方面提供服务。由于很多出海企业都想扩张自己的工厂制造版图，所以，他们提出的很多需求往往都与寻找合适的工业地产或获得已有的仓储物流供应链支持相关。

四是对接渠道。我们能够辅助新出海品牌进入新兴市场的本地化渠道，如零售连锁渠道、线下连锁门店等。在电商流量快速崛起的阶段，对接新流量如 TikTok、Temu 等流量平台是一个重要战略。我们可以结合出海企业流量端需求，提供流量端运营方案。比如，在北美市场对接华人超市渠道、华人食品分销渠道等。弘章投资可以借助已有的海外企业资源赋能新出海企业，如在非洲市场和传音公司进行深度配合等。

弘章国际化投资关注的五大领域

从 2021 年起，我们就开始关注全球化投资可能开展的业务。具体来说，我们始终关注消费品牌和供应链制造、数字化和 TMT 科技、零售和连锁业态、互联网金融科技、新兴市场能源转型这五大超级赛道。在 2012 年创业时，我们就将企业定位为“中国大消费领域的投资专家”。10 年后，当我们开始将视野转向服务国际化投资时，我们衍生出了更多的投资领域，这也更符合新兴市场本地发展的需求。

第一大投资领域是消费品牌和供应链制造。总体来看，各新兴市场国家的基础消费产品的制造能力不足。我们更偏好事关基础、刚需、民生的消费细分赛道，如食品饮料、个护、家电、家居、医疗健康等。举例来说，当前的非洲是方便面企业非常好的市场，在这里，功能饮料也有巨大的需求。很多中国企业家都具有超强的工厂制造能力，对他们而言，这是在本地市场重新培育“本土品牌”的黄金时代。欧美的很多超级品牌如宝洁、联合利华、雀巢、可口可乐等都已经在新兴市场国家深耕多年，偏向于中高端定位的市场已经被这些国际化企业占据了相当比例。但由于当地生产制造能力低下，这也给中国企业家留出了一个战略性的“市场空间”，这里在中低价格带仍有巨大市场。但想要进入这个市场，必须依靠本地化的制造能力，无法长期依靠贸易进行。由于新兴市场媒体的关注点还比较集中，流量和渠道也是偏集中的，这是一个做强品牌的最佳时间窗口，对于擅长做渠道深度分销的中国企业来说，在这种市场上复制中国经验是可行的。我们也很看重这类品牌投资的机会。除了 TO C 的品牌类机会，我们也愿意投资支持 TO B 的供应链制造服务的机会。总体来看，TO B 的市场空间和容量更大，是能够产生超级商业体的战略领域。

第二大投资领域是数字化和 TMT 科技。在企业内外部进行数字化改造，提升整体的运营效率是中国企业的巨大优势。帮助海外各行业实现提升效率的数字化和智能科技领域有很好的市场空间。目前，新兴市场的电商平台正在快速改变当地的零售格局，配合大电商平台发展的电商数字化工具也有不错的发展空间。在比较优势最强的领域，在新兴市场的电商、视频、游戏等领域，中国新一代移动互联网及AI 技术与服务都有广阔应用空间，将迎来爆发式的增长机会。

第三大投资领域是零售和连锁业态。我们对零售和连锁业有深刻的认知和理解，非常看好那些在中国被验证、在新兴市场能体现出显著壁垒及竞争优势的各种零售连锁企业出海，如品类集合店（生活杂货、美妆个护等）、品类专营连锁（鞋服、零食、潮玩、家电、家居等）、餐饮连锁等企业。

第四大投资领域是符合新兴市场需求的互联网金融科技，如移动支付、小额贷款、保险及财富管理等。通常，新兴市场存在资金不足的情况，这会导致市场的利差比较大，如印尼的银行贷款利息率在 8% 上下，而市场上正常的预期收益和预期回报率高达 15% ～ 20%，更不用说现金贷或 P2P 之类的高息贷款了。数字化和移动支付正在快速改变着这些市场中的消费者获取资金的能力。此外，在很多新兴市场国家，消费者的消费文化与我们有很大不同，他们的超前消费意愿很强。在非洲或东南亚地区，普遍存在每两周支付一次薪水甚至每周都要支付一次薪水的现象。特别是在一些较大节日来临的时候，很多家庭会进行集中消费。这使消费贷变得更加常见。这也为金融数字化领域提供了快速发展的土壤。

第五大投资领域是新兴市场能源转型。这是能对消费市场产生结构性影响的领域。特别是在印尼，出于国家战略，这里要进一步把储量丰富的镍矿资源开采出来，以便能在电池领域进行巨大的规模化投资。政府将对广泛使用的二轮车进行补贴，这一政策大大刺激了油车改电车的市场需求。中国主流的二轮车制造商和品牌商都快速切入到了这个高增长市场。

当然，在诸多新兴市场国家，我们的研究重点不止以上五大领域，有时也会从国内大消费逻辑扩张到更多全新领域。我们会根据不同国家的需求来挖掘更多的投资机会，然后明确相应的投资策略。

宁为出海月，不作归山云

“如果你只在家里，家就是你的世界，如果你能走出来，世界就是你的家。”我非常喜欢这句话，这描述了一个全球化视角下的“国际人”状态，这个状态和仅在中国发展是非常不同的，它为人们指出了一条通往神秘花园的道路。打开大门时，你将看到一个从未经历和体验过的全新世界。

中国制造正在向中国资本转型，中国劳动力也在逐渐拒绝从事劳动密集型的工作，服务业会迎来较快增长，但服务价格也会不断提升。未来，中国企业的发展趋势是：利用国外新兴市场的廉价劳动力和人口年轻化红利，通过供应链快速输出，实现新的全球化布局。因此，大力推动企业出海是未来几年中国企业家的主要发展方向；而与各新兴市场当地企业的深度结合，则是降低出海成本的主要方式。

第一代出海是指以国际贸易为主的低端附加值产品出口。在国际贸易链路中，信息差一直是很大的。早期，很多贸易商还是比较容易赚钱的，他们在一些大客户或批发商那里拿到订单后，回到中国寻找供应商，当然，如果具备当地零售资源也是很有价值的。第二代出海是指以跨境电商平台为主要发展路径的增值型产品出口。这时，企业开始有机会绕过外国的经销商，直接对接国外消费者用户。这使培育一个新品牌变成了可能，企业不仅仅是贸易商了。这个模式使海外仓储业务快速发展，企业形成了完整的物流和商流循环。第三代出海是指以自建海外国家当地经销商渠道与在线电商品牌销售混合的复杂模式。总体来看，在海外新兴市场上，线下渠道占据主导地位，电商的渗透率还很低，经销商渠道依然是很有效率的。这类混合模式可以最大化地实现品牌和渠道的深度结合，总体来看还是非常有效的。但这个模式对于运营者来说，运营难度比较大，本地化要求也最高。但我们也要认识到，这三代出海并非是一种替代关系，而是在处于不同发展阶段的市场同时并存的。三次出海，不同代际之间并无高下之分，它们是经营者根据自己的资源禀赋进行配置的有效结果。

当前，整体来看，全球经济仍处在低迷状态，而 2024 年也是多个国家的选举之年，地缘政治争端带来了社会大动荡。俄乌冲突、中东乱局、新全球化趋势等真实背景和历史趋势远超表象，困扰乃至忧惧之感笼罩在人们心间。这是一场已经到来并正在深化的人类发展危机，这一危机可上溯至世纪之交的新经济以及资本市场动荡，而 2024 年将是未来发展趋势中的一个最重要的分水岭，我们称之为“2024 拐点”。第一，“2024 拐点”不仅是场规模很大的经济挑战，随之而来的还将有一系列的政治、文化、种族、知识、资源等方面的矛盾和冲突，影响的层面远超单纯的经济领域。第二，“2024 拐点”源于资本主义席卷全球、部分发达国家率先进入工业化顶峰的世纪之交，这是人类百余年工业化进程的一次自我总结式的涅槃，是人类享受工业化成果至今所必须付出的对自然和过去的一个代价。第三，“2024 拐点”是人类社会发展与自然发展的内在矛盾积累到不可调和后的必然结果。百余年来，高速的工业化进程以前所未有的方式消耗了大量资源，但是持续繁荣的幻象背后积累了巨大的矛盾，这些矛盾相互联系、相互作用，终于集中爆发。第四，“2024 拐点”是过去全球化模式的全面分化与转折，具有更加强烈的“新全球化”色彩，区域性和分布式成为“新全球化”的主要特征，全球供应链模式开始了新的演化路径。第五，“2024 拐点”以全球政治强权对矿藏、耕地、资本等资源要素的争夺、瓜分贯穿始终，新一轮的博弈和角力会持续不休。第六，“2024 拐点”让我们每个人都要有意识地站在全球角度思考问题，思想上，要以前所未有的危机意识时刻警醒自己，只看行业不行、只看国内不行，即使你只做国内市场，也要基于全球视角预警风险。抛弃任何依靠经济复苏改善企业经营的幻想吧，AI 科技发展对人工的替代和对社会结构的重构，都决定了即使经济复苏了，一切也已经不同了，我们无法回到过去。人类社会已经从长期相对稳定的阶段步入加速发展、变化的阶段，企业所面临的环境和要素时刻都在变化，不可能再回到过去了。

2024 年是我创建弘章投资的第 12 年，想到这里，我不禁感慨时光荏苒。还记得 12 年前，刚刚酝酿创业想法时的彷徨和失落，离开大机构后的我仿佛丢失了一层铠甲，自己不得不重塑各方面的能力以面对未知的前途。2012 年 4 月，在杭州西湖边，我写下一首《蝶恋花》。“春寒小楼会凭栏，西湖楚楚，人语旧曾谙。遥思当年轻狂儿，青春作伴把乡还。忍把旧途一朝换，匹马重头，长路回眸盼。雄图韬略寄远淡，中年无复少年谈。”多么美好的青葱岁月，还是放下吧，一怒拔剑，开启了属于自己的大航海时代。这段路途中，有很多亲朋好友都在不同时刻给予了我很多的帮助和关心。

而在 2024 年，我又一次出发了。可以说，这是我的第二次创业，我想为中国企业家开启出海之路的全球化新征程出一份力。于我而言，这同样是一次艰难的选择，很多具体的微观决策基于的都是我对未来宏观环境的深度思考。还是要感恩时代，今生，我已经收获了很多，应该感恩命运的眷顾。其实，我们每一个人的命运都依附于时代，在时代的洪流下，我们如尘埃般渺小。当世界演化的大幕徐徐拉开时，选择往往比努力更重要。今天，我的事业是中国过去 20 多年高速增长的一个阶段性产物，当然，我在过去无数复杂的商业选择中保持了很高的胜率这一点也很重要，稳健和不犯大错是一种特别宝贵的能力。在过去 20 年的商海浮沉中，我见证了一段历史上少有的高速发展阶段，也见证了很多个当时的“首富”变成了今天的“首负”。他们中的很多人谱写了快速崛起的创业故事，同样，也有很多人成了快速陨落的“流星英雄”。一夜走红不难，长红才难。世上有几人真经得住历史和时间的考验？“欲戴王冠，必承其重”，这是生活的真相，每一点成功，都是背后长期坚持的结果。中国历史中最好的一段高增长周期很可能已经走完了，我们不得不步入一个新时代。基于确定性预期的生活方式，当时只道是寻常。你觉得理所当然的繁荣，并没有你想象得那么牢固。如果我们翻开中国的编年史，或者把我们过去 40 年放在历史的长河里去看，就会发现一个事实：繁荣稳定的时代总是很短。如果让我们在过去 2000 年的时间段里随机选择一个年代出生，那么，我们大概率会降生在一个充满战乱、瘟疫和贫穷的时代，所以我们要感恩当下，感恩时代。

2020 年后，我们的很多经验应该被重新审视，在此之前，过往的经验足够指导我们生活、工作、创业和投资；但在此之后，一切基于过往经验的决策，都应该被重新认识，甚至再被复盘。曾经我们对增长和扩张有多依赖，未来就会对减速和停滞有多敏感。也有可能是世界已经改变，只不过我们还停留在旧日的时光记忆里，繁荣也只能是对未知的幻想。历史与时代、个人与家族，一个念头、一个选择，都有可能导向另一番景象。要知道，在今天的世界中，还有选择权就已经很难得了，绝大部分人只能随波逐流。当我们翻过某一个历史篇章，新的画卷也将徐徐展开。我想提供给大家一些在未来做出选择时需要秉持的“原则”，叫作“不做什么比做什么更重要”。这个世界信息非常多，诱惑也非常多，聪明人的选择也非常多，所以知道自己不要做什么，比知道自己要做什么更重要。

第一，不要选择“因制度而存在短期红利的事业”。我知道，在这一点上可能有很多人不赞同，因为有很多企业家都愿意做政策性驱动的生意。但就我个人的认知而言，这类红利往往是短暂的，从历史上来看，政策的确定性并非“唾手可得”。我们选择做民生、基础、高复购、刚需的底层生意，是基于对这个问题进行的价值观层面的长期而坚定的思考。刚性政策的起落对于个人的事业和命运而言，往往是致命的。时代和制度赋予你的，可以被轻而易举地剥夺，切不可真以为就是你的能力强，过去获取的终将还回去。

第二，无论何时都不要遮蔽自己的眼睛，不要相信“绝对信息”，要始终用多维度视角辩证地看待这个世界以及所有信息来源。蒙上眼睛的教育和文化会让我们故步自封，我们一定要睁开眼，去欣赏世界上多元的色彩。中文是很美的文字，诗歌也意境悠长。但未来，我们必须融入这个混沌的世界，只有获得与世界沟通的语言能力，我们才能看到不同的风景和人，才能在未来的选择中掌握主动。世界上最大的监禁是人的思维意识被禁锢。如果没有开放思考，一切勤奋都是徒劳。如果对创新认知不足，所谓的努力只是原地打转。

第三，无论何时都不要追求“投机和短期快速增长”。我们要相信每天进步一点点的力量，超速的结果往往都是快速出局和一地鸡毛，我在 20 多年的投资生涯中已经见证了太多。个人成长和企业成长很相似，通往彼岸的关键在于路径的选择。我们大多数人都曾手握一副烂牌，也都会羡慕那些拿到一手好牌的人。其实这时，我们只需告诉自己，慢慢来，再烂的牌一张一张出，当再次摸起一张好牌时，就是一次机会。只要坚持把手里的烂牌打好，我们所能获得的未必逊色于一手好牌的人。当我们遭遇困难时，就对自己说，只要不下牌桌，再烂的牌都还有机会。我是一个“新保守主义者”，保守主义的底层逻辑是敬畏，是在复杂无序中自发生出的对有序的尊重，是对阶段性困境不能彻底消除而坦然接受的现实主义，是对“拆毁一个旧世界，重建一个新世界”的狂妄的不屑一顾，是渐变优于骤变的利弊权衡的智慧。

第四，我们来聊聊“平凡”这两个字的内涵。我说的“平凡”是一种抱残守缺的甘心。曾国藩在诗句中曾写道：“花未全开月未圆，半山微醉尽余欢；何须多虑盈亏事，终归小满胜万全。”我特别喜欢最后这句描绘出的人生境界。说到底，很多事终究还是“不强求”和“逆来顺受的”。人无法支配自己的命运，但可以支配我们对待命运的态度，平静地承受落在自己头上不可避免的遭遇。一个人处理事情的态度，藏着他的见识和修养，也决定了他的生活走向。遇事最有水平的处理方式是事来则扛，事过翻篇。世上聪明人太多，大家都喜欢给人生做加法。但我认为，会做减法的人才能跑到最后，这个世界缺的不是机会，缺的是专注。我希望我的未来是有“傻气”和“静气”的，自己能做个平凡、傻气而专注于热爱之事的人。我说的“平凡”还是一种阶段性明哲保身的旁观。其实，我们阶段性的悲观或乐观都没有用，正如查理·芒格所言，宏观是我们必须接受的，微观才是我们能有所作为的。纵观中国历史上的每一次大变革，无不需要社会付出巨大的代价，大到不能承受之后才能迎来巨变，这便是我们称之为的“破局”。在未来的风雨欲来之际，我们躲到旁边的小亭子里，静观风雨，静待时机。实际上，我对平凡或成功毫无执念，我们大多数人都不是天才，只要我们都真心满意自己活着的意义，平凡也有足够的价值。在未来动荡的世界中，我们若能守住一方小小的净土，这都将是非常圆满的。

接下来，我跟大家来聊聊我对财富的看法。当我们最基本的物质财富需求得到满足后，我们追求的就变为为社会创造出更多的价值。在这个过程中，根据“市场规则”获得一些分利，以此作为“游戏”的补偿和激励。所谓价值，其实是人群的共识机制的结果。当我们看明白了共识机制后，想要做成一些事情其实并不难。但要小心的是，市场规模并非一直不变。政治和政策才是推动机制形成的真正“变革者”，而非自发性的市场力量。未来，不要纠结在某一种财富机制中，获得和失去都是制度下的机遇而已。我认为，真正的富有是思想自由、选择自由、决策自由、行为自由，而不是不断迭代的财富机制。

我也想要跟大家聊聊我对“投资”的一些看法。**投资的本质是追求风险和成本调整后的长期、可持续的投资回报。想做好投资，需要克服恐惧和贪婪，相信简单的常识。**查理·芒格认为：“投资者应该糅合来自各个传统学科的分析工具、方法公式，这些学科包括历史、心理、生理、数学、工程、生物、物理、化学、统计、经济等。”投资是一个理性的、严密的、有逻辑的体系。利用好风险、回报等分析框架和经典理论，能够不断地帮助我们完善并提高投资框架和思维体系。正如巴菲特在《聪明的投资者》序言中所说：“要想在一生中获得投资成功，并不需要顶级的智商、超凡的商业头脑或内幕消息，而是需要一个稳妥的知识体系作为决策基础，并且有能力控制自己的情绪，使其不会对这种体系造成侵蚀。”**投资不同于艺术，在千百次熟练后依然需要灵光一现的天赋，它更像是一门可积累、可沉淀，不断突破未知边界的学问。**如同一个连续闯关游戏，新的系统化投资原则和知识方法能够成为闯关者的新装备、新帮手，帮助闯关者闯过关卡。**如果说回归投资的本质是“知”，那么理解市场的周期和对抗自身情绪就可以理解为“行”，在这场反人性的修行中，知行合一可以让我们走得更远。**毕竟，市场是人性的集合。在这里，每一次交易背后，有恐惧，也有贪婪。在与人、与算法博弈的市场里，周期永远存在。

罗曼·罗兰曾说：“世界上只有一种真正的英雄主义，那就是看清生活的真相之后，依然热爱生活。”任何时刻，我们都有两种选择：往前走向成长，退后走向安全。希望你我都选择前者，面对未来的不确定性，坚定地去探索未知的世界，而不是退回所谓的“安全地带”。实际上，所谓的“安全地带”都是危险之地。我们看到，电影《楚门的世界》最后一幕，同样存在两难选择：是该停留在“舒适地带”，还是去面对全新的未知世界。请你记得，无论身处何地，总有友谊的阳光会照耀在我们身上，那一抹温情永不褪色。人生总有不期而遇的温暖和生生不息的希望，不管前方的路有多艰苦，出发就比站在原地更接近幸福。

美好总需沉淀，芳华总会静启。弦歌不辍，炫美待灼。万里跋涉，驰而不息。人生每一站都是风景，每一步都是逆旅。

宁为出海月，不作归山云。飞翔以待，慨然以赴。

未来，属于终身学习者

我们正在亲历前所未有的变革——互联网改变了信息传递的方式，指数级技术快速发展并颠覆商业世界，人工智能正在侵占越来越多的人类领地。

面对这些变化，我们需要问自己：未来需要什么样的人才？

答案是，成为终身学习者。终身学习意味着永不停歇地追求全面的知识结构、强大的逻辑思考能力和敏锐的感知力。这是一种能够在不断变化中随时重建、更新认知体系的能力。阅读，无疑是帮助我们提高这种能力的最佳途径。

在充满不确定性的时代，答案并不总是简单地出现在书本之中。“读万卷书”不仅要亲自阅读、广泛阅读，也需要我们深入探索好书的内部世界，让知识不再局限于书本之中。

湛庐阅读 App：与最聪明的人共同进化

我们现在推出全新的湛庐阅读 App，它将成为您在书本之外，践行终身学习的场所。

- 不用考虑“读什么”。这里汇集了湛庐所有纸质书、电子书、有声书和各种阅读服务。
- 可以学习“怎么读”。我们提供包括课程、精读班和讲书在内的全方位阅读解决方案。
- 谁来领读？您能最先了解到作者、译者、专家等大咖的前沿洞见，他们是高质量思想的源泉。
- 与谁共读？您将加入优秀的读者和终身学习者的行列，他们对阅读和学习具有持久的热情和源源不断的动力。

在湛庐阅读App首页，编辑为您精选了经典书目和优质音视频内容，每天早、中、晚更新，满足您不间断的阅读需求。

【特别专题】【主题书单】【人物特写】等原创专栏，提供专业、深度的解读和选书参考，回应社会议题，是您了解湛庐近千位重要作者思想的独家渠道。

在每本图书的详情页，您将通过深度导读栏目【专家视点】【深度访谈】和【书评】读懂、读透一本好书。

通过这个不设限的学习平台，您在任何时间、任何地点都能获得有价值的思想，并通过阅读实现终身学习。我们邀您共建一个与最聪明的人共同进化的社区，使其成为先进思想交汇的聚集地，这正是我们的使命和价值所在。

CHEERS

湛庐阅读 App
使用指南

读什么

- 纸质书
- 电子书
- 有声书

与谁共读

- 主题书单
- 特别专题
- 人物特写
- 日更专栏
- 编辑推荐

怎么读

- 课程
- 精读班
- 讲书
- 测一测
- 参考文献
- 图片资料

谁来领读

- 专家视点
- 深度访谈
- 书评
- 精彩视频

HERE COMES EVERYBODY

下载湛庐阅读 App
一站获取阅读服务

版权所有，侵权必究
本书法律顾问　北京市盈科律师事务所　崔爽律师

图书在版编目（CIP）数据

新全球化企业的未来 / 翁怡诺著 . -- 北京：中国财政经济出版社，2025.2. ISBN 978-7-5223-3684-8

Ⅰ. F279.2

中国国家版本馆 CIP 数据核字第 2025C2V334 号

责任编辑：尉　敏　　　　责任校对：张　凡
封面设计：Soutpost　　　责任印制：张　健

新全球化企业的未来
XIN QUANQIUHUA QIYE DE WEILAI

中国财政经济出版社 出版
URL：http://www.cfeph.cn
E-mail:cfeph@cfemg.cn
（版权所有 翻印必究）
社址：北京市海淀区阜成路甲 28 号　　邮政编码：100142
营销中心电话：010-88191522
天猫网店：中国财政经济出版社旗舰店
网址：https：//zgczjjcbs.tmall.com
唐山富达印务有限公司印装　　各地新华书店经销
成品尺寸：170mm×230mm　16 开　31.25 印张　540 000 字
2025 年 2 月第 1 版　2025 年 2 月河北第 1 次印刷
定价：119.90 元
ISBN 978-7-5223-3684-8
（图书出现印装问题，本社负责调换，电话：010-88190548）
本社图书质量投诉电话：010-88190744
打击盗版举报热线：010-88191661　QQ：2242791300